本书为国家社科基金一般项目"乡村振兴战略下的农村社区资产建设研究"(项目批准号：18BSH044)成果

社会福利研究系列

乡村振兴战略下农村社区资产建设研究

侯志阳 著

中国社会科学出版社

图书在版编目（CIP）数据

乡村振兴战略下农村社区资产建设研究 / 侯志阳著 . —北京：中国社会科学出版社，2023.7
ISBN 978-7-5227-2022-7

Ⅰ.①乡… Ⅱ.①侯… Ⅲ.①农村社区—社区建设—资产管理—研究—中国 Ⅳ.①D669.3

中国国家版本馆 CIP 数据核字（2023）第 106594 号

出 版 人	赵剑英	
责任编辑	马　明	
责任校对	李名扬	
责任印制	王　超	

出　　版	中国社会科学出版社	
社　　址	北京鼓楼西大街甲 158 号	
邮　　编	100720	
网　　址	http://www.csspw.cn	
发 行 部	010-84083685	
门 市 部	010-84029450	
经　　销	新华书店及其他书店	
印　　刷	北京明恒达印务有限公司	
装　　订	廊坊市广阳区广增装订厂	
版　　次	2023 年 7 月第 1 版	
印　　次	2023 年 7 月第 1 次印刷	
开　　本	710×1000 1/16	
印　　张	21.5	
字　　数	353 千字	
定　　价	118.00 元	

凡购买中国社会科学出版社图书，如有质量问题请与本社营销中心联系调换
电话：010-84083683
版权所有　侵权必究

序　言

胡荣[*]

在华侨大学工作的侯志阳请我为他的新作写序。尽管这段时间手上事情不少，我还是应承下来了。回想起来，认识志阳有十多年了。2008年他来厦门大学攻读博士学位，也是厦门大学社会学第二届博士生。当年厦门大学社会学博士仅招3人，后来一人去香港城市大学读博，事实上只有2人。志阳的导师是张友琴教授，志阳在她指导下，从事社会福利、社会政策的研究，同时参与我主持的一项国家社科重大项目的研究。他的研究方向聚焦于农村社会福利、社会政策，与我的农村研究也有一些交集。十多年来，他一直在此领域耕耘，逐步形成了自己的研究风格。先后主持并完成2项国家社科基金、十余项省部级课题，在核心刊物上发表30多篇学术论文，作品先后获得福建省优秀社科二等奖、厦门市优秀社科三等奖，入选福建省新世纪人才、杰出科研青年人才。这些成绩来之不易，作为老师，深感欣慰。

志阳给我的印象是勤奋、朴实、热爱学术。因为勤奋，他才能兼顾教学、科研与服务，同时做好工作—家庭的平衡，每阶段都有学术产出，才能在同龄人中脱颖而出，40岁以前就评上了教授、当上了院长。因为朴实，他才能得到领导、老师、同事的信赖，交到更多的挚友，得到更多人的支持与协助，在学术道路上才能走得更加坚实。因为热爱学术，他才能长期坚持阅读、思考、调研、写作，养成多读、多想、多走、多写的治学习惯。我一直认为，好的学术产出往往是优秀学术习惯和学术规范的附带

---

[*] 胡荣，教育部长江学者特聘教授、教育部社会学学科教学指导委员会副主任委员、厦门大学社会与人类学院院长。

品。呈现在读者面前的这部学术著作正是志阳秉承厦门大学"自强不息、止于至善"校训、形成良好学术惯性的溢出效应。

通读全书，我认为，这部作品有几个特色是值得大家关注的。

第一，对乡村振兴理论与实践进行类型学建构，有别于以往碎片化、描述式的研究。党的十九大提出乡村振兴战略以来，学术界对乡村振兴给予了高度关注，许多学者为之投入了大量时间、精力，形成了较丰富的学术成果。这些成果对于乡村振兴的多学科研究、知识生产、政策优化都具有重大意义，但是，我们也可看出诸多成果要么停留于宏大的理论叙事，思考乡村振兴的意义、政策内涵、应然路径，要么陷入微观的技术性探索，追寻乡村振兴某个领域的治理技术，而聚焦于中观层面的理论建构或政策思考的比较少见。志阳的专著提出了"资产型乡村振兴"的概念，在宏观上可与发展型社会政策、资产社会政策等社会福利理论对话，在微观上可观照农村社区集体经济、社会组织、公共设施、土地等实际问题。乡村振兴在全国不可能一刀切，采用统一的模式，但是不同地区总会有一些"似曾相识"的共性问题。在丰富多彩的国家治理图景中，能够雾里看花，在纷繁复杂的治理实践中，将那些共性问题提炼出来进行类型学研究是一次很有意义的学术探索。

第二，对资产建设社会福利理论进行多时段跟踪研究并推进该理论中国化、本土化。美国社会政策学者迈克尔·谢若登最早提出资产建设社会福利理论。该理论的主要观点是：让穷人不只是拥有收入，更要拥有资产，才能让他们根本摆脱贫困。这个观点虽然是在美国社会保障制度框架和提前消费的文化情境下提出的，但其福利理念也适用于中国。志阳较早地将该理论运用于中国农村社区贫困治理、乡村振兴的研究，先后提出资产型农村社区福利、资产型乡村振兴等概念，推进了资产建设理论的中国化，也促进了农村社会福利的知识增长。资产在美国主要指金融资产，在中国农村则形式多样，比如土地、住房、闲置的公共设施、村财等。该书很好地将农村社区各种资产进行了分类，并探讨不同类型资产建设对乡村振兴的福利效应及其实现机制，拓展了资产建设社会福利理论的应用范围。此外，谢若登讲的资产主要指穷人或贫困家庭的资产，而该书的资产主要指农村社区的资产，这在分析单位上也提升了资产建设社会福利理论的解释力。

第三，采用纵向单案例研究和多案例研究结合的方法，更能多维度、立体地呈现农村社区资产建设与乡村振兴的因果机制。近年来，学术界对定量研究进行了反思，认为有些研究是为了定量而定量，缺乏深度，陷入了"精致的平庸"。事实上，定量研究、质性研究各有利弊，关键看研究问题。党的十八大以来，中国国家治理实践为学术界提供了丰富的研究素材，许多治理实践是西方理论无法解释的。于是，基于中国场景的案例研究逐步受到学界的重视与推崇。因为，案例研究在发展概念、提出理论假设方面相比假设检验式的计量研究更有优势。志阳近几年专注于案例研究，发表了相关的研究成果，有一定心得。他较好地将案例研究方法运用到农村社区的资产建设问题，提出资产型乡村振兴的理论设想。当然这个理论设想还有待于后续规范的定量研究给予验证。文中提到的案例村，有的是他十多年跟踪调研的村庄，适合做纵向单案例研究。有的是全国乡村振兴的典型村，适合做多案例比较研究。该书较好地结合了两种案例研究方法，揭示农村社区资产建设推动乡村振兴的过程机理。

第四，充满情怀的学术创作相比工具理性的学术产出更具有可读性。学者的学术产出动机大致可分为两类。一是写作发文章是为了评职称，解决生存与发展问题。刚入职的年轻学者这样做是可以理解的，但是如果在学术界谋生存的问题解决了，还是出自功利主义的角度进行学术研究就不太合理了。二是写作纯粹出自个人的学术爱好与做"有用"学问的人生追求。这里的"有用"，指学问能够为国家富强、人民生活美好作贡献。该书作者较早就解决了在学术界谋生存的问题，能够保持良好的学术研究习惯，脑勤、脚勤、笔勤，笔耕不辍的内驱力是其对农民的情怀。作者每年到农村调研，与农民同吃、同住、同劳动，再用学术叙事方式呈现乡村振兴基层实践的图景，提出农村社区资产建设、推动乡村振兴的对策建议，或者与基层干部合作开展农村资产建设的社会实验，直接推动乡村振兴。这些学术举措对改善农民生活、提升乡村治理水平都很有意义，也让读者感受到了知识分子"为生民立命"做出的努力。

瑕不掩瑜。再优秀的学术作品也有进一步拓展和完善的空间。我认为，作者今后还可在两个方面做后续的思考与提升。一是关于资产的概念操作化与测量指标。在资产社会福利理论中，资产指穷人或贫困家庭金融资产，概念明确可操作。该书的资产指农村社区的金融、实物、组织与自然资源等四种资产，虽然拓展了原有的概念，但也让人觉得资产是无所不包的，这不利于后续深入研究。二是案例研究与定量研究的融合。如何对社区资产建设与乡村振兴进行量化研究，尤其是如何通过大规模的问卷调研和规范的统计分析验证本书提出的命题，这是需要再仔细斟酌的难题。

祝志阳百尺竿头，更进一步，取得更多高质量的研究成果！

2023 年 3 月

前　言

党的十九大报告指出，农业、农村、农民"三农"问题是关系国计民生的根本性问题，必须始终把解决好"三农"问题作为全党工作的重中之重，实施乡村振兴战略。党的二十大报告强调，全面推进乡村振兴，坚持农业农村优先发展战略。2023年中央一号文件再次强调，民族要复兴，乡村必振兴；要把全面推进乡村振兴作为实现中华民族伟大复兴的一项重大任务，举全党全社会之力加快农业农村现代化进程，让广大农民过上更加美好的生活。乡村振兴已是摆在党和国家各项工作中的头等大事。实践需要呼唤理论创新。乡村振兴战略的总要求是"产业兴旺、生态宜居、乡风文明、治理有效、生活富裕"，其最终目标是让亿万农民过上幸福生活。从福利社会学的角度看，乡村振兴是乡村社会"大福利"体系的建设问题。资产建设理论是一种新的社会政策范式，强调政策对象的金融、人力、社会等资产累积与能力提升，注重政策对象福利获得的可持续性，并永续过上幸福生活。鉴于此，资产建设理论与乡村振兴具有内在契合性。本项目借鉴资产建设理论与方法，从优势视角出发，通过实证研究，探究农村社区资产建设助推乡村振兴的路径，提出资产型乡村振兴的理论、政策与实务。

本研究的主要观点有以下三点。第一，乡村振兴的本质是乡村社会"大福利"体系的建设问题，包括乡村经济、生态、文化、政治、物质、精神等福利项目的建设与提升。乡村振兴是农村贫困治理的延伸与拓展。资产建设社会政策理论不仅适用于贫困个体或家庭，还适用于农村社区。农村社区实施资产建设策略，能够在"产业兴旺、生态宜居、乡风文明、治理有效、生活富裕"等不同维度推动乡村振兴进程。第二，乡村振兴战略下的农村社区资产建设包括社区的组织资产、金融资产、自然资源资产和实物资产。因这四类资产是促进乡村振兴所需的人、财、地、物等基本要素。第三，乡村振兴战略下的农村社区资产建设将推进资产建设社会政策的本土化研究，是建构中国农村资产社会政策理论与实务体系的有益尝试。

本研究的主要贡献在于提炼了乡村振兴的理想类型：资产型乡村振兴。它是指农村社区发挥自身优势，盘活人、财、地、物等资源，调动村民参与，在政府相关部门的帮助下，通过组织、金融、自然资源和实物资产建设，推动乡村产业兴旺、生态宜居、乡风文明、治理有效和生活富裕的过程。资产型乡村振兴是一种优势视角，而不是缺乏视角；是一种内生式发展，而不是寄生式依赖；是与外部系统相互联系、相互依存的，而不是孤立于外部系统的。资产型乡村振兴的核心内容可概括为以下三个方面。

第一，资产型乡村振兴的社会政策理念。资产型乡村振兴是以农村全面发展和城乡一体化为目标，以全体农民为直接受益对象、城镇居民为间接受益对象，以政府、市场、农户、社会组织等为供给主体，以农民的生存、发展、自我实现为保障内容，以可持续生计、能力建设为手段的大福利体系。资产型乡村振兴与发展型社会政策理论具有内在契合性，是发展型社会政策在中国乡村的具体实践。一是从目标看，两者都是为了实现社会进步与经济发展的协同，是为了实现人的全面发展。二是从主体看，两者都需要政府、市场、农户、社会组织等多主体的协同。三是从对象看，两者都是面向全体国民，具有普惠性。四是从内容看，两者都包括解决农民的生存、发展和自我实现的项目体系。五是从手段看，两者都注重可持续生计的资产累积和能力建设。

第二，资产型乡村振兴的实现机制。资产型乡村振兴有赖于组织、金融、自然资源、实物等四大类资产的建设与管理。组织资产建设包括村级组织、农村社区社会组织两个方面。金融资产建设主要是村集体收入（村财）的积累与壮大。自然资源资产建设主要包括农村集体经营建设用地入市、宅基地改革。在实物资产建设领域，一方面，通过祖厝、宗祠、古村落、农家书屋等的建设与管理，分析实物资产对乡风文明的功能及其形成逻辑；另一方面，将住房视为一种实物资产，以村集体合作建房为例，阐述作为实物资产的集体建设用房对农民住房福利的作用及其生成机制。从综合角度看，乡镇政府从优势视角出发，采用资产为本的社区发展策略，发掘村民或乡村社区内外部已有的各种资产或建设新型资产，以村民为主体，促进村民参与，共同治理乡村公共事务，是能够实现乡村产业振兴的。

第三，"资产型乡村振兴"概念的提出具有明显的学术价值与实践意义。学术价值方面，在研究内容上，拓展了发展型社会政策理论的应用范围，为该理论的发展提供了更加丰富的实证资料，推动了该理论的本土化；在研究视角上，拓展了乡村振兴研究的学科视角；在分析单位上，拓宽了资产建设社会政策理论的应用领域，推进了中国社会政策学科建设；在理论构建上，为中国福利社会学的学科建设提供了类型学的理论资源与实证经验。实践意义方面，有利于同类型乡村探索乡村振兴的在地化模式时进行参考；为同类型乡村探索组织资产、金融资产、自然资源资产、实物资产建设提供借鉴。

目　录

第一章　绪论 ……………………………………………………（1）
　　第一节　研究背景与问题 ……………………………………（2）
　　第二节　文献述评 ……………………………………………（10）
　　第三节　研究意义 ……………………………………………（36）
　　本章小结 ………………………………………………………（40）

第二章　框架、路径与方法 ……………………………………（43）
　　第一节　概念界定与理论框架 ………………………………（43）
　　第二节　研究内容与路径 ……………………………………（49）
　　第三节　研究方法 ……………………………………………（54）
　　本章小结 ………………………………………………………（66）

第三章　农村社区组织资产建设（上）
　　　　　——基于"一肩挑"运行实践的案例分析 …………（68）
　　第一节　相关研究进展与问题提出 …………………………（68）
　　第二节　"一肩挑"、"科层—自治"组织与乡村治理有效 ……（75）
　　第三节　"一肩挑"的功能发挥及其形成机理 ………………（77）
　　第四节　完善"一肩挑"的对策建议 …………………………（87）
　　本章小结 ………………………………………………………（90）

第四章　农村社区组织资产建设（下）
　　　　　——基于农村社区社会组织促进乡村振兴的案例分析 ……（93）
　　第一节　外部嵌入与内生发展：研究视角与局限 …………（94）

第二节　农村社区社会组织、乡村共同体与乡村振兴 …………（98）
　　第三节　农村社区社会组织促进乡村振兴的功能与逻辑 ………（101）
　　第四节　农村社区社会组织促进乡村振兴的对策建议 …………（110）
　　本章小结 ……………………………………………………………（113）

第五章　农村社区金融资产建设 ………………………………………（116）
　　第一节　农村社区金融资产及其相关理论解释 …………………（116）
　　第二节　农村社区金融资产建设的类型与福利效应 ……………（120）
　　第三节　对农村社区金融资产建设的反思 ………………………（125）
　　第四节　金融资产建设助推乡村振兴的影响因素 ………………（130）
　　第五节　金融资产建设助推乡村振兴的对策建议 ………………（133）
　　本章小结 ……………………………………………………………（136）

第六章　农村社区自然资源资产建设（上）
　　　　——基于集体经营建设用地入市的案例分析 ………………（139）
　　第一节　福利社会学视角下的集体经营建设用地入市 …………（139）
　　第二节　集体经营建设用地入市的福利效应与运行过程 ………（145）
　　第三节　福利生产视角下集体经营建设用地入市福利效应的
　　　　　　形成机理 …………………………………………………（154）
　　第四节　优化农村集体经营性建设用地入市的政策建议 ………（161）
　　本章小结 ……………………………………………………………（165）

第七章　农村社区自然资源资产建设（下）
　　　　——基于宅基地改革的案例分析 ……………………………（167）
　　第一节　宅基地改革的相关研究视角与局限 ……………………（168）
　　第二节　宅基地改革的现状、功能与困境 ………………………（173）
　　第三节　宅基地改革的影响因素分析 ……………………………（187）
　　第四节　优化宅基地改革的对策建议 ……………………………（195）
　　本章小结 ……………………………………………………………（199）

第八章　农村社区实物资产建设（上）
　　——基于乡风文明的视角 ………………………………（201）
　第一节　乡风文明的理论研究与实践探索 …………………（202）
　第二节　实物资产与乡风文明的关系 ………………………（209）
　第三节　实物资产促进乡风文明的功能、困境与逻辑 ……（212）
　第四节　实物资产促进乡风文明的对策建议 ………………（223）
　本章小结 …………………………………………………………（227）

第九章　农村社区实物资产建设（下）
　　——基于 L 村住房福利自组织治理的案例分析 …………（229）
　第一节　问题提出 ………………………………………………（229）
　第二节　社区福利的相关研究与拓展 ………………………（232）
　第三节　L 村住房福利自治理现状与变迁 …………………（238）
　第四节　IAD 与 L 村住房福利自治理的形成逻辑 …………（244）
　本章小结 …………………………………………………………（254）

第十章　资产为本：乡镇政府促进乡村产业振兴的社区发展策略 …………………………………………………………（256）
　第一节　资产为本的乡村产业振兴现象与问题 ……………（256）
　第二节　相关理论的解释局限 ………………………………（257）
　第三节　泉州市 H 乡的运作实践 ……………………………（259）
　第四节　ABCD 何以可能：对需要为本与资产为本的
　　　　　进一步比较 ……………………………………………（268）
　本章小结 …………………………………………………………（272）

第十一章　结论与讨论 …………………………………………（274）
　第一节　研究发现 ………………………………………………（274）
　第二节　相关讨论 ………………………………………………（284）
　第三节　促进乡村振兴的社会政策建议 ……………………（290）
　第四节　研究不足与展望 ………………………………………（294）

附　件 …………………………………………………………（296）

主要参考文献 …………………………………………………（302）

后　记 …………………………………………………………（327）

第一章　绪论

党的十九大报告指出，农业、农村、农民问题是关系国计民生的根本性问题，必须始终把解决好"三农"问题作为全党工作的重中之重，实施乡村振兴战略。党的二十大报告再次强调，全面推进乡村振兴，坚持农业农村优先发展战略。2021年中央一号文件强调，民族要复兴，乡村必振兴；要把全面推进乡村振兴作为实现中华民族伟大复兴的一项重大任务，举全党全社会之力加快农业农村现代化，让广大农民过上更加美好的生活。2022年中央一号文件指出，从容应对百年变局和世纪疫情，推动经济社会平稳健康发展，必须着眼国家重大战略需要，稳住农业基本盘、做好"三农"工作，接续全面推进乡村振兴，确保农业稳产增产、农民稳步增收、农村稳定安宁。2023年中央一号文件指出，必须坚持不懈把解决好"三农"问题作为全党工作的重中之重，举全党全社会之力全面推进乡村振兴，加快农业农村现代化。这也是21世纪以来第21个指导"三农"工作的中央一号文件。第十三届全国人民代表大会常务委员会第二十八次会议决定，2021年6月1日起开始施行《中华人民共和国乡村振兴促进法》。习近平总书记高度重视乡村振兴，他认为，全面实施乡村振兴战略的深度、广度、难度都不亚于脱贫攻坚，要完善政策体系、工作体系、制度体系，以更有力的举措、汇聚更强大的力量，加快农业农村现代化步伐，促进农业高质高效、乡村宜居宜业、农民富裕富足。可见，乡村振兴已是摆在党和国家各项工作中的头等大事。实践需要呼唤理论创新。

乡村振兴战略的总要求是"产业兴旺、生态宜居、乡风文明、治理有效、生活富裕"，可见，乡村振兴的最终目标是让亿万农民过上幸福生活。从福利社会学的角度看，乡村振兴是乡村社会"大福利"体系的建设问题。资产建设理论是一种新的社会政策范式，强调政策对象的金融、人力、社会等资产累积与能力提升,注重政策对象福利获得的可持续性,并永续过上幸福生活。鉴于此,资产建设理论与乡村振兴具有内在契合性。本项目拟借鉴资产建设理论与方法,从优势视角出发,通过实证研究,探究农村社区资产建设助推乡村振兴的路径,提出资产型乡村振兴的理论、政策与实务。

本章是全文的开篇。在这一章里,首先,我们将介绍乡村振兴与农村社区资产建设的研究背景、研究问题与研究目的;其次,我们将从乡村振兴、农村社会福利、发展型社会政策、资产建设等主题梳理与研究问题相关的理论文献,指出当前学术研究取得的成果与存在的不足;最后,我们将阐明本文的研究价值。

第一节 研究背景与问题

本节主要介绍本文研究的现实背景与理论背景,并提出研究目标和具体的研究问题。

一 研究背景

全文的研究背景主要包括两个层面:现实背景与理论背景,以下将阐述这两个方面的背景。

(一)现实背景

本研究的现实背景是部分乡村的"空心化"、举国上下乡村振兴战略的推进和农村社区各种资产建设的实践探索。党和国家高度重视乡村振兴,还专门就此立法,可见决心之大、力度之大,但是,我们如果换个角度看,可以发现"高度重视"的背后隐含着乡村"空心化"、城乡差距过大的社会事实。乡村空心化严重,只剩老人、妇女或儿童留守;部分乡村产业虚化,农业变成"老人农业",第二、三产业消亡;部分乡村找不到人当村干部,房屋闲置、土地抛荒现象严重。为解决这些问题,国家、地方政府、基层政权都进行了积极探索。在很长一段时期里,政府对农村的支持,主要以资金转移为主,我们可称为"收入式支农"。其基本假设是,给贫困村、贫困家庭、贫困村民现金就可解决"三农"问题,但是,实践效果并不尽如人意。贫困村拿到钱了,村干部、村民的发展观、合作共建村庄的能力并没有提升,村集体发展集体经济的能力也没有提升,村里的土地、林地、房屋等资源资产也没有得到充分利用。有些村庄还是依赖外部救援,村民还是处于"等、靠、要"的状态,还是抱着"事不关己、高高挂起"的心态。具体表现如下。

一是村干部、村民不能有效组织起来。在实地调研中,我们发现,那些获得国家级、省级文明村、和谐村、示范村等荣誉称号的明星村都有一个坚强、有力的村级组织和团结、热心村庄公共事务的村民。在这类村庄里,村级组织通常有一位责任心强、乐于奉献、善于发展经济与治理乡村、群众基础好的领头雁。这位带头人能够团结村两委、抓好村级组织建设,提升班子战斗力,也能够带动村民共同致富、给村民带来福利。与此相反,那些贫困村、后进村通常缺乏有力的村级组织和注重团结、注重村庄公共利益的村民。这类村庄人口外出比例高,通常仅有三分之一的村民留在村里,而且以老人、妇女、儿童为主。要找到足够的人凑齐村两委班子就是一件不易之事。课题组在调研中发现,这类村庄的村办公设备比较简陋,虽然村部的大门、墙壁上也挂着党群服务中心、社区服务中心、网格化管理中心、办事中心等多个牌子,但是平时村部基本没人值班。有些村干部说,镇上通知事情,村干部都有手机接收,不一定要到村部,就是他们来值班了,也基本没村民来办事。村支部书记、村长和其他村两委都有自己的事,没将心思、时间和精力用在村庄事务上。据某位村主官介绍,不是他不想发展,也不是他不想干,实在是村里资源短缺,没人、没钱、没项目。他说,村里凡是有点能耐的人,都往外发展,经济稍好的人就把老人、小孩也接到城里了。以前政府支持的钱主要用于维持村里的日常运转、破旧公共设施的维护和村里贫困群体的帮扶。现在都是先要有项目,才能向政府要钱。村里人不齐,各顾各的,没想法,也就没项目,当然就没钱了。如此下去,这种村庄就陷入了缺人、缺干部、缺项目、难发展的恶性循环了。

二是部分村庄村财亏空或薄弱。2017 年以来,国家开始启动农村集体资产的清产核资工作,盘点村集体的家底。据报道[①],全国共有集体土地

---

① 《重磅! 全国农村集体家底大公开》,2020 年 7 月 13 日,http://www.ce.cn/xwzx/gnsz/gdxw/202007/13/t20200713_35311786.shtml,最后访问日期:2020 年 7 月 15 日。

总面积65.5亿亩，账面资产6.5万亿元，其中经营性资产3.1万亿元，占47.7%；非经营性资产3.4万亿元，占52.3%。集体所属全资企业超过1.1万家，资产总额1.1万亿元。同时，资产高度集中在村级。村级资产4.9万亿元，占总资产的75.4%，村均816.4万元；乡镇、组级资产总额分别为0.7万亿元和0.9万亿元，分别占比10.8%和13.8%。资产总量可谓庞大。不过，村庄之间资产分布还不均衡，有超过3/4的资产集中在14%的村。从地域分布看，农村集体资产大体呈"6、2、2"分布格局，东部地区资产为4.2万亿元，占总资产的64.6%，中部和西部地区资产大体相当，分别占总资产的17.7%、17.6%。从资产经营收益看，有10.4%的村收益在50万元以上，主要集中在城中村、城郊村和资源充沛的村庄。我们的调研发现，中西部还有不少村庄的村财实力较差，属于空壳村（每年村集体经济收入低于3万元的村庄）或薄弱村（每年村集体经济收入低于10万元大于3万元的村庄）。中西部有些村庄虽然在地方政府的扶持下，摆脱了空壳村或薄弱村的困境，但是缺乏自我造血机制。东部原来也有不少空壳村或薄弱村，通过村级组织建设、盘活资源等办法，成为经济发达村。那么，为什么有些村庄的村财缺乏可持续性，有些村庄却能够摆脱贫困？

  三是耕地抛荒、土地闲置现象严重。土地问题始终是农村基本经营制度的根本性问题，也是乡村振兴目标能否顺利实现的核心问题[①]。土地曾经是农民的"命根子"，是农民赖以生存发展的保障。可是，如今农民离土地却渐行渐远。突出的表现是，农村土地抛荒现象严重。近年来，土地抛荒已从非农产业高度发达、"农民"早已离土的东部沿海发达地区，蔓延到二、三产业并不发达的粮食主产区；从产出率低的边际农田扩散到旱涝保收的高产农田；从非常态发展到常态化。从调研看，耕地抛荒的原因主要有两个。第一是相比从事非农产业，农民种地的投入、产出比不划算。种地需要时间、精力、货币（购买化肥、农药）等成本，以南方种水稻为例，一亩地的收益年均大约2600元。农民当建筑工人，男性每天约250元，女性每天约150元。一年下来，当工人比当农民的收入要高许多。

[①] 朱冬亮：《农民与土地渐行渐远——土地流转与"三权分置"制度实践》，《中国社会科学》2020年第7期。

第二是当农民不体面。虽然国家一直提倡发展职业农民,农民今后也可评职称,类似专业技术人员,但是,许多农村地区的农业实现科技化、机械化还很难,农民还是以面朝黄土、背朝天的耕种模式为主。因此,年轻人不想当农民,农业变成老人农业。

除了耕地抛荒,土地闲置现象也值得关注。在东部沿海发达地区的少量乡村和中西部多数乡村,由于村民大量外流从事非农产业,农村的集体建设用地、宅基地大量被闲置。农村的集体建设用地包括宅基地、公共设施用地以及农村集体经济兴办乡村(镇)企业的经营性用地[①]。由于农民外出,有些老宅子长期没人住,占用的宅基地面积还很大。在一些空心村,村里的旧小学、旧村部、供销社、集体企业等就像"僵尸房",占着位置,集体用地未能得到盘活和利用,实在可惜。与此相反,随着城市化进程加快,城市建设用地却很紧张。有些城市为了扩大城市圈,不惜占用公园用地、填海造陆。因此,如何合法合理地盘活农村集体建设用地,让农民受益,也让城乡用地平衡成为一个值得研究的问题。

四是宅基地三权分置政策的推进与宅基地流转难。自 2014 年中央一号文件提出宅基地"三权分置"的思路以来,每年中央一号文件对宅基地改革都有新的要求。2021 年中央一号文件强调要"加强宅基地管理,稳慎推进宅基地制度改革试点,探索宅基地所有权、资格权、使用权分置有效实现形式"。国家出台宅基地"三权分置"的初心是好的,是想盘活农村闲置的宅基地,让农民拥有财产性收入,满足农民对美好生活的需要,但是,宅基地"三权分置"政策在村级场域的执行进度缓慢。村民、村级组织、地方政府、银行等利益主体有着各自的诉求。还涉及一户多宅、一宅多户、乱占宅基地等痛点、难点。

五是农家书屋、宗祠、古村落等未能得到有效使用或管护。农家书屋是由政府、社会力量、行政村合作,为农民提供书籍报刊、视频音像等资料,为满足村民文化生活需要的公益文化设施。农村书屋的运行以"政府主导、社会力量参与、农村自主管理"为原则。近年来,在各级政府积极

---

① 一般认为,农村集体土地可分为三大类:一是农用地,是指用于农业生产的土地,包括耕地、林地、草地、养殖水面等;二是农村集体建设用地,包括宅基地、公共设施用地以及农村集体经济兴办乡村(镇)企业的经营性用地;三是指未利用的土地和荒地等。

推动下，农家书屋在绝大多数行政村实现全覆盖，但是，不少农家书屋在实际运行中存在看书、借书的人少，书籍更新慢，功能异化等问题。宗祠是农村另一种重要的实物资产，是农村宗族文化、互助文化的载体，在传统乡村治理中扮演着重要角色，但是近年来，宗祠观念在农村年轻人中已逐渐淡化，传统的宗祠仪式文化也逐步消失，不少宗祠变成村民娱乐的场所。部分古村落虽然近年来得到政府与社会各界的重视与保护，但从全国范围来看，不少地区广泛存在跟风式保护、资金短缺、专业人员稀缺、过度开发、保护教条主义等问题。

上述人、财、地、物等乡村振兴要素表现出来的症状，可能有些是"真问题"，有些是"假问题"。对于不同问题，解决的心态与措施也是不同的。譬如，农村人口外出到城镇谋求生存发展，导致农村空心化、土地抛荒化、房屋闲置化等结果。这些现象属于"假问题"，它们是城镇化进程中的正常表现，但是我们要看到"假问题"背后的"真问题"，即农村治理能力的空心化、农村希望的空心化。正是因为这两个"空心化"的推力，将农民推到城镇打工。试想，如果在农村的收入高、孩子受教育也好、医疗卫生条件也好，农民也是一种体面职业，农村很有发展前景，农民对农村的前景充满信心，那么有多少农民愿意外出打工呢？因此，乡村人、财、地、物等资产问题实质是农村社区能力建设、未来取向建设的问题。这与资产建设理论的主要思想是相契合的。资产建设理论表面上是重视穷人或贫困家庭的金融资产累积，实质是要提升贫困对象的人力资本、社会资本等可持续生计的能力，要增进贫困群体对未来生活的信心。因此，"收入式支农"转型升级为"资产式支农"就显得尤为紧迫和必要了。

（二）理论背景

本研究的理论背景主要是基于学术界对乡村振兴理论与实践的研究现状。自从党的十九大报告提出乡村振兴战略以来，学术界就对乡村振兴进行了积极研讨。截至2022年4月30日，以"乡村振兴"为篇名，通过CNKI的详细文献检索，学术界总共产出了54557篇文章，从历史与现实、内涵与功能、实施条件与路径等多方面展开了多学科研究。通过系统地梳理这些文献，我们发现有关乡村振兴的学术积累呈现出几个特征。

第一，从学科视角看，通过经济学、社会学、政治学、公共管理学、法学等传统学科的角度进行研究的论著较多，从社会福利的角度来挖掘乡村振兴的本质及其形成过程的成果较少。持经济学学科视角的学者主要关注乡村振兴的产业振兴、银行金融服务乡村振兴[1]、工商资本参与乡村振兴[2]、农产品区域品牌化[3]、农户产业组织模式[4]等问题。持社会学学科视角的主要关注社会工作参与乡村振兴[5]、文化治理[6]、祖先崇拜[7]、民间信仰[8]等。政治学、公共管理学更多关注元治理[9]、乡村民主[10]、公共价值[11]、公共物品供给[12]等。法学更多关注乡村振兴促进法的法理解释与执行[13]。虽然不同学科的成果为乡村振兴的理论探索与战略落地提供了知识基础与指导，但是未能揭示乡村振兴的最终目标与实质。我们认为，乡村振兴是为了满足农民追求美好生活的需要，是要让亿万农民过上幸福生活。乡村振兴的实质就是提升农民的福利，包括主观福利与客观福利。农民幸福生活、福利

---

[1] 张少宁：《商业银行服务乡村振兴的普惠路径》，《华南农业大学学报（社会科学版）》2021年第5期；张贺：《全面推进乡村振兴背景下数字普惠金融对我国西部经济增长的影响》，《云南民族大学学报（哲学社会科学版）》2021年第5期。

[2] 冯娟：《工商资本参与乡村振兴的内涵与路径》，《西北农林科技大学学报（社会科学版）》2021年第5期。

[3] 李耀东：《农产品区域品牌助推乡村振兴的作用机理和实施路径研究》，《经济问题》2021年第9期。

[4] 蔡晓琳、方凯、张倩秋：《乡村振兴背景下农户产业组织模式的选择》，《统计与决策》2021年第15期。

[5] 尚静、张和清：《从脱贫攻坚到乡村振兴：社会工作的实践逻辑及策略——以广东×村的社区减贫项目为例》，《中国农业大学学报（社会科学版）》2021年第4期；何雪松、覃可可：《社会工作参与乡村振兴的目标与定位：以城乡社会学为视角》，《西北民族研究》2021年第3期。

[6] 孙刚、罗昊：《乡村振兴背景下文化治理现代化的价值意蕴与政策路径》，《江汉论坛》2021年第7期；张新文、张龙：《乡土文化认同、共同体行动与乡村文化振兴——基于鄂西北武村修复宗族文化事件的个案启示》，《南京农业大学学报（社会科学版）》2021年第4期。

[7] 王秋月、郭亮：《乡村振兴视阈下的祖先崇拜及其功能——基于赣南农村的田野叙事》，《中南民族大学学报（人文社会科学版）》2021年第7期。

[8] 徐祖祥、罗张悦：《乡村振兴中民间信仰重塑的文化力实践逻辑——以贵州黔西南州望谟县H村苗族为例》，《中南民族大学学报（人文社会科学版）》2021年第7期。

[9] 唐任伍、叶天希、孟娜：《乡村振兴战略实施中元治理的优势、作用、路径和支撑》，《中国流通经济》2021年第9期。

[10] 王海娟：《乡村振兴背景下农村基层民主治理转型：制度空间、实现路径与当代价值》，《求实》2021年第5期。

[11] 刘雪梅：《乡村振兴中的公共价值实现》，《行政管理改革》2021年第8期。

[12] 钱全：《乡村振兴背景下公共品供给模式类型及其治理分化》，《学习与实践》2021年第7期。

[13] 孙佑海、王操：《乡村振兴促进法的法理阐释》，《中州学刊》2021年第7期。

获得正是福利社会学的重要研究内容，从福利社会学角度看，乡村振兴是一种大福利，包含经济、社会、文化、生态、政治等福利项目。因此，从福利社会学研究乡村振兴，可能更易抓住乡村振兴的目标及其实现过程。

第二，虽然乡村振兴领域的研究文献已较为丰富，但是以往的成果要么偏向宏观政策探讨或抽象的理论思辨，要么偏向微观的经验研究或局限于某个村庄的个案研究，从中观理论角度基于较多村庄调研基础上进行类型学理论建构与实证分析的成果还较少。从宏观层面，对乡村振兴的产生背景、历史演进、政策意涵、功能路径等进行理论思辨式的规范研究，有利于我们理解乡村振兴在不同学科学术体系中的知识谱系，也有利于国家的顶层设计和政策优化，但是中国农村数量众多、资源禀赋差别太大，宏观研究很难对基层有指导作用，而且由于缺乏一手调查的资料支撑，有些结论尚待验证。微观层面的研究成果虽然有丰富的实地资料佐证，但是存在知识碎片化、经验主义、自说自话、未能和已有的理论进行有效对话的问题。中观层面的研究对宏观、微观两种视角能够扬长避短，既能进行理论构建，又有实证经验支撑。本项目拟进行的资产型乡村振兴研究，是构建中国农村资产建设理论本土化的尝试，也是中国乡村振兴实践的一种理论概括，虽然它不一定能代表中国所有村庄的乡村振兴实践，但能够反映中国乡村振兴的许多共同特征或属性。

第三，从研究视野看，以往的学术产出更多从缺乏视角、外部支持、文化主位等角度进行乡村振兴的理论探索与对策提出。持"缺乏视角"的研究者，总是带着一副充满"不足""问题"的镜片看农村，将农村看作没有资源、贫困落后、需要外来援助的社区。因此，乡村振兴应该更多依靠政府、外部社会组织或企业等主体的帮助。政府要优化财政政策、加大财政投入、调整财政结构[1]，还要继续下派"第一书记"，更要在土地利用、农村基础设施建设、社会保障制度[2]等给予更多的政策支持和人力、物力、财力投入。有些学者建议专业社工机构、社区发展协会、慈善机构等外部社会组织要主动介入乡村，或者由政府购买社会组织服务，推动乡

---

[1] 杨远根：《国内大循环、乡村振兴与财政政策优化》，《改革》2021年第8期。
[2] 张震宇：《乡村振兴背景下完善农村地区基本社会保障制度的思考》，《农业经济》2021年第7期。

村振兴。还有些学者提出民间资本、国有企业等与农村共建,通过资金、人才、服务等助力乡村振兴①。诚然,政府、社会组织、企业等外部力量的帮助对乡村振兴战略的实施有很大的作用,但是,不管是政策执行、公共财政分配、项目落地还是公共服务的使用、评价等,都离不开村干部、村民的参与。譬如,在"厕所革命"中,公厕要建在村里的哪个位置,既不会影响敏感人群、导致纠纷,又不会变成摆设,只有村民、村干部最清楚,因为他们掌握大量的"地方性知识"。事实上,每个乡村都有自己的土地、山、水、林等自然资源,也有掌握生产生活技能的民间高手,在政界、商界、业界已功成名就的乡贤等人力资源,还有一定的历史文化资源。因此,如何切换视角,将村民、村干部视为充满地方知识、拥有专长的主体,调动他们盘活乡村已有的资源、关系,促进乡村振兴是理论界与实务界要给予更多关注的问题。

二 研究问题与研究目标

基于上述乡村振兴实践中农村人、财、地、物等要素存在的现实情况和相关学术文献的研究缺憾,本文将研究问题聚焦于:农村社区如何立足于自身的资源优势,充分调动社区成员的积极性,在政府相关部门的协助下,盘活各种资源、社会关系,进行社区资产建设②,促进乡村振兴。具体而言,我们将关注以下5个方面的问题。

(1)农村社区组织资产建设对乡村振兴有何功能?功能形成的机理是什么?如何通过社区组织资产建设推动乡村振兴?

(2)农村社区金融资产建设有哪些类型?它们对乡村振兴有何福利效应?影响福利效应形成的因素是什么?如何通过社区金融资产建设推动乡村振兴?

(3)农村社区自然资源资产的福利效应是什么?福利生产的过程机制是怎样的?如何通过社区自然资源资产促进乡村振兴?

(4)农村社区实物资产对乡风文明、农民生活质量提升有哪些影

---

① 左正龙:《新制度经济学下的绿色金融服务乡村振兴》,《财会月刊》2021年第13期。
② 本文讲的资产不是会计学意义上的资产,而是社会政策意义上的有形资产,主要包括乡村振兴所需要的人、财、地、物等要素,具体指农村社区组织资产、金融资产、自然资源资产和实物资产。关于资产、资产建设的概念说明,详见第二章第一节。

响？其中的过程机理是什么？农村社区实物资产促进乡村振兴的路径有哪些？

（5）乡镇政府如何运用资产为本的社区发展策略促进乡村产业振兴？

通过以上5个问题的实证研究，本文的研究目标是：从福利社会学角度研究农村社区资产建设与乡村振兴的关系，试图构建乡村振兴的一种理想类型（资产型乡村振兴），阐述它的分析框架与实践路径，以推进资产建设理论的本土化研究，为同类型地区的乡村振兴提供参考。

第二节　文献述评

一　关于乡村振兴与农村社会福利的研究

学术界直接将乡村振兴与农村社会福利结合起来研究的成果还比较少见。少量的成果主要是介绍东亚乡村振兴的社会政策。比如，田毅鹏运用历史分析法，以日本乡村振兴的政策变迁为例，指出东亚发展模式不只是工业化、城市化的典型，而且是乡村振兴社会政策的一种典型。以日本乡村振兴政策为例，它是社会政策嵌入产业政策的过程，社会政策的色彩越来越浓。比如，日本通过立法、行政手段出台了解决城乡不平等、乡村过疏化、农村组织化、一村一品与农民当地就业的社会政策[①]。因此，我们分别从乡村振兴、农村社会福利两个领域对相关文献进行回顾。

（一）乡村振兴的理论与实践

1. 乡村振兴的功能

概括来讲，学者们认为乡村振兴是传统乡村建设、新农村建设的延续与发展，具有积极的正功能，有助于解决城乡发展不平衡问题，促进我国两个"百年目标"的实现。温铁军认为，乡村治理能够更好地解决粮食、耕地等基本问题[②]。徐俊忠认为，实施乡村振兴是体现我国基本国情的国

[①] 田毅鹏：《东亚乡村振兴的社会政策路向——以战后日本乡村振兴政策为例》，《学习与探索》2021年第2期。

[②] 温铁军：《中国大陆的乡村建设》，《开放时代》2003年第2期。

家战略，也是社会主义农村发展道路内在的逻辑要求①。有些学者认为，乡村振兴有利于解决中国城乡发展不平衡、农村区域发展失衡问题②，是从根本上解决"三农"问题的现实选择，有利于推进乡村振兴、推进全面建成小康社会和建设社会主义现代化国家③。叶兴庆认为，乡村振兴能够让农民享受更好的基础设施、公共服务、医疗服务等，也能够让城市居民享受更高质量的农产品④。

2. 乡村振兴的内涵

关于什么是乡村振兴的问题，学者们主要围绕"产业兴旺、生态宜居、乡风文明、治理有效、生活富裕"二十字方针展开阐述。一是关于产业兴旺的解读。许汉泽、徐明强认为，产业兴旺是产业扶贫的延伸，是小农户对接现代大市场的有效途径，要通过再造新集体经济来实现⑤。高帆认为，产业兴旺的内涵包括农村生产要素具有与其他产业大致持平的要素回报率；农村产业的创新贡献度或全要素生产率在持续提高；农村内部的产品结构更能契合居民变动的消费结构；农村产业融合形成对城乡居民需求的新供给体系⑥。朱启臻从农业社会学角度出发，认为产业兴旺不能局限于农业的进步，而是乡村的整体发展；不能只是提升农村的经济效益，而是要满足农民追求美好生活的需要⑦。二是关于生态宜居的阐释。孔祥智、卢洋啸认为，生态宜居是乡村生态与乡村宜居的有机统一，主要包括人居环境整治工作、生态保护、常态保洁、垃圾处理、厕所革命、危房改造等方面。肖黎明等借鉴绿色发展的指标构建测量生态宜居的指标体系，主要包含绿色生产（以化肥、农药等使用程度等测量）、绿色生活（以卫

---

① 徐俊忠：《"乡村振兴战略"：不可淡忘的国情逻辑和社会主义底色》，《经济导刊》2018年第2期。
② 郭晓鸣：《乡村振兴战略的若干维度观察》，《社会科学文摘》2018年第8期。
③ 张海鹏、郜亮亮、闫坤：《乡村振兴战略思想的理论渊源、主要创新和实现路径》，《中国农村经济》2018年第11期。
④ 叶兴庆：《新时代中国乡村振兴战略论纲》，《改革》2018年第1期。
⑤ 许汉泽、徐明强：《再造新集体经济：从"产业扶贫"到"产业兴旺"的路径探索——对H县"三个一"产业扶贫模式的考察》，《南京农业大学学报（社会科学版）》2020年第4期。
⑥ 高帆：《乡村振兴战略中的产业兴旺：提出逻辑与政策选择》，《南京社会科学》2019年第2期。
⑦ 朱启臻：《乡村振兴背景下的乡村产业——产业兴旺的一种社会学解释》，《中国农业大学学报（社会科学版）》2018年第3期。

生厕所普及率、饮用水安全、沼气使用情况、医保程度等测量)、绿色环境(以湿地建设、森林覆盖率等测量)三个维度①。三是关于乡风文明的界定。乡风,即乡村社会的风尚或者风气,是村民的风俗习惯、道德观念、传统信仰、价值追求等方面的集合,是乡村习性和村民精神风貌的综合表现②。四是关于治理有效的阐述。李华胤认为,治理主体多元化是治理有效的重要指标③。治理主体包括乡村内部主体和外部主体。前者主要有农村自治组织、"老干部、老党员、老战士、老专家、老教师"等乡村精英以及"富人、能人、老好人、狠人"。后者主要有扶贫干部、驻村书记和外来企业。贺雪峰认为,中坚农民也是乡村治理主体的重要组成部分。中坚农民指"收入在村庄、社会关系也在村庄、家庭生活完整、收入水平不低于外出务工家庭的新生中农群体"④。中坚农民一般占到农户总数的百分之十至百分之二十五,是乡村治理有效的主体。杨磊、徐双敏认为,中坚农民是推动乡村振兴的理想主体,能够促进乡村治理的稳定性与能动性⑤。五是关于生活富裕的定义。卢泓钢等认为,生活富裕不仅要增加农民收入,还要提升农民的生活质量⑥。生活富裕与生活宽裕虽然只有一字之差,内涵却丰富许多,它是从简单的收入增加延伸到消费升级和社会保障、公共服务等的完善,体现农民对美好生活的追求⑦。

3. 乡村振兴的困境

学术界关于乡村振兴推进过程中面临的问题,主要聚焦在人、财、地、文等方面。一是人才困境。乡村产业兴旺、乡风文明、生态宜居、治

---

① 肖黎明、张润婕、肖沁霖:《中国农村生态宜居水平的动态演进及其地区差距——基于非参数估计与 Dagum 基尼系数分解》,《中国农业资源与区划》2021 年第 3 期。

② 刘伟伟:《新时代文明实践中心建设:打造湖北乡风文明的助推器》,《学习月刊》2019 年第 11 期。

③ 李华胤:《治理型中坚农民:乡村治理有效的内生性主体及作用机制——基于赣南 F 村的调查》,《理论与改革》2021 年第 4 期。

④ 贺雪峰:《论中坚农民》,《南京农业大学学报(社会科学版)》2015 年第 4 期。

⑤ 杨磊、徐双敏:《中坚农民支撑的乡村振兴:缘起、功能与路径选择》,《改革》2018 年第 10 期。

⑥ 卢泓钢、郑家喜、陈池波:《中国乡村生活富裕程度的时空演变及其影响因素》,《统计与决策》2021 年第 12 期。

⑦ 叶兴庆:《新时代中国乡村振兴战略论纲》,《改革》2018 年第 1 期。

理有效等各方面工作都需要人才①，但是，农村人才外流严重，留守人员年龄偏大、数量少，乡村治理、农业生产面临人才短缺的问题②。实施乡村振兴战略，农村基层党组织是核心，是"带头人"③，但是，农村基层党组织面临综合能力较弱、年轻干部流失等问题④。二是资金困境。公共财政支农面临刚性增长与财政"过紧日子"之间的矛盾。中国乡村进入脱贫攻坚以来，财政支农的金额逐年增多，2019 年，中央补助地方专项扶贫资金 1260.95 亿元，比 2018 年增加 200 亿元，增长 18.85%。全面推进贫困县涉农资金整合试点，全年整合资金超过 4000 亿元，但是，我国宏观经济下行压力加大，特别是新冠肺炎疫情对经济发展的冲击甚大，中央和地方财政恢复增长需要一定的周期。各级财政支出都在"过紧日子"，要保持脱贫攻坚的惯性，通过盘活财政资金、调整财政结构支持乡村振兴的空间日益狭小⑤。三是土地困境。包括乡村振兴与新型城镇化协同发展中的征地拆迁难题⑥、农村集体经营建设用地可否入市⑦、宅基地能否流转⑧等问题。四是文化困境。乡村文化建设长期存在"行政包办"问题，导致文化供需错位、资源空置浪费等困境⑨。一些人存在过度迷恋城市文化、城市生活方式，对乡村文化失去自信，农耕文明、乡村价值观面临丧失困境⑩。

---

① 朱启臻：《乡村最突出的"短板"是人才短板》，《农村工作通讯》2020 年第 7 期。
② 杨璐璐：《乡村振兴视野的新型职业农民培育：浙省个案》，《改革》2018 年第 2 期。
③ 聂继红：《乡村振兴战略背景下农村基层党组织建设的困境与路径》，《宁夏党校学报》2021 年第 1 期。
④ 霍军亮、吴春梅：《乡村振兴战略背景下农村基层党组织建设的困境与出路》，《华中农业大学学报（社会科学版）》2018 年第 3 期。
⑤ 孙玉栋、李浩任：《乡村振兴战略实施中财政引导市场机制参与的模式、问题及对策研究》，《公共管理与政策评论》2021 年第 4 期。
⑥ 郭艳：《特色小镇建设中失地农民问题的应对之道——乡村振兴战略背景》，《社会科学家》2020 年第 8 期。
⑦ 王量量、王珺、刘佳欣：《集体经营性建设用地入市的利益格局研究——以北京大兴区试点为例》，《城市发展研究》2021 年第 5 期。
⑧ 赵新潮：《"三权分置"背景下宅基地流转制度的反思与重构——基于法定租赁权设想之审视》，《社会科学战线》2021 年第 2 期。
⑨ 毛一敬、刘建平：《乡村文化建设与村落共同体振兴》，《云南民族大学学报（哲学社会科学版）》2021 年第 3 期。
⑩ 高静、王志章：《改革开放 40 年：中国乡村文化的变迁逻辑、振兴路径与制度构建》，《农业经济问题》2019 年第 3 期。

此外，还存在传统村落保护的法律缺失①、宗教文化在乡村影响过大②等困境。

4. 乡村振兴的推进路径

如何推进乡村振兴，学术界进行了积极探索。归纳起来，现有文献主要集中在"五大振兴"的研究。一是产业振兴。王薇、李祥的研究发现，通过关系与话语契合实现主体再造、通过资本与技术耦合实现资源互补、通过制度与法律协调实现功能升级，能够构建农业产业集群助推产业振兴的治理体系③。望超凡认为，要发挥村社主导作用，实现外来资本与本地资源的有机衔接，推进产业振兴④。梁秀娟等通过社工行动研究发现，以文化符号为载体，增强村民的文化记忆和文化认同感，提升村民参与村庄共同事务，可以实现以文化建设促进产业振兴的目标⑤。二是人才振兴。田书芹、王东强认为，可从制度供给、资源统筹、整体性治理三个方面推进乡村振兴⑥。制度供给侧重指农村各类人才的教育培训制度、职称评审、社会保障制度。资源统筹主要指激励性资源与保障性资源，前者包括农村各类人才的待遇、发展空间，后者包括农村公共基础设施、公共服务、生态环境等，这两类资源都是为了吸引、留住乡村人才。整体性治理主要指乡村人才规划、财政投入、社会力量参与人才队伍建设。杨旸认为，应对村级人才进行系统分类，通过教育培训、吸纳利用、挂职借调的方式夯实乡村人才队伍之基⑦。刘志秀将乡村人才分为内生型与嵌入型，要通过基

---

① 马洪伟：《乡村振兴战略视域下传统村落的价值审视与制度保护》，《中国农村研究》2019年第1期。

② 欧阳雪梅：《振兴乡村文化面临的挑战及实践路径》，《毛泽东邓小平理论研究》2018年第5期。

③ 王薇、李祥：《农业产业集群助推产业振兴：一个"主体嵌入—治理赋权"的解释性框架》，《南京农业大学学报（社会科学版）》2021年第4期。

④ 望超凡：《村社主导：资本下乡推动农村产业振兴的实践路径》，《西北农林科技大学学报（社会科学版）》2021年第3期。

⑤ 梁秀娟、郭嘉欣、谭晶晶：《"以文促产"，黑皮冬瓜种植走出产业振兴路》，《中国社会工作》2021年第13期。

⑥ 田书芹、王东强：《乡村人才振兴的核心驱动模型与政策启示——基于扎根理论的政策文本实证研究》，《江淮论坛》2020年第1期。

⑦ 杨旸：《乡村人才是乡村振兴的重要力量》，《人民论坛》2021年第16期。

层党建、技能培训、城乡人才融合机制、建立人才库等措施促进人才振兴[1]。三是文化振兴。乡村文化振兴关键要依靠广大村民的积极参与，不管是政府的文化建设投入，还是乡村内部的文化组织建设，都要唤起村民的文化认同和记忆，形成文化共同体，才能调动村民参与乡村文化建设[2]。在全球化时代，学者们研究乡村文化振兴不能将目光局限于小乡村，而应从"全球通道—地方蜂鸣"互动的角度看待乡村文化，在双循环新发展格局下，处理好乡村文化的本土化、特色化与全球化、城市化的关系[3]。四是生态振兴。张俊飚、王学婷认为，乡村生态振兴要从理念、制度和产业三个层面入手，理念上要倡导绿色生活方式、农业生产消费要绿色化；制度上要制定完善乡村生态规划和环境保护体系；产业上要加强生态产品开发、推进碳汇产业发展[4]。许胜晴从法治角度，提出乡村生态振兴的法治保障，要提高乡村环境违法成本，建立环境污染受害者援助机制，确保乡村振兴的生态化、可持续化[5]。冯旭从共同体建设的角度，提出通过健全乡村生态环境多元合作治理的法律规范、落实多主体权责义务、建立多主体协商机制、强化环境治理监督检查和奖惩机制，推动乡村生态振兴[6]。五是组织振兴。苑丰、金太军认为，乡村组织振兴要通过行政、社区、市场"三重赋权"实现，行政赋权为组织振兴提供政策资源、项目资金和试点合法性；社区赋权创新了组织振兴的动员方式、组织结构和职能定位；市场赋权为组织振兴提供了资源要素的配置方式[7]。唐斌尧等认为，要强化农村基层党组织权威，破解"政经社"合一的乡村治理体制，通过政

---

[1] 刘志秀：《乡村人才振兴：内生型与嵌入型主体的治理效能》，《云南行政学院学报》2021年第2期。

[2] 张新文、张龙：《乡土文化认同、共同体行动与乡村文化振兴——基于鄂西北武村修复宗族文化事件的个案启示》，《南京农业大学学报（社会科学版）》2021年第4期。

[3] 齐骥、〔美〕特里·N.克拉克、亓冉：《双循环格局下"全球—地方"互动的乡村文化振兴》，《山东大学学报（哲学社会科学版）》2021年第3期。

[4] 张俊飚、王学婷：《乡村生态振兴实现路径的对策思考》，《中国地质大学学报（社会科学版）》2021年第2期。

[5] 许胜晴：《论我国乡村振兴的生态化发展及其法治保障》，《西北大学学报（哲学社会科学版）》2021年第2期。

[6] 冯旭：《乡村振兴中的农村生态环境治理共同体建设》，《甘肃社会科学》2021年第3期。

[7] 苑丰、金太军：《行政、社区、市场：乡村组织振兴"三重赋权"的内在逻辑》，《理论与改革》2021年第4期。

经、政社分离，理顺基层党组织与集体经济组织、自治组织、社会组织、党群服务中心等的关系，同时以村干部职业化、专业化为抓手推动组织振兴[①]。

（二）关于农村社会福利的理论与实践

1. 农村社会福利的理念与目标

景天魁认为，农村社会福利要以"底线公平 + 普遍整合"为指导，"底线公平"要求先将农村社会福利覆盖面建立起来，重点在最低生活保障制度、公共卫生服务、大病救助、义务教育等项目，起初福利水平可较低，后续再逐步提升保障水平[②]。"普遍整合"中的"普遍"指社会福利对象的城乡无差异性、内容的全面性、服务形式的综合性、供给主体与方式的多元化。"整合"指城乡社会福利制度体系、政策体系、管理信息系统以及监督体系的整合，其实质是城乡社会福利的一体化。李迎生、刘庆帅认为可借鉴生命历程理论审视社会福利政策的发展，相应的农村社会福利的目标也应该达到党的十九大提出的"幼有所育、学有所教、劳有所得、病有所医、老有所养、住有所居、弱有所扶"，满足农民对美好生活的需要[③]。聂建亮、吴玉凡认为应将农村社会福利融入乡村社会治理体系[④]。基层政府要通过社会保险、社会救助、社会优抚等保障资源，借助乡村干部、村民、社会组织等主体的力量，促进社会福利与乡村社会治理的协同。理念要坚持以以人为本、法治和提升村民能力为主，目标是化解矛盾、促进公正、激发活力、推动和谐。熊景维等认为，农村社会保障功能在于反贫困，应通过政策精准定位、制度激励等措施，缓冲社会保障的减贫失灵[⑤]。

[①] 唐斌尧、谭志福、胡振光：《结构张力与权能重塑：乡村组织振兴的路径选择》，《中国行政管理》2021年第5期。

[②] 景天魁：《探索适合中国的民生建设新路》，《学习与探索》2019年第8期。

[③] 李迎生、刘庆帅：《生命历程理论视野下我国社会政策的创新发展——围绕民生建设"七有"目标的分析》，《江苏行政学院学报》2021年第1期。

[④] 聂建亮、吴玉凡：《乡村振兴战略背景下社会保障参与农村社会治理路径分析》，《济南大学学报（社会科学版）》2020年第2期。

[⑤] 熊景维、于丹丹、季俊含：《农村社会保障减贫的局部失灵：一个政策过程分析的视角》，《中国行政管理》2021年第6期。

2. 农村社会福利的内涵与类型

景天魁认为社会福利有大福利与小福利之分①。大福利的提法更能与国际接轨。在国际社会保障学界，社会福利（Social Welfare）的外延要大于社会保障（Social Security），即广义福利或称大福利的意思。以大福利来理解，农村社会福利包括社会保险、社会优抚、社会救助、民政福利（狭义上的福利或小福利）、社会服务、慈善事业等。与此不同，郑功成主要以小福利界定农村社会福利，将农村社会福利视为社会保障的一个项目。他将社会保障分为法定和补充两类②。以此类推，农村社会保障的法定项目包括农村社会保险（养老保险、医疗保险）、农村社会救助、农村社会优抚、农村社会福利（儿童、老人、妇女福利）；补充项目包括农村慈善事业、农村互助保障、农村商业保险。高和荣根据福利保障水平、责任承担主体、民众需求层次，将社会福利分为托底型、基本型、改善型和富裕型。其中托底型民生保障对农村社会福利的建设（尤其是脱贫攻坚）具有重要指导意义③。

3. 农村社会福利的推进路径

萧子扬认为应积极发展"农村社会福利社区化"，将农村社区作为社会福利供给的补充和场域。农村社区福利作为集体化、社会化福利的有机补充，可实行社区福利联盟，不同乡村进行互助，同时要防范福利风险④。王曙光、王丹莉认为，农村社会福利要积极吸收乡村社会网络、社区文化、伦理道德等元素，与脱贫攻坚相衔接，将政府财政投入和村庄集体经济相结合，构建"集体—国家—家庭"多层次、多元化的新型社会福利体系⑤。部分学者分别从农村社会养老保险⑥、医

---

① 景天魁：《探索适合中国的民生建设新路》，《学习与探索》2019 年第 8 期。
② 郑功成：《面向 2035 年的中国特色社会保障体系建设——基于目标导向的理论思考与政策建议》，《社会保障评论》2021 年第 1 期。
③ 高和荣：《论托底型民生》，《北京师范大学学报（社会科学版）》2020 年第 3 期。
④ 萧子扬：《农村社会保障社区化：2020 "后脱贫时代"我国乡村振兴的路径选择》，《现代经济探讨》2020 年第 3 期。
⑤ 王曙光、王丹莉：《中国农村社会保障的制度变迁与未来趋势》，《新疆师范大学学报（哲学社会科学版）》2020 年第 4 期。
⑥ 郑秉文：《非缴费型养老金："艾伦条件"下农村养老保险制度变迁与改革出路》，《社会科学文摘》2020 年第 6 期。

疗保险①、最低生活保障制度②、农村社会服务③等角度提出完善农村社会福利体系的政策建议。

上述成果为乡村振兴的社会政策研究奠定了基础，但也存在一些值得深入研究之处。一是侧重政府本位，忽视了农村社区自身在社会政策与乡村振兴中的积极作用。诚然，政府的政策供给、公共财政对乡村振兴是非常重要的，但当公共资源投向某一乡村时，资源怎么分配给最合适的人、项目建设在哪个位置、优先建设什么项目，这些只有当地村干部和村民最清楚，因为他们掌握大量的地方性知识。虽然有个别研究也强调要发挥村民的主体作用，但只是停留于理论推演，缺乏实证支撑。二是侧重问题为本的缺乏视角，忽视了资产为本的优势视角。以"缺乏"视角介入贫困农村，农村将是一个匮乏的社区，即它要依靠外来的服务，村民只能处于被动、无力、依赖外在援助的位置，而以"优势"视角介入，贫困农村将被视为一个充满资源、潜力的社区，村民的技能、特长将被充分地用来推动乡村发展④。事实上，每个乡村都有自己的自然资源、人力资源、社会资源等，关键是如何盘活。因此，辨别并建立农村社区的优势与资源，促进农村社区自我造血与可持续发展成为农村社会政策关注的重要趋势。因此，辨别并建立农村社区的优势与资源，促进农村社区自我造血与可持续发展成为农村社会政策关注的重要趋势。三是缺乏类型学研究。虽然乡村振兴、农村社会福利的研究成果已比较丰富，为乡村振兴的社会政策研究提供知识基础和方法论指导，但是现有成果仍然比较零碎，要么停留于宏观抽象的理论研究，要么停留于问题—对策式的政策思考，要么陷入过细的实证探索，缺乏学理与政策相结合的类型学建构。考虑到乡村振兴的最终目标是提升农民的福祉，让亿万农民过上幸福生活，本项目将乡村振兴视为一种大福利来探讨这种福利是如何产生的。

---

① 胡绍雨：《完善农村合作医疗制度的财政思考》，《财政科学》2020 年第 12 期。
② 贺雪峰：《精准扶贫与农村低保的制度绩效问题》，《江苏行政学院学报》2019 年第 3 期。
③ 郑吉友、娄成武：《我国农村医养结合型养老服务体系构建研究》，《改革与战略》2021 年第 2 期。
④ Green, G. P., Goetting, A., *Mobilizing Communities: Asset Building as a Community Development Strategy*, United States of America: Temple University Press, 2010, p. 161.

二 关于发展型社会政策的理论与实践

发展型社会政策的演变与内容。当我们谈及发展型社会政策的理论，就离不开回顾社会政策的演变。社会政策的发展大致经历了几个阶段。一是政治经济学色彩阶段。从严格的学术意义上讲，社会政策起源于19世纪70年代的德国。最早提出社会政策概念的是德国经济学者瓦格纳。他认为，"社会政策是通过立法或行政手段，以排除分配过程弊害的国家政策"[①]。瓦格纳的定义与当时德国收入分配不公、劳资矛盾尖锐、贫困人口增加等因素密切相关。这个定义具有较浓的政治经济学色彩。二是社会行政色彩阶段。到了20世纪50年代，受费边福利国家主义的影响，社会政策呈现社会行政的色彩。英国社会学者马歇尔认为，社会政策是政府向市民提供服务或收入，其核心内容包括社会保险、公共（国家）救助、健康和福利服务以及住房政策[②]。英国社会政策学者蒂特姆斯认为，社会政策的主要研究对象是社会福利、财政福利与职业福利[③]。黄晨熹认为，社会政策的研究对象就是广义的社会服务[④]。三是社会福利社会化阶段。进入20世纪70—90年代，西方福利国家出现危机，有限的公共财政难以支撑高额的社会福利支出，人们重新讨论社会福利的责任结构问题。市场、社会组织、家庭、个体逐步开始分担社会福利责任，社会政策的政府责任逐步减小。在此阶段，社会政策的社会行政色彩变淡，逐步体现社会福利社会化的特征。四是发展型社会政策1.0阶段。进入90年代以后，学者们对社会政策的目标与模式进行了重新定位，社会政策逐步转向生产主义，呈现社会投资特征。这种转向以哈尔、梅志里等提出的发展型社会政策为标志。其主要观点就是社会政策不只是社会支出，也是一种生产力，能够促进经济发展的社会投资。五是发展型社会政策2.0阶段。1.0与2.0阶段的划分主要源于社会政策所处的时代不同，前者指工业时代，后者指数字经济时代。发展型社会政策2.0是对1.0版本的丰富与拓展，主要特色在

[①] 曾繁正：《西方国家法律制度社会政策及立法》，红旗出版社1998年版，第202页。
[②] Marshall, T. H., *Social Policy*, London: Hutchinson University Press, 1965, p. 69.
[③] Titmuss, R. M., *Essays on "The Welfare State"* (2nd ed.), London: Allen & Unwin, 1964, p. 121.
[④] 黄晨熹：《社会政策概念辨析》，《社会学研究》2008年第4期。

于对人的价值的尊重①。与1.0版本一样，发展型社会政策2.0也重视社会政策对经济发展的社会投资价值，但2.0版本的"发展"还追求人的全面发展与经济社会发展的协同。发展型社会政策2.0认为，人不只是被动的受助对象，还能够通过角色扮演，积极参与经济社会发展，在此过程中，人的能力得到提升，实现人的发展与经济社会发展的双重目标。要达到这个目标，政府就要重视社会问题的上游干预，以及儿童投资、教育公平、工作家庭平衡、社区发展等社会政策。

发展型社会政策的性质。发展型社会政策是一种积极社会政策，是对托底型社会政策的拓展。王思斌认为，积极社会政策包括积极的社会政策内容和积极的社会政策执行。前者指社会政策内容要满足政策对象的多重需要，而不只是解决政策对象的生存问题；后者指社会政策的科层组织对政策对象的诉求要及时回应，要有效执行社会政策，不能上有政策、下有对策，敷衍了事②。托底型社会政策要有发展维度，实现社会政策的发展性托底。其基本内涵包括以下两点。（1）政策内容的发展性，不应该消极地面对困难群体，而应积极化解矛盾与问题，通过社会投资、社会企业，促进政策对象的社会资本建设和人力资本提升③。（2）将政策对象作为发展的主体。要看到政策对象的主体性、能动性，用优势视角看待边缘群体。因为他们也有自己的发展韧性④。

发展型社会政策产生的动力。一是执政理念的变化。为什么中国会主动实施社会政策、提供公共物品？传统西方文献的解释是威权主义论。这种观点认为，威权主义国家的领导层害怕国民叛乱，不得不从表面上做出积极提供社会福利政策的姿态，事实上所提供的社会福利水平是低下的⑤。与威权主义论不同，经济社会发展协同论认为，中国进入21世纪后，中国领导层虽然认为经济发展是首位的，但是不能忽视社会政策，提

---

① 徐晓新、张秀兰：《数字经济时代与发展型社会政策的2.0》，《江苏社会科学》2021年第1期。
② 王思斌：《积极托底的社会政策及其建构》，《中国社会科学》2017年第6期。
③ 〔英〕安东尼·哈尔、詹姆斯·梅志里：《发展型社会政策》，罗敏等译，社会科学文献出版社2006年版，第105页。
④ 王思斌：《社会韧性与经济韧性的关系及建构》，《探索与争鸣》2016年第3期。
⑤ Hanson, G., Coalitions, Carrots and Sticks, "Economic Inequality and Authoritarian States," *Ps Political Science & Politics*, Vol. 42, No. 4, April 2009, pp. 667–672.

出了科学发展观，追求经济社会统筹发展。这种新发展理念决定了中国政府高度重视农民的民生保障，出台或改革了许多农村社会政策[①]，以提升农民的获得感。比如，取消农业税、推行新型农村合作医疗保险制度、推广新型农村养老保险制度等。换言之，进入 21 世纪，中国政府在农村的社会政策实践其实与西方发展型社会政策的理念是不谋而合的。二是冲突功能论。按照科塞的观点，冲突并非都是坏事（负功能），冲突也有正功能，能够促进社会整合、推动社会进步。2003 年 SARS 病毒在广东暴发，引发了一场公共卫生危机，但是，这场危机也触发了中国政府更加重视公共卫生体系建设。SARS 疫情结束后，中国政府加大卫生防疫经费投入，在全国各地建设疾病预防控制中心，尤其是大幅度增加农村地区的卫生经费投入。SARS 疫情是中国新型农村合作医疗制度产生的动因[②]。SARS 疫情也让中国政府明白，不仅要重视经济发展，也要重视公共卫生等社会事业，要促进经济社会发展的平衡。

孔凡飞、龚松认为，发展型社会政策与乡村振兴具有内在契合性，乡村振兴主要是盘活贫困地区的内部资源，而不再仅仅依靠政府或社会的外部援助。比如，通过开发当地产业资源促进产业振兴，盘活当地人力资源促进人才振兴，开发当地生态资源实现生态振兴，激活当地组织资源实现组织振兴，挖掘当地文化资源实现文化振兴。这些都蕴含了发展型社会政策的思想。发展型社会政策视角下的乡村振兴路径包括：发展乡村教育，投资人力资本，阻断贫困的代际传递；给贫困家庭给予免息或低息贷款，引导他们根据乡村地方实情，发展特色产业；注重乡村组织参与、农民个体力量的贡献，而不是依赖政府[③]，但是，他们的观点只是理论臆想，没有通过系统深入的实证研究进行验证。

---

① Miller, M. K., "Electoral Authoritarianism and Human Development", *Comparative Political Studies*, Vol. 48, No. 12, October 2015, pp. 349 – 370.

② Duckett, J., Wang, G., "Why do Authoritarian Regimes Provide Public Goods? Policy Communities, External Shocks and Ideas in China's Rural Social Policy Making", *Europe – Asia Studies*, Vol. 69, No. 1, January 2017, pp. 92 – 109.

③ 孔凡飞、龚松：《发展型社会政策视角下乡村振兴路径分析》，《黑河学刊》2020 年第 2 期。

发展型社会政策是研究乡村振兴战略值得借鉴的，但它主要停留于理念层面的探讨，缺乏实证研究，且主要以国外乡村的社会事实为背景，因此，很有必要在中国乡村社会文化背景下研究中国乡村发展型社会政策的理论与实践。

三 关于资产建设的理论与实践

（一）资产建设社会政策的理论研究

1. 资产建设的社会福利理念

一是融入"生命历程"概念的积极福利观。贝克（Beck）的风险社会理论认为，风险是现代社会的基本特征，风险从制度性的管控空间转移到个体性的个人决策领域，使得个体直接处于全球化的风险处境中[1]。换言之，每个人（尤其是脆弱群体）在不同人生阶段都可能面临社会风险。因此，福利国家被要求建立适应生命历程变迁的新社会保护机制。资产建设理念强调人生长期发展的社会福利效应，在很大程度上与西方社会福利制度的生命历程转向是契合的[2]。两者都强调运用制度化的手段提升穷人应对风险的能力。资产建设社会政策强调通过税收、个人发展账户、贷款、金融储蓄、住房等政策工具，让穷人或贫困家庭拥有资产。"收入—消费"型的救助政策强调救急救穷，但缺乏一个让救助对象累积优势与资产的机制。"资产—储蓄"型社会政策的意义在于通过制度化渠道，让救助者积累可持续生计所需的各种资本，以应对生命历程不同阶段可能出现的风险[3]。

二是以提升个体或家庭抗逆力为导向。抗逆力是个体、家庭、社区或政府等社会单位在受到外部压力冲击或挫折打击下，迅速恢复到原状的能力[4]。收入为本的社会政策停留于给受助者货币，保障受助对象的基本生存权利，只能保障受助对象"饿不死"。当受助对象碰到外部风险（尤其

---

[1] 〔德〕乌尔里希·贝克：《风险社会》，何博闻译，译林出版社2004年版，第117页。

[2] Midgley, J., "Center for Social Development Assets in The Context of Welfare Theory: A Developmentalist Interpretation", *Social Development Issues*, Vol. 31, No. 35, January 2003, pp. 171–192.

[3] 邓锁：《生命历程视域下的贫困风险与资产建设》，《社会科学》2020年第11期。

[4] 张琦、薛亚硕、杨铭宇：《脱贫户抗逆力水平测度与差异分析——以燕山—太行山片区为例》，《西北农林科技大学学报（社会科学版）》2021年第6期。

是生存风险）时，很难独当一面，渡过险滩。资产建设社会政策，以资产建设与管理为平台，提升受助者的人力资本、社会资本，让他们自己有能力克服困难①。比如，将受助对象集中起来进行金融知识、技能的教育培训。通俗地讲，收入为本的社会政策类似输血，资产建设社会政策类似造血。显然，让贫困对象能够自我造血才是帮助他们摆脱贫困或抗击各种生存风险的根本路径。

三是可持续发展的福利。资产建设社会政策着眼于未来、长期、可持续的消费，而收入为本的社会政策是一种只顾眼前、短期、短暂的消费。收入为本社会政策的基本逻辑是，贫困对象通过政府、家庭、就业获得的经济来源转换为生活必需品，消费这些生活必需品后，很快又需要新的救助，于是他们始终处于"贫困—受助—仍然贫困—又要受助"的贫困陷阱中。而政府的公共支出很难得到有效控制，穷人仍然是穷人。与收入为本的社会政策不同，资产建设社会政策的出发点是穷人应该拥有资产，并通过资产的建设与累积，最终摆脱贫困，获得永续幸福，这个过程可能是跨代的。资产建设社会政策指导下的儿童个人发展账户，能够帮助贫困儿童进行教育储蓄，帮助贫困儿童家庭提升金融理财能力，同时帮助贫困儿童家庭获得购房贷款、创业等，这些都可能阻断贫困的代际传递②。

四是社会投资。资产建设社会政策从字面表述看，就是社会学与经济学话语的交集，追求社会政策与经济政策的融合。与传统社会政策不同，资产建设社会政策将社会福利支出视为一种社会投资，视为一种能够促进经济发展的生产力，认为社会政策具有生产性、发展型的特征，而不是负担③。在传统社会政策框架里，帮助穷人拥有收入是主要的政策思路，资产是缺席的。资产主要由非穷人家庭掌握，资产不平等的鸿沟日益变大，

---

① Margaret Sherrard Sherraden, Lissa Johnson, Baorong Guo, William Elliott, "Financial Capability in Children: Effects of Participation in a School - Based Financial Education and Savings Program", *Journal of Family and Economic Issues*, Vol. 32, No. 3, September 2011, pp. 385 - 399.

② Huang, J., Sherraden, M., Clancy, M., et al., "Asset Building and Child Development: A Policy Model for Inclusive Child Development Accounts", *RSF The Russell Sage Foundation Journal of the Social Sciences*, Vol. 7, No. 3, August 2021, pp. 176 - 195.

③ Sherraden, M., "Asset building as Social Investment", *Journal of Sociology and Social Welfare*, Vol. 45, No. 4, April 2018, pp. 35 - 54.

威胁社会经济稳定。资产建设社会政策具有包容取向，试图让穷人的孩子从出生起就拥有个人发展账户。以个人发展账户的储蓄、投资、理财为平台，引导穷人及其子女掌握金融知识与技能，帮助他们结识更多的朋友，让他们更有效地参与经济活动[①]。提升贫困对象的金融能力是资产建设社会政策的核心工作。金融能力包括运用金融的知识、技能、动机、信心以及获得金融服务、政策的可及性。因此，资产建设社会政策为经济发展提供更丰富的人力资源、金融资本，是一种新的社会投资[②]。

2. 资产建设的内涵

谢若登认为，凡是广泛地和普遍性地促进公民和家庭（尤其是穷人）获得不动产和金融资产以增进他们的福利的方案、规则、法规法律，都属于资产建设社会政策[③]。那么，什么是资产？它有哪些类型？对此，资产建设社会政策理论的代表性学者谢若登进行了系统的阐述。

其一，什么是资产？在谢若登提出的资产建设理论体系中，资产属于社会政策话语，不同于会计学意义上的资产。具体而言，资产有两种内涵。一是金融财富的储蓄与增值。谢若登认为，资产是相对收入而言的[④]。资产与收入的关系类似池塘里的水和流出去的水的关系。资产是储蓄，收入是消费。对保障人的幸福生活而言，只拥有收入是不够的，必须还有资产。资产不仅有利于人们应对生活危机，还能够提升人们的投资理财能力。在快速发展的、以知识为基础的全球化社会里，个人或家庭的投资理财能力显得越来越重要[⑤]。二是社会权利与发展机会。资产具有政策包容性，所有社会成员都有权利、机会累积自己的资产。资产不是有钱人的专

[①] Sherraden, M. S., Birkenmaier, J., Collins, J. M., "Financial Capability for All: Training Human Service Professionals to Work with Vulnerable Families", *Journal of Consumer Affairs*, Vol. 53, No. 3, September 2019, pp. 869 – 876.

[②] Caplan, M. A., M. S. Sherraden, Bae, J., "Financial Capability as Social Investment", *Journal of Sociology and Social Welfare*, Vol. 45, No. 4, April 2018, pp. 147 – 167.

[③] 〔美〕迈克尔·谢若登：《资产与穷人——一项新的美国福利政策》，高鉴国译，商务印书馆2005年版，第105页。

[④] Sherraden, M., *Asset Building Research and Policy: Pathways, progress, and Potential of a Social Innovation*, in New York, N. Y.: Palgrave Macmillan, 2014, pp. 263 – 284.

[⑤] Sherraden, M., Huang, J., Zou, L., "Toward Universal, Progressive, and Lifelong asset building: Introduction to the Special issue on Inclusive Child Development Accounts", *Asia Pacific Journal of Social Work and Development*, Vol. 29, No. 2, January 2019, pp. 1 – 5.

利,资产不平等应该得到减少甚至消除。每个人要获得金融保障,就必须拥有金融能力和获得资产的机会与权利。通过资产建设,人人可获得受教育、购房、体面的退休生活和其他社会发展目标。

其二,资产有哪些类型?在资产建设社会政策理论体系中,资产可分为有形资产与无形资产[①]。有形资产指的是属于合法拥有(包括物质财产和很大程度上具有与物质财产相同功能)的权利。主要包括:(1)货币储蓄;(2)股票、债券和其他金融证券;(3)不动产,包括建筑和土地,有以租金支付和资本增值(贬值)为形式的收入;(4)不动产以外的其他"硬"资产,有以资本增值(贬值)形式的收入,如贵金属、珠宝、艺术品、名贵家具和所有收藏品;(5)机器、设备和其他有形产品,有以产品销售利润和资本增值(贬值)为形式的收入;(6)家庭耐用品,有以家务劳动效率提高为形式的收益;(7)自然资源,如农场、油田、矿山和森林,有以农作物或加工产品销售利润和资本增值(贬值)为形式的收入;(8)版权和专利,有以版税和其他使用费形式的收入。

无形资产比较模糊,没有法律占有权。主要有6种。(1)享有信贷(其他人的资本),有使用信贷(有投资性质)所得的收入。(2)人力资本,一般被定义为智力、教育背景、工作经验、知识、技能和健康,也可能会包括精力、眼光、期望和想象力,有以工资和通过其他工作、服务或建议的报酬形式出现的收入。(3)文化资本,表现为对具有文化重要性的主题和提示的认知,一般指与社会环境和正式机构打交道的能力,包括词汇、口音、衣着和外貌,有纳入具有重要价值的社团的收益。类似于人力资本,但它更加取向于形象和行为而不是能力。它是知晓和执行主流群体价值和行为的能力,被称为"形象管理",即具有被人接纳的行为基础。获得好的工作职位不只依靠教育和能力,也需要呈现适当的形象,对不同人交谈的用词和口气能恰如其分。(4)非正式社会资本,表现形式为家庭、朋友、关系和联系,有时被称为"社会网络",收益形式包括有形支持、情感支持、信息和易于得到就业、信贷、住房或其他类型的资产。(5)正式社会资本或组织资本,指使用有形资本的正式组织的结构和技

---

① 关于资产的分类,参见〔美〕迈克尔·谢若登《资产与穷人——一项新的美国福利政策》,高鉴国译,商务印书馆2005年版,第122—126页。

术,收益形式是来自效率提高的利润。比如,组织关系或能力被描述为组织资本。⑥政治资本,表现形式为参与、权力和影响,收益形式是在州或地方政府层面有利于自己的规则和决策。

以上资产的分类是相对的,两类资产在真实世界中是可以相互转换的。学者们在运用资产建设理论进行研究时,主要将资产定义为有形资产,但其表现形式可以多样化,如金融财富、房屋、建筑物、土地等①。

3. 资产建设的社会福利效应

谢若登认为,资产拥有各种重要的社会、心理和经济效应,并不仅仅是延迟消费。其可能的效应②有以下几点。(1)促进家庭的稳定。当资产存在时,家庭不容易陷入混乱,更容易维持社会和经济均衡,直到能够重新得到充足的收入。(2)创造了一种未来取向。当人们得到眼前的保障时,容易展望未来。对大多数人来说,更重要的不是今天,而是更好的明天、理想和希望。而这种未来取向始于资产,管理和使用资产的想法会自动形成长远的考虑和计划。(3)促进人力资本和其他资产的发展。人们关心投资、管理资产、做出一些成功决策、出现某些失误、寻求信息等,在这些过程中获得大量的知识和技能。(4)增强专门化和专业化。有资产的人在经营管理资产过程中逐步走向专门化、专业化,从而创造更多的财富。缺乏资产的人,每日疲于奔命,不断转换工作,可能各种行业的技能都有所掌握,但没有一个是精通的,因此,他(或她)不可能致富。财富的产生需要知识和技能的专门化和专业化。(5)提供了承担风险的基础。拥有较多的资产,可以进行投资组合,这样可以有效分担风险,谋取更大的回报,比如购买不同类型的基金、股票;另外,当金融资产和其他资源提供的物质保障水平提高时,承受心理和社会风险的能力也随之提高。(6)增加个人效能,比如,拥有资产的人对生活更有选择的余地,也能生活得更好。(7)增加社会影响,个人或家庭拥有资产可以提高社会地位;

---

① 黄进、邹莉、周玲:《以资产建设为平台整合社会服务:美国儿童发展账户的经验》,《社会建设》2021年第2期;邓锁:《生命历程视域下的贫困风险与资产建设》,《社会科学》2020年第11期;方舒、苏苗苗:《家庭资产建设与儿童福利发展:研究回顾与本土启示》,《华东理工大学学报(社会科学版)》2019年第2期。

② 关于资产建设福利效应的系统论述,参见〔美〕迈克尔·谢若登《资产与穷人——一项新的美国福利政策》,高鉴国译,商务印书馆2005年版,第181—202页。

可以通过资产购买关系、信息、保护网等以增强社会资本；可以提供与别人谈判交易的后盾。（8）增加政治参与。拥有资产的人具有参与政治过程的更大动机和更大的资源；随着资产的增多，个人或家庭会有更大的责任感去参加各种政治事务。（9）增进后代福利。资产提供了收入和消费所不能提供的一种代际关系，如大多数人资产积累的动机在于把资产传给后代。

研究表明，针对穷人或贫困家庭的资产建设有利于促进财富在全体社会成员中的公平分配[1]。以资产建设社会政策为指导的儿童个人发展账户有利于提升贫困儿童家庭的金融能力，包括掌握金融知识与技能、获得金融服务、应用金融政策等[2]。给贫困老人开设个人银行账户，也有助于提升他们的金融能力[3]。有研究表明，资产建设策略（比如获得主流的金融服务）有利于低收入家庭融入主流社会，减少社会排斥[4]。Marisa de Andrade 和 Nikolina Angelova[5] 运用资产建设的理论与方法，研究发现，居民信任、人际关系、社区参与、社区文化等无形资产的建设与积累会积极影响少数族群的健康水平，减少不同族群间的健康不平等。

以上资产建设的福利效应启发我们在研究中要注意分析农村社区资产建设究竟能够对乡村振兴产生哪些福利效应以及这些福利效应是如何产生的。

（二）资产建设的实践与经验研究

1. 个体层面的资产建设

个体层面的资产建设主要聚焦在儿童、老年人、农民工等特殊群体。

---

[1] Lee, J., "Asset Building and Property Owning Democracy: Singapore Housing Policy as a Model of Social Investment and Social Justice", *Journal of Sociology and Social Welfare*, Vol. 45, No. 4, April 2018, pp. 105 – 127.

[2] Huang, J., Sherraden, M. S., Sherraden, M. et al., "Heterogeneous Effects of Child Development Accounts on Savings for Children's Education", *Journal of Policy Practice*, Vol. 16, No. 2, January 2017, pp. 59 – 80.

[3] Yunju Nam, Margaret S. Sherraden, Jin Huang, Eun Jeong Lee, Mary Keovisai, "Financial Capability and Economic Security among Low – Income Older Asian Immigrants: Lessons from Qualitative Interviews", *Social Work*, Vol. 64, No. 3, July 2019, pp. 223 – 224.

[4] Feldman Guy, et al., "Asset – building and Social Inclusion: A Qualitative Analysis of Families Perspectives", *Journal of Social Work*, Vol. 21, No. 2, November 2021, pp. 225 – 245.

[5] Marisa de Andrade & Nikolina Angelova, "Evaluating and Evidencing Asset – based Approaches and Co – production in Health Inequalities: Measuring the Unmeasurable?", *Critical Public Health*, Vol. 30, No. 2, March 2020, pp. 232 – 244.

一是儿童的资产建设。黄进等基于美国儿童发展账户的实践，研究通过资产建设，将儿童社会救助与社会服务整合的途径。即在对贫困儿童的个人账户进行储蓄投资的同时，做好儿童的心理辅导、学业辅导、家庭关系、生涯规划等社会服务[①]。邓锁认为，"儿童发展账户"作为一项资产累积的政策工具，也是一种发展性的代际贫困干预模式。以"儿童发展账户"的建设与管理为载体，服务提供者可对贫困儿童提供学前教育支持，也能够对其父母进行针对性的教育及就业技能训练，服务提供者与使用者通过合作生产，共同预防以及应对贫困代际传递的问题[②]。

二是老年人的资产建设。魏爱棠等借用资产建设理论，以闽南 M 社老人俱乐部实践为例，研究失地老人通过发挥"集体主义文化优势"，运用"培育集体联结"的策略，以"集体参与公共福利生产"为目标，将村里就业困难的中老年人、闲置杂地、老人个体手中的养老钱等资产与村里较强的社会关系网络资产进行整合与重构，实现了福利自我供给与需要满足[③]。杨建海、康旺龙认为，农村养老保险应积极借鉴资产建设理论，政府应该对农民的个人账户进行财政补贴，对农民定期开展金融知识教育，鼓励农民储蓄、积累资产[④]。

三是农民工的资产建设。韩娟运用资产建设理论，分析农民工城市创业精准教育与培训体系，提出要根据有形资产、无形资产来筛选培训内容与方法[⑤]。龚英从公共财政支持的角度，提出新生代农民工资产累积与管理的公共财政运作机制，包括财政资金投入机制、融资渠道等[⑥]。

---

① 黄进、邹莉、周玲：《以资产建设为平台整合社会服务：美国儿童发展账户的经验》，《社会建设》2021 年第 2 期。
② 邓锁：《资产建设与跨代干预：以"儿童发展账户"项目为例》，《社会建设》2018 年第 6 期。
③ 魏爱棠、吴宝红：《集体为本：失地老人的资产建设和福利生产——以闽南 M 社老人俱乐部实践为例》，《中国行政管理》2019 年第 2 期。
④ 杨建海、康旺龙：《资产建设视域下农村个人账户养老金改革探析》，《西北人口》2018 年第 4 期。
⑤ 韩娟：《"资产建设"理论视域下农民工城市创业精准教育与培训研究——基于 CHIP 数据的分析》，《宁波大学学报（教育科学版）》2020 年第 5 期。
⑥ 龚英：《论公共财政支持新生代农民工进行资产建设的合理性与必要性》，《当代经济》2018 年第 11 期。

2. 家庭层面的资产建设

Curley 等研究了乌干达贫困家庭女性儿童的个人发展账户问题。研究发现，贫困家庭女童的发展账户，能够推进社会性别平等，增加女童的受教育机会、促进女童的成长[1]。Nadon 的研究表明，在美国，财政金融服务、金融储蓄教育有助于帮助贫困青年家庭提升就业率、降低贫困率[2]。Zhi，Chen 和 Huang 在中国的一项实证研究表明，家庭教育储蓄越多，儿童的自我控制力越强，学习成绩也较好[3]。Feldman 通过美国 24 个低收入家庭的深度访谈发现，让贫困家庭获得金融服务或积累资产有助于提升他们的社会包容感，促进他们更好地融入社会[4]。

卜文虎研究了城市化进程中边疆少数民族贫困家庭的经济资产建设问题，提出通过宅基地与自建房产权改革制度、低息或免息的金融贷款政策、家庭发展账户、减少市场经济的社会排斥、增加创业就业的社会服务等政策工具，发展贫困家庭的经济资产[5]。方舒、苏苗苗在梳理国内外家庭资产建设政策与实践的基础上，指出家庭资产建设要与儿童发展相结合，要关注家庭教育储蓄与儿童学业发展之间的关系与机理[6]。

方舒、兰思汗从金融社会工作的角度，提出通过个体金融能力建设，促进家庭金融资产的累积[7]。个体金融能力包括金融知识、技能与金融服务的可及性。金融社会工作的基本逻辑是通过金融赋能，促进贫困群体或

---

[1] Curley, J., Ssewamala, F. M., Nabunya, P., "Child Development Accounts (CDAs): An Asset–building Strategy to Empower Girls in Uganda", *International Social Work*, Vol. 59, No. 1, January 2016, pp. 18–31.

[2] Nadon, M. L., "Making the Transition: How Asset Building Services Can Promote Positive Adult Outcomes for Foster Youth", *Children and Youth Services Review*, Vol. 115, 2020, p. 105083.

[3] Zhi, K., Chen, Y., Huang, J., "Children's Self–control and Family Savings for Education: An Empirical Examination from China", *Children and Youth Services Review*, Vol. 119, 2020, p. 105575.

[4] Feldman, G., "Asset–building and Social Inclusion: A Qualitative Analysis of Families' Perspectives", *Journal of Social Work*, Vol. 21, No. 2, February 2021, pp. 225–245.

[5] 卜文虎：《城市化进程中边疆少数民族贫困社区家庭经济资产建设研究》，《红河学院学报》2018 年第 6 期。

[6] 方舒、苏苗苗：《家庭资产建设对儿童学业表现的影响——基于 CFPS2016 数据的实证分析》，《社会学评论》2019 年第 2 期。

[7] 方舒、兰思汗：《金融赋能与资产建设：金融社会工作教育、研究与实务国际研讨会综述》，《开发研究》2019 年第 2 期。

家庭的资产建设，帮助其摆脱贫困。

国内学者虽然在资产建设理论与实践中积累了一定成果，但主要停留于译介西方资产建设社会政策理论的相关论著，或者直接搬用资产建设理论探索中国的贫困治理，较少基于中国乡村振兴的实践，探索中国农村社区的资产建设理论与实践。资产建设理论具有社会政策的借鉴意义，但我们也要看到，该理论是在美国特殊的文化历史背景下产生的。一是美国消费主义盛行。许多美国人习惯于过度消费、储蓄不足。这导致许多穷人没有资产和资本。因此，谢若登才会提出鼓励储蓄、累积资产的社会政策。二是美国金融市场繁荣，金融政策工具多样化。信用卡、银行电子支付系统、住房贷款、教育贷款、投资理财等金融产品丰富。缺乏这些金融服务，很多生活功能将变得低效甚至无法实现，影响个体经济福祉[①]。要想让贫困群体应对金融风险和其他社会风险，就必须让他们掌握金融知识与技能，因此，以金融资产累积为核心的金融赋能政策在美国就有了发展空间。三是个体至上的美国价值观。这种价值观崇尚个体自由、个体责任，认为贫困者要对自身的贫困负责，要通过储蓄、发展个人账户摆脱贫困。同时，独立地拥有土地与资产也是美国梦的基础。因此，资产建设社会政策在美国有较大的政策空间。资产建设理论的理念、福利效应是值得借鉴的，但是具体的政策工具不一定适合中国。事实上，中国农村的集体产权改革、村财的发展壮大、土地改革、闲置房屋的盘活等都是资产建设理论的中国实践，但是对这些改革实践进行类型学的理论建构和政策分析的成果还很少见。此外，从分析单位看，资产建设的相关学术产出局限于个体、家庭层面的资产建设，缺乏农村社区层面的资产建设理论与实践。

（三）资产为本的社区发展研究

资产为本的社区发展（Asset-Based Community Develpment，ABCD）是与本研究主题密切相关的另一个理论。关于ABCD的研究成果，可归纳为以下四个主题。

1. ABCD的内涵与特征

该理论由美国社会政策学者John P. Kretzmann和John L. McKnight于

[①] 黄进、〔美〕玛格丽特·谢若登、邹莉：《普惠金融与金融能力：美国社会工作的大挑战》，《中国社会工作》2018年第28期。

1993 年在他们出版的《社区建设的内在取向：寻找和动员社区资产的一条路径》一书中提出。ABCD 是相对需要为本的社区发展模式（Needs – Based or Deficits – Based Approach）而言的。以往有关社区发展的学术研究或实务工作者总是先将目光放在社区居民的需求上，先分析社区发展存在的问题与不足，再提出社区发展的对策。这种思路是一种缺乏视角，只看到社区的短板，社区居民易变成只能依赖外部力量的受助者。为了纠正需要为本的社区发展思路，John P. Kretzmann 和 John L. McKnight 提出了资产为本的社区发展模式。ABCD 强调不要用一个"需要镜片"（Needs Lens）去看社区，而应该用一个"资产镜片"（Assets lens）或"能力镜片"（Strengths or Capacity lens）去了解社区[1]。因此，资产为本的社区发展模式主张从传统的"需求"取向转向"能力"或"资产"取向，倡导我们重视社区的潜力或机会，而非所面临的问题。在本质上，以资产为基础的社区发展是社区居民发现、评估和调动社区内所有的本地资产，推动社区发展的过程。ABCD 有三个显著特征。一是优势视角。社区工作者介入社区时，首先着眼于社区的各种资源优势及其居民身上的各种技能、长处，将社区居民视为社区发展的主体。二是注重参与。ABCD 强调居民参与，尤其是贫困群体要通过自身的社区参与，培养独立性，摆脱对外部力量的依赖。这里的参与包括社区居民参加社区能力建设、赋权、社区教育和其他改善社区经济社会环境条件的活动。社区参与的类型有五种，包括需要为本、参与式农村评估、可持续生计策略、权利为本策略、资产为本的社区发展[2]。后面四种主要是以居民能力建设、社会资本培育、内在取向为主的参与，相比需要为本的模式而言，对社区发展更有利。三是强调关系链接，即强调居民和社团之间的接触，以及各种网络关系的建立。

2. ABCD 的目标与过程机制

ABCD 的主要目标是让公民对社区发展充满愿景，提升他们参与社区发展的积极性。要实现这个目标，就必须整合资源、方法、功能和评估等四个要素。

---

[1] 文军、黄锐：《论资产为本的社区发展模式及其对中国的启示》，《湖南师范大学社会科学学报》2008 年第 6 期。

[2] Stoltenberg Bruursema, Cherry, "Asset – Based Community Development: A Path toward Authentic Community Development Practice", *SPNHA Review*, Vol. 11, No. 1, January 2016, pp. 7 – 15.

第一，资源。首先要让居民明确哪些社区里有哪些资源可用来实现社区发展目标。这些资源可概括为六种资产。(1) 居民的贡献，包括社区居民的天分、知识、技能、激情、经验等。(2) 社会联系，包括居民团体、俱乐部、志愿者协会等。(3) 地方性机构，不管是营利还是非营利、政府部门或非政府组织，其本质都要以面向社区为主，让居民成为社区发展的主体。通过一些措施促成社区集体决策或公民合作生产。(4) 地方性场所、景观，包括邻里、村庄、乡镇等，将这些地方整合起来，连成一条线，成为相互依赖的共生发展区。(5) 交换，共四种形式，包括无形资产（比如礼物流动形成的亲密关系）、有形资产（共享割草机）、可替代的货币（如时间储蓄银行）、以钱为基础的交易。(6) 故事，主要指社区文化。

第二，方法。通过哪些方法可将上述六种资产进行整合。(1) 发现，挖掘能够将社区居民、团体、机构联系起来的社区领袖。(2) 欢迎，通过包容性学习对话与倾听活动，欢迎那些被边缘化的邻居参与到社区发展体系中来。(3) 描写，制作社区的资产地图，让社区居民发现他们已有的资源，同时让他们更加清楚如何将不同类型的资源建立联系。(4) 共享，动员社区居民有意识地一起做事，创造"可分享的时刻"，有意为邻居创造条件成为朋友。这种可分享的时刻可以包括技能交流、种子交换、修复咖啡馆等。(5) 庆祝，通过食物、乐趣、歌曲和音乐来庆祝邻里和社区生活。舞蹈是纪念社区过去的成就和梦想的最好和最自然的方式之一，能够创造新的社区可能性。(6) 愿景，创建一个集体愿景，揭示社区命运共同体的意义是建设一个强大社区的有效方法。

第三，功能。通过上述六种方法，整合六种资产，能够产生七种社区功能，提升社区福利。包括：促进健康、确保安全、发展生态、塑造当地经济、为当地食品生产作出贡献、抚养孩子、共创关怀。这七项功能是所有以家庭为基础的自然社区的重要特征。它们也是历史上社会运动的共同特征，即它们是自下而上的、分解的、超本地化和公民主导的。

第四，评估。对ABCD的运作过程进行评估，看其是否达到了预期目标，尤其是检验社区居民是否形成了共同愿景和共同生产。有效评估的原则有四条：(1) 识别社区居民礼品交换的最大数量；(2) 考察社区居民生活交往的广度和深度；(3) 社区参与的人数、参加共同生产的居民数量、社区公民的赋权程度，尤其关注那些被边缘化的人；(4) ABCD 流程的发起人确保相关评估积极符合前三原则。

资源、方法、功能和评估四位一体的过程机制，使得 ABCD 策略有别于其他类型的社区发展途径。

3. ABCD 的应用

学者们从不同角度分别探讨了 ABCD 的应用。一是分析 ABCD 在社区发展、社区治理中的作用。Green 和 Haines 提出动员社区资产促进社区发展的实践指南，他们认为通过挖掘社区物质、人力、社会、金融、环境、政治和文化等资产，可以提升社区居民的能力，改善社区生活质量[①]。朱亚鹏等认为，中国城市社区运用 ABCD 促进社区建设的关键在于发挥社区政治资产带动其他优势资产参与社区融合发展[②]。

二是从文化的角度分析集体资产。周大鸣、周博认为，集体资产是维系村落共同体的基础，是村民集体记忆保留、乡村治理有效、乡村文化续存的载体，也是村落难以终结的根源[③]。蓝宇蕴、曾芷盈的研究表明，集体土地是农民比较关注的集体资产。集体土地的利益分配对村民的生活形态产生了积极影响，包括村民的衣、食、住、行、教育、医疗等日常生活方面；也影响了村民的就业创业行为、投资理财行为，如有些人选择提前退休或稳健型的投资理财方式；还影响了村民的社会心态，有些村民获得感增强、安于现状，还有些村民心理产生焦虑与不安[④]。

三是从社会经济角度探索集体资产的属性。有学者将以集体土地、物业为主要资本而获得租金收益的集体经济定义为"租赁型集体经济"。这种新型集体经济是一种"非农集体经济"，以集体资产的建设、运营获利为主要特征。"非农集体经济"具有社会经济的属性，不以经济效益最大化为单一目标，兼顾集体成员的社区福利、集体归属感、经济发展等多重目标，但是，珠三角某些乡村的"非农集体经济"的社会性正在流失，变

---

① Green, G. P., Haines, A., *Asset Building & Community Development*, London: Sage Publications, 2016, p. 58.
② 朱亚鹏、李斯旸：《"资产为本"的社区建设与社区治理创新——以 S 社区建设为例》，《治理研究》2022 年第 2 期。
③ 周大鸣、周博：《村改居后集体资产问题的思考——以珠三角为例》，《社会学评论》2021 年第 1 期。
④ 蓝宇蕴、曾芷盈：《集体土地收益分配与村民生活形态的变迁——以新丰村集体分配为例》，《学术研究》2020 年第 12 期。

异为干部经济或权力经济。因此,要通过村民参与、制度参与、集体资产管理建设等措施培育新型集体经济的"社会性"①。

四是探讨 ABCD 与共同生产的关系。有学者认为,ABCD 是达到社区公共服务共同生产的真正途径。虽然社区公共服务的供给需要外部支持,但是公共服务的供需匹配、服务资源整合、服务重点、服务对象的精准定位都离不开当地居民的地方性知识②。

五是有些学者从自我决定理论(Self – Determination Theory,SDT)角度分析 ABCD 的有效运行机制。ABCD 注重社区已有的资产、优势,强调社区居民的公共参与,但是挖掘资产、社区参与都需要居民有参与的动机,即他们想一起为社区发展做事。如何激发他们社区参与的动机,就显得格外重要。研究表明,将自我决定理论整合到 ABCD 的框架中,有利于提升 ABCD 的实践效果、评估改进和理论解释力③。也有研究将 ABCD 理论应用于激发社区年轻人公共演讲能力的提高④、社区居民肥胖症的治疗⑤、加强社区居民社会联系和提升慢性病治疗水平等方面⑥。

虽然 ABCD 对乡村振兴提供了许多有益的启示,比如,从优势视角挖掘农村社区的各种资源,动员村民参与,建立农村社区内部各种社会联系,推动乡村振兴,但是 ABCD 的理论研究与实践也存在一些值得深入探索的研究空间。

第一,对 ABCD 发展取向的反思,如何正确处理好乡村振兴推进过程

---

① 蓝宇蕴:《非农集体经济及其"社会性"建构》,《中国社会科学》2017 年第 8 期。
② Russell, C., "Getting to Authentic Co – production: An Asset – Based Community Development Perspective on Co – production", *The Palgrave Handbook of Co – Production of Public Services and Outcomes*, 2021.
③ Ian Cunningham, Juliet Willetts, Keren Winterford & Tim Foster, "Interrogating the Motivation Mechanisms and Claims of Asset – based Community Development with Self – determination Theory", *Community Development*, 2021.
④ Fathoni, T., Asfahani, A., Munazatun, E., et al., "Upaya Peningkatan Kemampuan Public Speaking Pemuda Sragi Ponorogo", *Amalee Indonesian Journal of Community Research and Engagement*, Vol. 12, No. 1, January 2021, pp. 23 – 32.
⑤ Morrison, J., Arjyal, A., "A Funfair Without the Candy Floss: Engaging Communities to Prevent Diabetes in Nepal", *Public Health*, Vol. 193, No. 2, April 2021, pp. 23 – 25.
⑥ Dehaven, M. J., Gimpel, N. A., Gutierrez, D., "Designing Health Care: A Community Health Science Solution for Reducing Health Disparities by Integrating Social Determinants and the Effects of Place", *Journal of Evaluation in Clinical Practice*, Vol. 26, No. 5, March 2020, pp. 1564 – 1572.

中政府与农村社区的关系。比如,对"优势""内在"取向的质疑①。这种内生式的社区发展理念固然很好,但过度强调靠社区内部,会不会弱化政府责任,尤其是一些需要政府支持的村庄?如果一味强调内生式发展,有些资源匮乏型的贫困村庄,的确需要外力,却没有得到应有的外援,这样是不公平的②,因为可能造成"强者越强、弱者越弱"的马太效应。再如,对关系取向的担心。从功能论的视角看,不管是对个体发展还是对社区发展来讲,社会资本都具有正、反两种效应。多数情况下,社区与外部机构建立关系,获取资源,能够促进自身发展,但是,在建立关系过程中,社区如果被资本或权力绑架,就未必获利了,可能还会吃亏。比如,土地、林地等资源被开发商低价收购,村民利益得不到保障。正常情况下,社区内部社团组织较多,村民联系多,内部社会资本有利于推进社区治理,但是,有些内部组织也会成为社区发展的绊脚石。比如,村霸势力、村庄混混小团体、宗族干预村庄选举。

第二,相关成果主要探索 ABCD 与贫困治理的关系,较少将学术目光转向乡村振兴。国内学者近年来也在致力于探索资产为本的农村社区发展,但局限于某种类型的社区资产建设,研究内容主要聚焦在社区资产在贫困治理中的功能及其运作机理。比如,张和清虽然也从社区文化角度,探索少数民族乡村的社区资产建设问题,但局限于少数民族的反贫困策略,未能将研究内容转到乡村振兴③。李欢、周永康运用资产建设理论,研究社会工作参与乡村扶贫的过程,培育村民的经济、社会、文化资本,促进村民脱贫④。

第三,ABCD 中关于资产的界定过于宽泛,内容无所不包,不利于概

---

① Johnston, G., Percy-Smith, J., "In Search of Social Capital", *Policy & Politics*, Vol. 31, No. 3, January 2003, pp. 321-334; Bradshaw, Ted, K., "Theories of Poverty and Anti-Poverty Programs in Community Development", *Community Development*, Vol. 38, No. 1, March 2007, pp. 7-25; Shragge, R. F. & E., "Challenging Community Organizing Facing the 21st Century", *Journal of Community Practice*, Vol. 8, No. 3, March 2000, pp. 1-19.

② 萧易忻:《论经济全球化下的乡村振兴:再思资产为本的社区发展理论》,《社会工作与管理》2020 年第 1 期。

③ 张和清:《社区文化资产建设与乡村减贫行动研究——以湖南少数民族 D 村社会工作项目为例》,《思想战线》2021 年第 2 期。

④ 李欢、周永康:《发展取向的资产建设:社会工作参与乡村扶贫实践研究——以 P 村"三区计划"项目为例》,《重庆工商大学学报(社会科学版)》2019 年第 5 期。

念操作化和深度研究。根据 Kretzmann 和 McKnight 的观点，社区的资产大致有：（1）个人资产，主要指社区居民的人力资本，如职业技术、个人才能和经验；（2）物质资源，如地理位置、绿地、能源、产业等；（3）组织或机构资产，如医院、学校、图书馆、电视台、政府部门、第三部门等；（4）文化资产，如历史文化遗产、民族构成、生活方式等[①]。很明显，这个概念对资产的定义过宽，不利于开展研究和知识建构。

第四，关于执行 ABCD 主体的转型问题。国外主要是由专业社工执行 ABCD，促进社区发展。国内虽然也有专业社工尝试运用 ABCD 推动社区发展，但是这方面的理论成果与实务还是比较少见。此外，与国外社工不同的是，国内社工在使用 ABCD 时，离不开地方政府、村干部、村民的支持与配合。换言之，国内 ABCD 的执行主体是村干部与村民，社工主要是助推和专业知识的提供者。这就使得中国农村的 ABCD 模式可能与西方的 ABCD 模式存在很大的不同。

第三节　研究意义

一　学术价值

本研究的学术价值体现于以下几点。

第一，在研究内容上，拓展了发展型社会政策理论的应用范围，为该理论的发展提供了更加丰富的实证资料，推动了该理论的本土化。发展型社会政策源于欧美国家社会政策学者对传统社会政策的反思，强调社会政策也是一种生产力，是一种能够促进经济发展的社会投资，强调人的全面发展，其理念是值得我们推动乡村振兴借鉴的，因为乡村振兴最终目标也是促进农民的全面发展。但是，发展型社会政策发轫于西方国家，是对欧美国家福利病（有限的公共财政难以支撑高福利支出）的摈弃，而中国还没发展到福利国家阶段。此外，发展型社会政策强调人的全面发展与我们强调的"人的全面发展"内涵、价值也有所不同。西方国家强调个体主

[①] Kretzmann, John, P. and John, L., McKnight, *Building Commmunities from the inside Out: A Path Toward Finding and Mobilizing a Community's Assets*, Chicago：ACTA Publications, 1993, p.116.

义，中国强调集体主义、社群主义，强调人的价值在于社会奉献，而不只是个体享受。这些文化差异，都要求我们探索中国特色的发展型社会政策理论体系。本项目基于中国乡村振兴的社区实践，以本土经验结合发展型社会政策理念，探索中国农村发展型社会政策的理论与实践，有利于促进发展型社会政策的本土化、中国化。

第二，在研究视角上，拓展了乡村振兴研究的学科视角。乡村振兴已是摆在党和国家各项工作中的头等大事。实践需要呼唤理论创新。乡村振兴吸引了众多学者的学术目光。这些学者来自不同学科、不同学术阵营，对乡村振兴的理论、政策与实践表现出令人振奋的研究热情，倾注了宝贵的时间与精力，也积累了一定的学术产出。与众多研究成果不同，本项目从福利社会学角度出发，将乡村振兴视为一种"大福利"，探究农村社区资产建设对乡村振兴的福利效应及其生成逻辑。

第三，在分析单位上，拓宽了资产建设社会政策理论的应用领域，推进了中国社会政策学科建设。社会政策专家必须把社会科学的分析技能应用于恰当的分析单位之上，无论这个单位是以社会因素还是空间要素进行划分[1]。自从美国学者迈克尔·谢若登及其团队提出资产建设社会政策理论以来，全球社会政策理论与实践发生了较大的变革：从以收入为基础的社会救助政策转变为收入叠加资产的社会福利政策；从资产为本的社会政策逐步转变为金融赋能为本的社会工作理论与实务，但是，从全球各地的实践和相关的学术成果看，绝大多数都是在探讨个体或家庭层面的资产建设理论与实践问题。在以前的研究成果中，我们曾经将资产建设理论的分析单位从个体、家庭层面提升到了社区层面。在后续理论研究和实地调研中，我们发现有些乡镇也在探索资产建设问题。于是，本项目单列一章阐述乡镇政府运用资产建设理论、促进乡村产业振兴的策略与逻辑。这就在分析单位上提升了资产建设理论的应用层次，也为全球资产建设理论的发展贡献了中国经验。同时，本文还借鉴了 Kretzmann 和 McKnight "资产为本的社区发展"理论，将该理论与乡村振兴结合起来，探索中国农民、村干部如何在地方政府的领导下，盘活乡村已有的资产或建设新的资产，

---

[1] 〔英〕安东尼·哈尔、詹姆斯·梅志里：《发展型社会政策》，罗敏等译，社会科学文献出版社 2006 年版，第 11 页。

推动乡村振兴。这在"资产为本的社区发展"的实践主体上，也从西方的专业社工拓展到中国的乡村干部与农民，推进了该理论的应用范围。

第四，在理论构建方面，为中国福利社会学的学科建设提供了类型学的理论资源与实证经验，同时为国际社会福利理论提供中国经验。本项目从福利社会学角度，将乡村振兴视为一种"大福利"，探索乡村社区人、财、物、地等资产建设的过程及其福利效应。在此基础上，提炼资产型乡村振兴的理想类型。"资产型乡村振兴"是福利社会学意义上的乡村振兴，是在发展型社会政策、资产建设社会政策理论等社会福利理论体系与话语背景下探讨的。这里的"资产"有别于经济学、会计学意义上的资产，不仅包含乡村社区有形资产（如人、财、物、地等），还有优势、内在、关系等含义。"资产型乡村振兴"有别于收入型乡村发展，属于内生发展模式。"资产型乡村振兴"的知识建构与政策体系将有助于提升乡村振兴的社会政策想象力，有助于人们从理论与实践中思考社会政策与乡村振兴的关系，为这两个领域的知识链接搭建新的理论起点，为中国农村福利社会学建设提供知识积累。同时，"资产型乡村振兴"的理论与实践跳出了就乡村振兴谈乡村振兴的封闭式研究，将乡村振兴的本土经验与国际社会政策理论对话，有助于发展全球社会福利理论，贡献中国经验。

二 实践价值

本研究的实践价值体现于以下几个方面。

第一，有利于同类型地区在探索乡村振兴的在地化模式时进行参考。中国有50多万个行政村，每个村的资源禀赋、经济社会文化环境都存在差异，乡村振兴不可能采取一刀切的模式。每个村都要因地制宜，根据自身的资源存量与属性，探索自己的乡村振兴模式。本文调研的村庄也不可能代表全中国所有的村庄，但是资产型乡村振兴代表了许多村庄乡村振兴的共同特征或规律。这些规律是值得同类村庄借鉴的。譬如，每个村庄都有自己的资源优势，关键是怎么借助外力，动员全体村民积极参与，盘活旧有资产或建设新的资产，发挥资产建设的福利效应，推动乡村振兴。

第二，为同类型乡村探索组织资产建设、推动乡村振兴提供参考。组织资产是资产为本社区发展理论中的一种重要资产，在本文主要指村级组织、农村社区社会组织。这两类组织关乎乡村振兴的组织振兴，是乡村振兴的保障。在村级组织建设方面，我们通过对"一肩挑"的实践观察，分析这项集农村基层党组织、村民自治组织于一身的制度具备的乡村治理的功能及其形成机理，指出"一肩挑"面临的挑战及其制度完善的对策建议。我们提出的"一肩挑"培育工程、监督、保障机制等建议可供同类型乡村执行"一肩挑"政策时参考。在农村社区社会组织方面，我们通过对十余家不同类型的社会组织进行多案例研究，揭示农村社会组织促进乡村振兴的功能表现及其生成逻辑，进而提供相关的对策建议。主要建议包括农村社会组织要处理好自主性与融入乡村共同体的关系、组织目标、组织活动要与乡村村民需要相契合以及加强组织人、财、物等资源建设。这些建议可为同类型农村社会组织融入乡村振兴时提供工作参考。

第三，为同类型乡村探索金融资产建设、推动乡村振兴提供参考。金融资产是资产建设社会政策理论中的最重要资产，在迈克尔·谢若登的资产建设理论中指穷人或贫困家庭的金融储蓄，在本文中指村集体收入（村财）。我们首先归纳了农村社区金融资产建设的主要类型，它们是入股分红、抱团发展、盘活旧有资源资产、产业带动。其次阐释了农村社区金融资产建设对乡村振兴的福利效应。再次指出了农村社区金融资产建设存在的一些问题、分析了金融资产建设促进乡村振兴的影响因素。最后提出金融资产建设促进乡村振兴的对策建议。主要建议包括处理好村集体经济收入"统"与"分"的关系、村集体经济组织与村民自治组织的关系、选好"领头雁"、探索集体经济新形式等。这些建议对于同类型乡村探索壮大村财、推进乡村振兴之路将有所裨益。

第四，为同类型乡村探索自然资源资产建设、推动乡村振兴提供参考。自然资源资产也是资产为本社区发展理论中的一种重要资产，在本文中侧重指农村集体经营建设用地和农村宅基地。在农村集体经营建设用地入市方面，我们对福建晋江、江苏武进等典型地区进行了案例分析，揭示集体经营建设用地入市的福利效应与形成机理，提出优化集体经营建设用地入市的政策建议。包括调整土地收益分配的方法，切实保障农民的权益；向村民普及入市知识，促进村民参与；建立容错机制，激励基层干部敢入市；建立风险预警机制，促进入市良性发展。这些建议可供同类型地区在推进农村集体经营建设用地入市时参考。在农村宅基地改革方面，我们运用"结构—功能"分析法，指出农村宅基地改革在乡村振兴中的功能，分析了改革中地方政府、村民、村干部、银行等利益主体的互动逻辑，提出优化农村宅基地改革的对策建议。主要包括：树立正确的宅基地改革价值观，发挥宅基地改革的正功能；认清宅基地改革的本质，化解改革中的冲突；处理好宅基地改革的法、理、情关系，解决好各种交换问题；建立政府、村级组织、农民、金融机构的良性互动机制。这些建议可供全国各地在开展农村宅基地改革时参考。

第五，为同类型乡村探索实物资产建设、推动乡村振兴提供参考。实物资产同样是资产理论中一种重要的有形资产，在本文中侧重指宗祠、祖厝、古村落、农家书屋和村集体自建住房。对于前四种实物资产，我们侧重分析它们对乡风文明的作用及其形成逻辑，并提出相应的对策建议。一是整修被荒废的宗祠、纠偏宗祠功能，发挥其正效应，促进乡风文明。二是应用系统论的思想与方法，做好古村落保护工作，树立古村落保护的系统思维，建立多中心协同治理机制，坚持物质文化与精神文化并重，合理运用现代科学技术，坚持法、理、情的统一，建立有效的物质激励与精神激励机制。三是以《公共文化服务保障法》为指导，建立农家书屋的管理体系。对于村集体自建住房，我们运用 IAD 理论，通过 L 村的单案例研究，揭示农村社区住房福利自治理的形成逻辑，认为农村社区住房福利自治理重点要解决制度供给、可信承诺和相互监督三个难题。L 村的做法为土地稀缺的同类型村庄自我解决农民住房困难问题提供了参考样本。

本章小结

本章主要交代了本项目的研究背景、研究问题、研究目标、相关研究进展以及研究价值。作为全文的开山之篇，本章目的在于交代"为什么要开展本研究""要研究什么""相关研究的知识图景怎样""研究能达到什么效果"等基本问题。

本研究是在具体的现实背景与理论背景下展开的。现实背景是部分乡村的衰败、举国上下乡村振兴战略的推进和农村社区各种资产建设的实践探索。具体表现在五个方面：村干部、村民不能有效组织起来；部分村庄村财亏空或薄弱；耕地抛荒、土地闲置现象严重；宅基地三权分置政策的推进与宅基地流转难；农家书屋、宗祠、古村落等未能得到有效使用或管护。理论背景主要是基于学术界对乡村振兴理论与实践的研究现状。一是从学科视角看，通过经济学、社会学、政治学、公共管理学、法学等传统学科的角度进行乡村振兴研究的论著较多，从社会福利的角度来挖掘乡村振兴的本质及其形成过程的成果少。二是虽然乡村振兴领域的研究文献已较为丰富，但是以往的成果要么偏向宏观政策探讨或抽象的理论思辨，要么偏向微观的经验研究或局限于某村庄的个案研究，从中观理论角度基于较多村庄调研基础进行类型学理论建构与实证分析的成果还较少。三是以往的学术产出更多从缺乏视角、外部支持、文化主位等角度进行乡村振兴的理论探索与对策提出，较少从优势视角出发，探索乡村如何盘活已有的资源，调动村民参与，形成内生发展模式。

本项目的研究问题是：农村社区如何立足于自身的资源优势，充分调动社区成员的积极性，在政府相关部门的协助下，盘活各种资源、社会关系，进行社区资产建设，促进乡村振兴。本文的研究目标是：从福利社会学角度研究农村社区资产建设与乡村振兴的关系，试图构建乡村振兴的一种理想类型（资产型乡村振兴），阐述它的分析框架与实践路径，以推进资产建设理论的本土化研究，为同类型农村的乡村振兴提供参考。

本文从乡村振兴与农村社会福利、发展型社会政策、资产建设三个领域对与本研究主题密切相关的文献进行梳理，试图相对全面、客观地描绘相关学术产出的知识图景，凸显本研究的研究起点与知识贡献。虽然乡村振兴、农村社会福利的研究成果已比较丰富，为乡村振兴的社会政策研究提供知识基础和方法论指导，但是现有成果仍然比较零碎，要么停留于宏观抽象的理论研究，要么停留于问题—对策式的政策思考，要么陷入过细的实证探索，缺乏学理与政策相结合的类型学建构。发轫于欧美国家的发展型社会政策是研究乡村振兴战略值得借鉴的，但它主要停留于理念层面的探讨，缺乏实证研究，且主要以国外乡村的社会事实为背景，因此，很有必要在中国乡村社会文化背景下研究中国乡村的发展型社会政策理论与实践。资产建设理论与实践中积累了一定成果，但主要停留于译介西方资产建设社会政策理论的论著，或者直接搬用资产建设理论探索中国的贫困治理，较少基于中国乡村振兴的实践，探索中国农村社区的资产建设理论与实践。从分析单位看，资产建设的相关学术产出局限于个体、家庭层面的资产建设，缺乏农村社区层面的资产建设理论与实践。

  本项目具有重要的学术价值与较强的实践意义。学术价值体现在四个方面：在研究内容上，拓展了发展型社会政策理论的应用范围，为该理论的发展提供了更加丰富的实证资料，推动了该理论的本土化；在研究视角上，拓展了乡村振兴研究的学科视角；在分析单位上，拓宽了资产建设社会政策理论的应用领域，推进了中国社会政策学科建设；在理论构建上，为中国福利社会学的学科建设提供了类型学的理论资源与实证经验。实践意义体现在：有利于同类型乡村在探索乡村振兴的在地化模式时进行参考；为同类型乡村探索组织资产、金融资产、自然资源资产、实物资产建设提供借鉴。

第二章　框架、路径与方法

上一章阐述了"本项目要研究什么""为什么要做这项研究"两个问题。紧接而来的问题是如何进行本项目研究。因此，本章将重点介绍本项目的分析框架、研究路径与方法。

第一节　概念界定与理论框架

一　核心概念

（一）乡村振兴

党的十九大报告首次提出乡村振兴战略。因此，乡村振兴开始进入人们视野是以政策话语出现的。乡村振兴的内涵丰富，从"三个全面"到"五大振兴"，再到"三总一保障"①。"三个全面"指农业全面升级、农村全面进步、农民全面发展；"五大振兴"指产业振兴、人才振兴、文化振兴、生态振兴和组织振兴；"三总一保障"指农业农村现代化是实施乡村振兴战略的总目标，坚持农业农村优先发展是总方针，产业兴旺、生态宜居、乡风文明、治理有效、生活富裕是总要求，建立健全城乡融合发展体制机制和政策体系是制度保障。学术界与实务界基本还是从乡村振兴的20字总要求理解其基本内涵。本项目主要从福利社会学角度理解乡村振兴，将乡村振兴视为一种大福利，认为乡村振兴的最终目标是让亿万农民过上幸福生活。具体而言，产业兴旺就是要提升农民的经济福利，生态宜居就是要提

---

① 魏后凯：《把握乡村振兴战略的丰富内涵》，2019年2月28日，http://theory.people.com.cn/n1/2019/0228/c40531-30906483.html，最后访问日期：2019年4月14日。

升农民的生态福利，乡风文明就是要提升农民的文化福利，治理有效就是要提升农民的政治福利，生活富裕就是要提升农民的物质与精神福利。

（二）资产

资产原本是会计学上的专业术语，是与债务（债权）相对应使用的。在会计账单上，当所有债务与资产抵消后，余下的就被称为净资产。经济学中的资产主要指能够给经济行为人或经济组织带来经济利益的资源[①]，包括固定资产与流动资产。1989年版的《辞海》对"资产"的解释是这样的："负债"的对称，资金运用的同义词，指单位所拥有的各种财产、债权和其他将会带来经济利益的权利。我国1998年版的《现代汉语词典》对于"资产"的解释是：财产；企业资金；资产负债表所列的一方，表示资金的运用情况。

本项目的资产除了取会计学、经济学中的资产含义，主要还是在社会政策意义上使用的。美国一些社会政策学者将经济学、会计学的资产概念引入福利社会学。谢若登在构建资产为本的社会福利政策理论时指出，资产侧重指有形资产，尤指金融资产（货币储蓄和金融债券）。他认为，在社会政策领域中，资产虽然有丰富的内涵，是一个非常宽泛的概念，没有唯一的定义，具体所指要依赖于特定的情境。但是，如果资产采用广义的话，就变成一个模糊的概念，不利于知识建构，也缺乏实践指导意义。近年来，谢若登及其团队在资产建设社会福利政策的基础上，积极推进金融社会工作的理论建构与实务。但是，谢若登主要探讨个体或家庭层面的金融资产建设与贫困治理问题，未能在社区层面研究资产建设的理论与实践。

美国社会政策学家John P. Kretzmann 和John L. McKnight 为了探索社区发展的新模式，针对以需要为本的传统社区发展方法，提出以资产为基础的社区发展模式（Asset – Based Community Develpment，ABCD）。在该模式中，Kretzmann 和 McKnight 对资产的定义是非常宽泛的，既包括各种有形、无形资产，也包括资产背后的隐喻之意。一是指某种（类）具体资产，包括：（1）个人资产，指社区居民的人力资本，如职业技术、个人才能和经验；（2）物质资源，如社区的地理位置、绿地、能源、产业等；（3）组织

[①]〔美〕罗格·A. 阿诺德：《像经济学家一样思考》，李宝元等译，人民邮电出版社2009年版，第4页。

或机构资产，如医院、学校、图书馆、电视台、政府部门、第三部门等；（4）文化资产，如历史文化遗产、民族构成、生活方式等①。二是暗指一些象征意义。资产还指涉"优势、内在、居民参与、社会关系的建立"等内涵。可见 Kretzmann 和 McKnight 对资产的界定是相当模糊的，这不利于理论构建与经验研究。

蒂莫西·M.马奥尼在分析家庭可持续生计时，将资产分为五个主要类别：金融财产（如现金收入、存款、退休金等）、人力资本（如技能、知识、健康状况等）、自然资源（如土地、森林、水、空气质量等）、实物资产（如房屋、社区的基础设施等）和社会联系（如亲属网络等）。他认为，不同资产之间存在有力的互补性②。这个定义与 Kretzmann 和 McKnight 的一样，过于空大、抽象，不利于开展严谨的实证研究。

可见，资产虽然源自会计学、经济学，但是在社会政策领域已衍化成多种内涵。不同学者在使用时，会根据自己的研究需要和情境，采用适当的定义。借鉴上述学者的观点，结合本项目的研究主题与研究目标，本项目的资产主要指农村社区层面的有形资产③，即以农村社区所有，全体社区居民共同使用、管理、占有的公益性资产。考虑到乡村振兴离不开人、财、地、物四大要素，我们将农村社区资产划分为组织资产、金融资产、自然资源资产和实物资产四大类。各类别资产的内容分别是：组织资产指村级基层组织和农村社会组织；金融资产指村财；自然资源资产指村集体经营建设用地、村宅基地；实物资产指古村落、农家书屋、宗祠和集体合作建房。

本项目对"资产"的定义与分类是基于以下考虑的。

第一，有形资产在乡村振兴的初级阶段往往处于首要的地位。有形资产属于看得见、摸得着的事物，是可以在一个比较短的时间内通过自觉的努力和行动实现的。因此，从社区资产的有形资产切入，是推进乡村振兴的有效途径。课题组在调研中发现，在乡村振兴方面有点成就的村庄，主

---

① Kretzmann, John P. & John L. McKnight, *Building Commmunities from the inside Out: A Path Toward Finding and Mobilizing a Community's Assets*, Chicago: ACTA Publications, 1993, p. 161.

② 高鉴国、展敏:《资产建设与社会发展》，社会科学文献出版社 2005 年版，第 18—25 页。

③ 社会政策意义上的资产，不管是有形资产还是无形资产，都有"优势""关系""内在"取向的隐喻。

要也是通过有形资产盘活、建设、管理等工作来实现的。因此，本项目将资产聚焦在有形资产，这也将使得理论研究更符合真实世界的情况，使得理论构建与经验材料结合得更加紧密。

第二，本项目的资产是在福利社会学意义上使用的。本项目从福利社会学的角度出发，将乡村振兴视为一种大福利，包含经济、政治、文化、生态等福利。资产建设社会政策的理论初衷就是探讨个体或家庭资产建设的福利效应问题。本项目借鉴资产建设社会政策的思路，探求农村社区资产建设对乡村振兴的福利效应及其生成逻辑。因此，这里的资产不是抽象的、模糊的、无所不包的，而是能够推动乡村振兴（大福利）的有形资产。

第三，从乡村振兴的内涵与要求看，组织资产、金融资产、自然资源资产和实物资产是社区最重要的有形资产，因为它们是促进乡村振兴不可或缺的人、财、物、地等要素。比如，只有农村社区金融资产累积到一定程度，村民才可能生活富裕；自然资源资产得到有效盘活、管理，产业才可能兴旺；组织资产建设有力，治理有效才可能形成；实物资产得到良好的经营管理，是促进乡风文明的重要条件。

（三）农村社区资产建设

农村社区[①]从自身的实际出发，因地制宜，通过调动内外部各种资源，进行各种有形资产的积累、经营与管理，包括盘活现存的有形资产与建设新的有形资产的活动。

这里有必要对乡村振兴与农村社区资产建设的关系进行说明。第一，乡村振兴是农村社区资产建设的背景与目标导向。第二，两者不是简单的因果关系。农村社区资产建设的过程可能就是乡村振兴的过程，结果可能推进或阻碍乡村振兴，关键是建设什么、怎么建设、怎么管理。第三，关于如何推进乡村振兴，理论界与实践界已做了许多有益探索，但是在学理上进行知识建构，形成学术意义上的乡村振兴理想类型，这种成果还比较

---

① 社区可分为学术意义上的社区和行政意义上的社区。前者指在一定地域内、有共同文化的人类生活共同体，这种社区小到一个自然村落，大到县域、省域、跨省区域甚至跨国区域都可称为社区，像华人社区；后者指有明确边界的行政单元，像中国行政管理体系中的街道（镇）、社区。本文的社区指学术意义上的乡村社区。

少。农村社区资产建设既可作为推动乡村振兴的实践工作机制，又可作为我们对乡村振兴理论进行类型学建构的学术探索。

表 2.1 是对本项目两个核心概念的说明。

表 2.1　"乡村振兴"与"农村社区资产建设"概念操作化

概念（一级变量）	二级变量	解释
乡村振兴	产业兴旺（经济福利）	一二三产业融合
	生态宜居（生态福利）	人居环境整治
	乡风文明（文化福利）	思想道德建设、农村优秀传统文化、公共文化建设和移风易俗
	治理有效（政治福利）	善治理念；治理主体多元；三治融合
	生活富裕（物质、精神福利）	收入增加、住房品质改善等
农村社区资产建设	组织资产（人）	村级组织（一肩挑）；农村社会组织（合作社、基金会、管委会、老年协会、妇联组织、儿童发展协会等）
	金融资产（财）	村财（村集体收入）
	自然资源资产（地）	集体经营建设用地、宅基地
	实物资产（物）	古村落、祖厝、农家书屋、村集体合作建房等

二　分析框架

社会理论是一套加以系统陈述的，以可靠的经验资料为基础并在逻辑上相互联系的命题。在社会科学研究中，范式提供视角，而理论则在于解释所看到的东西。具体而言，理论的主要功能是：指导研究的方向；描述事物的状况和性质；解释现象之间的关系；预测未来的事件或现象[①]。分析框架也称理论框架，是由概念、命题组成的，表明了研究者的思维方式。资产型乡村振兴是本项目的分析框架（见图 2.1）。该分析框架是建立在第一章研究问题、相关研究述评的基础之上的，它需要后续相关章节实证资料的论证。

---

① 袁方主编：《社会研究方法教程》，北京大学出版社 1997 年版，第 72 页。

本项目的理论框架建立了农村社区资产建设与乡村振兴的理论关系。该框架的主要功能是描述分析农村社区资产建设对乡村振兴的功能及其形成逻辑。理论假设如下：

（1）农村社区组织资产建设对乡村振兴有积极影响；

（2）农村社区金融资产建设对乡村振兴有积极影响；

（3）农村社区自然资源资产建设对乡村振兴有积极影响；

（4）农村社区实物资产建设对乡村振兴有积极影响；

（5）资产型乡村振兴可能推动乡村社会政策转型。

库恩在《科学革命的结构》（1962）中最早提出范式的概念。范式是由其特有的观察角度、基本假设、概念体系和研究方式构成的，它表示研究者看待和解释世界的基本方式。在社会学中，存在着三种不同的范式：社会事实范式、社会定义范式和社会行为范式。它们表明了社会学家看待社会现象的不同方式或不同的观察角度①。事实上，单靠某种研究范式都只能认识社会的某一侧面。在实际的研究中，三种范式都是相互联系的。本课题在分析资产型乡村振兴的产生背景、形成逻辑及其功能中，在宏观上既考察了资产建设的经济社会背景、相关的社会制度等外部因素，在微观上也分析了资产建设主体的行为动机、意义等内部因素，因此，本项目的研究范式是一个多维的视角，它综合运用了三种社会学范式的研究手段。

本项目在研究性质上属于探索性研究、解释性研究和对策性研究的结合。首先，探索性研究使用在对一个新问题的研究中，它一般可以达到3个研究目的：满足研究者深入了解某个事物的愿望；探讨对某个问题进行深入研究的可行性；发展后来研究需要使用的方法②。就目前的文献来看（详见第一章的文献回顾），国内外学者对个体、家庭层面的资产建设助推贫困治理的研究较多，对农村社区资产建设推进乡村振兴的研究较少，所以本文的内容是一个较新的课题。课题组希望通过这个新项目的研究，深入了解农村社区资产建设对乡村振兴的功能及其形成过程。因此，本文是一项探索性研究。其次，我们还想知道同样进行社区资产建设，为什么有

---

① 袁方主编：《社会研究方法教程》，北京大学出版社1997年版，第64页。

② 彭华民：《福利三角中的社会排斥——对中国城市新贫穷社群的一个实证研究》，上海人民出版社2007年版，第45页。

的村庄能够发展，有的村庄却事与愿违。相关利益主体的行为动机、逻辑是什么。因此，本课题也是一项解释性研究。最后，由于乡村振兴是一项伟大实践，我们想通过资产型乡村振兴的类型学建构，为各地推进乡村振兴提供一个实践样板，为相关政府部门提供决策支持。因此，它也是一项对策性研究。

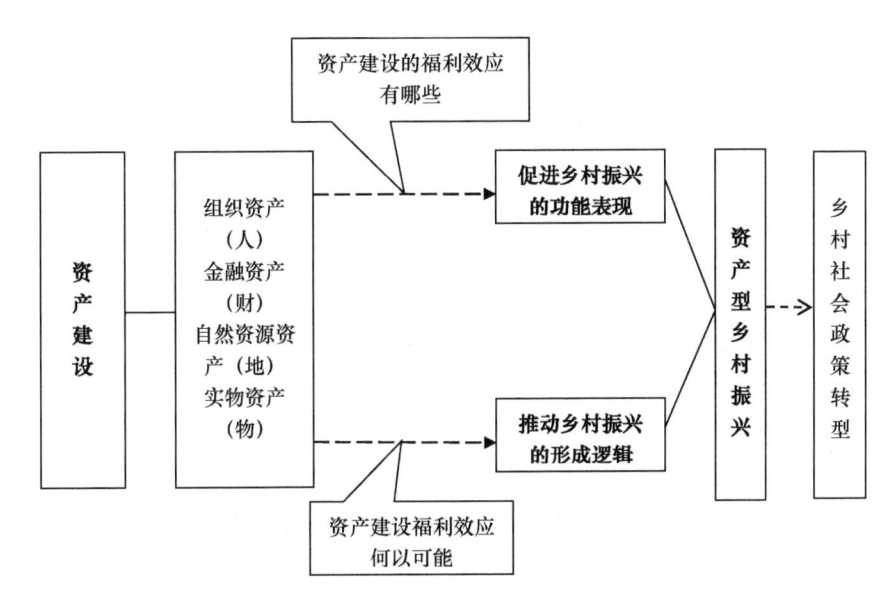

图 2.1 资产型乡村振兴的理论框架

第二节 研究内容与路径

一 研究内容

本课题围绕农村社区如何通过资产建设促进乡村振兴的问题展开，研究目标在于试图构建资产型乡村振兴的理论分析模型，并为乡村振兴提供社会政策建议。本文的研究问题可细化为三个具体问题。（1）资产型乡村振兴为什么能够产生，产生的背景与福利理念是什么？（2）资产型乡村振兴是怎么产生的，产生的过程与主要内容是什么？（3）资产型乡村振兴有什么作用，它对农村社会政策转型有何功能？为了解决这三个问题，结合前文的理论框架，本文构建了研究路径图（见图2.2）。研究路径图表明了全文的主题、各章节要探讨的内容。

全书分为三个单元。第一单元由第一章、二章组成，作为总论部分。第一章主要解答"为什么研究这个课题"的问题，具体包括研究背景、相关研究述评、研究意义三个问题。第二章主要解答"研究什么、怎么研究"的问题，具体阐释了研究的主要概念、路径、框架与方法。

第二单元是本项目实证研究的核心部分，由第3—10章组成，分别从组织资产、金融资产、自然资源资产、实物资产等方面阐述乡村振兴战略下农村社区资产建设的福利理念、过程、管理及其福利产出。第二单元各章的撰写顺序主要是从乡村振兴所需要的人、财、地、物四个要素来考虑的。(1) 组织资产（人）是推动乡村振兴最重要的因素，村干部、村民、乡贤才是乡村振兴的主体。村级组织包括村级基层组织（党组织、自治组织）和各类社会组织。因此，我们将村级基层组织和农村社区社会组织两类组织资产放于实证研究部分的首要位置。(2) 金融资产（财）是农村社区公共物品供给、村民生态宜居、生活富裕、治理有效与乡风文明的物质来源与基础。(3) 要想产业兴旺、壮大村财就得盘活农村自然资源资产（地），包括村集体经营建设用地和宅基地。因为这两种地是发展村集体经济的核心生产要素。(4) 要实现乡风文明、村民生活富裕还得盘活或建设农村社区各种实物资产（物）。考虑到乡村振兴的实质是为了让农民过上幸福生活，包括精神文化生活和物质生活，实物资产将从两部分展开论述，一是阐述古村落、农家书屋、宗祠等实物资产对乡风文明的作用；二是阐述集体合作建房对增进农民住房福利的作用。(5) 从分析单位看，目前资产建设的相关学术产出主要局限于个体、家庭、行政村层面，缺乏乡镇层面的理论探索，课题组在实地调研中发现，有些乡镇正在践行资产为本的社区发展策略，因此，本项目单列一章阐述乡镇政府运用资产建设理论推进乡村产业振兴的过程及其逻辑。

第三章、四章主要阐述农村社区组织资产对乡村振兴的功能及其生产机制。第三章基于"一肩挑"的实践观察，剖析以"一肩挑"为特征的村级组织资产的乡村治理功能、功能形成机理、面对的挑战，提出完善"一肩挑"制度的对策建议。第四章侧重分析农村社区社会组织对乡村振兴的功能表现、功能发挥机理，提出加强农村社区社会组织建设、推进乡村振兴的对策建议。

第五章主要分析农村社区金融资产建设（村财或村集体收入）的类型、福利效应，对乡村振兴战略下的农村社区金融资产建设存在的困境进行反思，揭示农村社区金融资产建设助推乡村振兴的影响机制，提出建设金融资产、促进乡村振兴的对策建议。

第六章、七章主要阐述农村社区自然资源资产对乡村振兴的功能及其形成机理。第六章侧重从集体经营建设用地入市的角度，分析集体经营建设用地入市对乡村振兴的作用、问题、运行过程与影响因素，并提出优化集体经营建设用地入市的政策建议。第七章侧重从宅基地改革的角度，探讨宅基地对乡村振兴的功能、存在困境及其影响因素，并提出优化宅基地改革、促进乡村振兴的对策建议。

第八章以古村落、农家书屋、宗祠为例，分析了农村社区实物资产建设对乡风文明的作用、形成逻辑。第九章以L村合作建房为例，分析了农村社区自建房的治理绩效、形成原因与借鉴价值。第十章探讨了乡镇政府运用"资产为本"社区发展策略促进乡村产业振兴的策略与逻辑。

第三单元由第十一章组成，是整个课题研究报告的总结。第十一章指出了全书的研究贡献、研究局限及其研究展望。

二 研究路径

本课题的研究路径有如下四个基本特征。

第一，它是一项类型学研究。客观世界是多维的、复杂的，人类对客观世界的认识不可能一步到位，总是从局部到整体、从某一特征到某类属性的过程。譬如，韦伯的科层制虽然不能涵盖政府运作的所有特征，但是代表了政府作为一种特殊公共组织的某些共性，是一种理想类型。这种类型概括为人们认识政府的静态结构与动态运行提供了知识建构的基础和方法论启发。再如，费孝通先生的《江村经济——中国农民的生活》，引起了他的老师利奇教授的质疑。利奇教授的疑问是，用一个村庄的研究怎么能代表中国所有村庄的情况呢？费先生的回应是，诚然一个村庄的情况是无法代表中国所有村庄的面貌的，但是江村的经济社会特征是能够代表中国所有村庄某些共同特征的。研究者不可能走遍中国所有村庄，再来逐一研究每个村庄。研究者总是将学术目光聚焦在某个（类）具体社区，通过

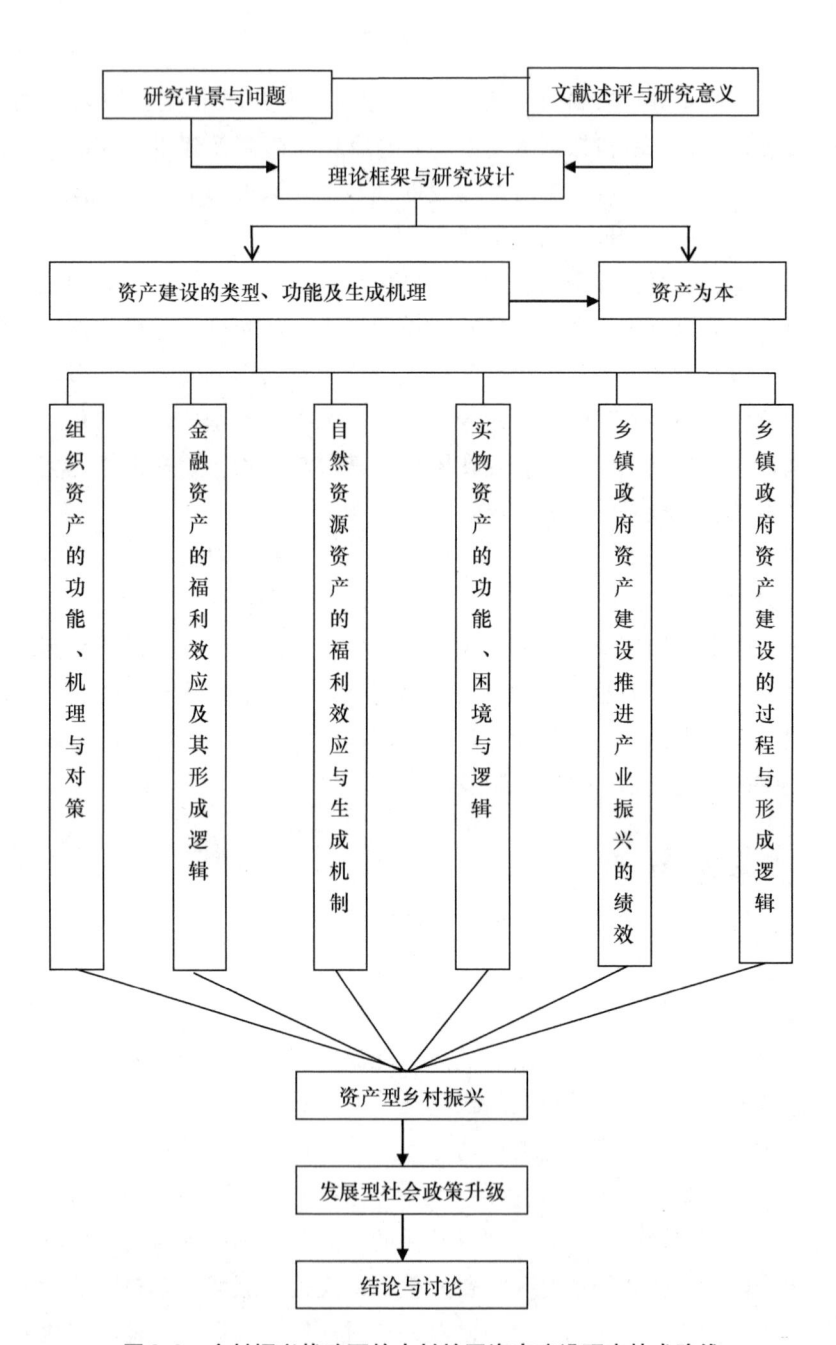

图2.2 乡村振兴战略下的农村社区资产建设研究技术路线

"解剖麻雀",认识该社区的经济社会结构、地方文化、生活方式等,再达到逐步接近社会全貌的目的。费先生将这种方法称为"微型社会学"[①]。本项目正是借鉴这种微型社会学的方法,对乡村振兴的国家治理与地方实践进行类型学概括。国家虽然对乡村振兴出台了许多规划、政策、意见等,最高领导也有许多讲话、指示、批示等,但是由于各地发展不均衡,资源禀赋也不同,各地区"甚至各村"的乡村振兴模式都不可能千篇一律,只能因地制宜。因此,本项目概括的资产型乡村振兴也只能代表各地乡村振兴的某个类别。

第二,它是一项理论与实践相结合的研究。一方面,我们在理论上梳理了农村社区资产建设的主要类型、对乡村振兴的作用、存在的困境与成因,为乡村振兴的学术研究提供了实证经验与类型学建构的知识基础。另一方面,为了提高本项目的应用价值,我们在研究过程中,还积极通过行动研究、成果转化的方法,提升调研地乡村振兴的绩效。比如,在探索乡村振兴战略下的农村社区组织资产建设时,课题组成员所在的社工机构依托地方政府购买的"三社联动"项目,培育当地社会组织,促进产业兴旺、治理有效与生活富裕。

第三,它是一项结构—功能的研究。结构功能论是美国社会学家帕森斯提出来的,它的主要观点是,社会是一个由各个部分有机联系、相互协调的系统,社会系统的各部分都承担着一定功能并且能够自我调适、处于动态均衡中。本项目借鉴结构功能论的思路,认为农村社区资产建设、乡村振兴两个子系统有其内在的结构,农村社区不同类型的资产扮演着相应的功能,从不同维度推进乡村振兴的发展。从结构功能论看,要实现乡村振兴,离不开乡村人、财、地、物等资源的盘活与建设。因此,课题组将农村社区资产分为组织资产、金融资产、自然资源资产、实物资产四大类,并在研究过程中,侧重分析每类资产对乡村振兴的功能及其生成逻辑。

第四,它是一项宏观、中观、微观相结合的研究。乡村振兴、农村社区资产建设的内容广泛,涉及国家、地方政府、社会组织、村干部、村民等行为主体,涉及静态的政策体系和动态的政策执行,为了提升研究的立

---

① 费孝通:《江村经济——中国农民的生活》,商务印书馆2001年版,第319页。

体性、系统性与情境性，我们在研究中尽量做到宏观概括、中观分析与微观洞察相结合的逻辑进路。在宏观层面，我们尽量呈现每项资产建设的国家政策背景、发展现状、存在困境与变迁逻辑，以反映农村社区资产建设的全景。在中观层面，我们尽量描绘地方政府在资产建设中的角色表现及其行为逻辑。在微观层面，我们在研究某一类别资产建设对乡村振兴的功能及其影响因素时，不只是从国家、地方政府的角度来看问题，更重要的是让村干部、村民等局内人呈现他们的想法，同时兼顾政府与农村的互动逻辑。

第三节　研究方法

本节主要介绍本项目的研究方法。具体将阐明资料收集的方法、资料分析的方法，研究资料的信度与效度，并阐明研究遵守的伦理原则。

研究方法的选择取决于研究问题与目标。考虑到本项目的研究问题是要探讨村民、村干部如何在基层政府的帮助下，发挥农村社区优势，盘活旧有的资产或建设新的资产，推动乡村振兴。它是一项过程性的研究，从本体论讲，适合采用诠释主义的范式。在认识论上，我们将农村社区的资产建设与乡村振兴视为村民、村干部、基层政府干部的社会建构，从"局内人"的角度，理解他们是如何看待资产建设对乡村振兴的功能，理解他们是如何建设各类资产的。因此，在方法论层面，本项目的资料收集、分析是偏向质性研究的。

一　资料收集方法

本项目根据上述的理论框架和研究路径，重点采用跟踪调查、试调查、访谈法、观察法、文献法等资料收集方法。

一是跟踪调查。2010—2014年，我们曾经在福建省N市L村、D村、R村、M村[①]等村庄做调查，研究在建设社会主义新农村征程中，农村社区如何发挥自身优势，盘活已有的资源资产或建设新的资产，为村民提供

[①] 参照学术惯例，文中涉及的调研村，统一用学名代替。下同。

社区福利，提升村民生活质量。后来，在地方政府的支持下，我们将这些村庄作为课题组长期教学研究基地。我们利用每年寒暑假、周末等时间，对这些村庄做定期跟踪研究。我们发现，党的十九大提出"乡村振兴"战略后，这些村庄就开始将工作重心转到社区资产建设与乡村振兴。这也给本项目提供了研究灵感和素材。

二是试调查。为防止"先入为主"的学术惯性，我们在做好村落跟踪调研的基础上，积极开拓新的乡村调研基地，并对这些基地做试调查。通过试调查，我们发现许多乡村都在思索如何因地制宜、促进乡村振兴。在试调查过程中，我们通过走访当地农业农村局、自然资源局等相关政府部门干部、村干部、村民，实地参访一些村庄的资产建设、村民生活情况，查看相关会议记录、年度工作汇报等文字资料，这些前期调查对选题的确定及研究方案的优化打下了较好的基础。

三是访谈法。如前所述，本文的研究方法是以质的研究为主，访谈法是本文最重要的调查方法之一，访谈法获得的资料是本项目研究非常重要的资料。在访谈中，我们主要采用了深度访谈、小组座谈、重点访谈和电话访谈相结合的方法，采取半结构化访谈的形式，使用了提问和追问的技术来进行访谈。我们在访谈中本着开放的态度，记录访谈时的情境，倾听受访者的声音。整个调研过程中，我们对100多位村民和村干部进行了成功的深度访谈，形成了30多万字的访谈资料，为论文的写作提供了丰富的素材。同时，在有关村干部的协助下，我们总共召开了30多次座谈会，每次座谈会的对象包括村干部、村民代表和普通村民，数量一般在10—15个。另外，我们还对一些分管农业的县（市）领导、农业农村局干部、自然资源局干部、乡镇干部等30余人进行了重点访谈。以上三种访谈方法都属于面谈，但由于我们在整理这三种访谈法获得的资料过程中对某些问题又有了新的认识，需要再对某些相关人员进行深入了解。碰到此情形，我们更多借助电话访谈及时获得相关材料。

在访谈内容上，深度访谈和小组座谈的内容主要围绕农村社区不同类型资产建设对乡村振兴的功能、困境与原因，而重点访谈的内容则集中于政府与乡村的关系。访谈对象的选择都采用目标抽样的方法。

四是观察法。观察法采用参与观察和非参与观察相结合的策略。在参与观察法方面，课题组成员到个案村生活一段时间，参与村集体活动、村民日常生活。重点观察农村社区资产建设对乡村振兴的作用及其运作过程。比如，在撰写"实物资产（下）的住房福利自治理"一章时，课题组中的青年教师于2018年7—8月，利用指导学生暑期社会实践的机会，与L村村民、干部"同吃、同住、同劳动"。在此期间，两位青年教师运用参与式观察法收集了L村村民合作建房所在小区的日常运作情况，观察入住小区村民的生活状况，并整理出观察日记约3万字，为本研究提供了丰富素材。同时，我们还运用时间抽样观察法和场合抽样观察法作为补充。比如，运用时间抽样观察法，观察村民到农家书屋阅读的情况；运用场合抽样观察法观察宗祠、祖厝等实物资产的运作实效。

表2.2 乡村振兴与农村社区资产建设变量和资料收集方法列表

概念（一级变量）	二级变量	解释	资料来源
乡村振兴	产业兴旺（经济福利）	一、二、三产业融合	试调查、跟踪调查、访谈法、观察法、文献法
	生态宜居（生态福利）	人居环境整治	
	乡风文明（文化福利）	思想道德建设、农村优秀传统文化、公共文化建设和移风易俗	
	治理有效（政治福利）	增进治理资源和促进治理资源流动；治理主体多元	
	生活富裕（物质、精神福利）	收入增加、住房品质改善等	
农村社区资产建设	组织资产（人）	村级组织（一肩挑）；农村社会组织（合作社、管委会、基金会、老年协会、妇联组织、儿童发展协会等）	试调查、跟踪调查、访谈法、观察法
	金融资产（财）	村财（村集体收入）	
	自然资源资产（地）	集体经营建设用地、宅基地	
	实物资产（物）	古村落、祖厝、农家书屋、村集体合作建房等	

五是文献法。文献收集法贯穿于整个研究过程。在研究开始之前，课

题组成员查阅了国内外关于发展型社会政策、乡村振兴、农村社会福利、资产建设社会政策理论、资产为本的社区发展理论以及福利社会学等大量文献,了解当前的研究进展,并借鉴已有的研究经验和研究成果,确定本课题的研究框架。其中美国社会政策学家 Kretzmann 和 McKnight 的《社区建设的内在取向：寻找和动员社区资产的一条路径》,迈克尔·谢若登的《资产与穷人———一项新的美国福利政策》以及邓锁、迈克尔·谢若登、邹莉、王思斌等编著的《资产建设：亚洲的策略与创新》是很好的思想宝库,这些经典著作为本文提供了丰富的资产建设理论及其研究方法。

在研究中,我们还查阅收集案例村所在县（市）、乡镇的文件、工作报告、历史档案,和案例村的会议记录、工作总结、村规民约、网站、微信公众号、工作交流群、工作简讯以及各种媒体对案例村的报道等文字资料。

二 资料分析方法

一是内容分析法。内容分析是运用定量或定性方法,对文本进行阅读、选择、分类、分析,得出某些概念、命题或规律性知识的方法。该方法于 20 世纪五六十年代开始在传播学中使用。近年来被广泛使用在传播学、教育学、社会学、公共管理学、人类学、心理学等研究领域中。Janis 认为从符号学角度看,内容分析法可以分成三种：语用内容分析,即符号归类的标准是发出符号的原因及其可能产生的结果；语义内容分析,即依照符号的内涵将其归类；符号内容分析,即以符号出现为计算次数的标准[①]。

本文主要运用内容分析法对访谈法收集的资料进行分析。对于政府的文件、媒体的报道、村的工作总结和档案等文献资料也采取内容分析,进行归类概括。内容分析有定性分析与定量分析之分,本研究的访谈资料、各种文本分析属于定性的内容分析,可以归入语义内容分析类别。

访谈资料内容分析的步骤如下。（1）聘请 6 位硕士研究生当研究助理,让他们帮忙将访谈录音资料转换成文字,并整理每次访谈的时间、主题、受访者的背景资料等,然后归类建档。6 位研究助理除了熟悉当地方

---

① 彭华民：《福利三角中的社会排斥——对中国城市新贫穷社群的一个实证研究》,上海人民出版社 2007 年版,第 59 页。

言和乡土人情，还都有一定的社会调查知识和经验，都参加过国家、省挑战杯大赛并获奖。（2）会方言的课题组成员复核访谈语音转来的文字资料，以提高访谈资料的准确性和可靠性。（3）课题负责人多次仔细地、认真地收听访谈录音资料和阅读访谈文字资料，并对照访谈笔记，从受访者的语气、表情、话语等多角度寻找对访谈资料的深入理解。（4）编码与归类。将每份访谈资料中的内容，按照理论框架中的 2 个一级变量为第一层次编码，以 9 个二级变量为第二层次编码，以变量的解释内容为第三层次编码。然后根据理论框架和研究路径的设计，将访谈资料放入相应的主题，讨论论文核心概念之间的关系是否成立。（5）将访谈资料的分析结果与其他资料的分析结果进行对比归类。

案例村的会议记录也是本文研究的重要资料。会议记录的分析过程是这样的：由案例村负责会议记录的村干部为我们提供完整的会议记录手写资料和电子版资料，我们先让研究助理将会议记录的手写资料与电子版资料校对清楚，并将有差异的地方记录下来，然后，我们再去找做会议记录的文书核对。会议记录核对清楚后，我们再多次地认真阅读、做笔记，并编码归类。编码归类的方法与访谈法相似。

本研究所用的政府文件、村工作报告、总结或档案材料、媒体报道以及相关文献也按照访谈资料的编码分类方法进行分析。

二是案例分析法。案例分析不仅要把故事讲好，还要将案例发生的情境和案例本身结合起来构建一定普遍适用意义的理论[①]。课题组在写作过程中，试图将全书所涉及的多案例分析上升到理论建构。即，将不同地区乡村振兴战略下的资产建设实践提炼为"资产型乡村振兴"的理论模型。这一理论模型的要点是：从福利社会学角度将乡村振兴视为一种大福利，阐述农村社区资产建设如何作用于乡村振兴这种大福利，并揭示这种大福利的产生机制，这一理论进路贯穿于每一章。因此，我们在撰写每一章时，也尽量从每一章涉及的案例挖掘建构相关的概念或命题。每章的概念或命题是为"资产型乡村振兴"的理论模型服务的。

案例选择遵循的是理论抽样而不是统计抽样，注重的是案例特征的典

[①] 李平、曹仰锋：《案例研究方法：理论与范例——凯瑟琳·艾森哈特论文集》，《管理案例研究与评论》2012 年第 5 期。

型性而不是代表性，注重分析性归纳而不是统计推论①。依照案例选择的原则，我们在每章写作中，注意选取那些能够滋养资产建设理论与乡村振兴关系的案例（见表2.3）。这些案例虽然不能代表中国所有村庄的全貌，但是案例身上呈现的某些属性或特征能够在其他同类型村庄中找到"似曾相识"的共性。

表 2.3　　　　案例分析涉及的主要村庄及其资料说明

农村社区资产类型	章	案例村	备注
组织资产	第三章　农村社区组织资产建设（上）——基于"一肩挑"运行实践的案例分析	共4个。F省N市M镇M村、D村；F省N市H镇R村；F省Y县D镇X村	访谈乡镇干部、村干部、村民
组织资产	第四章　农村社区组织资产建设（下）——基于农村社区社会组织促进乡村振兴的案例分析	共13个。分别是F省D县Y村芹峰淮山农民合作社；M村教育基金会、养猪专业合作社、寺庙管委会；D村、N村的老年协会、妇联组织、儿童发展协会；S村党群服务中心、海丝文化党建服务中心；江西省刘家老年协会	这些社会组织主要涉及产业兴旺类、生活富裕类、治理有效类。其中刘家老年协会的素材来自《人民日报》《北京青年报》等主流媒体的报道。另外12个社会组织都来自课题组的一手调查
金融资产	第五章　农村社区金融资产建设	共9个。F省N市X村 F省Y县Q村 F省N市M镇 F省N市L村 F省N市M镇R村 F省H县C镇C村 F省L区H乡S村 F省Y县X村 F省A县J村	访谈县、乡镇干部、村干部、村民；部分资料源自主流权威媒体或当地官方媒体报道

---

①　侯志阳、张翔：《公共管理案例研究何以促进知识发展？——基于〈公共管理学报〉创刊以来相关文献的分析》，《公共管理学报》2020年第1期。

续表

农村社区资产类型	章	案例村	备注
自然资源资产	第六章 农村社区自然资源资产建设（上）——基于集体经营建设用地入市的案例分析	共7个地区的农村，分别是福建晋江、浙江德清、江苏常州武进、广东南海、辽宁海城、成都郫都区以及北京大兴	考虑到这些地区集体经营建设用地入市的做法较典型。福建晋江W村是课题组田野调查的基地，其他地区主要是二手资料
	第七章 农村社区自然资源资产建设（下）——基于宅基地改革的案例分析	共11个省份的部分农村	其中福建晋江的资料来自课题组的长期田野调查；广东、浙江、江苏、山东、上海、重庆、山西、黑龙江、江西、海南等10个省份的资料属于二手数据
实物资产	第八章 农村社区实物资产建设（上）——基于乡风文明的视角	共4个村庄。F省N市M村 F省A县D村 F省D县Y村 F省H县L村	主要访谈案例村的村干部、村民；观察案例村实物资产的使用管理情况
	第九章 农村社区实物资产建设（下）——基于L村住房福利自组织治理的案例分析	F省H县L村	访谈县、乡村干部、村民；观察L村自住小区运作；通过村史馆的档案、村简讯、村合作建房章程、会议记录、媒体报道、村网站等渠道，获取村合作建房情况

案例分析有实证主义、诠释主义两种经典范式。两种范式都注重揭

示案例中的因果机制①。实证主义倾向运用数据统计的定量方式阐明因果关系，诠释主义偏向运用理解、归纳等质性方法揭示因果关系。考虑到农村社区资产建设、乡村振兴的过程性、情境性等特征，本文更适合采用诠释的分析方式来呈现资产建设与乡村振兴的因果机制。因此，在分析各类资产对乡村振兴的功能时，我们试图刻画功能产生的形成机制或影响因素。

案例分析的类型有单案例分析和多案例分析。单案例分析与多案例分析各有优缺点，选择哪种案例分析法关键看研究问题与研究目标。考察到每个乡村都有自己的资源禀赋，为更好地揭示不同类型农村社区资产在乡村振兴中的功能及其运行机理，本文采用多案例分析方法。

三是功能分析法。默顿的功能分析法批判继承了帕森斯结构功能理论，尤其是批判了功能主义存在的三个错误假定，即"功能统一性"、"普遍功能主义"以及"功能的不可或缺性"。他提出了正功能、负功能、显功能、潜功能等概念，丰富发展了功能分析理论。本文借用默顿的功能分析概念，剖析了农村社区各类资产对乡村振兴的功能及其形成逻辑。譬如，在分析村级组织的功能时，我们以"一肩挑"这种特殊的组织形态为例，揭示了"一肩挑"对乡村振兴的正功能、负功能与功能形成机理。还如，为了揭示实物资产在乡风文明中的功能、困境与成因，我们借用功能分析法对不同类型实物资产在农村思想道德建设、农村优秀传统文化、农村公共文化建设和开展移风易俗行动中的作用进行阐释。

四是"结构—过程"分析法。"结构—过程"分析范式兼顾宏观理论与微观经验的连接、个案特征与整体属性的关联。结构负责将行动主体的关系抽象出来，过程负责连接结构与具体的经验，以此避免过于抽象的宏大理论或滑向小因果关系的理论自缚②。本文在分析自然资源资产中的宅基地改革时，侧重运用了"结构—过程"分析法。主要考虑是，宅基地改革既涉及国家政策、乡村文化习俗、城乡统筹发展等外部结构性因素，也涉及基层政府干部、村干部、农民、金融机构等行动者因素，我们需要从

---

① 侯志阳、张翔：《作为方法的"中国"：构建中国情境的公共管理案例研究》，《公共管理学报》2021年第4期。

② 吴晓林：《结构依然有效：迈向政治社会研究的"结构—过程"分析范式》，《政治学研究》2017年第2期。

结构与行动统一的角度来理解，才能更客观、更全面地理解宅基地改革的内在机理。因为结构与过程相互依赖，本文写作在结构化关怀方面，着重考虑实证资料背后宏大的社会结构指向；在过程分析中，注意深入挖掘宅基地改革的内部因果机制，揭示行动者的真实动机与行动逻辑。在结构化层面，主要从宏观社会学（功能论、冲突论）角度分析宅基地改革的功能与困境；在过程层面，主要从微观社会学（交换论、互动论）角度剖析宅基地改革中相关利益主体的行动理性及其互动逻辑。因此，第七章宅基地改革的写作遵循"为什么改（功能）—改革困境（冲突）—影响改革效果（交换、互动）—如何改革（结构—过程）"的分析路径。

五是比较分析法。为了揭示不同类型社会组织与乡村共同体的协同机制，我们在撰写第四章时，分别从社会组织的目标、活动内容、运行机制三个维度考察13个社会组织的运行情况。为此，我们按照协同效应的正负方向，将13个社会组织分成三类。第一类是组织目标是否协同，淮山专业合作社、M村教育基金会代表正向协同，养猪专业合作社代表负向协同；第二类是活动内容是否协同，D村、N村的老年协会、妇联组织、儿童发展协会代表正向协同，刘家老年协会代表负向协同；第三类是运行机制是否协同，S村党群服务中心、海丝文化党建服务中心代表正向协同，M村寺庙管委会代表负向协同。比较过程中注重协同方法、结果及其原因的分析。

此外，由于"一肩挑"还没有全面实施，为了更准确、客观地揭示"一肩挑"的推行效果，本文第三章从两个方面对"一肩挑"的绩效进行比较。其一，比较"一肩挑"实施前后，村庄公共事务治理发生了哪些变化。其二，将有实行"一肩挑"的村庄和没实行"一肩挑"的村庄进行比较，考察它们村庄公共事务治理的差异情况。

三 研究资料的信度与效度

社会科学研究中的信度（Reliability）指使用相同指标或测量工具重复测量相同事物时，得到相同结果的可能性[①]。换言之，信度是指测量结果的一致性或稳定性，即测量工具能否稳定地测量所测的事物或变量。本课

---

① 风笑天主编：《社会研究方法》，高等教育出版社2006年版，第130页。

题在研究中主要采取了两个措施保证本文的研究信度。一是采取多元的研究方法，收集、分析资料。比如，同一个问题的论据，有访谈资料、会议记录、观察日志相互作参照，这样就保证了资料的可信性。二是采用相关检验法，对资料进行验证。相关检验法，又称三角检验法，即将同一结论用不同的方法，在不同的情境和时间里，对样本中不同的人进行检验，目的是通过尽可能多的渠道对目前已经建立的结论进行检验，以求获得结论的最大真实度[1]。比如，在研究中，对于同一个问题，访谈不同对象，以相互验证；或者跟踪调研，在不同时间段，多次访谈、观察同一受访者的言行。

"效度"（Validity）通常指研究结果的有效性，即研究的结果是否反映了研究对象的真实情况。关于效度的分类，学界存在几种不同看法。比如，有的学者将效度分为描述型、解释型、理论型、推论型、评估型[2]；有的学者将效度分为内部效度、外部效度、结构效度、测评效度和统计结论效度等[3]；有的分为内容效度、外在效度、表面效度和建构效度[4]。本文从内容效度、表面效度和外在效度对研究资料的效度进行说明。

内容效度指研究资料是否能准确地反映研究问题。本研究的访谈提纲、观察表格都是在阅读大量相关文献，对案例村的试调查、跟踪调查基础上制定的。另外，课题组成员多次讨论论文的主题、概念的界定、资料的收集方法等；课题开题时，多位专家也为我们提了很多有益的改进意见；试调查时部分案例村的干部、村民也提了不少针对性意见，他们的贡献使得我们的访谈内容、观察提纲更加扣紧论文的主题，保证了研究的内容效度。30多万字的访谈文字资料、会议记录、各种文件、报告与总结等材料也让我们能够有充足的资料来阐述论文各变量之间的关系。

另外，我们还运用"饱和经验法"提升研究资料的内容效度。"饱和

---

[1] 陈向明：《质的研究方法与社会科学研究》，教育科学出版社2000年版，第402页。
[2] 陈向明：《质的研究方法与社会科学研究》，教育科学出版社2000年版，第391页。
[3] 范柏乃、蓝志勇：《公共管理研究与定量分析方法》，科学出版社2008年版，第26页。
[4] 彭华民：《福利三角中的社会排斥——对中国城市新贫穷社群的一个实证研究》，上海人民出版社2007年版，第62页。

经验法"是一些学者在农村做社会学调查,对驻村调查方法的总结与提炼①。这种方法要求研究者对经验资料具有高度的敏感性,能够超越厚重的经验资料,获得对乡村的一般性认识或构建理论。"饱和经验法"承认人类认知一个无法克服的缺陷,即不管什么个体或团队都不可能将中国所有的乡村进行深入调查,也没有必要那样做。因为,乡村都存在一些共性,作为研究者,关键是找出经验现象背后的规律性知识,进行类型化概括或理论建构。本文写作借鉴"饱和经验法"的分析思路。譬如,在撰写第八章乡风文明视角下的实物资产建设时,乡风文明、实物资产涉及的经验事实类型多样、内容繁杂,全国各个乡村有自己的特色,也存在诸多共性。我们不可能穷尽所有的村庄,也不可能穷尽所有的乡风文明或实物资产建设与管理的经验资料。因此,我们从"是否有经验质感"的角度出发,选取古村落、农家书屋、宗祠和祖厝进行分析。因为,它们分别代表乡风文明的不同维度。

表面效度指的是测试出受试者正常水平的一种保证因素。访谈过程中,遇到受访对象表达不清晰或前后不一致的时候,访问员采取了追问、反问等办法,力求受访者能够准确、清晰地提供访问相关的事实。这些都力求保证研究的表面效度。

外在效度指的是研究成果在多大程度上能够被推论。作为案例研究,它的推论是有限度的。但正如费孝通当年应对利奇教授质疑《江村经济——中国农民的生活》时的答案一样②,本文的案例村固然无法代替中国所有的农村,但是确有许多中国的农村由于所处历史条件的相同,在社会结构、文化方式、经济背景上与案例村有许多相似的地方,所以案例村固然不是中国全部农村的"典型",但不失为许多中国农村所共同的"类型"或"模式"。在全书写作中,我们不是写某个村、某个乡或某个乡村社区,而是使用不同地区的资料。我们不是要写某个地方的故事,而是试图从各地乡村振兴和社区资产建设实践中提炼一些共同的问题。这并不意味着各地乡村振兴和社区资产建设都是一样的,我们特别想注意的是,它

---

① 桂华:《饱和经验法:认识中国的社会学方法》,2020年9月16日,http://www.cssn.cn/shx/202009/t20200916_5183328.shtml,最后访问日期:2020年10月17日。
② 费孝通:《江村经济(修订本)》,上海世纪出版集团2013年版,第319页。

们能否反映一些原则或结构的相似。同一个案例村的材料在全书的写作中可能重复出现,但是论述的重点不同,要说明的问题也不同。

因此,本课题的研究成果可为同类型乡村实施资产建设社会政策、促进乡村振兴提供参考。从这个意义上讲,本研究也是有一定外在效度的。

四 研究伦理

经典著作《社会研究方法》的作者艾尔·巴比对研究者在社会调查中要遵循的伦理准则进行了概括。主要内容包含:自愿参与、对参与者无害、匿名与保密、正当性地欺骗、正确地公布研究报告、遵守职业协会规范等。虽然这些伦理问题是作者在西方国家文化背景下提出的,但是在方法论意义上有一定的借鉴价值。我们以此为参考,根据当地的文化,在资料收集、整理、分析及本文的写作中遵循了以下伦理议题。

第一,受访者自愿参与原则。在调研中,访问员每次接触调研对象时,都先告知受访对象关于我们的研究目的、研究内容,需要他的帮助,然后在他的允许下,我们才开始调查、访谈、录音、做笔记、拍照等。考虑到中国是一个讲"关系""人情"的社会,我们在案例村都有一定的社会关系基础,也有不少亲朋好友,因此,受访对象大都比较配合。我们从来没有以政府下派的身份或让村干部强迫某位受访者一定要接受调查。为了提升调研质量,我们注意把握调研机会。有时因为受访者比较忙,不能及时接受调查,访问员就记下他的联系方式,然后约一个他比较有空的时间进行调查。这样,既保证了资料的代表性,又不会让受访者太为难。

第二,不伤害研究参与者的原则。我们在培训访问员时,反复强调不能伤害到受访者的利益。比如,涉及村民观念转变或行为配合的问题,对于他(她)当年干扰村里的工作,而后经村干部或老年协会多次做工作后才支持村两委的工作,我们尽量采取委婉的提问方式,旁敲侧击地了解当时的情况。总之,我们在调研中尽量将自愿参与和不伤害参与者的原则结合起来,与受访者形成"知情同意"[①]的共识。

[①] 知情同意:这种规范要求,基于自愿参与的原则而进入研究的对象,必须完全了解他们可能受到的危害。参见〔美〕艾尔·巴比《社会研究方法》,邱泽奇译,华夏出版社2005年版,第64页。

第三，对于被调查者匿名和保密原则。这条也是保护研究对象权益的重要原则。我们在写作的时候，用大写英文字母代替受访者的名字，尽量做到不透露他们的身份；另外，我们也将严守保密原则，不向他人泄露受访者的个人资料。

本章小结

本章主要解答"怎么开展研究"的问题。本章首先对课题的核心概念做了界定，其次阐明课题的研究内容与路径，最后交代了课题的研究方法。

本课题的核心概念是乡村振兴、资产、农村社区资产建设。本项目主要从福利社会学角度理解乡村振兴，将乡村振兴视为一种大福利，认为乡村振兴的最终目标是让亿万农民过上幸福生活。具体而言，产业兴旺就是要提升农民的经济福利，生态宜居就是要提升农民的生态福利，乡风文明就是要提升农民的文化福利，治理有效就是要提升农民的政治福利，生活富裕就是要提升农民的物质与精神福利。本项目的资产主要指农村社区层面的有形资产，即以农村社区所有，全体社区居民共同使用、管理、占有的公益性资产。考虑到乡村振兴离不开人、财、地、物四大要素，我们将农村社区资产划分为组织资产、金融资产、自然资源资产和实物资产四大类。农村社区资产建设指，农村社区从自身的实际出发，因地制宜，通过调动内外部各种资源，进行各种有形资产的积累、经营与管理，包括盘活现存的有形资产与建设新的有形资产的活动。

本课题的研究内容可概括为三个层面。一是资产型乡村振兴产生的背景与福利理念；二是资产型乡村振兴的产生过程与机理；三是资产型乡村振兴的功能。本课题的研究路径有四个特点：它是一项类型学研究，一项理论与实践相结合的研究，一项结构—功能的研究，一项宏观、中观、微观相结合的研究。

课题的研究方法总体偏向质性研究。重点采用跟踪调查、试调查、访谈法、观察法、文献法等资料收集方法。主要运用内容分析、案例分析、功能分析、结构—过程分析和比较分析法。本章从信度、效度（内容效度、表面效度和外在效度）对研究资料的准确性、稳定性进行说明。本章还交代了课题研究所遵守的研究伦理：受访者自愿参与原则；不伤害研究参与者的原则；对于被调查者匿名和保密原则。

第三章 农村社区组织资产建设（上）
——基于"一肩挑"运行实践的案例分析

农村基层组织是推进乡村治理现代化最重要的组织资产。当前，推行"一肩挑"是加强和改善农村基层组织建设的核心政策工具。在2018年1月—2023年2月，国家相关政策文件明确提出村党组织书记"一肩挑"的主要有《中共中央 国务院关于实施乡村振兴战略的意见》《乡村振兴战略规划（2018—2022年）》《中共中央 国务院关于坚持农业农村优先发展做好"三农"工作的若干意见》《中共中央 国务院关于建立健全城乡融合发展体制机制和政策体系的意见》等10份文件。这些文件主要是党的条例、规划、意见等，中央"一号"文件就有4份；文件更多使用"推动""大力推进""全面推行""应当"等话语。按照《乡村振兴战略规划（2018—2022年）》的要求，全国村党组织书记、主任"一肩挑"的比例是2020年达到35%、2022年达到50%。可见，大力推行"一肩挑"是政治任务，也是全面加强党对农村工作领导的必然要求。那么，"一肩挑"对村级组织建设和乡村治理意味着什么？"一肩挑"良性运行的机理是什么？如何优化"一肩挑"保证其良性发展？

第一节 相关研究进展与问题提出

与本章主题密切相关的文献主要集中在"一肩挑"和村级组织建设两个领域，我们分别以"一肩挑""村级组织"为主题词进行文献搜索，并对核心期刊的文献进行述评。

一 关于村级组织负责人"一肩挑"的既有研究

"一肩挑"是指农村基层党组织与村民自治组织的负责人由同一个人兼任的制度[①]。学术界主要围绕为什么要实行"一肩挑"、"一肩挑"面临的问题、如何优化"一肩挑"三个核心问题进行研究。

（一）"一肩挑"的背景

关于"一肩挑"的实施背景，主要有三种代表性观点。一是政治决定论。这种观点认为，国家推行"一肩挑"是由政党政治因素决定的。确保党对农村工作的领导、确保党在基层治理中的领导核心地位是马克思主义政党的突出特点和基本准则，也是中国共产党的优良传统和政治优势，更是我国农村社会经济发展的关键一招[②]。二是社会变迁论。这种观点认为，国家推行"一肩挑"是为了推动农村社会变迁、促进乡村治理现代化。董敬畏认为，"一肩挑"是"重塑新型城乡关系，走城乡融合发展之路"，深入推进新型城镇化的重要制度保障；"一肩挑"是建立健全党组织领导的自治、法治、德治相融合的乡村治理体系的具体体现[③]。三是治理绩效论。有学者认为"一肩挑"是破解村级组织内部矛盾、提升治理效率的需要[④]，还有学者认为，"一肩挑"有利于加强农村基层组织建设，将农村更多的优秀人才吸纳到党组织中来，也能够加强党与群众的联系，提升村庄治理绩效[⑤]。

（二）"一肩挑"面临的问题

上述关于"一肩挑"背景的阐述，背后的假设是积极肯定"一肩挑"功能，但是，也有些学者对"一肩挑"持质疑态度，认为"一肩挑"将面

[①] 农村基层党组织根据各地实际情况，可以是党委、党支部或党总支，但通常情况下为党支部，为行文方便，本文全部表述为"党支部"，其负责人为"村支书"，村委会主任则简述为"村主任"。

[②] 易新涛：《村党组织书记"一肩挑"的生成逻辑、内涵解析和实施指向》，《探索》2020年第4期。

[③] 董敬畏：《村级组织负责人"一肩挑"制度面临的挑战及对策》，《中州学刊》2020年第9期。

[④] 李绍华：《全面推行村级组织负责人"一肩挑"的现实逻辑与实践进路》，《党政研究》2020年第6期。

[⑤] 姚锐敏：《全面推行村级组织负责人"一肩挑"的障碍与路径》，《中州学刊》2020年第1期。

临系列问题，对这些问题的研究，学术界形成了四种分析视角。第一，人的角度。"一肩挑"干部属于村级精英，既要有广泛的群众基础，又要有带领村民发展经济、促进乡村社会稳定的能力，但是这种人才在农村越来越稀缺[1]。调查显示，28.56%的农村全年1名党员都没有发展，2.13%的村仅发展了1名党员，发展3名及以上党员的村仅占8.82%[2]。第二，法的角度。学者们认为，运行多年的村民自治法律法规与当前"一肩挑"候选人产生办法之间的冲突。比如，按照《中华人民共和国村民委员会组织法》的规定，非党员也是可以参加村主任竞选的，而不少地区为了确保村支部书记能够当选村主任，在实际操作中自行规定只有具备中共党员身份且村籍、年龄、政治权利等符合条件的村民才能参加村主任竞选。还有些地区就是将村主任选举走过场，采用引导性选举，群众参与积极性下降。这些做法与村民自治法律法规不一致，会影响到党在村民中的权威[3]。第三，权的角度。研究者认为，"一肩挑"干部具有基层党组织权力与自治权力，行动空间更大，二元权力合一结构容易失去制约与监督[4]。副职或其他村干部难以对"一把手"进行有效监督。"一肩挑"的权力监督可能陷入"上级监督太远，同级监督太软，下级监督太难"的困境[5]。第四，时间的角度。余莉等认为，"一肩挑"工作实施时间过紧、任务过重，"一肩挑"干部胜任有难度[6]。

（三）"一肩挑"的实现路径

为解决上述问题，学术界提出了优化"一肩挑"的路径。其一，人才保障。有的学者认为，要加强农村党员队伍建设，加大对返乡青年、创业

---

[1] 陈军亚：《农村基层组织"一肩挑"的制度优势与现实障碍》，《人民论坛》2019年第11期。

[2] 转引自许亚敏《村级组织负责人党政"一肩挑"的制度优势、执行困难与机制创新》，《社会建设》2020年第6期。

[3] 董敬畏：《村级组织负责人"一肩挑"制度面临的挑战及对策》，《中州学刊》2020年第9期；赵强社：《村支书与村主任"一肩挑"不能简单一刀切》，《中国乡村发现》2020年第1期。

[4] 许亚敏：《村级组织负责人党政"一肩挑"的制度优势、执行困难与机制创新》，《社会建设》2020年第6期。

[5] 程同顺、史猛：《推进村级组织负责人"一肩挑"的条件与挑战——基于P镇的实地调研》，《南开学报（哲学社会科学版）》2019年第4期。

[6] 余莉、汪志恒、伍鹏宇：《强化村级领导 促进乡村振兴——关于乐山市井研县村干部"一肩挑"工作的调查与思考》，《中共乐山市委党校学报（新论）》2021年第2期。

人员、退伍军人的党员发展力度。加强对流出党员的教育管理。同时，要通过乡村产业振兴，吸引大量的农村青年返乡，培养后备力量[①]。其二，制度保障。一是村支部书记、村主任的候选人条件、竞选程序要符合"一肩挑"的要求和目标。二是"一肩挑"的干部培训、权力监督、绩效考核制度[②]。其三，生活保障。李国福认为，在薪酬待遇上，应根据当地经济社会发展情况，"一肩挑"基本报酬要严格按照农村居民人均可支配收入2倍标准落实，并逐步完善其他村干部的社会保障制度。在政治待遇上，应拓宽"一肩挑"干部"向上走"的职务晋升通道，吸引更多优秀青年从事乡村治理[③]。

上述文献较多集中于"一肩挑"制度的背景、形成条件、面临挑战以及优化路径。虽然，这些成果为我们认识村级组织资产建设提供了研究启迪，但是仍然存在一些值得深入探讨的研究空间。现有文献停留于"一肩挑"本身的研究，就"一肩挑"谈"一肩挑"，未能将"一肩挑"上升到村级组织建设的类型学层面来研究。"一肩挑"只是村级组织建设的一种表征，实质是科层制在村庄治理中的延伸或渗透，但是，这种特殊的"科层渗透"又掺杂着自治成分，被上级党组织任命的村支书要经过村委会选举，获得了村主任职务后，才能算"一肩挑"。换言之，"一肩挑"是科层组织与自治组织的混合体。那么，这种特殊的组织形态是否吸收了科层组织与自治组织的优点？何以可能成为一种新的村级组织治理模式？"一肩挑"成功实施的条件究竟有哪些？可能面临哪些挑战？如何优化？

二 关于村级组织建设的理论视角

关于村级组织建设的研究，学术界形成了六种代表性的研究视角。

（一）科层视角

以韦伯科层制理论为基础，结合中国村庄的实情，促进村级组织科层

[①] 马力、孙平、李杭：《全面推行村级组织负责人"一肩挑"的制度优势与有效路径》，《北华大学学报（社会科学版）》2020年第6期。

[②] 崔宝玉、王孝瑢：《村书记村主任"一肩挑"能改善中国村治吗?》，《中国农村观察》2022年第1期。

[③] 李国福：《新时代实行村级主干"一肩挑"的若干思考——以南平市建阳区为例》，《福建省社会主义学院学报》2020年第3期。

化改革。一是促进村级组织的权力规范。随着城市化进程加快，房屋拆迁、土地征用等现象增多，村庄利益增多，传统的村规民约和半正式治理体制的社会整合效应逐步递减，这给乡村干部滥用权力提供了机会和空间，可能导致村庄治理内卷化和灰色化。提升村庄干部职业化、规范化管理水平，有助于村庄治理进入规范化轨道，起到抑制微腐败行为的效果[1]。二是完善村干部的激励机制。在传统的乡政村治体制下，村干部的薪酬主要来自误工补贴，但随着乡村务工、经商机会的增多，村干部的误工补贴相对务工、经商的收入来说显得微不足道，缺乏吸引力。农村税费改革以来，村干部不作为、难作为、怕作为、消极作为已成为乡村治理的难题。吸引村干部进入科层体制，提升村干部的薪酬待遇和政治待遇，有利于提升村干部的工作积极性[2]。三是弥补村庄治理资源的不足。传统乡村的治理靠乡绅，有"皇权不下乡"的说法，但是随着市场经济的发展、全球化程度加深，传统乡村治理资源的作用日渐式微。村级组织若实现科层化，将可能引入更多的行政资源、制度资源和财政资源[3]。

（二）自治视角

这是村级组织传统的治理模式，以村民自治为基础，突出村级组织的自我教育、自我管理、自我服务。村干部薪酬主要来自误工补贴。村干部是兼职的，不用坐班，碰到村里有事时才来办公室，可以兼顾家庭的生产经营。村级组织主要靠人情、村规民约、宗族力量、传统权威等治理村庄，其治理模式属于半正式基层行政[4]。乡镇政府要尊重村民自治，保证村级组织人、事、财、权的对等，对需要村配合、协助完成的事情，坚持"谁布置、谁出钱"[5]。

---

[1] 利子平、梁娟：《村干部犯罪的特点、主要成因和治理对策》，《江西社会科学》2020年第5期。

[2] 娄季春：《农村"两委"干部基本薪酬设计——以河南省新乡市为例》，《西北农林科技大学学报（社会科学版）》2018年第4期。

[3] 王海娟、胡守庚：《新时期政权下乡与双层治理结构的形成》，《南京社会科学》2019年第5期。

[4] 黄宗智：《集权的简约治理——中国以准官员和纠纷解决为主的半正式基层行政》，《开放时代》2008年第2期。

[5] 杨柳青：《保障村级组织运转经费夯实实施乡村振兴基础》，《上海农村经济》2021年第2期。

(三) 差异化视角

杜姣认为中国农村地域辽阔，各地情况不同，村级组织形式应该采用差异化原则，珠三角地区的村庄公共事务治理比较适合采用科层化的组织形式，但是中西部地区村庄比较适合采用以村民自治制度为基础的自治型村级组织形式。实现中国村庄治理现代化的路径可能没有普适办法，各地可根据实际情况通过村级组织建设，对传统村民自治制度进行修正与完善[1]。

(四) 简约主义

黄宗智在分析中国乡村基层行政时指出，县以下的乡村治理主要依靠乡保。乡保一般都在没有官方监督和正式文书要求的情况下，按自己的意愿行事。因此，他们很少出现在县衙门程序化的文书中。唯有在县令因关于乡保的控告或任免而被卷入时，才会产生关于乡保的正式档案记录。也就是说，在传统中国乡村治理实践中，乡保依据自己的知识、经验来处理民间纠纷、维护乡村社会秩序。大多数县令在他们在某地有限的任期中，在治理上尽可能从简，没有必要便不介入乡保的工作。换句话说，乡村治理尽可能依赖民间的社会机制和半正式治理方式。黄宗智将这种治理方式概括为简约主义或简约治理[2]。刘伟、黄佳琦认为，现阶段，国家政权在权力下沉过程中全方位介入乡村社会的治理，形成"高度中央集权—高度基层渗透"的治理模式。这种治理模式虽然取得了一定的治理效能，但是也蕴含着一定的治理风险。简约治理能够保证乡村治理有一定的弹性与灵活性，应积极将其引用到新时代乡村治理体系中[3]。

(五) 策略主义

策略主义是学术界对乡镇政府运行逻辑和治理特点的一种描述和概括[4]。策略主义指基层政权组织以解决问题为导向，采用正式或非正式制

---

[1] 杜姣：《村级组织建设路径的地区差异研究——以珠三角地区、中西部地区村庄为经验基础》，《中国行政管理》2020年第4期。

[2] 黄宗智：《集权的简约治理——中国以准官员和纠纷解决为主的半正式基层行政》，《开放时代》2008年第2期。

[3] 刘伟、黄佳琦：《乡村治理现代化中的简约传统及其价值》，《厦门大学学报（哲学社会科学版）》2020年第3期。

[4] 欧阳静：《基层治理中的策略主义》，《地方治理研究》2016年第3期。

度、正当或非正当手段，不计成本、功利地将这些制度、手段引用到组织运行中，作为其运行规则①。借用乡镇党委书记的话就是，"摆平就是水平，搞定就是稳定"②。策略主义的主要特征是权力运用的随意性、权宜性，通俗地讲，就是"为达目标、不择手段"或者"只问结果、不问过程"。策略主义不仅存在于基层政权运作实践中，还广泛体现在社会各行各业中。村级组织建设是被嵌入在基层政权运行实践中的，也深刻烙印着策略主义之殇。在压力型体制下，政府权力通过科层体制，层层传递，但难以渗透到体制外的村级组织，这为村级组织的策略主义提供了空间③。

（六）规范主义

规范主义指村级组织建设与村庄治理呈现标准化、规范化、程序化、专业化。村级组织俨然成为乡镇政府的派出机构，忙于应对乡镇下达的各项行政事务，自治色彩变淡，无暇应对村民的利益诉求。规范主义的产生原因包括规则下乡与技术赋权。其一，规则下乡。贺雪峰认为，取消农业税后，国家向农村输入越来越多的资源。为了保证资源在农村得到合理有效利用，各级政府部门要求资源使用要规范化、程序化、法治化。资源下乡的背后是规则下乡。规则下乡虽然防止了国家资源被基层滥用，但也导致了村级组织形式主义、痕迹主义以及乡村治理内卷化问题④。其二，技术赋权。随着技术赋权体制与科层制的融合，技术化手段改变了基层政府的运作方式与治理体系，乡镇政府权力能够以规范化流程、精细化考核与全面质量管理等方法要求村级组织，村级组织的建设与运行逐步被乡镇政府"规范化""标准化"。简约主义、策略主义的理论解释和实践运作显得仓促和乏力。金江峰认为，随着技术治理在科层体制中的渗透，基层政府行为呈现技术赋权特征，即治理流程规范化、指标设定精细化和全面质量管理等特点。受到压力型体制和"职责同构"的影响，村级组织为应对科层制技术治理要求，采取职责履行痕迹化、组织分工专业化和村庄治理事

---

① 欧阳静：《策略主义：桔镇运作的逻辑》，中国政法大学出版社 2011 年版，第 10 页。
② 欧阳静：《基层治理中的策略主义》，《地方治理研究》2016 年第 3 期。
③ 金江峰：《村级组织的"规范主义"运作及其后果分析——基于技术治理背景下的考察》，《长白学刊》2020 年第 3 期。
④ 贺雪峰：《规则下乡与治理内卷化：农村基层治理的辩证法》，《社会科学》2019 年第 4 期。

本化等规范化应对策略。村级组织建设与运行的"规范主义"虽有助于提高基层治理的制度化水平，但也带来形式主义、尾巴主义和行政化等问题①。

以上研究视角对村级组织建设的性质、手段、结果进行了分析，为本文探讨"一肩挑"的运作机理提供了理论基础和知识积累，但是对村级组织的治理模式归纳过于简单化，从我们的调研实践看，以"一肩挑"为基础的村级组织，既不是简单的科层治理，也不是简单的自治，而是两者的混合体。另外，对于"一肩挑"为基础的村级组织运行过程（尤其是形成条件），上述文献都未能做出清晰的解答。

第二节 "一肩挑"、"科层—自治"组织与乡村治理有效

本章的核心概念包括组织资产、"一肩挑"、"科层—自治"组织。

第一，组织资产从广义上讲包括农村政治类、经济类、社会类、文化类等组织机构。政治类的组织资产指村级组织（村两委）；经济类的组织资产指农民专业合作社、集体经济组织等；社会类的组织资产指老人协会、妇女组织、教育基金会、宗亲会、红白喜事会等；文化类的组织资产指各种文艺协会、管弦乐队、锣鼓协会等。在众多的组织资产中，村级组织是最重要的，也是其他类型组织资产建设、管理的重要保障，本章侧重阐述乡村振兴战略下的村级组织建设。

第二，"一肩挑"。村级组织"一肩挑"是村庄各项事业的领头雁，指农村党组织书记通过法定程序担任村委会主任以及村集体经济组织、合作经济组织负责人。本文主要研究第一种情形。"一肩挑"虽然是一种形象说法，但却有四个鲜明特征。首先，目标具有战略高度。"一肩挑"不是传统村两委"一肩挑"的简单传承与延续，是在全面推进乡村振兴、实现乡村治理能力现代化背景下，强化农村基层党组织核心作用的一项制度创

---

① 金江峰：《村级组织的"规范主义"运作及其后果分析——基于技术治理背景下的考察》，《长白学刊》2020年第3期。

新。其次，主体的特定性。"一肩挑"只能由行政建制村的党组织负责人担任。之所以强调行政建制村是因为在城镇化进程中，农村基层党组织的多样化，有些村（组）合并后也成立党支部，有些农村经济社会组织也有党支部，流动党员较多的企业、工业园区还成立流动党组织。除了行政建制村党组织负责人可以"一肩挑"，其他类型党组织的负责人不属于"一肩挑"的范围。行政建制村党组织"一肩挑"的来源可以是具有党员身份的村委会主任、符合村委会主任竞选条件的村党组织书记。不具有党员身份的村委会主任在基层党组织的积极培养和发展入党后也可以成为"一肩挑"的主体。再次，"挑"的职能职责全面、多样。《中国共产党农村基层组织工作条例》明确指出，农村基层党组织"是党在农村全部工作和战斗力的基础，全面领导乡镇、村的各类组织和各项工作"，主要职责是"领导村民委员会以及村务监督委员会、村集体经济组织、群团组织和其他经济组织、社会组织，加强指导和规范，支持和保证这些组织依照国家法律法规以及各自章程履行职责"。按照中共中央办公厅、国务院办公厅印发的《关于加强和改进乡村治理的指导意见》规定，村民委员会及村务监督委员会、村集体经济组织、农民合作组织和其他经济社会组织都应在村党组织全面领导之下。村级组织新的"一肩挑"职责与以前村"两委"负责人"一肩挑"的职责是不同的，后者挑的仅仅是村"两委"内部负责人的职责[①]。最后，产生程序具有排他性。"一肩挑"候选人必须先经过党内选举，成功当选为村党组织书记后，然后依法参加村民委员会选举并获任村委会主任，才能成为村党组织书记"一肩挑"。

第三，"科层—自治"组织。"科层—自治"组织顾名思义，是科层视角与自治视角的混合，是对中国乡村治理实践的理想类型概括。从村级组织的运作模式看，科层化村级组织遵循常规化运作模式，其同乡镇政府等行政组织一样要保持常规化运转。自治型村级组织实行的是事件化运作，即村级组织只是在治理事件出现时才启动运转，其他时间处于停歇状态。从治理规则看，科层化村级组织遵循的是正式制度（政策法规），自治型村级组织更多依据非正式制度（人情、面子、乡村地方性知识）。从村级

[①] 易新涛：《村党组织书记"一肩挑"的生成逻辑、内涵解析和实施指向》，《探索》2020年第4期。

组织性质看，科层化村级组织类似乡镇政府，组织架构、人员组成具有官方性质，村干部的薪酬、任命、职业生涯类似公务员。自治型村级组织是非正式的，村干部的薪酬主要来自误工补贴，村干部以兼职为主①。

基于以上文献综述和核心概念界定，我们提出了本章的分析框架。这个框架试图回答几个问题：村级组织"一肩挑"具有什么组织学特征？"一肩挑"如何产生？"一肩挑"如何得到村民认同？利益保障、权力保障措施有哪些？如何监督"一肩挑"的权力？

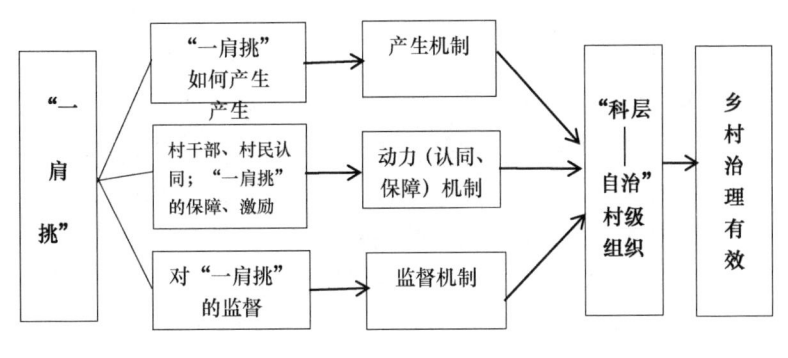

图 3.1　本章分析框架

第三节　"一肩挑"的功能发挥及其形成机理

从"科层—自治"的交互关系看，中华人民共和国成立以来，村级组织变迁经历了四个阶段。第一阶段，有科层、无自治。在人民公社时期，村级组织又被称为大队，系公社的下属单位，主要履行行政职能。因为公社是高度集中计划经济体制的缩影，人民的生产生活被高度行政化。第二阶段，强科层、弱自治。从开始实施家庭联产承包责任制到农村税费改革前，村级组织扮演的角色是行政为主、服务为辅。第三阶段，弱科层、强自治。农村税费改革后，村级组织的部分行政权力被收回，国家希望村级

---

① 杜姣：《村级组织建设路径的地区差异研究——以珠三角地区、中西部地区村庄为经验基础》，《中国行政管理》2020 年第 4 期。

组织回归服务本位①。第四阶段，科层与自治混合。国家推行"一肩挑"虽然是为了加强党对农村工作的全面领导，但绝非要放弃实施多年的村民自治制度，而是要将两者有机结合，建立自治、法治与德治融合的现代乡村治理体系。

一　功能分析

（一）"一肩挑"有利于提升农村基层组织的运行效率

一是破解了村支部书记与村主任矛盾的难题。传统的农村基层组织由村支部书记与村主任共同治理，沟通成本高、易产生内耗。两者如果是一强一弱的搭配，村级组织运行还比较顺畅，如果是双强或双弱，运行效果不佳。甚至在有些村庄，还出现村支部书记与村主任对着干、相互告状的问题，大大影响了村庄治理绩效，也影响了党在农民心中的形象。二是缓解了农村人才困境。在中西部地区的某些农村，大量人口外流，留守村庄的大多是老人、妇女或儿童。在这种类型的村庄，村两委要组建起来都很困难。"一肩挑"等于节省了一个干部。三是减轻基层财力负担。"一肩挑"比传统的村两委精简了一个干部，也就使得基层财政少支出一份工资。四是促进村干部思想和行动的步调一致。以前的"村两委"有时为了一个会议时间、会议议程都要争论许久，多轮博弈后才最终确定。"一肩挑"在统一村干部的思想方面，在使村民在村庄重大事项的议事时间、地点、内容等事务形成共识方面都有独特的优势，还能够减少议而不决的频率。

调研中，某镇党委书记说："'一肩挑'挺好的，村庄里重大事项的决策更加集中了，不用像以前那样，要分别做村支书、村主任的工作，表面上是做两个村干部的工作，实际上还涉及他们背后分别代表的利益群体。如果村里两个主官想法一致，还比较好，反之，沟通、协调是一件挺麻烦的事。'一肩挑'后，我们就不用再操心这些了，'一肩挑'干部也比较好做事了。"②

---

① 程鹏：《改革开放以来村级组织职能转变的实践与探索》，《重庆行政》2019年第5期。
② LCM，20210420，访谈F省N市H镇党委书记。

（二）"一肩挑"有利于保证国家政权在乡村场域的渗透

学术界对国家与乡村关系的研究已积累了许多成果[①]。杜赞奇的研究表明，国家试图通过各种文化关系网络，将权力延伸、渗透到乡村，但是事与愿违，呈现"国家政权内卷化"[②]。"一肩挑"可能破解这种内卷化困境。首先，"一肩挑"干部是党和国家在乡村的代表。农民与党中央、国家的距离表面上很远，现实中又很近。"上面千条线、下面一根针"。党和国家的各项路线、方针、政策在乡村的执行、落实上最终是依靠"一肩挑"的。农民的利益诉求也可通过"一肩挑"逐级向上反馈。"一肩挑"是党和国家在场的表现，是党和国家与农民对话、沟通的中介。根据委托代理理论，"一肩挑"干部扮演特殊的角色，即受党的委托，领导农村一切工作，肩负全面推进乡村振兴、提升农民幸福感、获得感和安全感的重任。其次，"一肩挑"干部实现了党的领导与村民自治的统一。党的十九大将"党政军民学、东西南北中，党是领导一切的"写入党章，进一步强调了"党是领导一切的"这个本质性规定。"党政军民学，党是领导一切的"是指党对治国理政各项工作的领导。党的十八大以来，我们党果断地把党的领导和治国理政各项工作有机统一起来，把党的全面领导和全面从严治党结合起来。也就是说国家治理本身就贯穿着党的领导。村民自治是乡村治理的最基本也是最重要的形式，是在党的领导下开展的，"一肩挑"实现了村民自治与党的领导的无缝对接，等于将乡村治理纳入国家治理体系。最后，"一肩挑"干部的角色定位，决定了"一肩挑"的政治担当与特殊使命。"一肩挑"要扮演村支部书记、村主任两个角色，责任更重，要学习的知识、技能更多，尤其是政治能力。在政治判断力上，"一肩挑"要学会哪些工作是符合党纪国法的、哪些工作是党和国家的重点，学会将农村各项工作纳入正确轨道，与党中央保持高度一致。在政治执行力上，"一肩挑"要学会从讲政治的高度，全面推进乡村振兴，不抛弃、不放弃，碰到困难不退缩，碰到挫折不气馁，碰到失败不推卸责任，敢于担当，创

---

① 徐勇：《县政、乡派、村治：乡村治理的结构性转换》，《江苏社会科学》2002年第2期；贺雪峰：《基层治理需要有自主权》，《人民法治》2019年第2期；张静：《基层政权：乡村制度诸问题》，社会科学文献出版社2019年版，第225—230页。

② 〔美〕杜赞奇：《文化、权力与国家：1900—1942年的华北农村》，王福明译，江苏人民出版社2008年版，第97页。

新工作方法，组织团结全村党员、干部和村民，为过上好日子而奋斗。在政治自制力上，能够廉洁自律，肩负"一岗双责"，让群众认为"一肩挑"是为广大农民谋福利的，而不是为个别村干部的私利而设计的。通过"一肩挑"的角色实践，"党对农村一切工作的领导"已基本实现，国家政权已渗透到乡村各角落。

（三）"一肩挑"有利于促进村庄共同体建设

共同体是具有共同目标、在价值观与行为取向上能够求同存异的一群人。共同体的类型多样，但本质上是利益共同体，这种利益涉及经济、政治、文化、社会等。社会学中共同体的概念最早是由德国社会学家滕尼斯在其《共同体与社会——纯粹社会学的基本概念》中提出的。滕尼斯将共同体分为：血缘共同体、地缘共同体和精神共同体。血缘共同体可发展或分离为地缘共同体，地缘共同体又可发展为精神共同体。费孝通将共同体（Community）引入中国，提出了社区概念。农村也是一种典型的社区，具有共同体的特征。传统农村是以血缘、地缘为基础的共同体，但随着城市化进程加快和农村人口外出，农民呈现原子化、农村呈现过疏化，村庄共同体建设面临新的挑战。"一肩挑"促使整个村庄只有一个领导核心，能够将各村民小组、各宗族、各种群团组织团结在农村基层党组织的周围，村民之间、干群之间、宗族之间的矛盾纠纷更易协调。村庄的内部团结搞好了，村庄经济社会发展也就有"人和"的环境，乡村振兴的进程也就比较顺畅，将可能形成拉力，吸引"城归族"返乡创业或参与乡村治理[①]。调研中，有位企业家说："以前回老家，村支书向我抱怨村里不团结，不同自然村、宗族各自为政，村里的事很难做，村主任却说村支书没本事，没能力，搞得整个村像一盘散沙。有时候，我想拉个项目或投点钱做些事，都不放心。后来，搞村长支书一个做，我感觉回去后少听到一些不利团结的话了，村民、村干部反正只能听一个人的，不易产生思想分化，步调比较一致了，这是好事……"[②]

（四）"一肩挑"有利于乡村"三治融合"

在乡村治理体系中的权力约束问题上，很多人只看到"一肩挑"的负

---

① 侯志阳：《"城归族"有助推进乡村治理现代化》，《中国社会科学报》2017年8月30日。
② HCC，20210223，访谈F省M镇D村某外出乡贤。

功能，即它可能导致权力的过度集中，成为微腐败的温床，但是，借用社会学家默顿的功能分析法，我们可看到"一肩挑"背后也可能隐藏着正功能。从法治看，上级党委出于党风廉政建设和从严治党的需要，会加强对"一肩挑"的监督，要求基层纪检部门建立更加完善的制度和工作体系预防"一肩挑"犯错误。从自治看，村庄层面的议事委员会、理事会、监督会等自治机构运转的频率可能更多、效果可能更好。村民也可能更加积极参与村庄公共事务（尤其是对"一肩挑"的监督）。从德治看，"一肩挑"可能对自己的要求更高，做到慎独，因为怕村民说自己做事不公正。

调研中，某乡镇纪检干部说，对于搞"一肩挑"的村庄，镇里对村干部（尤其是一把手）的监督更严，提醒、诫勉谈话更多[1]。某村民代表说，村里搞"一肩挑"后，他参加村财、土地、工程等敏感工作讨论的次数更多[2]。

二 功能发挥的机理

能否充分发挥"一肩挑"的积极功能，取决于基层政府、村庄是否有一些相应的工作机制。

（一）"一肩挑"能否顺利产生

"一肩挑"的产生是其发挥功能的前提。按照现行政策，村支部书记是由党员选举产生的，村主任是由全体村民选举产生的。因此，村"一肩挑"的产生有两种办法。要么先当选为村支部书记后，再由村民选举为村主任；要么先由村民选举为村主任后，再由党员选举为村支部书记。后一种做法的成功率较高，但是不管哪种做法，都要尊重村民的意愿。采用第一种方法的乡村，当村支部书记无法顺利由村民选举为村主任时，基层政府会想办法完成上级政府下达的任务。调研发现，有些地区先不"承认"村民选出来的村主任，村主任的工作暂时由村支部书记承担、村副主任协助。村民或当选的村主任对此有看法时，基层政府表态，过段时间再说。按照《中华人民共和国村民委员会选举法》的规定，村委会主任、副主任由村民直接选举产生，因此，从理论上讲，部分地区不"承认"村民选出

---

[1] LYL，20210317，访谈F省H镇某纪委干部。
[2] HJC，20210318，访谈F省D镇X村村民代表。

来的村主任、采用变通的办法是违法的。

基层政府采用变通办法的原因主要有两个。其一，受到宗族势力、个别村级精英的影响，村民选出来的村委会主任与党员选出来的村支部书记不一致，并且选出来的村委会主任能力、威望一般。某乡镇干部说，他们镇的某村就出现类似的情况。姚某的工作能力、口碑在全村中其实很普通，但是，姚所在的宗族势力在全村最大。姚的叔叔是经营房地产的大富豪，为家乡公益事业捐了许多钱，在当地群众中具有很高的威望。姚某在其叔叔的协助下获选，但是，村支部书记的工作能力、责任心、事业心、群众基础等比姚某要好，也有不少乡贤支持，只是其宗族势力较小[①]。其二，地方政府层层加码的结果。如前所述，"一肩挑"是中央决定要做的工作，是加强党对农村工作全面领导的需要，是一项自上而下推行的制度。在政策执行中，各级党委和政府层层加码，比如，中央要求2022年全国"一肩挑"的比例是50%，不少地区会主动加码到80%—90%。基层政府为了完成指标，只能变通，采用"村委会主任被暂时悬空"的"一肩挑"。

（二）"一肩挑"能否得到村干部、村民的认同

"一肩挑"是党和国家自上而下推行的一项政策，地方政府必须执行，村干部和村民也必须配合，但是，"一肩挑"作为一件新鲜事物，村干部和村民能否认同还需要时间检验。村干部和村民的认同是"一肩挑"顺利开展工作的前提。从课题组的调研看，村干部和村民对"一肩挑"的态度可分为四类：一是认同且配合；二是认同但不配合；三是不认同但配合；四是不认同且不配合。第一类人群大都是党员或政治觉悟比较高的，是"一肩挑"干部在实践中应委以重任的。第二、三类人是需要做工作的，动之以情、晓之以理，让他们认识到讲大局、讲团结对村庄发展的重要性。第四类人需要花较长的时间耐心做工作。其实不管哪类人，由原村主任来做工作效果是比较好的。某村干部H先生，原来是村主任，村里实行"一肩挑"后，将村主任之位让给村支书，屈居村副主任。刚开始，他很不认同这种做法，将不满情绪带到工作中，与"一肩挑"干部产生矛盾。乡镇发现这一现象后，先由联系的乡镇干部

---

① LCM，20210417，访谈F省D镇X村某村干部。

对 H 先生做工作，阐明"一肩挑"的意义，但是 H 先生听后，思想观念还是没办法迅速转变到位。乡镇书记知道后，亲自找 H 先生沟通，从讲政治的高度和个人情感相结合，多次与 H 先生讲道理，H 先生才摆正心态，逐步接受了事实。H 先生说："书记都找我了，而且旁边的村庄也是这样做的，甚至以后全国都一样，我是党员，又想当村干部，如果再不听从党的安排，说不过去。"[①] H 先生说到做到，主动与他的亲信和拥护他的村民多次沟通，让大家也支持配合"一肩挑"干部的工作，共同将村里的事情处理好。

（三）"一肩挑"的权力能否得到有效监督

霍曼斯行为主义交换论认为，人类的行为都是一种交换行为，是趋利避害的，是以追求自身利益最大化为目标的。为此，他提出了理性命题：行动发生的可能性＝价值×概率。个体在做行动决策时，会考虑成功概率和价值两个因素。如果行动的效用价值大但成功率小，个体采取行动的可能性小；相反，价值小但成功率高，就会增强行动的可能性[②]。霍曼斯认为，人类是有理性的动物，是否采取某种行动取决于行动的报酬和成功概率。霍曼斯行为主义交换论的本质是把经济学的"经济人假设"带到社会生活中。该理论为我们理解"一肩挑"干部为什么需要监督机制提供了参考。当某个村干部集党支部书记、村主任、村集体经济组织负责人于一体时，他想从村集体利益中为个人或宗族捞取利益的成功率是很大的。以农民建房为例，房子、土地是农民最关心的事情。按国家规定，农村必须执行"一户一宅"政策。可是，实践中还是有不少农民一户多宅。这里涉及村里是否同意的问题。以前，农民可能需要找村长、村支部书记等干部，在推行"一肩挑"以后，只要找村支部书记就可能搞定。农民要给村支部书记好处，才可能"制造同意"。这就给村支部书记产生微腐败带来了可能。

（四）富有弹性的利益补偿机制是"一肩挑"顺利进行的重要保障

这里的利益补偿指的是乡镇党委和政府在推行"一肩挑"中对被换下

[①] HJF，20201218，访谈 F 省 M 镇 M 村某村干部。
[②] 〔美〕乔治·瑞泽尔：《当代社会学理论（双语第3版）》，北京联合出版公司2018年版，第155页。

来的村支书或村主任的利益补偿，包括经济补偿和政治补偿。在传统的村两委换届中，村支书一般是不会被上级党组织撤换的，除非他犯错误，或者工作业绩太差，已不能再胜任村支书的职位。村长不存在被撤换的问题，因为要靠村民选举产生。因此，传统的村两委换届不会导致利益失衡问题。而在"一肩挑"的制度框架下，就可能产生村支书或村主任的利益受损问题，影响乡村稳定。村支书可能缺乏群众基础无法顺利获选村主任，也可能现任的村主任因没有正式党员身份不能参选村主任，不管哪种情形都会打破现有的利益格局。

"一肩挑"可能导致的利益失衡问题是制度改革的客观结果，并非人为造成的，但是，仍然可能引起某些人的不满，可能引发农民上访或农村群体性事件。有些被撤换的村支书或村主任，不认同"一肩挑"，心有怨气，寻找一些能够对地方政府施加影响的企业家或官员，干扰选举，阻碍"一肩挑"。为此，基层党委必须学会寻找"以实力求妥协、以保障促合作"的平衡机制①。"以实力求妥协"指在乡镇党委指导下，村支书、村主任通过非正式互动，知晓各自的选举意愿和群众基础。如果原来的村支书认为自己的实力未达成功当选村主任时，就可能放弃竞选，担任副书记或退出。同理，如果原村主任认为自己不符合担任"一肩挑"条件或实力弱于原村支书时，就可能竞选副主任或退出。换言之，"以实力求妥协"适用于原村支书和原村主任竞选意愿、竞选实力不均衡的情形。反之，两人若只能有一个上、一个下，这就需要"以保障促合作"来化解潜在的不稳定风险。

"以保障促合作"指，有些地区的乡镇党委是以文件形式推动的，是从制度层面解决原村支书和村主任利益失衡的一项根本措施。解决利益失衡的补偿机制分为经济补偿和政治补偿。经济补偿指给退下来的原村支书或村主任（成功竞选副职）给予正职待遇。我们的调研显示，推行经济补偿不会有太大阻力，因为正副职的工资和误工补贴差别不大，通常在500元左右，但是原村支书或村主任并不看重经济补偿，而是关注政治补偿。政治补偿包括职位与权力。如果原村支书担任"一肩挑"，原村主任担任

---

① 程同顺、史猛：《推进村级组织负责人"一肩挑"的条件与挑战——基于P镇的实地调研》，《南开学报（哲学社会科学版）》2019年第4期。

副主任，这种搭配的政治补偿比较好处理。有些地区的操作是，让原村主任担任村常务副主任，分管的工作仍然是村主任的事务，行使村主任的权力，协助"一肩挑"开展工作，原村支书和村主任都会乐意接受，一方面是双方妥协的结果，另一方面是"一肩挑"很需要有个助手，原村主任又能行使原有的权力。反之，如果原村主任被选为"一肩挑"，原村支书的工作安排就会比较复杂。一方面原村支书不太乐意提任副书记或副主任，另一方面担任"一肩挑"的原村主任不好分权给原村支书。在这种情况下，乡镇党委就得反复酝酿各种应对方案。

三 "一肩挑"未来的挑战

改革有时候是一把"双刃剑"。"一肩挑"虽然有上文所述的各种正功能，但也有一些负功能。

第一，"一肩挑"干部有限的时间、精力与无限杂事之间的矛盾。实行"一肩挑"后，村支书除了做好基层党组织工作，还要承担原来村主任的工作。大到村里的产业发展、党建工作等，小到鸡毛蒜皮的琐事，村支书都要管，但是，村支书的时间、精力是有限的，要做好村里的大小事，谈何容易？大小事都要管的工作模式可能导致村支书的工作不分主次，使得村支书无法考虑乡村振兴、发展规划等整体性事务。调研中，某村支书说："'一肩挑'后，我比以前更忙了，相当于一个人要干两个人的工作。我每天早上5：30起床后就开始忙，一直到晚上10点左右才有点时间思考一些事。白天都陷入具体事务或应对上面的各种检查、来访。"[①] 类似这种工作状态是不利于村庄发展的。H镇某"一肩挑"干部蔡先生说，以前他当支部书记，就挺忙的，但是有村长配合，基本还应付得过去。现在一个人做两个人的事，只是应付各种检查、接待、开会，就疲惫不堪了，更别说开展工作。他是一个工作责任感较强的人，对待工作要么不做，要做就得做好。由于他还经营企业，受限于时间精力，很想辞掉村干部职位，专心做生意[②]。

第二，"一肩挑"干部的权力约束问题。"一肩挑"推行后，村支书集

---

① PCL，20210122，访谈F省M镇M村村支部书记。
② CCS，20210123，访谈F省H镇M村"一肩挑"干部。

基层党组织、村委会、村经济组织的权力于一身，对村集体资金、资产、资源、用人等关系村民重大利益的事务有决策权。权力越大就越容易产生腐败。"一肩挑"干部的权力是诱发微腐败的重要因素。某镇纪检委员说："'一肩挑'干部的权力相比以前的任何一个村干部都要大，容易产生'一言堂'现象。村里大小事如果都由村支书一个人说了算，这是一件很危险的事。因此，要么村支书有高度自律性，时刻提醒自己，做到'慎独'，要么村里有监督机制、民主决策机制。否则，没有权力约束的干部是最容易产生廉政风险的，这对'一肩挑'干部个人及其家庭、村庄、政府都是不利的。"[1] 课题组调研发现，在许多农村地区，选出一位德才兼备的"一肩挑"干部是件令人费劲的工作。地方政府既要用好"一肩挑"干部，也要保护好他们，让他们行稳致远，更好地为乡村振兴服务。

第三，村民自治功能可能弱化。如上所述，国家推行"一肩挑"虽然是为了加强党对农村工作的领导，但是并非要放弃村民自治。《中华人民共和国乡村振兴促进法》于 2021 年 6 月 1 日起施行，第四十二条规定，"中国共产党农村基层组织，按照《中国共产党章程》和有关规定发挥全面领导作用。村民委员会、农村集体经济组织等应当在乡镇党委和村党组织的领导下，实行村民自治，发展集体所有制经济，维护农民合法权益，并应当接受村民监督"。第四十五条规定，"乡镇人民政府应当指导和支持农村基层群众性自治组织规范化、制度化建设，健全村民委员会民主决策机制和村务公开制度，增强村民自我管理、自我教育、自我服务、自我监督能力"。这两条规定将党对农村工作的领导与村民自治之间的关系阐述得很清楚，村民自治必须在党的领导下开展，必须接受乡镇政府的指导，但是村集体重大事项仍然由村委会民主决策，由村民自我管理。换言之，乡镇党委、政府对村民自治是领导、指导，而不是代替，但是，课题组在调研中发现，下级党委和政府对上级党委和政府的要求存在"层层加码"的行政惯性，到了乡镇层面，党的领导与政府指导基本消解了村民自治，村民自治可能流于形式。某村民说："村支部书记是他们选好的，再来参加村主任竞选。村民在投票时，镇里的干部会引导我们选村

---

[1] LYL，20201122，访谈 F 省 H 镇纪检委委员。

支部书记。"①

第四，宗族势力的影响。长期以来，宗族势力是影响村委会选举的重要变量。依照惯例，为了维系村级组织权力结构的平衡，村支部书记、村委会主任和村两委成员的组成会考虑各宗族势力的均匀分配。以 F 省某村为例，该村共有刘、侯、黄、陈四个姓氏，刘、侯是该村的大姓，村支部书记、村委会主任分别姓刘和侯，村干部 4 个姓氏都有。推行"一肩挑"以后，领头雁姓刘。刘先生原来就担任村支书，能力强，群众基础也好，比较受上级党委赏识，但是与村主任侯先生关系一直处理得不是太好。两个人对村庄的发展理念、价值取向存在较大的差异。侯先生工作能力也强，群众基础也比较好，有企业家支持，自身经济实力雄厚。侯先生竞选"一肩挑"失败后，心有不甘，觉得自己更合适担任领头雁。他寻求一些企业家支持，试图从县委（甚至市委）方面给乡镇党委施加压力，要求给他一定的政治待遇，为乡村振兴继续做些事。同时，组织同宗族的村民到乡镇上访，要求给他公平待遇。这些事情对于"一肩挑"开展工作都是很大的挑战。

第四节　完善"一肩挑"的对策建议

一　实施村级组织负责人"一肩挑"的培育工程

全面推进乡村振兴是今后较长一段时间里党和国家工作的重中之重。乡村振兴的各项工作最终都要依靠"一肩挑"干部落实。乡村振兴是一项系统工程，涉及经济、政治、管理、社会、科技等多种知识，需要决策规划、政策分析、沟通协调、组织发动等各种能力。目前乡村要找到具备将相关知识、能力与乡村治理实践相结合的人才，是一件难事。说到底，乡村振兴最重要的是人才振兴。因此，必须积极建立"一肩挑"的培育工程，为顺利推行"一肩挑"提供人力资源库。一是基层党委要善于从留在乡村的年轻人中发现好苗子，将其作为后备人选，经常委以重任，让他们多参与村庄公共事务治理，多磨炼、多实践。二是要善于依托乡贤理事

---

① CYM，20210502，访谈 F 省 D 镇 X 村某村民。

会、乡村发展促进会，举办座谈会、研讨会、项目洽谈会，吸引大学生、退伍军人、务工经商人员等"城归族"返乡就业创业，担任村干部，参与乡村治理。因为"城归族"视野开阔、知识面宽、能力较强，拥有各种资本，能够胜任现代乡村治理①。三是采用"走出去、请进来"策略，提升现有村干部的治理能力。经常派村干部到先进乡村学习、参访，开拓视野，积累经验；请乡村振兴的理论、实践专家来讲课、现场指导，帮助解决乡村发展难题。四是实施"先进村带动后进村"的共建合作策略，尤其是乡村干部的交流，比如，晋江的"领头雁"工程就取得了很好的效果。

二 增强村民（尤其是村级精英）对"一肩挑"的认同

认同是个体对某一事物的接受程度。村庄认同是村庄团结的基础。乡村振兴背景下的村庄团结是一种有机团结，是建立在村民、村干部相对社会分工和个人异质性基础上的一种社会联系。按照涂尔干关于有机团结和机械团结的分法，有机团结是建立在社会成员相对分工、相互依赖的基础上，机械团结是建立在集体意识的基础上。"一肩挑"从某种意义上讲，也是一种新的社会分工。"一肩挑"干部从原来的村支部书记角色转为村支部书记和村长双重角色。村民与"一肩挑"干部的关系也更加紧密了，村民生产生活中的许多事都得找"一肩挑"干部协商、处理。因此，在全面推广"一肩挑"过程中，要让村民和其他村干部知晓这个道理。要让村民通晓这些道理，乡镇党委、政府就得讲究"一肩挑"的宣传技巧②。其一，让村民明白，"一肩挑"干部是为了更好地服务村民、让村民过上美好生活。即，村民不认同"一肩挑"是不行的，村民很多事还得找"一肩挑"干部。村民对"一肩挑"干部形成新的紧密的依赖，不是"一肩挑"干部自己创造出来的，也不是乡镇政府干部自己想出来的，而是党中央加强农村基层党组织建设的一项制度创新，是国家自上而下推行的。换言之，要让村民知道，"一肩挑"干部绝非"与上级领导关系好，有靠山、有背景"，才能扮演这个角色，而是党和国家在基层的代表。其二，让村

---

① 侯志阳：《"城归族"有助推进乡村治理现代化》，《中国社会科学报》2017年8月30日。
② 研究表明，上级政府传递的实施"一肩挑"的压力和激励政治信号对"一肩挑"实施效果起到正向促进作用。参见曹志立、曹海军《全面推行村级组织负责人"一肩挑"的基层实践与优化策略——基于北省L镇的考察》，《东北大学学报（社会科学版）》2022年第2期。

级精英知道"一肩挑"干部的选举条件。只要符合条件,村级精英都可以报名。让他们知道机会是均等的,"一肩挑"不是因人而设的,而是加强党对农村工作领导的需要。这样既打消了有些人的担忧,也保证了"一肩挑"有优秀的候选人。

三 建立有效的监督机制

一是树立正确的监督理念,解决"为什么监督"的问题。纪委监察部门要让"一肩挑"干部知道,监督不是不信任他们,而是要保护他们,减少他们犯错误的机会,让他们更好更长久地服务于乡村振兴。要让"一肩挑"干部明白,担任村庄主官的初心,是服务村民,为村庄发展作贡献的,不是为了捞取个人好处。二是实施多元主体监督,解决"谁来监督"的问题。不同主体的监督具有各自的优势,应建立协同监督体系。纪委监察部门属于体制内监督,监督权威性高、威慑力大,要经常对"一肩挑"干部开展培训教育,经常提醒他们,预防微腐败。从基层站所干部、驻村指导员、网格员、村老党员等人员中挑选责任心强、热心公益事业的骨干组建村监察站、监察理事会,虽然村监察站、监察理事会属于体制外监督,但是与"一肩挑"干部接触比较多、信息来源渠道多,能够帮助纪委监察部门及时提供线索,防止小问题变成大问题。三是实施重点利益监督,解决"监督什么"的问题。对"一肩挑"干部的监督,不是什么事都要监督。重点监督村庄重大事项决策、党员发展、三资管理、项目招投标及社会救助等农村"小微权力"清单。四是监督方式多样化、数字化,解决"怎么监督"的问题。加强审计监督,可每年或届中就进行审计监督,防止微腐败恶化为大腐败。将村庄财务、土地、工程承包、项目招投标等与村民利益密切相关的项目信息曝光在村信息平台上,不管是留守村民还是外出村民都可通过网络了解村庄的重大事项。村庄重大事项的透明化、公开化、数字化,使得"一肩挑"干部的权力暴露在阳光下,促进监督常态化,能够预防和减少微腐败。

四 建立有力的保障机制

这里的保障除了前文所说的"一肩挑"干部的利益保障,还指"一肩挑"的法治保障。具体而言,要将"一肩挑"干部的权力锁在制度的笼子里，让"一肩挑"干部的权力更有效地使用，为村民办好事、办实事。这就要防止"一言堂"，规范民主决策制度。严格落实"四议两公开"，即村党组织提议、村"两委"会议商议、党员大会审议、村民会议或者村民代表会议决议，决议公开、实施结果公开。从表面上看，"四议两公开"是对"一肩挑"干部的权力监督，实质是权力保障。因为"四议两公开"可以让"一肩挑"干部的权力运行得更加保险，不易偏离法治航道，不易偏离绝大多数村民的利益。另外，还指"一肩挑"的道德保障。权力监督、法治保障都属于外部结构性因素，"一肩挑"干部自身的道德自律属于内部行动者因素，在保障"一肩挑"政策有效执行中更为有效。因此，要加强"一肩挑"干部的道德伦理教育。通过典型案例分析、视频教学、监狱现场教学等多种方法，引导"一肩挑"干部树立正确的权力观，强化廉洁意识，做到"慎独"。

本章小结

本章认为，村级组织是推进乡村治理现代化最重要的组织资产。本章基于"一肩挑"的运行实践观察，分析"一肩挑"的功能、形成机理、可能面临的挑战以及完善对策。本章写作在理论上试图提出"科层—自治"的村级组织类型，推进村级组织研究的知识增长，在实践上揭示"一肩挑"成功运行的过程机制，为全面推行"一肩挑"提供决策参考。

首先，本章回顾了"一肩挑"、村级组织两个主题词的相关文献。以往学者的学术产出为本章写作奠定了知识基础，指明了研究方向，但也存在研究空间。相关研究成果主要研究"一肩挑"产生的背景、面临问题与优化路径。在产生背景方面，存在政治决定论、社会变迁论和治理绩效论三种代表性观点。在面临问题方面，存在"一肩挑"人选难、法律冲突、权力监督难、时间短等问题。在优化对策方面，存在人才保障、制度保障、生活保障等方式。这些学术积累为"一肩挑"的研究提供了有益启发，但是停留于表面，就"一肩挑"谈"一肩挑"，未能考察"一肩挑"背后的组织学机制。以"一肩挑"为特征的村级组织是科层组织，还是自治组织？现有文献未能很好地解答这些问题。为此，本章继续梳理了村级组织的相关文献。有关村级组织的研究成果可归纳为六种研究视角：科层视角、自治视角、差异化视角、策略主义、简约主义、规范主义。这些成果很好地分析了村级组织建设的性质、手段、结果，对"一肩挑"的组织学原理提供了理论基础和知识积累，但是对村级组织的治理模式归纳过于简单化，尤其是对于以"一肩挑"为基础的村级组织运行过程、形成条件，都未能做出清晰的解答。

其次，本章在文献述评的基础上，提出了分析框架，界定了核心概念，交代了研究方法。本章的分析框架试图解答"一肩挑"的产生机制、动力机制（认同、保障）、监督机制，提炼"科层—自治"的村级组织类型。本章的核心概念主要是组织资产、"一肩挑"、"科层—自治"组织。主要研究方法包括访谈法、比较分析法、功能分析法。

再次，本章在实证分析部分阐述了"一肩挑"的功能、功能形成机理以及可能面临的挑战。调研表明，"一肩挑"有利于提高农村基层组织的运行效率、有利于保证国家政权在乡村场域的渗透、有利于促进村庄共同体建设、有利于乡村"三治融合"。能否充分发挥"一肩挑"的积极功能，取决于基层政府、村庄是否有一些相应的工作机制。包括："一肩挑"能否顺利产生、能否得到村民与村干部的认同、权力能否得到有效监督、退下来的村干部是否有相应的利益补偿机制。

最后，本章在上述研究的基础上，提出了完善"一肩挑"的四条路径。一是实施村级组织负责人"一肩挑"的培育工程；二是增强村民（尤其是村级精英）对"一肩挑"的认同；三是建立有效的监督机制；四是建立有力的保障机制。

"一肩挑"从字面上理解就包含科层与自治的内涵。村支书虽然也要经支部选举产生，但更多体现科层色彩，村主任是由村民选举产生的，本来就是自治的标志，但是"一肩挑"的运作实践表明，它带来的后果是村级组织治理呈现出强科层、弱自治的特征。我们将这种治理模式称为"被科层消解的自治"。它有三个鲜明特征。第一，村主官（"一肩挑"干部）工资的科层化。实行"一肩挑"以前，村主官的收入来源通常由误工补贴、微薄的财政工资、从事其他生产的薪酬构成。实行"一肩挑"以后，许多地区（尤其是东部沿海经济发达地区）的农村，村主官的工资基本由乡镇财政发放，村主官变成吃皇粮的准公务员。第二，坐班制。下面一根针,上面千条线。村级组织要面临上级党委、政府各部门的工作检查、绩效考核。特别是在脱贫攻坚期间,村级组织要做大量的档案材料、填写大量的表格数字。村主官只有脱产,专心上班,才可能应付各种事务。有村干部说,很多文件要传达,很多数字要填,很多材料要报送,单这些工作有时都应付不来。每个村庄都有党群服务中心,都设有服务窗口,要求村干部坐班,为群众办实事,让群众少跑腿。村级治理行政化了,村一级成为村政府,村干部被当成公务员了[①]。第三,观念的科层化。由于村主官薪酬主要由政府发放,还要像乡镇公务员一样上下班,许多村主官也默认自己是真正的干部,认为自己应该享受乡镇公务员的待遇,尤其是社保。有的村主官说,他们的工作节奏与乡镇公务员没有太大差别,甚至更忙、更累,社保不能只停留于新农保或合作医疗,应该和公务员一样有"五险一金"[②]。有的村主官还说,他们退休后也应该享受类似乡镇领导"退二线"的待遇[③]。随着国家对"三农"问题的重视,乡村振兴的全面推进,大量涉农财政、项目等资源下乡,为了让这些财政、项目资源合法合理使用,基层政府必须依赖村主官来执行相关政策。随着时间的推移,基层政府的领导也习惯性地将村主官纳入体制内,有些地区还按乡镇副职领导的待遇对待村主官。于是,有些事本来通过村民自治就可解决,现在却变得繁杂了,简单事情复杂化、村级治理行政化、群众工作文牍化。村民自治逐步被科层渗透、消解的现象日益凸显,导致村主官和其他村干部的时间、精力被吸纳到基层政府的行政体系中,传统高效、简约的村民自治将可能陷入乡村治理体系的边缘。这是需要反思和后续深入研究的问题。

[①] 贺雪峰:《村干部是不是干部?》,2021年4月27日,http://www.wyzxwk.com/Article/sannong/2021/04/433965.html,最后访问日期:2021年4月29日。

[②] LZS,20210404,访谈F省H镇R村村主官。

[③] PCL,20210406,访谈F省M镇D村村主官。

第四章　农村社区组织资产建设（下）
——基于农村社区社会组织促进乡村振兴的案例分析

社会组织是乡村振兴不可或缺的社会力量，在国家政策层面也得到了高度认可。2017年，《中共中央　国务院关于加强和完善城乡社区治理的意见》指出，大力发展在城乡社区开展纠纷调解、健康养老、教育培训、公益慈善、防灾减灾、文体娱乐、邻里互助、居民融入及农村生产技术服务等活动的社区社会组织和其他社会组织[①]。2017年，《民政部关于大力培育发展社区社会组织的意见》指出，力争到2020年，实现城市社区平均拥有不少于10个社区社会组织，农村社区平均拥有不少于5个社区社会组织。到2025—2030年，社区社会组织管理制度更加健全、支持措施更加完备、整体发展更加有序、作用发挥更加明显，成为创新基层社会治理的有力支撑。2020年，《民政部办公厅关于印发〈培育发展社区社会组织专项行动方案（2021—2023年）〉的通知》中提出，要结合本地农村实际以及脱贫攻坚、乡村振兴等工作要求，加大农村社区社会组织培育发展力度，推动政府和社会资源向农村社区社会组织和服务项目倾斜[②]。

那么，农村社区社会组织在乡村振兴中有哪些功能？影响农村社区社会组织在乡村振兴中功能发挥的因素有哪些？加强农村社区社会组织建设、推动乡村振兴的路径有哪些？本章主要从乡村共同体的角度，结合理

---

① 新华社：《中共中央　国务院关于加强和完善城乡社区治理的意见》，2017年6月12日，http://www.gov.cn/zhengce/2017-06/12/content_5201910.htm，最后访问日期：2020年1月11日。

② 民政部：《培育发展社区社会组织专项行动方案（2021—2023年）》，2020年12月7日，http://www.gov.cn/zhengce/zhengceku/2020-12/08/content_5568379.htm，最后访问日期：2020年12月17日。

论分析与实证调研，对这些问题进行探索性的解答。本章第一节将对社会组织参与乡村振兴的相关文献进行评述。第二节界定农村社区社会组织、乡村共同体两个核心概念，并在梳理相关文献的基础上，提出理论分析框架。第三节运用多案例分析、比较法、行动研究等，实证分析了农村社区社会组织在乡村振兴中的功能及其形成机理。第四节对加强农村社区社会组织建设、推动乡村振兴提出了若干对策建议。

第一节　外部嵌入与内生发展：研究视角与局限

关于社会组织参与乡村振兴的研究已形成了一定的学术产出。相关成果可归纳为外部嵌入与内生发展两个研究视角。

一　外部嵌入

"外部嵌入"主要探讨外来社会组织如何嵌入乡村振兴。一是嵌入环境的不确定性。郑观蕾、蓝煜昕的研究表明，社会组织介入乡村振兴时，面临着环境的不确定性。这种不确定性决定着社会组织介入乡村振兴的行动特征是渐进式嵌入。不确定性主要包括合作伙伴的不稳定性、地方权力关系的复杂性和在地目标的模糊性；社会组织倾向于采取从嵌入国家政策话语到嵌入地方行政体系，再到嵌入目标社区的优先次序和渐次策略，分别达成获得认同、撬动权力和获取在地信息，从而回应了不确定性；社会组织的介入策略总体上呈现出从宏观到微观、自上而下、从外围环境到目标对象的渐进式嵌入过程[1]。二是嵌入的影响因素。尹秀芹、王猛认为，资金水平、开展活动的情况、人员专业性程度是影响社会组织嵌入乡村振兴的因素[2]。三是嵌入的路径与逻辑。外部介入培育内生社会组织的逻辑。房莉杰分析了社工机构嵌入城市社区的三种模式：项目嵌入、岗位嵌入和资格嵌入。社工机构的三种嵌入模式在自主性、专业性、社会性方面各有

---

[1] 郑观蕾、蓝煜昕:《渐进式嵌入：不确定性视角下社会组织介入乡村振兴的策略选择——以S基金会为例》，《公共管理学报》2021年第1期。

[2] 尹秀芹、王猛：《社会组织有效嵌入乡村振兴的影响因素分析——以广东省"双百"为例》，《中共青岛市委党校青岛行政学院学报》2019年第5期。

优劣，构成了社区社会工作的"生态系统"。社工机构应积极平衡好三种模式，尤其是提高资格嵌入，让居委会工作者、各类社工达成专业共识，才能摆脱行政依附，达成社区多元善治[1]。何明、方坤分析了社工机构在脱贫攻坚中的功能、行动逻辑，尤其是在农村组织营造、文化延续方面的功能与行动过程[2]。

二 内生发展

"内生发展"聚焦于乡村内部社会组织参与乡村振兴的功能与路径。

一是参与乡村振兴的功能。其一，分类—功能论。胡那苏图、崔月琴通过三个典型社会组织（合作社、广场舞、手工坊）的案例研究发现，农村社区社会组织在促进乡村产业振兴、治理有效、乡风文明、生活富裕等方面具有积极功能，但是，农村社区社会组织存在自主性不足、能力欠缺等问题。农村社区社会组织的发展需要基层政府、村两委的支持和帮助，更需要乡村精英的积极参与和村民的接纳[3]。谷中原认为，农村内生式的社会组织可分为民力发展社会组织、生计发展社会组织、生态发展社会组织、民生发展社会组织四类[4]。这四类组织在乡村振兴中分别扮演着不同的角色，发挥不同的功能：民力发展社会组织在提高乡村劳动力素质和劳动能力上发挥重要功能，生计发展社会组织在振兴乡村产业和发展社区经济中发挥重要功能，生态发展社会组织在振兴乡村生态建设和发展生态产业中发挥重要功能，民生发展社会组织在振兴乡村民生事业和发展农村民生项目中发挥重要功能。因此，基层政府要加强对这四类社会组织的孵化与扶持。其二，"结构—功能"理论视角。李志强运用帕森斯的"结构—功能"理论，分析农村社区社会组织与农村社会变迁之间的关系。他认为，在 AGIL 体系中，适应功能（A）对应的是经济体系，即农村社区

---

[1] 房莉杰、刘美洋：《构建社区社会工作"生态系统"——嵌入社区治理三种社工模式比较研究》，《江苏行政学院学报》2021年第2期。

[2] 何明、方坤：《组织再造与文化接续：后脱贫时代社会工作介入民族地区乡村振兴的实现路径研究——以广西上林县壮族F村为例》，《贵州民族研究》2020年第11期。

[3] 胡那苏图、崔月琴：《组织化振兴：农村社会组织参与乡村治理路径分析——以内蒙古东部脱贫县A镇三村为例》，《理论月刊》2020年第5期。

[4] 谷中原：《乡村振兴背景下的农村持续发展型社会组织建设》，《湖湘论坛》2020年第1期。

社会组织场域中的农村经济合作组织类别，主要发挥从环境中获取资源维持生存的能力和手段；目标达成（G）对应的是政治体系，即农村自治机构（村委会、党支部等），任何系统都要有目标导向，必须有能力确定自己的目标次序并调动系统内部的能量以集中实现系统目标，核心是政治权力；整合（I）子系统生产和输出的是涂尔干意义上的"团结"，主要体现完成重构新共同体的能力；维模（L）系统又叫文化体系，其核心是价值观和承诺，更多体现在系统意义和德性层面。换言之，价值系统是维系农村社区社会组织结构系统与功能系统两者之间稳定且内在的链接和纽带[1]。其三，社会资本的视角。萧子扬运用帕特南社会资本理论分析社会组织在乡村振兴中的功能：社会组织有助于提升农民的村庄信任水平、完善乡村行动规范，解决三次产业融合不深、生产要素不足问题；社会组织有利于解决相关利益主体的矛盾，促进村民团结，提升治理水平；社会组织有助于促进乡风文明建设[2]。

二是参与乡村振兴的路径与影响因素。其一，参与农村公共服务的视角。龚志伟认为，乡村振兴给农村社区社会组织参与公共服务供给提供了新的契机。社会组织在农村公共服务供给中可发挥独特的作用。社会组织可丰富公共服务的供给主体，促进公共服务充分供给；可消解供需二元错位，实现公共服务精准供给；可弥补科层化缺憾，推进公共服务高效供给，但是，社会组织在参与农村公共服务供给中面临身份危机、独立性较弱、能力不足等问题。应该通过法治保障、协同机制、功能提升机制强化社会组织参与公共服务的内在实力[3]。其二，利益机制的视角。这种研究视角聚焦于农村社区社会组织参与乡村治理能够给村民、乡村发展带来哪些利益，利益何以形成，如何形成利益联结点，张锋运用规范分析方法，在理论上阐述了农村社区社会组织能够通过组织化整合机制促进农民的利益参与、多元化公共物品竞争机制增加农民的利益供给、社会化协调机制

---

[1] 李志强：《转型期农村社会管理创新研究新视野——"结构—功能"理论框架下农村社区社会组织分析维度》，《社会主义研究》2014年第4期。

[2] 萧子扬：《社会组织参与乡村振兴的现状、经验及路径研究——以一个西部留守型村庄为例》，《四川轻化工大学学报（社会科学版）》2020年第1期。

[3] 龚志伟：《乡村振兴视阈下社会组织参与公共服务研究》，《广西社会科学》2020年第4期。

推动农民的利益和谐。他认为，应该从体制机制、结构体系、能力提升等方面建构农村社区社会组织参与乡村治理的保障性制度、支撑性制度和参与性制度。同时，农村社区社会组织要处理好"工具理性"与"价值理性"、"吸纳"与"激活"、"赋权"与"规范"之间的关系，才能更好地参与乡村治理①。

从上述文献可以看出，不管是外部社会组织嵌入乡村振兴还是内部社会组织参与乡村振兴，都涉及社会组织如何融入村落共同体的问题，但是，从共同体角度来研究社会组织参与乡村振兴的文献还很少见。首先，从外部社会组织嵌入来看，如何营造共同体影响到它能否顺利嵌入以及嵌入的效果。外部社会组织要让基层政府、村民、村干部感觉是"一家人"，是为地方经济社会发展和乡村振兴作奉献的，能够出谋划策、连接资源，这样基层政府与农村才能认同、接受外部社会组织，把社会组织当作"内群体""自己人"。当这种共同体意识建立起来后，社会组织开展工作就能得到基层政府、农民、村干部的支持，能够实质性地开展工作。其次，从内部社会组织的参与来看，如何建设共同体也影响到它能否实质参与以及参与的效果。内部社会组织源于农村本地，相比外部社会组织，容易得到基层政府和农民的承认，但是要让乡村干部和农民觉得不是搞形式，而是做实事，能够为绝大多数村民带来福利，是为"大家"做事，为村庄整体利益着想，有为才有位，这样才能获得支持。社会组织营造共同体的策略与过程逻辑究竟是什么，现有文献未能解答。考虑到本章的研究对象主要是乡村内部的社会组织，我们将重点分析，农村社区社会组织内部参与乡村振兴的功能、形成机理与优化路径。

为更好地揭示不同类型农村社区社会组织在乡村振兴中的运行机理，本章采用多案例分析。本章的案例共有13个，分别是Y村芹峰淮山农民合作社；M村教育基金会、养猪专业合作社、寺庙管委会；D村、N村的老年协会、妇联组织、儿童发展协会；S村党群服务中心、海丝文化党建服务中心；江西省刘家老年协会。这些社会组织主要涉及产业兴旺类、生活富裕类、治理有效类。其中刘家老年协会的素材来自《人民日报》《北

---

① 张锋:《农村社会组织参与农村社区治理的利益机制与制度建构》，《学习与实践》2020年第8期。

京青年报》等主流媒体的报道。另外12个社会组织都来自课题组的一手调查。

案例村的基本情况如下。(1) Y村。该村人口大约3000人，村民以种植水稻、淮山为主。Y村地理环境、气候特别适合种植淮山，引种了全国各地淮山20多个品种。Y村采用"一年水稻，三年淮山"的土地轮休制度，既做到了可持续，又做到了绿色环保。Y村合作社由该村支部副书记L先生发起，刚开始只有5户参加，后来许多村民看到淮山经济效益可观，就逐步加入了合作社。(2) M村。该村人口约4000人，多数村民以种地、泥水匠、木匠为生。由于这些工作辛苦、收入又低，村民追求自己的子女从事体面工作的愿望强烈。因此，村民很重视教育事业。(3) D村和N村。D村距离县城6千米，地域面积2.76平方千米，在籍村民147户464人，常住150人左右，村干部5名。N村距离县城约30千米，地域面积3平方千米，在籍村民900余人，常住130人左右，村干部6名，仅有两名在村。D村和N村是中国城镇化进程中典型的空心村，人口以留守老人、妇女、儿童为主。(4) S村。常住人口3000余人，其中党员近百人。其主要产业为海上运输业、港口物流服务、内海、滩涂养殖业以及内海捕捞业，属于典型的海滨经济型。近年来S村的部分景点被列入当地政府申报世界遗产的目录中，S村更是打造了以回族为主的中国少数民族特色村寨。

第二节　农村社区社会组织、乡村共同体与乡村振兴

关于社会组织的定义，可从广义与狭义来理解。广义社会组织主要指政府、市场、学校、城乡社区以外的各类组织；狭义社会组织主要指按照国家相关政策法规要求，在民政部门登记的社会团体、基金会和民办非企业单位[①]。按照民政部的定义，社区社会组织是由社区居民发起成立，在

---

① 萧子扬：《社会组织参与乡村振兴的现状、经验及路径研究——以一个西部留守型村庄为例》，《四川轻化工大学学报（社会科学版）》2020年第1期。

城乡社区开展为民服务、公益慈善、邻里互助、文体娱乐和农村生产技术服务等活动的社会组织①。本章参照民政部的定义,农村社区社会组织主要指乡村内生式的社会组织,由村民自发组成的,或在基层政府、外部社工机构引导、鼓励、支持下成立的,旨在促进乡村经济、社会、文化、生态发展的民间组织。这种组织有别于外部介入的社会组织。

"共同体"(Gemeinschaft)一词最早是由德国社会学家滕尼斯提出来的。在《共同体与社会——纯粹社会学的基本概念》一书中,他区分了作为本质意志的共同体与作为选择意志的社会②。换言之,"共同体"是相对"社会"而言的,代表传统与现代。在滕尼斯看来,共同体的特征包括:有共同的集体意志;靠感情、伦理、宗教维系;以有机方式结合;范围是家庭、乡村或城镇③。"共同体"更多依靠情感维系,"社会"更多依靠法律契约维系。美国学者将Gemeinschaft翻译为Community之后,学界普遍接受Community作为地域共同体的概念。费孝通将Community引入中国,并译为社区,于是社区(不管城市或农村)与共同体就紧密相关了。费孝通提出的"礼俗社会""法理社会"其实就是对"共同体""社会"的中国化改造。本章认为,乡村共同体指以乡镇、村落为地域范围,以地缘、血缘为基础,具有共同目标、共同利益诉求、共同生产生活方式的人类集合体。乡村共同体的维系基础既包括情感,也包括法律。

关于中国是否存在乡村共同体,学界尚有一定争议④。日本有些学者认为,中国农村中并不存在对村民具有巨大制约作用的社会规范,村民的关系是扩散性的,村落本身不是共同体,而仅仅是一种结社。换句话说,在他们看来,从共同体的特征看,中国村落不是严格意义上的共同体,只是结社⑤,但是,中国学者普遍认为,中国存在乡村共同体。因为,中国

---

① 《民政部关于大力培育发展社区社会组织的意见》,2017年12月27日,http://www.mca.gov.cn/article/gk/wj/201801/20180115007214.shtml,最后访问日期:2020年1月19日。

② 〔德〕斐迪南·滕尼斯:《共同体与社会——纯粹社会学的基本概念》,林荣远译,商务印书馆1999年版,第58页。

③ 贾春增:《外国社会学史(修订本)》,中国人民大学出版社2000年版,第69页。

④ 朱志平、朱慧劼:《乡村文化振兴与乡村共同体的再造》,《江苏社会科学》2020年第6期。

⑤ 李国庆:《关于中国村落共同体的论战——以"戒能—平野论战"为核心》,《社会学研究》2005年第6期。

传统乡村是基于地缘、血缘、亲缘、文缘相近的共同体,既是地域共同体,也是生活共同体,还是文化共同体①。

关于当代中国乡村共同体的现状与发展,学界的基本判断是,中国乡村正在走向衰败。甚至有的学者认为有些村落正在走向终结②。为此,学界认为,应该促进乡村再生,相关的途径包括国家权力主导③、主体性建构④、文化振兴⑤、共同情感⑥、空间治理⑦等。已有研究表明,乡村共同体是乡村振兴的内生力量,乡村共同体是发挥农民参与乡村振兴主观能动作用的载体,也是农民分享乡村振兴红利的平台⑧。

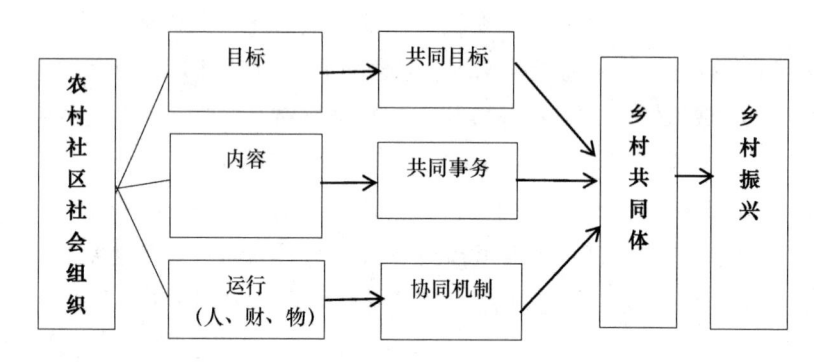

图 4.1 农村社区社会组织推动乡村振兴的分析框架

综合以上的相关研究和核心概念,我们构建了本章的分析框架。该分析框架的目标在于揭示农村社区社会组织促进乡村振兴的内在逻辑。在该

---

① 季中扬、李静:《论城乡文化共同体的可能性及其建构路径》,《学海》2014 年第 6 期。
② 李培林:《巨变:村落的终结——都市里的村庄研究》,《中国社会科学》2002 年第 1 期。
③ 吴业苗:《乡村共同体:国家权力主导下再建》,《人文杂志》2020 年第 8 期。
④ 毛绵逵:《村庄共同体的变迁与乡村治理》,《中国矿业大学学报(社会科学版)》2019 年第 6 期。
⑤ 朱志平、朱慧劼:《乡村文化振兴与乡村共同体的再造》,《江苏社会科学》2020 年第 6 期。
⑥ 刘祖云、李烊:《在乡村振兴语境下培育"情感共同体"》,《江苏行政学院学报》2019 年第 1 期。
⑦ 连雪君、吕霄红、刘强:《空心化村落的共同体生活何以可能:一种空间治理的视角——基于 W 县乡村留守老年人群社会组织方式的调查》,《南京农业大学学报(社会科学版)》2019 年第 2 期。
⑧ 朱志平、朱慧劼:《乡村文化振兴与乡村共同体的再造》,《江苏社会科学》2020 年第 6 期。

分析框架中,隐含着两个理论假设。第一,农村社区社会组织对乡村振兴具有积极的正功能。功能获得途径可能是农村社区社会组织与乡村共同体的协同。第二,农村社区社会组织与乡村共同体的协同可能包括组织目标、活动内容及其运行机制。

第三节　农村社区社会组织促进乡村振兴的功能与逻辑

一　农村社区社会组织促进乡村振兴的功能表现

农村社区社会组织在乡村振兴的 20 个字总要求中都能有所作为,这部分结合课题组的调研,重点阐述农村社区社会组织在产业兴旺、生活富裕和治理有效中的作用。

（一）促进产业兴旺

产业兴旺主要是依托农业,发展二、三产业,促进一二三产业融合。农民专业合作社在促进产业兴旺方面可扮演重要角色。以 D 县 Y 村芹峰淮山农民合作社为例,该合作社以当地淮山为优势,做出了小淮山、大产业的文章。Y 村许多农民以种植淮山为谋生手段,但是农户分散种植,难以形成规模效应,农户收入也不高。为了增加农民收入,将淮山从单一的农业发展成一二三产业融合的产业链,Y 村村干部 L 先生率先提出成立合作社的想法。农民以土地入股方式加入合作社,同时在合作社就业。截至 2018 年,Y 村整个淮山基地面积达 1500 多亩,一年的产值达 4000 多万元。后来辐射到周边乡镇,淮山基地面积扩散到近万亩,产值上亿元,解决 1 万多人的就业问题[①]。合作社在种植淮山的同时,也建设了淮山产品深加工厂房、标准化生产线,成立了科研机构,创建了科研实验室,研发出了"淮山饼、淮山粉、淮山米粉、淮山面线、淮山果蔬园"等系列产品,形成了淮山产业链。此外,结合乡村旅游,将淮山种植园、果蔬园打造成休闲观光园、亲子互动园、青少年教育基地。在地方政府的支持下,淮山系列产品也被列入国家"地理标志"保护产品,合作社荣获国家级示范合作

---

① 数据来源于 2018 年 7—8 月课题组在 D 县的调研。

社及国家级加工型示范单位。合作社发展成农业综合开发公司，公司产品远销全国各地。

（二）推动生活富裕

上述的淮山农民合作社在促进产业兴旺的同时，也增加了村民收入，更重要的是吸收贫困户加入合作社，促进脱贫攻坚与乡村振兴的衔接。有劳动能力的贫困户可在合作社就业，每个月的工资加上土地入股的分红，人均月收入达到5000—6000元，物质生活得到较大的改善。贫困有代内贫困与代际贫困，淮山农民合作社对解决代内贫困方面有积极作用，与此略有不同，M村教育基金会在解决代际贫困方面发挥着独特作用。贫困家庭的子女如果因为经济因素辍学，很可能陷入贫困的代际循环。课题组在M村的调研发现，该村的教育基金会在避免代际贫困方面起着较大作用。M村教育基金会的钱主要来自乡贤、华侨，主要资助村里的贫困家庭。有位高中生，其父母早亡，和年迈的爷爷相依为命。家里没有收入，该生营养状况欠佳，多次想辍学，去工厂打工挣钱。基金会会长知悉情况后，主动上门与该生谈心，表态基金会可以资助到他大学毕业。唯一的要求是勤奋学习，争做德、智、体、美、劳综合发展的人才。后来，该生不负基金会厚望，考上了某知名大学，毕业后也找到了一份体面工作。该生有了收入后，每年也捐款给基金会，帮助其他需要帮助的贫困生。后来，许多受到M村基金会资助的学生，有了收入后，都能够以"滴水之恩、当涌泉相报"的情怀，回馈基金会。基金会的这种运作模式解决了许多家庭的代际贫困，也保证了自身的长久发展。

（三）促进治理有效

农村社区社会组织在提升乡村治理水平方面也可以发挥重要作用。首先，在治理理念上，有助于将善治的价值观念渗透到乡村治理中，推进乡村共同体建设。以S村为例，不管是儿童之家、青少年发展协会、妇女之家、老年协会、党员志愿服务队伍，还是海丝文化志愿讲解服务队等，都是为了村民、村庄的公共利益，不是为了某个人或某个家庭的私利。其次，在治理主体上，有助于形成党建引领、社会组织协同的多元共治格局。S村常住人口3020人，其中党员人数89人，周边还有许多共建单位。S村党群服务中心在社工机构、老年协会的帮助下，成立党员义工服务队，为独居老人提供生活照料、精神慰藉、资源链接等服务，提升独居老人的生活质量。再次，在治理方法上，有助于自治、法治、德治的融合。S 村的干群矛盾、邻里纠纷调解先由党群服务中心处理，若处理效果不佳，再由服务中心申请公共法律服务。党群服务中心定期邀请专家给村民、党员、干部讲解新刑法、《民法典》等法律知识，剖析乡村治理的典型案例，提升党员干部和村民的法律意识。同时，宣传"文明家庭""好媳妇""道德模范"等先进事迹，提升村民的道德认知与道德实践能力。最后，在治理内容上，有助于将核心价值观融入乡村治理体系。儿童之家、青少年发展协会开展的关心留守儿童、第二课堂文体活动、假期安全知识，妇女之家开展的维权服务、手工坊、就业创业技能培训等，海丝文化志愿讲解服务队开展的特色文化宣传等，这些活动的精神都与核心价值观高度契合，有利于在乡村治理中将核心价值观落实、落小、落细。

二 农村社区社会组织推动乡村振兴的形成逻辑

（一）社会组织的目标是否符合共同体的需要

共同的目标是社会组织形成的重要条件之一。有了共同目标，组织成员的思想、行动才能统一，社会组织才有凝聚力。社会组织的目标是否符合乡村共同体的需要决定了它能否在乡村振兴中生存与发展。如果农村社区社会组织的目标与乡村共同体的发展目标存在内在契合性，它就容易得到乡村共同体各种力量的支持与配合。以上述的 M 村教育基金会为例①，该会成立的宗旨就是与乡村共同体的目标相一致的。M 村教育基金会的宗旨是"聚力育才"，要凝聚社会各界的力量，奖教助学，帮助困难家庭摆脱贫困，培养 M 村的下一代，助力乡村振兴，推动国家富强、民族复兴。这个目标符合个体、家庭、乡村乃至国家的需要，有利于铸造乡村共同体意识，能够吸引与 M 村有千丝万缕关系的各阶层热心人士参与。据会长 H 先生回忆，当时在制定目标时，就经过反复讨论，有些人认为，就是一个小小的基金会，发一点钱给学生、老师嘛，无非就是捐资助学，不值得大张旗鼓，但是，比较有格局、有远见的人却认为基金会的目标很重要，不能只看到几户贫困家庭，而是要将"为什么成立基金会"与村庄、国家的

---

① 课题负责人也是该教育基金会重建的发起者之一，参与了基金会的规划、筹建、管理。

需要结合起来①。事实证明，后面这种观点是对的。与 M 村有关的人无非分留守和外出两种。留守村民中的村级精英（个体户、乡村教师、乡村医生等）熟悉村庄情况，有能力的通常还是比较积极出钱出力的，但是，这部分村民力量毕竟比较薄弱。经济条件比较好或比较有远见卓识的主要还是外出的村民，主要分布在商界、政界和学界，有的是企业家，有的是政府官员，有的是大学教授。这些外出乡贤对农村很有感情，有落叶归根的意识，在内心里认可乡村共同体，对乡村有归属感。他们认可教育基金会对村庄发展和国家富强的价值，愿意捐款给基金会。H 先生长年在外从事服装生意，企业已达一定规模，是 M 村小有名气的老板。H 先生平时生活节俭，不铺张浪费，却捐给基金会 10 万元。H 先生说，他老婆骂他连做卫生的保姆都舍不得雇用，对基金会却出手大方。H 先生认为，这种钱花的意义不一样，值得投入，为村里培养人才，也是为国家培养人才，也该是企业家应尽的社会责任②。正是有类似的价值取向，M 村基金会成立时，外出乡贤共捐款约 300 万元。

　　反之，如果社会组织的目标与乡村共同体格格不入，它是很难生存的，更不用说促进乡村振兴了。同样是合作社，淮山专业合作社能够推动乡村振兴，养猪专业合作社却被取缔。近年来，国家虽然一直鼓励发展农民专业合作社，地方政府也在不断摸索经验。也就是说，作为一种社会组织，农民专业合作社是符合各级政府目标的。对于农民来说，合作社能够提高他们的组织化程度，有利于保护他们在市场中的利益。对村庄来说，合作社可能是促进乡村产业振兴的有效措施之一。但是，养猪专业合作社的目标却与村庄、政府的目标不一致，无法融入乡村共同体。作为一种特殊的社会组织，养猪专业合作社的直接受益者局限于社内的农户。对未入社的农户来讲，他们面临脏、乱、差、臭的环境，不可能支持养猪专业合作社的发展。对于村集体来讲，他们是从维护绝大多数村民利益和听从上级政府的角度来考虑问题的。由于国家环保督查甚严，养猪是造成乡村环境污染的重要风险点，基层政府纷纷下令关闭乡村养猪场，养猪专业合作社也土崩瓦解。有些合作社损失高达千万元。

---

① HZT，20210428，访问 F 省 M 镇 M 村教育基金会会长。
② HZG，20210425，访问 F 省 M 镇 M 村乡贤。

（二）社会组织的活动内容是否符合共同体的需要

社会组织的目标需要社会组织开展针对性的活动才可能实现，社会组织的活动内容是否符合乡村共同体的需要决定了它能否在乡村振兴中起作用。如果社会组织的活动形式、活动内容适合乡村共同体的实际，能够满足乡村共同体的需要，就容易获得支持，能够扎根乡村。以 F 省 Y 县"三社联动下的农村社会工作服务项目为例"，该项目中的社会组织在活动形式、活动内容方面的安排就比较契合当地实际。D 村和 N 村两个村庄具有一些明显的地域特征。一是"三留守"人员比较多。项目实施地常住人口以老人、妇女、儿童为主。除部分留守老人享受低保外，绝大多数老年人没有养老保障；大多数留守妇女自身知识水平较低，以从事家务为己任，经济来源主要靠丈夫或子女外出务工；留守儿童的课余生活较为单一，享有的教育资源相对较少，生活缺乏相应照顾，隔代教育现象居多，与外界的接触渠道以电视、智能手机为主。二是具有较丰富的地缘文化内涵。D 村是白鹤拳发祥地、"中国咏春拳第一村"，武术文化底蕴浓厚，先后荣获全国宜居村庄、中国特色村、中国乡村旅游模范村等众多荣誉称号，独特的白鹤拳文化使 D 村由偏僻的小山村华丽转身为闻名四海的文化名村；N 村是永春县现有两个少数民族行政村之一，也是唯一一个回民聚居地，2017 年被评为第二批"中国少数民族特色村寨"，具有浓厚的"民族风情型美丽乡村"文化气息。

针对以上两个特点，村里的老年协会、妇联组织、儿童发展协会在社工机构的协助下，组织老年人、妇女、儿童分别开展"长者康乐互助"服务、"巧妇帮帮忙"、"种子培育"、"筑梦希望"、"爱我家乡"文化传承等计划。"长者康乐互助"服务计划主要是：以互助自助为理念，关爱长者，弘扬敬老爱老的优良传统，通过主题活动丰富中老年人的精神文化生活，提高生活品质。"巧妇帮帮忙"计划主要是：开设"巧妇学堂"进行家政培训，提高妇女理家技能，培育妇女领袖，为社团输送骨干。"种子培育"计划主要是：通过内部培育加外部引进模式，培育社区骨干，组建当地社团参与社区志愿服务。"筑梦希望"计划主要是：建立村级"儿童之家"，组织开展周末加油站、假期小课堂等活动，丰富儿童课余生活，促进农村儿童健康快乐成长。"爱我家乡"文化传承计划主要是：培养"红领巾讲解员"，开展实施地特色文化宣传活动，带动村民参与乡村振兴、全域旅游建设。这些服务计划的实施都比较顺利，取得了较好效果。老年人减少了孤单，妇女提升了技能，儿童课余生活变丰富。外出村民对村里的这些活动也赞不绝口，有些家庭还特意返乡参加"儿童之家"的活动。还有些家长特意带小孩返乡参加"红领巾讲解员"培训，宣讲家乡文化。

反之，如果社会组织的活动违反了乡村共同体的需要，就可能阻碍乡村振兴进程，自己也会被摧毁。江西省鹰潭市余江区的"刘家老年协会"就是一个典型的案例[①]。"刘家老年协会"成立于2002年，初衷是以"守祖业"（几千亩土地）来敛取不义之财。该老年协会具有明显的宗族色彩，由60岁以上的老人组成，刘姓4大房，每大房选7人，共28人。再从28人中选举产生6名主要负责人和各村联系人，有事就抱团一起处理，俨然是严密的帮派组织。自2002年以来，这些人打着老年协会旗号，以护祖业为名，充当"地下出警队""地下调解队""地下医闹队"等角色从事敲诈勒索、聚众斗殴、聚众冲击国家机关、非法拘禁等违法犯罪活动。比如，当地菜市场基本被"刘家老年协会"垄断，菜价高于周边地区，许多群众家里办事，为了省点钱，还得坐车赶到较远的市场买菜。现在，市场公平开放，菜价趋于合理。"刘家老年协会"还经常组织医闹，通过干预一些医疗事故，向涉事医生勒索要钱。当地卫生院有位医生收治某病人时，由于将心肌梗塞误诊为胆囊炎，导致病人来不及抢救而死亡。经当地法院调解，卫生院已对死者进行赔偿，但是，"刘家老年协会"又组织死者家属多次到医院寻衅滋事，要求涉事医生个人还必须赔偿。涉事医生迫于"刘家老年协会"的淫威和压力，只能再私自出资7万余元才了结此事。"刘家老年协会"干预此事主要是为了从中捞取好处，而不是维护公平正义。当地居民建房、单位搬迁，政府批准了还必须向"刘家老年协会"交纳一定的所谓"祖业费"才能动工。经济、政治、民生各个领域，

---

① 《高龄恶势力团伙人均79岁，民警办案"战战兢兢"》，2020年1月11日，https：//baijiahao.baidu.com/s?id=1655399901337213741，最后访问日期：2020年1月19日；《起底"老年协会"恶势力集团：垄断菜价组织医闹 充当地下出警队》，2020年1月11日，https：//view.inews.qq.com/w2/20200109A0OQ9Q00?openid=o04IBAGADl_iICc3p_TEWq_6ggXs&refer=wx_hot&tbkt=J，最后访问日期：2020年1月19日。

他们纷纷插手，当地人"谈刘色变"。由于作恶多端，激起民怨、官怨①，适逢国家"打黑除恶"，在当地警方的努力下，"刘家老年协会"于2019年终被摧毁。

（三）社会组织的运行机制是否与共同体产生协同

社会组织的运行机制是组织中人、财、物的管理体系和运作实践的总称。如果社会组织的运行机制与乡村共同体的运行相一致，它就能推动乡村振兴，反之，可能阻碍乡村振兴，甚至走向衰亡。F省S市S村党群服务中心、S村海丝文化党建服务中心的运行就是比较成功的案例。这两个社会组织的共同特点是，在专业社工的引导下，发挥农村基层党组织的作用，将党建嵌入农村社区社会组织的建设，实现社会组织与农村基层党建的协同。第一，S村党群服务中心的主要特征是党建引领青少年、老年服务和党内建设服务。对于党建引领青少年、老年服务，主要方法是在党员活动室，建立"三工联动"平台，举办三工带服务的活动，将三工资源与服务整合，把资源与服务带入S村的居民家中。将中国传统的尊老爱幼的美德，落到实处，由党员带领开展高龄老人、特困老人、特殊老人的居家养老服务以及青少年健康成长服务。党内建设服务指，开展党员职工能力提升培训、兴趣培训、廉政警示教育、预防职务犯罪等，通过设置展示台和展示墙，宣传一些廉政警示案例，包含违反八项规定、因贪而后悔的一些例子，起到警示、预防职务犯罪的作用。第二，S村海丝文化党建服务中心建立两支志愿者服务队伍（海丝特色文化讲解员和特色村寨文化志愿者）。两支队伍分别承担S村海上丝绸之路特色文化、回族村特色文化的讲解、传播，游学景点卫生清洁、文化保护等工作。

S村两个社会组织运行成功的原因在于它们与农村基层党建的协同。这种协同机制可概括为"一个中心"、"三工联动"和"五方协同"。"一个中心"指以"社区营造"为目标、社会工作专业人才为依托，逐步将S

---

① 事实上，"刘家老年协会"的成员作为施害者，自己也是受害者，因为周边的企业一听到是刘家人，都不招工。刘家年轻人要找工作只能到离家比较远的企业。由于"刘家老年协会"干预村庄里建设从小学到高中的一体化学校，导致该学校无法建成，结果刘家小孩须到更远的小学上学，路途远且花费更高。

村建设成党建引领型农村社会工作试点。"三工联动"指"党员工作者+社工+义工共同开展服务,社工通过运用专业的服务方法引领服务新模式"的运行机制,由党员工作者带领服务方向,社工通过整合链接辖区内外的义工资源,与社工形成合力,实现三工"联动双赢、互补互惠、互动共进"。"五方协同"指政府、社区、党员、社工、其他社会力量互相协作,推进村级服务建设、促进党员与群众的服务发展、深化党群共建的理念、倡导人人参与服务,建设S村美丽宜居村庄,引领党建与世界遗产、回族特色、闽台文化的融合,逐步形成S村建立党建引领型新型农村社会工作试点。

S村两个社会组织能够与基层党建产生协同的原因在于其服务理念、服务视角、服务形式比较新颖以及服务可持续性强。首先,在服务理念上,社会组织能够找准定位,处理好与农村基层党组织的关系,扮演好农村基层党组织助手的角色,让农村基层党组织认为社会组织功能的不可替代。S村的党支部书记说:"他们做的事也是我们想做的,但是单靠我们几个党员显然力量不够,两个组织有力地将群众调动起来,形成了新的党建阵地,尤其是在社工协助下,比普通的社会组织更有作为。"[①]其次,在服务视角上,将党建嵌入社会组织建设与管理,以党建带动乡村共同体的建设。S村的两个社会组织由党员、义工构成,党员将党优秀的组织文化、先进的管理理念、制度建设等带入社会组织,义工将群众的诉求带入社会组织,社会组织成为党群关系的结合体,社会组织建设本身变成一种共同体建设,这种社会组织共同体是乡村共同体的重要组成部分,与乡村共同体有共同的利益、文化和目标。因为党建引领下的社会组织也是为了服务群众,让村民生活更美好。再次,在服务形式上,S村两个社会组织能够结合海丝文化、回族文化特色,吸引更多的村民参与。最后,在服务的可持续性上,两个社会组织在专业社工的引导下,以服务促党建,将社会组织的理念、活动内容有机结合到基层党建中,保证了服务的常态化。

与S村两个社会组织的运行机制不同,M村寺庙管委会的运行目标、方法与乡村共同体背道而驰,最终消亡。M村有座寺庙,历史悠久,香火

---

① LSJ,20190705,访谈S村党支部书记。

鼎盛，吸引村内外许多村民祭拜或游玩，但是，由于年代久远，该寺庙很多建筑物破落，需要重新整修，于是成立了寺庙管理委员会（简称"管委会"）。这个管委会由两位村干部、若干名长者组成。管委会刚开始发布募捐公告，说明募捐是为了重新整修寺庙，给"菩萨一个新家"。很多村民、香客、居士都积极响应，有钱的出钱，有力的出力，有想法的出想法，管委会很快就募捐了60余万元善款。可是，这些钱的支出没有公开，寺庙整修进程缓慢。时间久了，有些村民开始怀疑管委会贪污，要求将账目公开化、透明化。在村民的监督查账下，村民发现管委会成员确实私分善款。有的村民非常气愤地说，"连菩萨的钱都敢拿，真是可恶"。于是村民要求取缔管委会并追回善款。这个管委会的人员组成本身就有问题，不是由一批热心公益事业、有责任、有担当的贤人组成的，容易在组织目标、运行体系上偏离乡村共同体的目标、利益，因此走向瓦解。M村管委会的不良后果也降低了社会组织的公信力，打击了村民的公共参与积极性。

表4.1是对农村社区社会组织推动乡村振兴形成逻辑的总结。通过上述实证分析我们可以发现，农村社区社会组织若要推进乡村振兴，必须与乡村共同体产生协同，这种协同可体现在社会组织的目标、活动内容或运行机制的任一方面。

表4.1　农村社区社会组织推动乡村振兴的逻辑

	农村社区社会组织与乡村共同体的协同		
	目标协同	活动内容协同	运行机制协同
Y村淮山专业合作社	+		
M村教育基金会	+		
养猪专业合作社			
D村、N村的老年协会、妇联组织、儿童发展协会		+	
刘家老年协会		−	
S村党群服务中心、海丝文化党建服务中心			+
M村寺庙管委会			−

第四节 农村社区社会组织促进乡村振兴的对策建议

一 处理好融入乡村共同体与自主性之间的关系

农村社区社会组织是乡村共同体的重要组成部分,如上所述,它要在乡村振兴中发挥重要作用,其目标、活动内容、运行机制要与乡村共同体协同,但是协同、融入不等同于依附,而是要有一定的自主性。长期以来,农村社区社会组织为了活命,依赖于基层政府或村级组织,久而久之,逐步丧失了自身使命,变成了科层治理的附庸。本章的淮山专业合作社、S村党群服务中心、海丝文化党建服务中心对当地政府、农村基层组织都存在很大程度的依赖。淮山专业合作社的发起人本来就是村干部,合作社需要的土地、场所、手续、章程制度、吸引村民入社等事务都是在村两委和乡镇政府协助下才能办成的。合作社成立初期得到基层政权的扶持无可厚非,在发展成熟后还受到基层政权的干预就不太正常了。在基层政府的干预下,合作社在组织分红、工作安排、社员的权利义务等方面没有自主性、独立性。有些地区,合作社成为基层政府和个别带头人向上级政府要项目、要资金的工具。结果,合作社变成空架子,不是服务社员的机构。因此,基层政府或农村基层组织在扶持农村社区社会组织发展的同时,要给予它们一定的自主性和独立性,不能越俎代庖。而农村社区社会组织也要讲究行动策略,平衡使命与活命之间的关系。要灵活运用国家关于扶持社会组织发展的政策资源,说服基层政权的领导,让他们支持、理解农村社区社会组织的发展。要善于发动群众,为农村社区社会组织的发展创造良好的社会氛围。

二 社会组织的目标服务于乡村共同体的目标

首先,要符合党和国家关于乡村振兴的各项目标。乡村共同体从地域上讲,虽然局限于乡镇和村庄,但是离不开"国家在场"。国家实施乡村振兴战略的各项方针政策,最终都要依靠乡镇政府、村级组织执行。从委托—代理角度看,乡镇政府、村级组织就是国家在乡村的代理人。农村社区社会组织的目标如果违背国家的目标，其生存发展就偏离了方向，肯定要解体的。譬如，上述的养猪专业合作社违背了生态宜居的要求。其次，要契合基层政权的需要。基层政权是乡村共同体发展方向的领航者和操盘手，他们清楚乡村实际，知道如何将乡村共同体与区域共同体、国家共同体联系在一起，知道如何寻找特色与定位。农村社区社会组织要将组织目标定位于符合基层政权的需要。比如，S村党群服务中心、海丝文化党建服务中心的目标就很清晰，在基层党委领导下，开展党员志愿服务、党建活动、传播当地海丝文化等。这种社会组织目标具有地方特色，符合基层政权的需要。最后，要符合广大农民追求美好生活的需要。乡村振兴作为一项国家战略，其最终目标是要让农民过上美好、幸福的生活。农村社区社会组织建设、发展的目标也是服务于农民的生产、生活。比如，老年协会、妇代会、儿童发展协会、教育基金会等都是为老年人、儿童、妇女、贫困家庭等服务的，为他们改善物质生活、精神生活提供帮助。反之，扰乱了当地村民生活秩序的"刘家老年协会"，最终就被取缔。为此，农村社区社会组织要有战略眼光，在组织成立时就要将自身的目标融入国家战略，要善于调适自身发展方向，始终与当地政府、村级组织的发展目标相一致。

三 社会组织开展的活动要能满足村民的需要

社会组织开展的活动要围绕组织目标进行。首先，发掘优势，制作资产地图。从资产建设理论的视角看，社会组织在规划、建设、管理等环节，要先将眼光聚焦在农村社区的优势，而不是问题上。在此基础上，制作资产地图，盘活已有的资产，因地制宜，设计组织规划。D县Y村芹峰淮山农民专业合作社就是发挥当地适合种植淮山的优势，通过小淮山，做出脱贫攻坚与乡村产业振兴有机衔接的大文章。S村海丝文化党建服务中心也是结合当地海丝起点、遗迹等文化，吸引地方政府重视，动员村民参与。其次，做需求调查，制作需求清单。明确农村社区的各种资源优势后，就要考虑怎么整合资源、满足村民的需要。为此，要做需求调研。以D村、N村的老年协会、妇联组织、儿童发展协会为例，这两个村是典型的空心村，村里多数人口外流，留守村庄的绝大多数是老人、妇女和儿童。留守老人很孤单，需要精神慰藉，独居老人需要生活照料，因此，老年协会在社工机构的帮助下,发展互助养老。留守儿童生活单调、无聊,需要有新的文体活动。儿童发展之家在社工机构的协助下,举办尤克里里培训,受到了家长、孩子们的欢迎。留守妇女单靠种田,付出大却收入低,很多村民都抛荒。因此,妇女组织在社工机构的支持下,办起了巧妇学堂,给妇女讲解创业就业技能,比如,拿货到家里加工,兼顾家庭与工作的平衡。最后,助人自助,形成内生力量。在资产建设理论看来,关键要让受助者形成自我造血、自我发展。M 村教育基金会的循环互助就是一个典型的案例,动员那些曾经接受基金会资助的、在自己行业有一定成就的乡贤帮助需要资助的学生。

四 加强社会组织的人、财、物建设

除了组织目标、组织活动之外,农村社区社会组织在乡村振兴中的功能发挥效应,还取决于它的人、财、物等要素。一是在人力资源方面,要善于发掘乡村精英作为社会组织的发起人或骨干成员。按照杜赞奇的说法,乡村精英包含营利型精英和保护型精英。营利型精英参与乡村治理,具有明显的功利性,以追求自身利益最大化为首要目标。保护型精英具有公共精神,追求乡村共同体、村民的共同利益。换言之,前者的价值取向是个人优先、集体靠后;后者的是集体优先、个人靠后。显然,基层政府或村级组织要善于引导保护型精英担任社会组织的负责人或骨干。一方面,这些人在乡村共同体中有威信、有号召力,能够发动群众参与社会组织,保证社会组织有充足的人员队伍;另一方面,这些人的公共服务动机是公益至上,有利于社会组织的目标、活动服务于乡村共同体的共同利益。二是在财政资源方面,农村社区社会组织要以社会募捐为主。依靠政府支持是很难的,基层政府事多、权少、财空已是常态,想让基层政府再出钱不大可能。为此,必须善于向社会募捐。保护型精英中有的是企业家,有的是知识分子,有的是政府官员,他们视野开阔,社会活动能力强,有较优质的人脉资源。动员他们去募捐,成功的概率会比较高。此外,农村社区社会组织要善于抱团发展,形成战略联盟,合作共享资源。不同乡村的合作社、基金会、老年协会、志愿者服务队伍都可相互支持。三是在场所、办公设备、器材等硬件设施方面,社会组织要善于向基层政府或村级组织申请。农村社区社会组织属于在地化组织资产,对乡村共同

体的形成、发展,对推动乡村振兴具有特殊意义。社会组织要善于同乡村干部"讲故事",讲清楚自身的价值、突出自身功能的不可替代性,获得乡村干部的支持,在硬件设施方面获得资助。另外,要善于运用新媒体技术,加强宣传,营造良好的社会氛围。农村社区社会组织要加强微信公众平台的建设与更新,将组织目标、活动内容、成效、运行困难,以生动活泼、喜闻乐见的形式发布。

五　加强对农村"五社联动"的支持

"五社联动"是传统"三社联动"的升级版。农村"五社联动"主要指农村社区、社区社会组织、社会工作者、社区志愿者、社会资源五个要素的联动机制。农村内部社会组织的产生、发展离不开外部社会组织的帮扶。专业社工机构在孵化、培育社会组织方面具有丰富的经验与天然优势。本章D村、N村的老年协会、妇联组织、儿童发展协会以及S村党群服务中心、海丝文化党建服务中心都是农村"三社联动"的成果。课题组的行动研究表明,社工机构既能够有效培育农村内部社会组织,又能够有效链接社区内外的各种社会资源,推动乡村共同体形成和乡村振兴进程。为此,地方政府应加大政府购买农村社工服务力度,引进专业社工机构,协助社工机构有机嵌入乡村振兴实践,促成专业社工机构、乡村内部社会组织、农村社区、社区志愿者、社会资源的良性互动机制。社工机构也要注意协调使命(专业宗旨)与活命(完成任务)的关系。

本章小结

农村社区社会组织是农村社区组织资产的重要形式。本章借用共同体理论,分析农村社区社会组织在乡村振兴中的功能及其形成机理,并提出农村社区社会组织推动乡村振兴的政策建议。本章的学术贡献在于构建农村社区社会组织、乡村共同体、乡村振兴的理论分析框架,揭示了农村社区社会组织何以促进乡村振兴的边界条件,实践价值在于从共同体角度,提出了农村社区社会组织促进乡村振兴的政策建议。

首先,本章对农村社区社会组织参与乡村振兴的文献进行了梳理。本章认为，相关的学术产出集中在外部嵌入与内生发展两个研究领域。"外部嵌入"主要探讨外来社会组织如何嵌入乡村振兴，包括嵌入环境、影响嵌入的因素、嵌入的路径与逻辑。"内生发展"聚焦于乡村内部社会组织参与乡村振兴的功能与路径。既有的学术成果很好地阐释了农村社区社会组织对乡村振兴的功能，也提出了一些有益的政策建议，为本章提供了知识基础和研究方向，但也存在研究空间。尤其是未能从乡村共同体角度，揭示农村社区社会组织促进乡村振兴的内在机制。

其次，本章在文献述评的基础上，提出了分析框架，界定了核心概念，交代了研究方法。本章的分析框架试图从乡村共同体的角度，解答农村社区社会组织促进乡村振兴的内在机制。基本理论假设是农村社区社会组织与乡村共同体的协同可能包括组织目标、活动内容及其运行机制。本章的核心概念主要是农村社区社会组织、乡村共同体。主要研究方法包括多案例分析和比较分析法。

再次，本章通过实证分析，阐述了农村社区社会组织促进乡村振兴的功能表现。一是促进产业兴旺，主要是依托农业，发展二、三产业，促进一二三产业融合。二是促进生活富裕，体现在增加了村民收入，更重要的是吸收贫困户加入合作社，促进脱贫攻坚与乡村振兴的衔接。三是提高乡村治理水平，包括促进治理理念善治化、治理主体多元化、治理方法的"三治融合"、治理内容融入核心价值观等。

复次，本章借用共同体概念，揭示农村社区社会组织推动乡村振兴的形成逻辑。其一，社会组织的目标是否符合共同体的需要。社会组织的目标是否符合乡村共同体的需要决定了它能否在乡村振兴中生存与发展。如果农村社区社会组织的目标与乡村共同体的发展目标存在内在契合性，它就容易得到乡村共同体各种力量的支持与配合，反之，如果社会组织的目标与乡村共同体格格不入，它是很难生存的。其二，社会组织的活动内容是否符合共同体的需要。如果社会组织的活动形式、活动内容适合乡村共同体的实际，能够满足乡村共同体的需要，就容易获得支持，能够扎根乡村。反之，如果社会组织的活动违反了乡村共同体的需要，就可能阻碍乡村振兴进程，自己也会被摧毁。其三，社会组织的运行机制是否与共同体产生协同。如果社会组织的运行机制与乡村共同体的运行相一致，它就能推动乡村振兴，反之，可能阻碍乡村振兴，甚至走向衰亡。

最后，本章提出了加强农村社区社会组织建设、推进乡村振兴的五条对策建议。一是处理好融入乡村共同体与自主性之间的关系；二是社会组织的目标要服务于乡村共同体的目标；三是社会组织开展的活动要能满足村民的需要；四是加强社会组织的人、财、物建设，善于运用新媒体技术，加强宣传，营造良好的社会氛围；五是加强对农村"五社联动"的支持。

第五章　农村社区金融资产建设

壮大农村集体经济收入是达到乡村振兴总要求的重要举措。村集体经济收入多了，才可能为生态宜居、乡风文明、治理有效、生活富裕提供物质基础。本章所说的"农村社区金融资产"是借鉴资产建设社会政策理论中"金融资产"的概念，在实践语汇或政策话语中，指村财或村集体经济收入。从福利社会学角度出发，本项目将乡村振兴视为一种大福利，乡村振兴的20字总要求也就相应地衍化为经济福利、生态福利、文化福利、政治福利和社会福利。借鉴资产建设理论的分析路径，本章将探讨农村社区金融资产建设在乡村振兴中的福利效应及其影响机理，并提出优化建议。本章第一节将对集体经济与乡村振兴进行理论梳理，指出相关理论解释的局限，并交代本章的核心概念、分析方法，第二节描述农村社区金融资产建设的类型与功能，第三节对农村社区金融资产建设的福利效应进行反思，第四节分析金融资产建设助推乡村振兴的影响因素，第五节提出建设金融资产、助推乡村振兴的对策建议。

第一节　农村社区金融资产及其相关理论解释

一　农村社区金融资产的界定

农村社区金融资产，指农村村集体拥有的金融储蓄，即村集体经济经营性收入（简称村集体经济收入）或村财①。这个概念与农村集体产权改革、农村集体经济密切相关，但又略有不同。农村集体产权制度改革是政

---

① 在本章写作中，农村社区金融资产简称金融资产，与村集体经济收入是互换的。

府、村集体、村民根据国家政策法规，结合村民自治的方法，对农村集体资产的相关社会权利进行变革，促进产权清晰、权责明确、保护严格，达到发展村集体经济、增加农民财产性收入的目标。根据《中共中央 国务院关于稳步推进农村集体产权制度改革的意见》，农村集体经济是集体成员利用集体所有的资源要素，通过合作与联合实现共同发展的一种经济形态，是社会主义公有制经济的重要形式。换言之，农村集体经济是指农村社区成员共同占有村集体生产资料，进行共同劳动，共同享有劳动成果的经济组织形式。我国农村集体经济的变迁主要经历了两个阶段。一是人民公社时期以"三级所有、队为基础"的"集体所有、统一经营"的模式；二是改革开放以来，伴随家庭联产承包责任制的推行，形成了家庭分散经营与集体统一经营相结合的双层经营体制。农村集体经济是社会主义市场经济的重要组成部分，是相对国有经济、民营经济来说的。各地农村结合实际形成了农民专业合作社、股份合作制、经济联合社等多种形式的集体经济组织。

由此可见，三者的关系如图5.1所示。农村集体产权制度改革是为了壮大农村集体经济和提高村集体或村民的财产性收入，壮大农村集体经济也是为了增加村集体或村民收入，为村集体的公共物品供给和村民生活富裕提供物质基础。

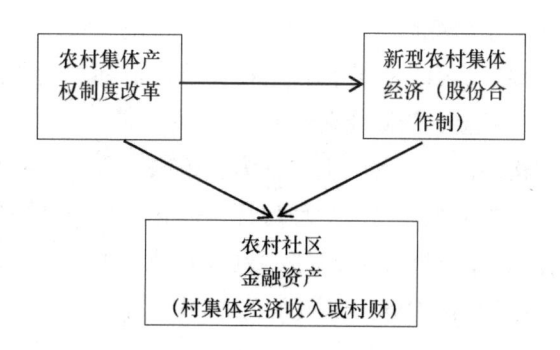

图5.1 农村社区金融资产相关概念关系

二 相关理论视角与解释局限

自中共中央提出乡村振兴战略以来，不少学者就将学术目光移向农村集体经济（收入）与乡村振兴的研究，积累了较为丰富的成果。归纳起来，现有的研究成果主要聚焦在以下五个理论视角。

一是内生发展理论。内生发展理论强调，发展的主体是当地人，而不是外部援助；发展的目的是培养当地的内部生长能力，维护当地的生态环境和文化；发展的特征以当地居民参与、自下而上为主。夏柱智从"内生发展"的理论视角出发，认为当前农村集体经济发展严重依赖于"地租经济"，这种"地租经济"的支撑不是村集体内部的资源整合或自我造血，而是通过政府的资源下乡转化而来的，不具可持续性。他认为，乡村振兴战略下的农村集体经济应该加强村集体"统"的能力，提升村集体自身发展社区经济的实力，促进农业农村的稳定[①]，但是对"内生发展"理论停留于乡村集体经济与乡村治理之间的关系进行探讨，缺乏对村集体经济与乡村振兴的系统分析。

二是农民组织化理论。贺雪峰认为，乡村振兴的主体是集体化的农民，而不是个体化的小农；通过土地三权分置，发展农村集体经济，将农民组织起来，激活村社集体，这有利于村社集体对接国家资源下乡，调动农民积极性、主体性，推动乡村振兴；同时，有利于破解土地碎片化和农民难以组织起来的困境，为乡村振兴提供组织条件[②]。也有学者认为，家庭联产承包责任制虽然提升了农村的生产效率，但是也存在"分有余、统不够"的问题，这也是导致农村集体经济难以发展的原因之一。为此，应该通过农民专业合作社将贫困户组织起来，让贫困户将政府的扶贫补助金入股到合作社，促进贫困户、合作社、村集体形成利益共同体，实现贫困户变股东、资金变股金、资源变资产[③]。

三是组织同构理论。新制度主义认为，组织同构的功能在于促进不同组织之间的正式结构和组织内部治理特征趋同化。组织趋同的原因可能在于组织迫于生存压力的理性选择结果，也可能源于为了追求合法性而做出的被动选择。衡霞运用组织同构理论，以四川彭州13个镇街为例，探讨村

---

① 夏柱智：《农村集体经济发展与乡村振兴的重点》，《南京农业大学学报（社会科学版）》2021年第2期。
② 贺雪峰：《乡村振兴与农村集体经济》，《武汉大学学报（哲学社会科学版）》2019年第4期。
③ 许汉泽、徐明强：《再造新集体经济：从"产业扶贫"到"产业兴旺"的路径探索——对H县"三个一"产业扶贫模式的考察》，《南京农业大学学报（社会科学版）》2020年第4期。

级党组织、村级自治组织与村集体经济组织的趋同现象。研究发现，在农村基层党委引领下，村民委员会与村集体经济组织逐步同构，制度性趋同、竞争性趋同、模仿性趋同相互交织，集体经济在发展中嵌入了治理资源、制度与技术，通过集体经济全员化弥补了村民参与的不足，降低了乡村治理成本，提升了乡村治理效率①，但是，组织同构理论局限于从村集体经济组织与村级自治组织的关系，探讨集体经济在乡村治理中的功能及其内在机理，缺乏对乡村振兴其他维度的分析。

四是马克思主义经济学经典理论认为，落后国家可以通过发展集体经济，甚至直接跨越卡夫丁峡谷进入社会主义社会，这个观点为社会主义集体经济的发展奠定了理论基础。杨博文、牟欣欣运用马克思主义经济学经典理论分析了新型集体经济促进乡村振兴的逻辑，他们认为，农村集体经济发展通过规模化生产、释放劳动力推动城镇化、发展专业合作社以及通过消灭异化劳动、实现劳资关系的自我扬弃，促进乡村振兴②。张弛认为，运用马克思和恩格斯关于农业合作社的理论，结合我国社会主义初级阶段的基本国情，研究了新型农村集体经济的特征与价值，指出集体经济是推动乡村振兴的抓手，要因地制宜，提高国家对集体经济的扶持，加强党对集体经济的领导，但是，他们的研究停留于理论思辨，缺乏实证资料支撑③。

五是斯科特现代农业发展理论。美国学者斯科特认为，现代农业发展进程中存在技术官僚逻辑和小农逻辑。技术官僚逻辑是从国家视角出发，自上而下的科层理性，其目的在于控制；小农逻辑指地方性惯习基础上的小农理性或村社理性，其出发点是改善。肖龙、马超峰借用这两种逻辑，建构了"项目嵌入—公众参与"的分析框架，通过浙北某镇的田野调查发现，农村集体经济刚开始主要依赖国家支持的项目嵌入，逐步转化为激活村庄内部社会网络；农村集体经济形式呈现出政社耦合型、社会嵌入型、

---

① 衡霞：《组织同构与治理嵌入：农村集体经济何以促进乡村治理高效能——以四川省彭州市13镇街为例》，《社会科学研究》2021年第2期。

② 杨博文、牟欣欣：《新时代农村集体经济发展和乡村振兴研究：理论机制、现实困境与突破路径》，《农业经济与管理》2020年第6期。

③ 张弛：《中国特色农村新型集体经济的理论基础、新特征及发展策略》，《经济纵横》2020年第12期。

政治嵌入型和双重脱嵌型四种理论类型。村级集体经济发展类型不同，其在乡村治理中的作用也不同①。

上述理论视角为本章的写作提供了有益的研究启示，指出发展农村集体经济或壮大集体经济收入的主体、组织、方法等要素，但是也存在一些解释局限。既有研究要么停留于理论推演，缺乏实证资料支撑；要么侧重分析集体经济对乡村振兴某个内容的作用，缺乏系统性分析；要么将集体经济形态等同于集体经济收入，或者将集体产权改革等同于集体经济。

本章将从福利社会学角度出发，将乡村振兴视为一种福利，研究村级集体经济收入对乡村振兴的福利效应、过程机制与优化建议。本章将从"福利效应—福利反思—福利形成机理—提升福利"四个环节进行分析。分析过程注重描述分析、因果分析与批判反思相结合。在分析方法选择方面，本章主要采用多案例分析。案例选择依据典型性原则，选择那些能够反映农村社区金融资产建设主要类型的村庄。

第二节　农村社区金融资产建设的类型与福利效应

一　农村社区金融资产建设的类型

调研显示，各地结合实际，积极探索农村社区金融资产建设的有效途径，归纳起来大致有如下类型。

一是入股分红。村集体将资金或土地等以入股形式加入企业或农民专业合作社，每年按固定收益分红，村集体没有风险。F省N县X村就是采用入股分红的方法扩大村财。该村在城镇化进程中获得了2000多万元的征地补偿款。村集体决定将约400万元投资入股Y公司，每年可实现分红50万元以上；将约1600万元作价入股到本村某企业参与股息分配，公司以每月1.5%的固定利率，向村委支付股息24万元。与此同时，村委会启动了村里集体闲散土地的统一规划工作。2014年7月，Y公司以20000元/亩·

---

① 肖龙、马超峰：《从项目嵌入到组织社会：村级集体经济发展的新趋势及其类型学研究》，《求实》2020年第3期。

年承租该村闲置的50多亩回拨地,并以同等价格转租企业。还有些村庄将村集体资金、土地、林地或其他资源性资产、经营性资产入股合作社分红。

二是抱团发展。这是农村社区金融资产建设的一种新方法。有些村庄的资源禀赋确实有先天不足的问题,单靠自己的力量,很难壮大村财。团结力量大,如果若干个类似的村庄联合起来,就可能带来规模效应。F省Y县Q村就是采用抱团发展的方法。Q村2014年被定为省级贫困村,全村5000多人,村财却亏空。村集体没钱,村里的基础设施、公益事业基本做不了,也就缺乏凝聚力。为了寻找出路,Q村主动联系周边村庄实行抱团发展。Q村村两委在基层政府的协助下,与另9个省级贫困村联合筹资约1200万元,在县城购买一栋楼,再将该楼租给一家从事眼科防治的入市企业。租期20年,租金每年递增25%。据Q村第一书记说,他们差不多12年就能把本钱全部赚回来,每年还可获得至少10万元的村财收入①。

三是盘活既有的资源、资产。有些村庄从优势视角出发,充分盘活已有的山地资源或实物资产,壮大村集体经济,增加村财。以F省N县M镇为例,该镇发展村集体经济的经验入选中组部《发展壮大村级集体经济案例选》。该镇原来是一个村集体经济比较落后的乡镇,经过若干年的探索,截至2017年,全镇村级呈现出集体经济总收入已达1945.34万元,集体总资产2.31亿元,半数以上村集体呈现年收入超100万元的崭新面貌②。主要有两种做法。第一,盘活山地资源。M镇多数村庄自然资源较丰富,有的村庄矿山较多,有的村庄林地较多,有的村庄湖泊较多。各村庄根据自己的资源禀赋,发挥优势,挖掘资源,发展集体经济。以D村为例,该村的山地资源原本租给各农户分散经营,但是不少农户抛荒,山地资源浪费。后来,在镇党委引导下,D村村两委多次讨论,在征得绝大多数村民同意后,村里统一将山地资源回收村集体,统一经营,集中发展果林经济。一部分承包给实力较强、信誉较好的企业家创办果林场,一部分由村集体经营种植经济价值较高的林木20多万株。截至2018年,D村村集体

---

① LCM,20210304,访谈Q村第一书记。
② 《全省唯一!南安梅山经验入选中组部〈发展壮大村级集体经济案例选〉》,2018年9月15日,https://www.sohu.com/a/254024378_100014795,最后访问日期:2020年11月10日。

已拥有超过 2000 万元的林木资产，未来 10 年每年可增加村级集体经济收入 100 多万元①。第二，建设或盘活实物资产。以 F 省 N 县 L 村为例，该村通过村民自愿集资，建设标准厂房，然后将厂房出租给企业，赚取租金。村民按每股 100 元入股，村集体投资占总股份的 50%。标准厂房的租金每年可给 L 村增加 20 余万元的集体收入。L 村还通过建设店面、公寓出租赚取租金，每年可增加十余万元集体收入。此外，F 省 H 县 C 镇 C 村通过盘活一块荒地，采用村集体向银行贷款的方式，建立自住小区，解决住房困难户的住房问题②。由于自住小区本身就是保障性质的，具有公益性，村集体收入并非来源于建自住小区的利润，而是主要来源于物业收入。与城市商品房一样，购买自住小区的农户每月须缴纳一定的物业费。C 村目前已建设完成 13—16 层的小高层 4 幢，建筑面积 26950 平方米，项目预算总造价 7148 万元，可解决住户 207 户，配备小区综合服务中心阁楼、小花园和 63 个地下停车位、21 个店面，按 2014 年度当地物业租赁、管理收益标准，预计每年通过车位、店面等租赁及小区物业管理营收，可增加村级集体经济收入数十万元，实现经营性村财年收入增幅 30% 以上③。

　　四是产业带动。实践表明，单纯靠农业是很难让农民致富的，也很难增加村集体经济收入。因此，有些村庄就积极探索工业兴村的道路。个别村庄自然资源短缺，既不靠山也不靠海，更没有矿产资源，该如何壮大村财？F 省 N 县 M 镇 R 村和 F 省 H 县 C 镇 C 村都属于自然资源短缺、村财实力却相对雄厚的村庄。个中原因在于他们都选择"工业兴村"的道路。R 村规划建设了占地近 70 亩的工业园区，创办 18 家企业，每年增加集体经济收入 240 万元，解决近 600 村民的就业问题。C 村在二十多年前，还是一个传统的老渔村，面临海上资源枯竭、陆上生产发展用地不足、村集体经济捉襟见肘的困境，发展受到各方面制约，转型发展势在必行。经过村两委与村民代表的多次讨论，在镇党委的引导下，C 村通过迁祖坟，腾出一块空地，成立全县第一个村办工业区——C 村工业区。在该工业区，成立 C 村集团（村集体企业），发展石材加工业，推动村经济重点从海上

---

① 《全省唯一！南安梅山经验入选中组部〈发展壮大村级集体经济案例选〉》，2018 年 9 月 15 日，https://www.sohu.com/a/254024378_100014795，最后访问日期：2020 年 11 月 10 日。
② 关于该村建立自住小区的过程及其福利效应，第九章专题阐述。
③ 数据来源于 2019 年 12 月 C 村实地调研。

到陆地的转移。同时，C村还发展海产品深加工产业，吸引8家企业落户，形成产、养、加、销产业链，形成经济发展的规模效应。此外，引导企业和村集体经济组织共同创办投资乡村旅游业。C村通过工业带动，实现了村财从负债到收入超过百万元的转变。

在产业带动村财方面，许多村庄选择发展光伏产业。据《衡阳日报》报道，湖南省某镇通过为企业提供土地资源，引进了一个40MW的光伏地面电站项目。该电站每年发电量约4500万度，年收益大概5800万元。项目所在的村，每个村每年均可获土地租金3万余元、村公益事业建设资金10万余元[1]。还有些村庄通过一二三产业融合，增加村集体经济收入。以F省L区H乡S村为例，该村成立农民专业合作社，流转土地200亩种植繁育油茶和黄花菜，构建集休闲、旅游、观光、采摘于一体的休闲农业体验园，每年可增加村财收入20万元，每户村民每年可通过土地流转收益和务工工资实现增收约2万元。

二 农村社区金融资产对乡村振兴的福利效应分析

第一，促进生活富裕。当村集体金融资产积累到一定规模，村集体就可为村民发放货币福利，提升村民的物质生活水平。F省N市X村的村财在其所属乡镇中排第一位。每年农历腊月二十五，村里都为村民发放现金，每人2000元。全村共1600余人，该村每年需发放330多万元现金[2]。截至课题组调研时，该村已连续五年给村民发放现金。有些家庭人口5个，每年就可从村集体获得1万元的福利。人均2000元对比较富裕的家庭来说可能边际效应不太明显，但是对于中等以下（尤其是经济比较困难）的家庭来说，可解燃眉之急。据村民L先生介绍，他们家共四人，近五年，每年年底可从村里领取8000元的福利金。这笔福利款对他们置办年货足够了，很大程度上缓解了他们过年的经济压力。他说：

相比以前，我们很幸福了，以前村里没钱，怎么可能给村民发福

---

[1] 邹山华：《用村集体经济引领乡村振兴新模式》，2018年4月8日，http://www.moa.gov.cn/xw/qg/201805/t20180529_6147370.htm，最后访问日期：2020年10月17日。

[2] 数据来源于课题组2019年8月在该村的调研。

利呢？我们夫妻俩都是打工的，这点钱是我们夫妻俩一个月的工资总和。相比周边村落，我们也很幸福了，其他村都没有发钱啊，有的村就是发点大米、食用油之类的，有的村发二三百元，也只是针对老年人……①

第二，促进治理有效。农村社区金融资产的建设与管理对促进乡村治理有效有积极的功能。一是促进村民的公共参与。农村社区要达到壮大村财的目标，就得谋划、寻找方案，这个过程也是村干部、乡贤与村民的多次深入互动。当村集体有钱了，钱怎么管、怎么发放，更是会吸引村民的广泛、积极参与，因为大家都很关心钱的问题。二是增进村民团结。村财实力雄厚了，村里的基础设施建设、公益事业就比较好办了。村民的格局也跟着变大，不再为一些鸡毛蒜皮的小事起冲突了。三是提升村民对村干部的信任。村财壮大了，村民觉得村干部有本事，能带领大家共同进步，能帮村民过上好日子。村民对村干部也就更加拥护、信任和爱戴。四是提升社区凝聚力。村民信任村干部了，就能与村干部心往一处想，劲往一处使。有的村民说，"不是本村的人都那么支持咱们村，我们没理由不帮助村里做事啊"②。以上述Q村的抱团发展为例，该村要筹到100万元左右才能和其他9个村一起买栋楼。村两委、乡贤想尽了各种办法，千方百计才从各级政府、企业家要到100万元。这个艰辛的筹资过程，让村民看到村干部的努力以及政府、社会各界的关爱，也增强了村民与村干部的凝聚力、向心力。

第三，推动生态宜居。从大福利角度看，生态是一种新型的公共福利，生态已成为民生需求的最大福利。生态福利包括清新的空气、干净的水、灿烂的阳光等物质需要，也包括宁静、安全、舒适等精神需要。有的村庄致力于探索村集体经济收入增长与生态宜居环境的协同。以F省N市H村为例，该村许多村民以养猪为业，臭气冲天，到处是苍蝇、蚊虫，居住环境很差。虽然村民意见很大，但是为了谋生，还得每天适应这种肮脏的环境。后来，该村引进了沼气技术，开发沼气池。通过沼气技术，将猪

---

① LLB，20190826，访谈X村村民。
② LNS，20190827，访谈X村村民。

的粪便变废为宝，村里的生态环境也得到了极大的改善，生态宜居的乡村环境逐步形成。沼气发电还能够给村民提供照明、烹饪、热水等生活必需品，能为农户节省费用，也能够增加村集体收入。据 H 村村干部说，沼气发电一年能给村民节省几十万元电费[①]。

第四，推进乡风文明。物质文明是精神文明发展的基础，为精神文明提供必要的物质前提。村集体经济收入属于物质文明，乡风文明属于精神文明。村集体经济收入对乡风文明具有积极的正功能。有了村集体经济收入，村集体为村民提供社区文化公共服务才有资金支撑。以 F 省 N 市 R 村为例，该村移风易俗工作做得很好，曾获全国文明村称号。个中原因，就是该村每年集体经济收入较好，能够开展文化活动。该村每年春节都举办乡村文化节，有些节目是由村民自己表演的，有些节目是请专业演员支持的，有些节目是共建的政府部门或社会组织支持的。尽管有外部的赞助，举办一个文化节，村里还是要支出一定资金。该村成立锣鼓协会、广场舞协会、尤克里里协会、南音社等文娱社团，这些社团的活动经费也大都来自村财。同时，该村还开设道德讲堂，邀请党校、中小学退休人员讲课，所需经费也主要由村财政支出。此外，该村创办的乡村图书馆、给文明家庭的奖金等都离不开村财政。这些文化公共服务项目满足了村里不同年龄段村民的精神文化生活需要，村民在劳作之余变得有事做，不再沉迷于打牌赌博、聚众酗酒等不良生活。受到先进文化熏陶，久而久之，村民的思想观念也发生了转变，给佛过生日、普度等封建迷信活动减少了，大操大办喜事丧事的行为也减少了。

第三节　对农村社区金融资产建设的反思

农村社区金融资产虽然对乡村振兴具有积极的福利效应，但是在实践运行中也存在不少值得注意的问题。

[①] CDM，20190718，访谈 H 村某村干部。

一 村财乡管与村民自治的矛盾

村财乡管的制度本意是好的,是为了预防村干部产生微腐败,也取得了一定成效,但是也带来一些难题。

首先,村财乡管背离了村民自治的本质。村财乡管是指村集体的财务由乡政府来代为管理。《中华人民共和国宪法》第111条明确规定:"村民委员会是基层群众性自治组织。"在全面推进依法治国的大背景下,作为宪法基本制度的村民自治制度必须得到全面的贯彻实施,但是,村民自治在实践中存在一些痼疾。长期以来,村两委承担着上级政府交代的各种行政事务,扮演国家或政府的代理人角色。这种代理人角色淡化了村两委服务村民的角色。本来村两委是村民选出来的,主要职责是服务村民。村民自治的本质也是村民自我教育、自我管理、自我服务。村财乡管使得村民自治大打折扣,村财是村级公共事务治理有效的重要保障,是村民自治的重要标志,也是村民自治正常运行的命脉。虽然,村财乡管的本意是为了避免"微腐败",但是由乡镇管理,同样可能存在腐败。为此,不能因噎废食,以预防腐败的名义,斩断了基层民主的链条,背离村民自治的本质。调研中,不少村民、村干部认为,村财乡管增加了办事成本,降低了办事效率,打击了村干部的工作积极性。

其次,村财乡管不利于村民法治意识的培育。法治意识的形成很大程度上依赖于法治实践。《中华人民共和国村民委员会组织法》第1条规定,"为了保障农村村民实行自治,由村民依法办理自己的事情";第8条规定,"村民委员会依照法律规定,管理本村属于村农民集体所有的土地和其他财产"。这些条款从法律层面保障了村民能够当家做主,有权利管好村里的事情,村财显然是村民自己的事情。同时,村民自治的目标之一是通过村民参与村庄公共事务治理的实践,提升村民的规则意识、法律意识,但是,村财乡管等于是向村民表明,村两委、村民是没有资格、没有能力管好自己的事情的。这就引起了一些村民(尤其是乡贤、村干部)的诟病。他们认为:"村民组织法规定的和现实中运作的都不一致,国家的法律威严何在,怎么依法治村?"[1]

---

[1] 20210526,F省J市M村座谈会会议记录。

再次，村财乡管缺乏法律依据。从全国人大及其常委会的立法来看，对于村财村管都给予了肯定，而村财乡管却于法无据[①]。虽然国务院相关部委、各省（自治区）都颁布了许多村财乡管的指导性文件，但是按照《中华人民共和国立法法》第 8 条的规定，有关基层群众自治事项只能在法律规定的原则下做出具体规定，而村财乡管是与《中华人民共和国村民委员会组织法》相违背的。1998 年 4 月 18 日发布的《中共中央办公厅国务院办公厅关于在农村普遍实行村务公开和民主管理制度的通知》指出了村务公开的内容，主要包括财务计划及其执行情况、各项收入和支出、各项财产、债权债务、收益分配、代收代缴费用、水电费、以资代劳情况以及群众要求公开的其他财务事项。同时，通知还规定村财属于村务公开的必要内容，要让村民监督村财，不能搞形式主义、走过场。这些规定都体现村民自治的原则。2012 年修订的《中华人民共和国农业法》第 73 条第 3 款规定，农村集体经济组织和村委会必须向村民定期公开集体账目，接受村民监督。考虑到村集体经济组织和村委会的实际情况，对不具备财务管理能力和记账能力的地方，可以适用 1999 年修订的《中华人民共和国会计法》第 36 条规定。各单位应当根据会计业务需要，设置会计机构，或者在有关机构中设置会计人员并指定会计主管人员；对不具备条件的，应当委托有资质的会计中介机构代理会计业务。换言之，上述相关法律并没有指出村财乡管。同时，《中华人民共和国村民委员会组织法》第 5 条规定，乡镇政府与村委会的关系是指导与被指导关系，不能用科层治理的方法干预村民自治。

最后，村财乡管会降低村干部提供农村公共物品的意愿。卢圣华、汪晖运用 CHIP 的数据，研究发现，村财乡管会增加村财管理的透明化、科学化、民主化，从而降低基层财务收不抵支的概率，但是村干部由于害怕被问责，可能降低提供农村公共物品的意愿，这将恶化农村公共物品供给不足的现象。课题组在调研中发现，有些村干部说："现在村里要花点钱，手续很规范，也挺麻烦的。有些钱现在虽然报销了，但是以后哪天审计起来有可能不合规，村干部还要被问责，多一事，不如少一事，因此，村里

---

① 周珩：《村财乡管的法理悖论及改革路径》，《法学论坛》2017 年第 5 期。

的公共事业现在越来越难做……"①

二 新型村集体负债反弹

近年来，国家虽然打赢了脱贫攻坚战，全面推进乡村振兴，农村村集体负债却出现了不同程度的反弹。贺雪峰认为，绝大多数中西部农村集体经营性资产几乎是零。实际情况可能更加悲观，就是当前中西部相当部分（甚至大部分）村庄不仅经营性资产为零，而且有较高负债。农村税费改革时锁定的村级债务，绝大多数村庄仍然没有偿还，因此对村级治理持续造成严重负面影响②。根据武汉大学乡村治理中心的调查，当前村级债务覆盖面极广，不管是东部发达地区的农村还是西部落后地区的农村，都有不同程度的负债。新型村级负债的特征主要是"发展型负债"或"政策型负债"。即，越是政府树立的示范村负债越高。有些村庄以前村财尚可维续平衡、略有结余，被列为示范村后，却逐步欠债。主要原因是，上级政府摊派给示范村的任务不能给村庄带来经济效益，而是给村庄增添了接待、迎检、项目协调等负担。村庄承担的示范任务越多，示范等级越高，负债也可能越多。湖北某村被地方政府列入美丽乡村建设示范村，总投入7000多万元，成为全国文明村、全国乡村旅游重点村，却负债3000多万元。福建某村被列为县级乡村振兴示范村，示范时间不长、等级也不高，却负债100多万元③。

三 农村社区金融资产建设内卷化

农村社区金融资产建设内卷化，指的是农村社区金融资产的账面规模增长了，农村集体经济却缺乏内生机制。其本质是村集体经济收入增加源于系统外部投入的增加，而不是效益的提升④。第一种情形是村集体直接将上级拨款算入集体经济收入。F省Y县X村是典型的金融资产建设内卷

---

① LCM，20210526，访谈X村村支部书记。
② 贺雪峰：《发展壮大农村集体经济要警惕造成新负债》，2020年9月15日，https://www.sohu.com/a/416532559_99944292，最后访问日期：2020年10月11日。
③ 吕德文：《警惕村级债务反弹风险》，《社会科学报》2021年5月6日第3版。
④ 张立、郭施宏：《政策压力、目标替代与集体经济内卷化》，《公共管理学报》2019年第3期。

化的村庄。该村的村集体资金主要源自外部输入。X 村 2014—2020 年获得外部各种项目资金共 4000 多万元，但是村财却只有 23 万元左右。该村某村干部说，村里每个月好像很有钱，都有几十万元甚至上百万元进账，但其实这些钱都是上级政府的项目资金或扶贫资金，不是村集体的真正收入，但是村里为了完成指标，往上级报账时，有时就没分那么清楚了。某乡镇干部说："上级要求扶持村集体经济发展，壮大集体经济实力，实现农民共同富裕。这些不易量化、表述模糊的指标在实践中往往被村集体经济收入所取代。有些村在统计村财时，就是将村集体资金账户的货币流入量都统计进去"[①]。

第二种情形是村集体与企业、合作社合谋，制造"村集体经济收入"。前文已述，类似 F 省 N 市 X 村的村庄采用的是入股分红壮大村财的方法，但是，不可能每个企业、合作社都能保证盈利，都有钱发给村集体。于是，为了保证入股村庄能够完成集体经济收入指标，企业或合作社就是在亏损状态下，也会借钱先让村集体获得分红。等上级检查通过后，村集体再将钱还给企业或合作社。有些小规模企业主动找村集体，先请村集体注入部分资金，帮助其企业渡过资金周转难关，再以弹性分红的形式保证村集体的收益。当企业经营效益好时，村集体分红比例就高，反之，比例低。在实践中，每当上级要检查村集体经济收入是否达到预定目标时，企业优先转账到村集体。企业与村集体是相互帮助、达成默识的。

第三种情形是基层政府直接帮村集体将集体经济启动的财政专项资金投入国有企业。虽然这种办法也能保证空壳村或薄弱村的村集体经济收入达到预定目标，但是村干部、村民基本没有参与这个过程，能力也未能得到提升。

四 租赁型集体经济的"社会性"缺失

集体产权改革有利于探索发展集体经济的新形式，集体产权改革或集体经济形态都是增加村集体经济收入的前置变量。近年来，随着农村集体产权制度改革的全面推进，农村集体经济以"非农"为主要特征。通过对村集体的资源性资产、经营性资产进行股份制改革，在清产核资、确权等

[①] XHH，20210529，访谈 H 镇乡镇干部。

工作流程的基础上，成立了农村经济联合社或股份合作社。村集体经济组织再以土地、店面、资金等为主要资本而获得租金收益，这种经济形态被称为"非农集体经济"或"租赁型集体经济"[①]。与普通意义上的市场经济不同，以社区股份合作制为基础的租赁型集体经济是一种"社会经济"。其社会性是嵌入在集体经济系统中，但不体现为经济效益，而是与集体成员的生存保障、群体归属、人际互助、文化心理等直接相关的机制或因素，其核心是"集体性"或"集体合作"[②]。

但是，这种"社会性"在实践运作中正面临缺失的困境。这主要体现在租赁型集体经济的"集体性"被异化为少数人说了算。租赁型集体经济是以农村社区股份合作制或经济联合为基础的，它的运行体系、收益分配、财务规章等重要决策都要由合作社的成员参与讨论。可是，多年的运作实践表明，诸如集体股权虚化、决策参与不足及程序不透明、利益分配公平性缺失、内部人控制与围绕权力产生特权集团等问题频发，致使非农集体经济在有些地方政府的认知中，甚至成为随时都有可能引爆的"火药桶"[③]。近年来"村官贪腐"案件频发，尤其是在租赁型集体经济比较发达的农村社区。据报道，在广东村社干部92起贪腐案件中，租赁型集体经济的农村党支部书记、村主任发生贪腐比例高达近八成[④]。

第四节　金融资产建设助推乡村振兴的影响因素

一　基层党建能力是关键

农村基层党组织是推进乡村振兴各项工作的火车头，也是农村社区金融资产建设的引领者。事实证明，大到一个国家、小到一个农村社区，只有坚强的党组织，才能带领人民过上好日子。农村基层党组织是国家政权

[①]　蓝宇蕴：《非农集体经济及其"社会性"建构》，《中国社会科学》2017年第8期。
[②]　蓝宇蕴：《非农集体经济及其"社会性"建构》，《中国社会科学》2017年第8期。
[③]　蓝宇蕴：《非农集体经济及其"社会性"建构》，《中国社会科学》2017年第8期。
[④]　黄怡：《揭秘广东"村官"贪腐伎俩 近八成犯罪主体为书记、主任》，2015年5月26日，http://gz.mzyfz.com/detail.asp?cid=690&dfid=2&id=284009，最后访问日期：2020年11月11日。

渗透到乡村治理中的阵地，也是国家在场的体现。党和国家关于乡村振兴、壮大村财的各种路线、方针、政策最终都需要农村基层党组织贯彻执行。因此，农村基层党建能力决定着农村社区金融资产建设的水平，也决定着农村社区金融资产建设对乡村振兴的功能发挥。其一，农村社区金融资产的建设、累积很大程度上受到基层党建能力的影响。课题组的调研表明，凡是村财实力比较雄厚的村庄，都有一个强有力的党组织，有一个善于发展经济、具有开拓创新精神、敢于担当的党支部书记（或党委书记）。其二，农村社区金融资产的管理也深受基层党建能力的影响。如果农村基层党组织的党员干部都能廉洁奉公，有强烈的为村民服务意识，村财的管理都很公开、透明，会制定一套管用、接地气的财务管理制度，不会或少发生"微腐败"事件。反之，如果农村基层党员干部（尤其是支部书记）只为自己利益着想，就容易爆发"村官贪腐"事件。在这种类型的村庄里，即使村财规模很大，也很难推动乡村振兴。

二 村庄是否有未来取向

按照谢若登的资产建设社会政策理论，资产是相对收入而言的。资产是一种未来取向，是一种储蓄与累积，收入是一种即期消费，是一种支出。两者的关系就像水流和池塘里的水。一个村庄只有坚守未来取向，才会考虑"钱生钱"，而不停留于过好当下，竭泽而渔。调研发现，在那些村财规模较大、实力雄厚的村庄，村干部、村民都有长远眼光，为村里的下一代着想，才会不断开拓进取，积累村财。如前所述，F省N市X村本来是一个"空壳村"，村财亏空。后来由于当地征迁该村土地，村集体获得2000多万元的征地补偿款。这笔钱如果直接发放给村民，平均每人也就1万余元，村财又变成空账。乡镇政府的建议是将钱放在银行里，每年赚取利息。村干部组织乡贤、村民代表多次研讨，认为如果存在银行会变死钱，货币贬值很厉害；如果直接发放给村民，村财又变空，不可持续。有了这种想法，他们才能真正实现"固定收益+分红收益"双保障。正是有长远的眼光与未来取向，X村才能在很短的时间内从空壳村变成富裕村，每年才能给村民发放货币福利，村财还逐年增长。

三 政策压力的影响

当政策环境、政策规定、政策目标等客观因素超过政策执行能力时，政策执行者的内心就会产生一种压迫感和外在压力[①]。基层政府与村两委面临的政策压力包括体制性压力和打赢脱贫攻坚战的政治压力。适当的政策压力有利于基层政府和村集体实现壮大村财的目标，但是，为了化解政策压力，行动者在政策执行中也可能出现行为偏差，比如目标替代（Goal Displacement）、选择性执行、政策变通[②]、共谋[③]、策略主义等。目标替代也称"目标偏差"或"目标置换"，其本质是一种手段与目标颠倒。产生目标替代的原因包括政策压力、组织资源匮乏、任务繁重、组织目标模糊等。农村社区金融资产建设内卷化源于行动者采用目标替代的策略。这里的行动者主要包括县乡村的干部。以 F 省 Y 县为例，该县于 2020 年 6 月底下达 2020 年市级财政扶贫专项资金（村集体经济创收项目）730 万元。在 19 个乡镇（街道）中，最高可获得 75 万元专项资金，最低可获得 15 万元专项资金。县对乡镇下达约束性任务，"鼓励低收入村因地制宜发展村集体经济创收项目，年底前全面消除经营性收入低于 10 万元的低收入村"[④]。同时制定绩效目标，15 万元专项资金用于扶持一个村的集体经济发展。获得 75 万元专项资金的，就得扶持 5 个村的集体经济。根据资金性质，确定扶持对象必须 100% 精准，资金 100% 及时补助到集体经济项目，受益村的经营性收入必须高于 10 万元。6 月份下达文件，12 月份要完成指标，这种政策压力传导到乡村干部身上，他们只能千方百计寻找目标替代。某村干部说："村里缺乏发展要素，没有具体产业，半年内就要实现 10 万元以上的集体经营性收入，谈何容易？上面也太急功近利了，今天买猪崽，明天就要卖猪。没办法，有些村就只能先将上面的拨款当作集体经

---

① 张立、郭施宏：《政策压力、目标替代与集体经济内卷化》，《公共管理学报》2019 年第 3 期。

② 刘骥、熊彩：《解释政策变通：运动式治理中的条块关系》，《公共行政评论》2015 年第 6 期。

③ 周雪光：《基层政府间的"共谋现象"——一个政府行为的制度逻辑》，《开放时代》2009 年第 12 期。

④ 资料来自 F 省 Y 县农业农村局关于下达 2020 年度 Q 市级财政扶贫专项资金（村集体经济创收项目）的通知。

营性收入上报,表明完成任务,虽然我们知道这是权宜之计,但也是无奈之举。"①

四 金融资产建设中村庄主体性的体现程度

这涉及金融资产建设中村干部、村民的参与渠道、参与程度。只有村干部、村民参与到金融资产建设中,他们才能从中获取知识与能力,人力资本、社会资本才能获得提升,而这些资本是促进治理有效的关键。治理有效是乡村振兴的关键,有赖于村干部、村民本身的素质。如果上述的集体经济内卷化现象成为一种常态,金融资产建设是不可能真正推进乡村振兴的,反而可能造成虚假振兴。譬如,F省A县考虑到全县71个建档立卡贫困村地理位置偏远、自然资源匮乏、基础设施落后,发展村集体经济的空间很小,直接用省市扶持村集体经济发展专项资金(每村50万元)购买县经济开发有限公司的股份。按照政府与开发公司的协商结果,每个贫困村每年可获得4万元的收益,实现集体经济收入零的突破。虽然贫困村有了一定收入,能够维持村庄的日常运转,但是这种政府包办模式并不能促进村庄的内源式发展。因为,村民、村干部的思想观念、谋生技能、发展经济的能力没有得到根本改变。换言之,政府包办停留于输血而不是造血,甚至导致养懒汉的后果。有些村民说,反正政府会帮他们解决吃、穿、住问题,连看病、孩子上学也有人管,挺好的,没必要太拼,拼了也没多大意义②。

第五节 金融资产建设助推乡村振兴的对策建议

一 处理好"统"与"分"的关系

农村集体经济组织实行的是家庭承包经营为基础、统分结合的双层经营体制。"统分结合"意味着集体经济组织层面的"统"与集体经济组织成员层面的"分"以及将两者有机结合的重大功能。妥善处理好"统"与

---

① CXP,20210530,访谈X村村干部。
② HLM,20210530,访谈J村村民。

"分"的关系对乡村振兴至关重要。20世纪50年代，农村实施以"一大二公"为主要特征的人民公社，"统"的色彩过浓，虽然农村集体经济有了一定发展，但是水平很低，生产率低下，农民干与不干一个样，干多干少一个样，农民缺乏劳动积极性。20世纪80年代，农村实施家庭联产承包责任制改革，农民的生产积极性被高度调动起来，农村生产力得到了解放，解决了亿万农民的温饱问题，但是，村集体经济被瓦解了，农村社区公共事业的运转缺乏经济保障。党的十八大以来，党和国家高度重视发展新型农村集体经济。当前，新型农村集体经济组织只是在组织架构、集体资产管理发挥"统"的作用，在其他方面的"统"还需要加强。一是统筹村里的自然资源资产、经营性资产与非经营性资产。土地、林地、山地、湖泊等资源虽然被农户承包了，但是存在抛荒严重、经营不善等现象。村集体与农户协商，收回各类资产，统一经营。二是对集体资产统一监管，防止集体资产流失。在上级相关部门的指导下，制定好集体资产管理办法，成立监管机构，规范集体资产使用流程以及收益分配机制。三是对集体经济成员提供生产生活服务。协助农户从事农业生产，提供产前、中、后各项生产性服务，通过集体资产的保值增值，为村民提供各样公共服务，提升村民的幸福感、获得感。

二 精准选好领头雁

领头雁就是农村基层党组织的带头人，如上文所述，凡是村财实力雄厚的村庄，都有一个好的党委或党支部书记。关于如何培育领头雁的问题，我们在阐述农村社区组织资产（以"一肩挑"为例）时，已作详细论述。这里仅就如何壮大村集体经济收入的角度来谈。俗话说，"打铁还需自身硬，无须扬鞭自奋蹄"。要想带动村民走向共同富裕的道路，村书记通常也是发展经济的行家里手。如果村书记自己就是经济落后的代表，就很难服众，在群众中没有威信，也谈不上带领村民干事业了。课题组的调研表明，在那些村集体经济收入丰盈的村庄里，村书记家庭或家族的经济实力通常也比较殷实。因此，一要明确领头雁"好"的标准。除了发展经济有思路，有办法，能致富之外，政治素质、乐于奉献也是非常重要的。"好书记"要会讲政治，与党中央保持高度一致，善于将乡村振兴的国家战略与本村实际相结合，寻求壮大集体经济的新路子。乐于奉献的书记，就不易贪腐，而是将集体经济发展成果与村民共享，致力于让村民生活幸福。二要摸索精准挑选的途径。选好村级领头雁不只是乡镇党委的事，更是县委书记的事。课题组在调研中发现，福建某县各村的领头雁素质都过硬，绝大多数村的集体经济都较好。原因是换届时县委（尤其是县委书记）为选好村级领头雁投入了大量的时间、精力进行摸底、谈话、走访群众，经过反复酝酿，最终才敲定。经过自下而上、自上而下的几个回合，以及党的群众路线、干部选拔机制的综合运用，好的村级领头雁通常会被筛选出来的。

三 壮大社区公财力，促进乡村共同体重建

研究表明，乡村共同体的维续与发展有赖于两个方面：一是以礼物赠送—接收—回馈为基础、以互惠为原则的社会团结①；二是以"社区公财力"为基础，围绕着社区公共物品的供给与管理、社区合作以及社区公共意识培育和公共行为引导为核心的社区互动及其形成的秩序②。随着中国城市化进程的加快，大量农村人口流向城市，农村空心化现象日益严重，传统村落共同体趋向瓦解。要想通过传统的乡村伦理道德来重建乡村共同体是基本不可能的。社区公财力成为乡村共同体重建的重要依托。事实上，社区公财力的壮大过程与农村社区金融资产的建设与累积过程是同步的。因为，从规模上讲，做大社区公财力的蛋糕就是扩大社区金融资产的规模；从结构上讲，促进社区公财力的可持续发展就是优化社区金融资产的结构，促进社区金融资产的保值增值。社区公财力变强了，村集体才能为村民提供各种公共物品或社区福利，村民对村庄才有归属感，才可能融入乡村共同体，将自己当成乡村振兴的主人，为乡村振兴贡献自己的力量。

四 积极探索新型农村集体经济

要想壮大社区公财力（村财），就需要积极探索新型农村集体经济或通过农村集体产权制度改革来实现。各地区探索了发展村集体企业、股份经济

---

① 〔法〕马塞尔·莫斯：《礼物——古式社会中交换的形式与理由》，汲喆译，商务印书馆2016年版，第128页。
② 吕方、苏海、梅琳：《找回村落共同体：集体经济与乡村治理——来自豫鲁两省的经验观察》，《河南社会科学》2019年第6期；李文钢、马良灿：《新型农村集体经济复兴与乡土社会重建——学术回应与研究反思》，《社会学评论》2020年第6期。

合作社、经济联合社、农民专业合作社、土地三权分置等方法。不管采用哪种措施，都不可忽视村民的主体性。壮大村财每个环节（包括规划、建设过程、管理等），都要积极吸引村民参与。村民参与到村财的建设与管理过程中，自身的金融知识、技能才能获得提升，村民互动、干群联系也才能得到增强。村财壮大后，村庄就可通过公共物品（特别是涉及儿童文化、教育方面的公共物品或服务）供给，吸引外出村民返乡。留在乡村生产生活的人越来越多了，乡村共同体才可能得以重建，乡村振兴也才可能实现。

五 处理好农村集体经济组织与村民自治组织的关系

积极发展农村集体经济组织是壮大村财的有效途径，也是提升乡村治理水平的重要举措。这里就涉及如何处理好农村集体经济组织与村民自治组织的关系。由于全国各地农村集体经济发展水平不同、乡村社会文化条件也不同，两者的关系很难有一个统一的模式。东部地区的农村集体经济比较发达、村财实力雄厚，村民很关心村财的建设与管理，并且外出村民不多，有些村民想担任村干部，有些村民想参与集体经济组织的工作。因此，东部地区采用集体经济组织与村民自治组织的分离管理办法（政经分离）较妥当，但是，在中西部地区的一些乡村，集体经济薄弱，外出村民比例高，要找合适的村民担任村干部都是一件难事。在中西部的这种乡村，采用集体经济组织与村民自治组织同构（政经合一）的策略是比较妥当的。四川省彭州等地的实践表明，"政经合一"的运行模式是比较有成效的，它不仅重构了以集体经济为纽带的农村社区利益共同体、组织共同体和生活共同体，还弥补了农村治理过程中人才流失严重、农民组织化程度低下所带来的基层组织动员能力不足等问题，一定程度上使得农村治理更加有效[1]。

本章小结

在谢若登的资产社会政策理论中，资产主要指个体或家庭的金融资

---

[1] 衡霞：《组织同构与治理嵌入：农村集体经济何以促进乡村治理高效能——以四川省彭州市13镇街为例》，《社会科学研究》2021年第2期。

产，即金融储蓄、投资。本章的资产概念基本沿袭谢若登的资产内涵，不同之处在于分析单位，本章侧重分析农村社区的金融资产（村集体经济收入或村财）。这点也是本章的主要学术贡献，即拓展了"资产—福利"的理论应用范围。本章的主要目标就是，运用资产社会政策理论，将乡村振兴视为一种大福利，揭示农村社区金融资产对乡村振兴的福利效应及其生产机制。

首先，本章梳理了农村社区金融资产与乡村振兴关系的相关理论解释。学术界主要存在内生发展理论、农民组织化理论、组织同构理论、马克思主义经济学经典理论、斯科特现代农业发展理论，既有的学术产出为本章的写作提供了思路与启迪，指出了发展农村集体经济或壮大集体经济收入的主体、组织、方法等要素，但是也存在一些解释局限。

其次，本章界定了农村社区金融资产的概念，归纳农村社区金融资产建设的类型与福利效应。调研表明，主要类型包括入股分红、抱团发展、盘活既有的资源与资产、产业带动。农村社区金融资产建设具有积极的福利效应。一是经济福利，可为村民发放货币福利，提升村民的物质生活水平。二是政治福利，可促进治理有效。包括增进村民公共参与、干群信任、提升社区凝聚力。三是生态福利，可为村庄生态宜居提供经济来源。四是文化福利，可为农村精神文明建设提供物质基础。

再次，指出农村社区金融资产实践运行中存在的难题。一是村财乡管与村民自治的矛盾。比如，村财乡管背离了村民自治的本质、村财乡管不利于村民法治意识的培育、村财乡管缺乏法律依据、村财乡管会降低村干部提供农村公共物品的意愿等。二是农村村集体负债却出现了不同程度的反弹，示范村比普通村的负债要高。三是农村社区金融资产建设内卷化，即农村社区金融资产的账面规模增长了，农村集体经济却缺乏内生机制。其本质是村集体经济收入增加源于系统外部投入的增加，而不是效益的提升。四是租赁型集体经济的"社会性"缺失，集体经济收入的使用变成少数人说了算。

复次，本章阐述了农村社区金融资产建设福利效应的形成因素。一是基层党建能力，凡是农村社区金融资产建设成绩显著，能够积极推进乡村振兴的村庄，都有一个坚强的农村基层党组织。二是村庄是否有未来取向。村干部、村民要有长远目光，而不是竭泽而渔，才能真正建设好金融资产。三是政策压力的影响。适当的政策压力有利于基层政府和村集体实现壮大村财的目标。四是金融资产建设中村庄主体性的体现程度。只有村干部、村民参与到金融资产建设中，他们才能从中获取知识与能力，人力资本、社会资本才能获得提升，而这些资本是促进治理有效的关键。

最后，本章提出建设金融资产、助推乡村振兴的对策建议。针对上述的难题与形成因素，本章认为要建设金融资产，需要注重处理好五个问题。一是处理好"统"与"分"的关系。不能走极端，统得过多，农民没有积极性，分得太厉害，村集体经济壮大不起来。二是精准选好领头雁。三是加强农村社区金融资产的建设与管理，壮大社区公财力，促进乡村共同体重建。四是积极探索新型农村集体经济。五是处理好农村集体经济组织与村民自治组织的关系。

第六章　农村社区自然资源资产建设（上）

——基于集体经营建设用地入市的案例分析

自然资源资产兼具自然资源的天然属性和政府资产的公共属性，包括山水林田湖、土地、矿产等。按《中华人民共和国宪法》规定，"城市的土地属于国家所有。农村和城市郊区的土地，除由法律规定属于国家所有的以外，属于集体所有；宅基地和自留地、自留山，也属于集体所有"。本文主要研究村集体所有的自然资源资产。本章将以集体经营建设用地入市[①]为例，阐述乡村振兴战略下自然资产的建设过程。本章要回答如下问题：集体经营建设用地入市在推动乡村振兴中有哪些福利效应？福利生产的主体是什么，过程怎样，是如何实现的？为什么能够实现？

第一节　福利社会学视角下的集体经营建设用地入市

农村集体经营性建设用地是农村集体土地的重要类型，指兴办乡村（镇）企业等具有生产经营性质的农村建设用地，不包括农民宅基地和农

[①] 自然资源部部长陆昊在 2018 年 12 月 23 日表示，截至目前，33 个试点县（市、区）集体经营性建设用地已入市地块 1 万余宗，面积 9 万余亩，总价款约 257 亿元，收取调节金 28.6 亿元，办理集体经营性建设用地抵押贷款 228 宗、38.6 亿元。《集体经营性建设用地入市，农村"土改"真正破题》，2019 年 1 月 17 日，https://baijiahao.baidu.com/s?id=1622010278807297341&wfr=spider&for=pc，最后访问日期：2020 年 12 月 1 日。

村公共设施用地[①]。自然资源部统计数据显示，全国集体建设用地大约16.5万平方千米，占建设用地总面积的72%，其中集体经营性建设用地占13.3%左右，主要分布在东部沿海、城市周边、乡镇中区位较好的地段。自2005年国家层面推动集体经营性建设用地入市试点以来，按照"同权同价、流转顺畅、收益共享"的目标，让农民长期享有土地增值收益，增加了农民的财产性收入[②]。比如，截至2017年9月，全国已有577宗集体经营性建设用地入市，总面积1.03万亩，总价款约83亿元，如浙江德清县完成入市交易136宗，农民和农民集体获得收益1.55亿元，惠及农民9.1万余人[③]。

学术界对农村集体经营性建设用地的研究日益增多。经济学主要探讨农村集体经营建设用地入市中的定价、增值、交易主体的行为问题[④]；法学主要研究农村集体经营建设用地入市中，哪些地可以入市，交易双方的权利、义务，土地增值分配的法律规范问题[⑤]；公共管理学关心农村集体经营建设用地入市的地方政府行为、政策工具[⑥]；社会学侧重关注农村集体经营建设用地的产权规则确立与治理问题[⑦]。从可查的文献看，我们发现，很少有学者将学术目光聚焦在福利社会学角度，将农村集体经营建设用地视为农民福利供给的渠道。因此，现有成果也就很难揭示农村集体经营建设用地与乡村振兴背后关于农民福利生产的主体、内容、途径、效果等问题。

通过梳理现有文献，我们从福利社会学角度看，农村集体经营建设用

[①] 伍振军、林倩茹：《农村集体经营性建设用地的政策演进与学术论争》，《改革》2014年第2期。

[②] 《2020年农村集体产权制度改革三大重点》，2020年12月7日，腾讯新闻，https://new.qq.com/omn/20201217/20201217A079MR00.html，最后访问日期：2020年12月23日。

[③] 《宅基地改革：打开乡村振兴新空间！支撑数十万亿乡村市场！》，2019年6月19日，搜狐新闻，http://www.sohu.com/a/321719384_99941220，最后访问日期：2020年12月23日。

[④] 刘晓萍：《农村集体经营性建设用地入市制度研究》，《宏观经济研究》2020年第10期；喻瑶、余海、徐振雄：《农村集体经营性建设用地入市价格影响因素研究——基于湖南省浏阳市数据的分析》，《价格理论与实践》2019年第11期。

[⑤] 马帅帅：《农村集体经营性建设用地入市的法律问题探析》，《上海房地》2019年第12期。

[⑥] 董潘、雷童：《集体经营性建设用地入市的政策变迁考察与分析——动力机制视角下倡导联盟框架的应用》，《农村经济》2021年第8期。

[⑦] 姚之浩、朱介鸣、田莉：《产权规则建构：一个珠三角集体建设用地再开发的产权分析框架》，《城市发展研究》2020年第1期。

地入市与农村（民）福利的关系，存在如下值得深入研究而又悬而未决的问题。

能否增加农村（民）福利？一种观点认为，集体经营建设用地入市可以盘活农村土地资源、优化土地资源配置，推进乡村城市化、工业化，提升村集体经济收入和农户收益[1]。另一种观点认为，集体经营建设用地入市的收益非常有限，因为社会认可度很有限，可入市的土地数量也不多，还会造成有限的利益增量被少数食利阶层俘获[2]。

第一，农村集体经营建设用地入市该由谁来主导，政府、市场还是村集体？一种观点认为，农村集体经营建设用地入市就应充分发挥市场在资源配置中的决定作用，不要让政府主导。多年以来的高房价就是由土地财政引起的，土地财政其实就是政府主导土地资源分配的动力。只有发挥市场这只"无形之手"的作用，农民才能真正获利[3]。另一种观点认为，农村集体经营建设用地入市应由政府主导，否则会处于隐性流转的无序状态[4]。因为，农村集体经营建设用地入市涉及城乡发展规划、用地规划、风险防控、收益分配等问题，这些都需要政府介入。还有一种观点认为，应由村集体和村民来决定是否入市、怎么入市、怎么分配收益[5]。只有这样，才能真正发挥村民、村集体在村集体经营建设用地入市中的主体作用。

第二，如何入市？一是入市的土地范围。关于哪些土地可以入市，虽然中央有指导性意见，规定农村集体经营性建设用地入市的范围是："存

---

[1] 周其仁：《打通城乡合法土地交易之势不可阻挡》，《中国西部》2014年第7期；马翠萍：《集体经营性建设用地制度探索与效果评价——以全国首批农村集体经营性建设用地入市试点为例》，《中国农村经济》2021年第1期。

[2] 陈锡文：《农村集体经营性建设用地入市正依法试点》，2019年3月9日，新华网，http://www.xinhuanet.com/politics/2019lh/2019-03/09/c_1124213758.html，最后访问日期：2020年11月12日。

[3] 魏来、黄祥祥：《集体经营性建设用地入市改革的实践进程与前景展望——以土地发展权为肯綮》，《华中师范大学学报（人文社会科学版）》2020年第4期；胡秀荣：《关于土地制度改革的争论》，《中国党政干部论坛》2013年第8期。

[4] 潘文雯、刘振宇：《论集体经营性建设用地入市过程中的国家管制》，《长治学院学报》2021年第4期。

[5] 胡如梅、谭荣：《集体经营性建设用地统筹入市的模式选择》，《中国土地科学》2021年第4期。

量农村建设用地中，土地利用总体规划和城乡规划确定为工矿仓储、商服等经营性用途的土地"①，但是对这个规定存在两种理解。静态论认为，只有在现有的村集体建设用地中符合"两规"的经营性用地才可入市。持这种观点的学者认为，入市范围限定在存量用地。现在是公共设施用地、宅基地以及新增村镇企业用地都不能入市，列入城市规划范围内并拟用于非公共利益的农地也不能入市②。动态论认为，在存量集体经营性建设用地总规模控制下，符合"两规"的集体经营性建设用地，包括可直接就地入市的用地和可调整入市的用地都可入市。持这种观点的学者认为，通过土地整治，宅基地也可以变为集体经营建设用地，实现入市，从而给农民更多的土地发展权③。根据这两种不同观点，可入市的农村集体经营性建设用地规模差距很大。这也给地方政府较大的自由裁量权，权力越大，风险也就越高。二是入市的方式。主要有两种方式：公开"招拍挂"（"招标、拍卖、挂牌"）和协议出让。学界认为，这两种方式各有利弊，采用哪种方式要因地制宜。公开"招拍挂"可保证入市公开、公正、透明，有助于促进集体建设用地与国有建设用地同权同价，但是程序比较复杂。协议出让简便易行，可减少交易成本，却容易存在暗箱操作。因此，公开"招拍挂"比较适用于大城市的城乡接合部，这些地方用地量大、需求旺盛、市场活跃；协议出让比较适用于城镇化水平较低的欠发达地区，这些地方用地需求不足、存量不大，如果机械套用公开"招拍挂"，很难找到竞买主体。

第三，福利如何分配？这个问题的焦点之一是政府能否参与农村集体经营建设用地入市的收益分配④。土地绝对所有权理论认为，农村土地所有权属于村集体，这意味着农村集体经营建设用地入市的收益应当归村集体所有，地方政府无权从中获利。比如，广东佛山南海、河北省都是这样

---

① 《国务院关于农村土地征收、集体经营性建设用地入市、宅基地制度改革试点情况的总结报告》，2018 年 12 月 23 日，中国人大网，http://www.npc.gov.cn/npc/c12491/201812/3821c5a89c4a4a9d8cd10e8e2653bdde.shtml，最后访问日期：2019 年 3 月 9 日。

② 于建嵘：《集体经营性建设用地入市的思考》，《探索与争鸣》2015 年第 4 期。

③ 刘俊杰：《农村集体经营性建设用地入市改革需解决好四大问题》，《农村工作通讯》2019 年第 2 期。

④ 盖凯程、于平：《农地非农化制度的变迁逻辑：从征地到集体经营性建设用地入市》，《农业经济问题》2017 年第 3 期。

规定的。土地相对所有权理论认为，土地收益分配受到其所在区域规划的影响，换言之，如果没有政府的合理规划，被规划地块也不一定能增值，因此，政府参与村集体经营建设用地收益分配是有道理的。比如，浙江德清县就规定，根据土地用途和区域位置，确定政府、集体与个人的收益分配比例。工业用地三者的收益分配比例为16%、20%和24%；商服用地按32%、40%和48%分配[1]。有学者认为，土地所有权理论难以解释政府在集体经营建设用地中的收益分配问题，应从地租理论进行阐释[2]。一方面，农村土地属于村集体，任何人使用村集体的土地都必须付地租（绝对地租），因此村集体获利是正当的。另一方面，农村土地的增值很大程度上受政府的规划和公共基础设施建设的影响，这属于级差地租，因此，参与土地规划的政府及相关人员（如农民参与基础设施建设）也有权参与收益分配。

焦点之二是，村民的福利分配怎么兼顾公平与效率？这涉及村集体土地产权的身份之争。一是"集体"概念如何界定。《中华人民共和国物权法》规定，集体土地所有权有三类主体，即村内农民集体、村际农民集体、乡（镇）农民集体，但是，根据2015年中央全面深化改革领导小组第七次会议审议的《关于农村土地征收、集体经营性建设用地入市、宅基地制度改革试点工作的意见》规定，按照集体土地所有权的主体类型，又将集体土地所有权主体明确归属为乡、村、小组三类集体产权主体[3]。因此，在实践中，要识别产权主体是很难的。涉及利益时，大家都争着分，碰到责任承担时，又纷纷逃避。二是村民与村集体、村民之间福利分配的比例怎么制定。相关讨论可归纳为涨价归公论、涨价归私论和公私兼顾论[4]。涨价归公论认为，土地增值是社会发展的结果，与私人关系不大，

---

[1] 《完善农村集体经营性建设用地入市流转收益分配机制》，2018年8月8日，搜狐新闻，http://www.sohu.com/a/245861185_100199716，最后访问日期：2020年11月8日。

[2] 张延龙：《完善农村集体经营性建设用地入市流转收益分配机制》，《中国社会科学报》2018年7月18日第4版。

[3] 肖顺武：《从管制到规制：集体经营性建设用地入市的理念转变与制度构造》，《现代法学》2018年第3期。

[4] 郑妮：《〈民法典〉实施视角下集体经营性建设用地入市疑难问题及对农民权益保障的影响》，《农村经济》2021年第8期；陈红霞：《集体经营性建设用地收益分配：争论、实践与突破》，《学习与探索》2017年第2期。

政府、村集体应该在土地增值分配中占大头。涨价归私论认为，土地增值应归属土地原来的所有者。公私兼顾论认为，土地增值先补偿给村集体、村民后，剩余部分可由政府支配。事实上，这三种理论争议的核心问题还是政府在集体经营性建设用地入市中的收益分配问题，没有解决村庄内部的收益分配问题。有些学者认为内部分配要遵循几个原则：一是村民参与分配决策，用地入市方案须经过成员大会或三分之二成员通过才具合法性；二是禁止将土地增值全部分给村民个人，因为必须保证村集体有部分资金发展村庄公共事业和为弱势群体提供生存保障，因此村集体从建设用地增值收益中的提成不低于50%[1]。此外，由于集体经营性建设用地入市可能会导致一部分集体成员丧失承包经营权或宅基地使用权，因此还应对这部分村民进行补偿。

综上，本章将从集体经营性建设用地入市对乡村振兴的福利效应、福利生产主体、福利生产方式、福利分配方式以及福利形成机理方面进行分析。

本章案例主要来自福建晋江、浙江德清、江苏常州武进、广东南海、辽宁海城、成都郫都区以及北京大兴。选取这些地区的实践作为案例的理由主要有三个。其一，这些地区的集体经营建设用地改革处于全国的领跑地位，积累了一些经验，可供全国各地参考。比如，江苏常州武进区是"苏南模式"的起源地之一，农村集体建设用地存量11万亩。该地区探索建立了"同权同价、流转顺畅、收益共享"的农村集体经营性建设用地入市制度，让群众有了更多获得感。改革惠及67.5万人，促进农民和集体增收33.19亿元。据自然资源部统计，截至2018年，全国农村集体经营性建设用地完成入市11180宗。其中，武进完成9831宗，占全国交易总量88%。其二，基本覆盖代表了全国主要区域集体经营建设用地入市的典型做法。其三，考虑资料的可获得性，采用一手调查与二手数据相结合的方法。

---

[1] 肖新喜：《集体经营性建设用地增值收益分配的制度革新》，《学习与实践》2019年第9期。

第二节　集体经营建设用地入市的福利效应与运行过程

一　集体经营建设用地入市对乡村振兴的福利功能分析

第一，促进乡村产业兴旺。乡村产业兴旺的要素之一是资金。集体经营建设用地入市政策为那些获得土地经营权的企业提供了筹资渠道。例如，江苏常州武进区礼嘉镇蒲岸村双盛公司董事长何先生以30万元/亩价格拍得了集体经营建设用地50年使用权，再用集体经营性建设用地使用权证、土地承包经营权证和农房（宅基地）不动产权证一并抵押，获批了全国第一笔农村"三权"抵押贷款250万元。何先生就利用新获得的土地，扩大厂房，投了近5000万元，用于新能源汽车配件生产，投产后公司年产值将新增1亿多元。此外，武进区遥观镇集体经营性建设用地还让雷利公司酝酿了7年的入市终成现实。因为，要入市必须获得不动产权证或签订国有土地出让协议。据雷利公司负责人介绍，当时如果没拿到不动产权证，他们公司就不能入市，将损失3.8亿的投资款。原来，公司用的土地只是向村里租的，没有处置权，不能抵押、转让等。集体经营性建设用地入市政策出台后，公司通过竞拍获得了土地，等于有了一个资产，就可用这块土地进行募投，次月公司就在深交所上市了。这种贷款方式替换传统的担保贷款，不仅有效化解了民营企业的融资难题，也增加了乡村产业振兴的资金流。据悉，雷利公司年产值达到16亿元，利税达到1.5亿元，能为当地提供4000多个就业岗位[①]。

第二，推动资产权利的城乡一体化，为村民生活富裕提供保障。长期以来，城乡居民的资产权利存在严重的"二元结构"。城市居民通过购房置业，拥有商品房、店面等资产。在很长一段时间里，城市房价不断攀升，城市居民的资产性收入获得了很大提升，但是，农村土地、林地等自然资源资产无法入市交易，无法给农民带来资产性收入。这实际上是一种

---

① 尹晓宇：《常州武进试点集体经营性建设用地入市改革》，2019年4月12日，https://cz.focus.cn/zixun/adca3966d758a88a.html，最后访问日期：2020年11月11日。

城乡居民资产权利的不平等。广大农民只能将钱存银行，随着通货膨胀、物价上涨、货币贬值，相比城市居民，农民的财富实际是缩水。这又进一步拉大城乡居民收入差距。通过集体经营建设用地入市，建立城乡统一的建设用地市场，这将有利于破除资产权利的城乡二元结构，缩小城乡居民收入差距，提升农民的生活水平。比如，江苏常州武进区对集体经营建设用地建立"六统一"的城乡建设用地市场体系①。即统一平台，将集体经营建设用地与城市土地放于同一个交易平台；统一规则，集体经营建设用地的交易规则与城市土地一致；统一管理，将集体经营建设用地与城市用地统一纳入当地政府年度供地计划；统一登记，与城市用地一样，集体经营建设用地也由不动产登记中心统一登记发证；统一权能，与城市用地一样，集体经营建设用地也可以出租、转让、抵押；统一监管，集体经营建设用地与城市用地适用同一个监管平台。这种做法，事实上从制度层面保障了农民、村集体的资产权利。因为村集体土地不再是一块"死地"，而是成为农民财产性收入的重要来源。江苏常州武进区礼嘉镇蒲岸村一块7200.3 平方米的集体经营性建设用地入市，算上本金以及每年增值，村民每亩地收益比入市前多2000 元②。

第三，为村民提供就业机会，也推动了一二三产业融合。晋江市围头村集体经营建设用地入市后，土地竞拍获得者进行酒店经营，助力围头发展乡村旅游。酒店在招聘员工时，围头村或附近村落的村民具有"近水楼台"的优势。酒店需要一定数量的保安、卫生保洁员、餐厅服务员，围头村"4050"的中年人往往是这些岗位的热门人选。因为，他们能做到"工作—家庭"平衡，又能为酒店减少成本。酒店给他们的工资可以高一点，但不用负责食宿、交通补贴等。而村民在家门口就业，能够照顾到家里的小孩、老人，还能增加收入，改善生活。同时，由于有星级酒店的配套，来围头村旅游的游客也更多了。村民就将当地的农产品、海产品通过加工，制作成伴手礼。很多游客回去前，会购买伴手礼，再通过物流寄回家。这样，也就促进了当地农业、工业、服务业的融合发展。

---

① 何虹、叶琳：《集体经营性建设用地入市改革的实践与思考——以江苏省常州市武进区的实践探索为例》，《中国土地》2018 年第 1 期。

② 尹晓宇：《常州武进试点集体经营性建设用地入市改革》，2019 年 4 月 12 日，https://cz.focus.cn/zixun/adca3966d758a88a.html，最后访问日期：2020 年 11 月 11 日。

二 福利生产视角下集体经营建设用地入市的运行过程及其问题

（一）福利生产的主体及其问题

1. 福利生产的主体

（1）政府主导。地方政府在集体经营建设用地入市中扮演掌舵者的角色。一方面，在国家政策法规框架下，结合当地实际，制定集体经营建设用地入市的各种实施细则。譬如，作为集体经营建设用地入市的开拓者，江苏省常州市武进区政府，制定了五个文件：《关于印发〈常州市武进区农村集体经营性建设用地入市管理办法（试行）〉的通知》（武土改〔2017〕1号）、《关于印发〈常州市武进区农村集体经营性建设用地入市收益调节金征收和使用管理暂行办法〉的通知》（武土改〔2017〕2号）、《关于印发〈常州市武进区农村集体经营性建设用地入市净收益管理办法（试行）〉的通知》（武土改〔2017〕3号）、《关于全面深化农村集体经营性建设用地入市改革的实施意见》（武土改〔2017〕9号）和《常州市武进区关于深化统筹农村土地制度改革三项试点工作的意见》（武土改〔2017〕11号）。这些文件既明确规定了集体经营建设用地入市的主体、范围、途径，也对土地收益调节金的征收、使用以及增值收益分配与管理，作出了详细规定。另一方面，在具体工作推进中发挥主导作用。以江苏省常州市武进区洛阳镇为例，该镇采用上下联动、分工协作和各方参与相结合的方式，从四个阶段实施集体经营性建设用地入市制度。一是调查摸底。对各行政村符合入市要求的土地进行清查造册。二是宣传发动。召开全镇动员会，明确工作目标，分解工作任务，全面发动各村参与。三是全面实施。制定工作方案，以"应入市、尽入市"的原则，将全镇所有符合入市要求的土地进行分类，全面办理入市手续，并对有偿合同签订率、不动产权办理率设定目标。四是总结提升。镇政府对各行政村集体经营性建设用地入市业绩进行考核，表彰先进，总结经验，优化集体经营性建设用地入市政策。

（2）村集体参与。村集体在集体经营性建设用地入市中发挥宣传动员、组织村民、集体决策的作用。一是通过口头宣讲、印发传单、开座谈会等方式，向村民讲解集体经营性建设用地入市的政策、好处，引导村民了解、接受。二是组织村民讨论、决策。各地都规定,"土地属于村集体的,入市须经村民会议三分之二以上成员或者三分之二以上村民代表的同意方有效"。"土地属村集体经济组织或者村内各集体经济组织所有的,入市事项须由该集体经济组织召开成员大会或成员代表会议按一事一议的要求形成决议。成员大会应当有本组织具有选举权的成员的半数以上参加,或者本组织 2/3 以上的户的代表参加,入市决议应当经到会人员的半数以上通过方有效;成员代表会议应当有本组织 2/3 以上的成员代表参加,入市决议应当经到会代表 2/3 以上通过方有效。"①

(3) 企业接手。企业作为土地需求者,要有动力承接土地,农村集体经营性建设用地入市政策才可能顺利推行。反之,如果没有企业接手,农村集体经营性建设用地入市也就没有太大意义。因此,找到合适的企业至关重要。以晋江市围头村为例,该村有块荒废多年的土地,约 3000 平方米。在农村集体经营性建设用地入市政策推出前,这块地长期荒废,实在可惜。自 2016 年政府推行农村集体经营性建设用地入市后,有些商业敏锐性强的企业就积极来找村集体洽谈。村集体土地出让并不像国有土地出让,为什么还会吸引投资者?调研表明,企业主要看重土地出让手续简便、价格便宜、盈利空间较大等优点。承接围头村荒地的企业负责人说:"我们不是来炒地皮的,而是想通过投资实体经济发展,我们看中这个村的旅游前景,但这个村距离中心市区较远,还没有一家像样的酒店。因此,我们拿下这块地,想盖一家酒楼。这种地的基准地价是按国有建设用地基准的 90% 来确定的,很实惠。而且不用像以前那样由国土中心收储、审批、报备,整个过程要 1—2 年。现在手续简单、时间快"。②

2. 问题反思

罗尔斯的公平正义论认为,个人所选择出来的原则之所以为正义的,是因为它们被选择出来的那个程序是公平的。集体经营建设用地入市的程序设计表面是公平的,比如,是否入市、怎么入市、集体与村民的利益分配都是由村集体、村民代表集体研究决定的,但是,这些问题主要是内部

---

① 《晋江市人民政府关于印发晋江市农村集体经营性建设用地入市管理暂行规定的通知》,2017 年 3 月 19 日,泉州市人民政府,http://www.quanzhou.gov.cn/zfb/xxgk/zfxxgkzl/zxwj/xsqwj/201705/t20170531_445995.htm,最后访问日期:2020 年 11 月 14 日。

② HSP,20191225,访谈 W 村某企业负责人。

（分配）问题。在与政府、土地承让方（企业）的外部关系上，村集体、村民是被支配的。比如，地方政府收取的土地增值收益调节金，包含哪些类型的费、税，比例多少，这些都是由政府说了算。村民对这些专业知识也不甚清楚，即使他们想与政府沟通，也不知道怎么表达意见，只能陷入"被动接受"的境地。我们把这个问题称为村民的"知识殖民化"。这个提法是借鉴哈贝马斯"生活世界殖民化"理论。按哈贝马斯的观点，殖民化问题，就得通过理性沟通、形成共识来解决，才能减少冲突、达到社会整合的目标[1]。从这个意义上讲，村集体、村民在土地入市过程中，要能与政府、承让方进行有效的理性沟通，才能兼顾土地入市的公平正义。因此，应引入第三方机构对村民普及入市的法律、金融知识，让他们有能力对土地入市进行协商谈判和监督。

谢若登资产建设理论中关于资产的福利效应是促进人的全面发展，而不只是货币。其中非常重要的是，资产建设要能提升政策对象的人力资本、社会资本，但是，如上所述，在土地入市过程中，很多问题表面上由村集体、村民研究决定，但他们对入市涉及的知识不了解，所谓的"研究决定"不是理性沟通，是一种"专业垄断"。至于入市后土地的运行、利益分配、税费收取等问题，村民就没有参与了。从福利哲学角度看，这是国家对个人自由的干预，国家通过政治系统（政策法规）、经济系统（货币）干预村民的生活世界，每个村民物质上虽然获得一定增长，但政治权利、社会权利（人力资本、社会资本）并没有真正提升，每一个人未能获得充分、自由、全面的发展。

村民参与停留于象征性参与。个中的影响因素包括以下几点。一是不同地区村民的地权意识差距较大。广东南海村民的地权意识比较强烈，土地敏感性强，持续关注集体经营建设用地入市的全过程。有关注就会有监督，地方政府在土地增值收益分配中就不敢收取过高的税费，因此，"土地增值收益金比例远低于其他试点区域，为了规避政府可能征收其他税费，常用土地流转方式代替土地入市"[2]。二是村干部、村民关于集体经营

---

[1] 杨礼银：《哈贝马斯社会整合理论中共同体的三个基本层面》，《哲学研究》2019年第10期。

[2] 曲卫东、闫珍：《集体经营性建设用地入市税费征收现状及体系建设研究》，《公共管理与政策评论》2020年第1期。

建设用地入市知识的了解程度。对农民来说，农村土地入市是新鲜事物，甚至有些村民根本都不懂何为入市，更不懂入市前、中、后的税费知识。因此，让村民参与讨论决定是否入市、怎么入市等问题，他们的决定是"知识被殖民化"的决策。现有的研究停留于入市的税费设计、政策法规等技术层面的问题，至于人的因素方面的研究甚少。

（二）福利生产的方式及其问题

1. 福利生产的方式

从福利社会学角度来看集体经营用地入市，福利生产方式主要涉及哪些土地可以入市、怎么入市的问题。对于第一个问题，国家政策虽有规定是符合"两规"的工矿仓储、商服、旅游等用途的农村集体经营性建设用地，但是这种规定仍不够明确，如上所述，存在静态论、动态论两种理解，地方政府有自由裁量权。我们的调研发现，多数地区采用动态论的观点。比如，江苏常州市武进区和福建省晋江市是这样规定的："集体经营性建设用地是指依法取得并在土地利用总体规划、城乡建设规划中确定为工矿仓储、商服、旅游等用途的存量农村集体建设用地。"① 这个规定其实是重复国家的文件，但它还有补充。"依法取得、符合规划的工矿仓储、商服、旅游等用途的农村集体经营性建设用地，具备开发建设等基本条件可开发利用的，可直接入市。符合土地利用总体规划、城乡建设规划，经审批部分批准，可按计划在全区范围内调整后入市。"② "根据土地利用总体规划和土地整治规划，在确保建设用地不增加、耕地数量不减少、质量有提高的前提下，对村庄内零星、分散的集体经营性建设用地先行复垦后，可以按计划调整到本市域范围内的产业集中区入市。"③ 意即，通过土

---

① 《关于印发〈常州市武进区农村集体经营性建设用地入市管理办法（试行）〉的通知》，2017年2月21日，http://law168.com.cn/doc/view?id=175096，最后访问日期：2020年11月14日；《晋江市人民政府关于印发晋江市农村集体经营性建设用地入市管理暂行规定的通知》，2017年3月19日，泉州市人民政府，http://www.quanzhou.gov.cn/zfb/xxgk/zfxxgkzl/zxwj/xsqwj/201705/t20170531_445995.htm，最后访问日期：2020年11月14日。

② 《关于印发〈常州市武进区农村集体经营性建设用地入市管理办法（试行）〉的通知》，2017年2月21日，http://law168.com.cn/doc/view?id=175096，最后访问日期：2020年11月14日。

③ 《晋江市人民政府关于印发晋江市农村集体经营性建设用地入市管理暂行规定的通知》，2017年3月19日，泉州市人民政府，http://www.quanzhou.gov.cn/zfb/xxgk/zfxxgkzl/zxwj/xsqwj/201705/t20170531_445995.htm，最后访问日期：2020年11月14日。

地调整，只要符合"两规"的土地（含宅基地）也可入市。

对于第二个问题，多数地方采用"招拍投"的市场运营方式。这种方式又包含三种策略：集体经营性建设用地的使用权是出让、租赁还是作价出资（入股）。例如，江苏常州市武进区主要采用出让、租赁两种方式入市，企业自主选择入市方式，鼓励采用出让入市。为便于操作，将集体经营性建设用地分为5种类型[①]。有合法权属且符合城乡规划和土地利用规划（以下简称两规）的存量集体建设用地，可自主选择出让或以租赁方式入市。有合法权属但不符合两规的存量集体建设用地，以租赁方式入市。无合法权属但符合两规的存量集体建设用地，可自主选择出让或租赁方式入市。符合两规的调整使用（含新征）用地，原则上以出让方式入市，如确有特殊情况需租赁的，递交入市工作办公室研究决定。无合法权属又不符合两规的存量集体建设用地，暂不办理入市手续，由集体经济组织与相关单位签订合同期最高不超过5年的有偿使用协议。涉及新征用地的在相关费用收取的基础上，需按市场价收取相应的土地指标费。集体经营性建设用地使用权以出让方式入市的，最高年限为工矿、仓储用地50年，商服、旅游用地40年。集体经营性建设用地使用权以租赁方式入市的，最低租赁期限不少于5年，最高租赁期限不超过20年。

2. 问题反思

国家关于入市范围的不明晰政策，虽然给各地保留一定的自主性，但也造成地方政府各自为政，导致入市土地类别的多样化、土地收益增值调节金差距过大的问题[②]。第一，关于哪些土地可以入市的类别划定不具可持续性，阻碍了乡村土地制度改革。浙江德清、四川郫都、辽宁海城、广东南海四个试点地区就存在三种划定类别征收土地增值收益调节金：规划区内（外）、基准地价等级、是否为整治项目土地。以是否属于规划区来征收土地增值收益调节金的做法，虽然沿袭了传统的城乡土地分治的做法，却不利于培育统一的城乡土地市场。第二，各地区土地收益增值调节金征收差距过大。按国家规定，土地增值调节金征收比例是土地增值收益

[①] 参见《关于集体经营性建设用地5种类型的划分》，江苏省常州市武进区政府门户网站，http://wj.changzhou.gov.cn/html/czwj/2018/PEHEPNOD_0706/269025.html。

[②] 林超、曲卫东、毛春悦：《集体经营性建设用地增值收益调节金制度探讨——基于征缴视角及4个试点县市的经验分析》，《湖南农业大学学报（社会科学版）》2019年第1期。

的 20%—50%，还需按成交价款的 3%—5% 征收与契税相当的调节金，但是，德清的征收比例最高，其县规划区内商服用地的征收比例高达 48%；其次是郫都试点，在 15%—40%；南海征收比例最低，在 5%—15%[①]。

这两个问题是密切相关的。土地类别决定了土地增值收益调节金的比例。譬如，属于规划区内的土地，往往是当地经济社会发展的重点，地方政府会将许多项目引入。这种土地周边的交通、学校、医院等公共设施比较健全，土地预期收益价值大，土地增值收益调节金的缴纳比例也较高。

土地类别的不明确还有一个隐患。如果入市的土地局限于当前用途的土地，即采用存量思维，集体经营建设用地的入市基本只能在东部沿海地区进行，全国可入市的土地相当有限，也不利于区域协调发展。如果以未来规划用途的土地入市，虽然可增加土地规模，但又与相关规定不一致[②]，因此，可能引发土地征收与入市范围的冲突。

总之，政府征收的比例太高，村集体没有土地入市的积极性，也不能体现相关利益主体的贡献程度；村集体获得的比例太高，可能导致土地盲目入市，市场混乱。

（三）福利分配方式及其问题

1. 福利分配方式

这主要涉及政府、村集体、村民三者的利益协调问题。在政府是否可参与分配的议题上，多数地区的实践支持土地相对所有权理论、地租理论和公私兼顾论，即政府都可从集体经营建设用地中获利，同时兼顾集体与村民的利益。比如，江苏常州市武进区是这样规定的[③]：

> 土地补偿本金管理是在办理集体经营性建设用地入市时，各行政村须与村民小组明确土地补偿本金显化方案，将村民小组的土地补偿本金存入镇资金专户，待办理被征地农民保障时统一使用，结余资金

---

① 曲卫东、闫珍：《集体经营性建设用地入市税费征收现状及体系建设研究》，《公共管理与政策评论》2020 年第 1 期。

② 2016 年 4 月由财政部、国土资源部联合发文《农村集体经营性建设用地土地增值收益调节金征收使用管理暂行办法》规定，土地增值收益调节金征收面向存量用地。

③ 常州市武进区政府门户网站：http://wj.changzhou.gov.cn/html/czwj/2018/PEHEPNOD_0706/269025.html。

按规定使用。存入镇资金专户的土地补偿本金，镇按照镇、村协商的年利率每年支付给所在行政村，由行政村负责对村民小组进行分配。

收益管理是指农村集体经营性建设用地入市的净收益，归入市的镇、行政村集体经济组织所有，按一定比例在镇、行政村集体经济组织内部合理分配。土地所有权为镇集体所有的，其入市收益全归镇集体经济组织。集体经营性建设用地入市净收益，由镇集体经济组织（农经站）统一管理，并设立专有账户实行单独核算，严格纳入农村集体三资平台管理。村级集体经济组织可按规定向镇经管站申请提取使用。

晋江市规定，集体经营性建设用地入市的收益纳入村集体资产管理，分配要进行村务公开，接受审计、政府和公众监督。集体经营性建设用地入市主体要向市政府缴纳土地增值收益调节金，由市财政局和国土资源局（后改为自然资源局）负责征收，财政局设立专门账户管理资金。土地增值收益调节金的缴纳比例如下："工矿仓储用地和其他类型用地按15%比例缴纳，商服用地按30%比例缴纳"[①]。土地增值收益调节金主要用于"城镇和农村基础设施完善、农村环境整治、土地前期开发等支出"。

两个地区对村民如何分配集体经营性建设用地入市的收益，都没有非常明确的规定。

2. 问题反思

分配的公平问题。虽然各地在制定分配方案时，都有考虑政府、集体、村民的利益平衡问题，但是也存在一些需要反思的不公平现象。比如，在征收集体经营性建设用地增值收益调节金时，以成交价代替土地纯收益作为征收基准，典型的案例就是，德清政府收取县城规划区内商服用地入市成交价48%的调节金[②]；晋江市规定，"农村集体经营性建设用地以出让、租赁方式入市的，出让（出租）人应按成交总价款区分不同用途按

[①] 《晋江市人民政府关于印发晋江市农村集体经营性建设用地入市管理暂行规定的通知》，2017年3月19日，泉州市人民政府，http://www.quanzhou.gov.cn/zfb/xxgk/zfxxgkzl/zxwj/xsqwj/201705/t20170531_445995.htm，最后访问日期：2020年11月14日。

[②] 林超、曲卫东、毛春悦：《集体经营性建设用地增值收益调节金制度探讨——基于征缴视角及4个试点县市的经验分析》，《湖南农业大学学报（社会科学版）》2019年第1期。

比例缴纳土地增值收益调节金。工矿仓储用地和其他类型用地按15%比例缴纳，商服用地按30%比例缴纳"①。这种做法事实上保证地方政府"包赚"，模糊了地方政府、村集体在土地入市后增值收益形成的贡献程度。说白了，不管集体经营性建设用地入市后能否增值、增值程度多大，地方政府都能在确保收回成本的基础上，赚取利益。既然是入市，就属于市场投资行为，可能亏损，也可能盈利，作为参与者，政府应该与村集体、村民共同承担风险。

第三节　福利生产视角下集体经营建设用地入市福利效应的形成机理

一　基层政权的福利理念

借鉴张静"基层政权"的概念，我们认为基层政府、村集体的角色扮演类型是影响集体经营建设用地入市福利产出的重要因素。如果基层政权致力于扮演纯粹的公共服务提供者，那么，他们将可能在土地入市过程中，充分发挥政治组织的作用，维护公共资源的社会属性，少从土地入市中获利。相反，他们会努力使土地入市的过程更加透明、公平、正义，使土地入市的利益分配更有利于村民（尤其是弱势群体）。如果基层政权痴心于扮演集体资产经营者的角色，那么他们将像商人一样，体现经济组织的作用，成为公共资源经济属性的牟利者。他们在土地入市的"招拍挂"环节，可能与土地承让方合谋，从中赚取利润；也可能在土地增值分配中获利较多。显然，基层政权若努力扮演好公共服务的提供者，集体经营建设用地入市有利于推动乡村振兴，提升农民福利，反之，若成为精致的利己主义者，扮演经营者角色，集体经营建设用地入市可能造成精英俘获，不利于农民福利的真正增加，将有悖于乡村振兴的目标。

---

① 《晋江市人民政府关于印发晋江市农村集体经营性建设用地入市管理暂行规定的通知》，2017年3月19日，泉州市人民政府，http：//www.quanzhou.gov.cn/zfb/xxgk/zfxxgkzl/zxwj/xsqwj/201705/t20170531_445995.htm，最后访问日期：2020年11月14日。

二 责任政治与地方政府强治理

如上所述，农村集体经营性建设用地入市是国家自上而下推动的、旨在促进城乡用地市场一体化的一项政策工具。它是政府主导的工作，村集体、村民是被动员进来参与这项工作的。也就是说，如果地方政府不主动去执行这项政策，集体经营性建设用地入市很难全面推进，也就不可能推动乡村振兴，不可能给农民带来福利。因此，接下来的问题是，这项政策自2015年以来开始在全国33个县（区）试点，有些地方的政策执行力较强，推进力度比较大、成效比较明显，有些地方的工作基本原地踏步。个中缘由是什么？我们的调研表明，地方政府的强干预是集体经营性建设用地入市全面铺开的重要推手。以江苏常州市武进区为例，截至2019年元旦，该区共完成9831宗土地入市，占全国的88%，全国33个改革试点地区共完成集体经营性建设用地入市11180宗。这是数量方面的成就，在质量方面的成效也是显著的。武进区集体经营性建设用地入市程序、方式、成效得到全国人大的肯定。2019年9月5日，新的《中华人民共和国土地管理法》公布，集体经营性建设用地入市被写入法律。"武进改革"中的入市程序和方式等，被吸收进法律条款。值得一提的是，武进区通过集体经营性建设用地入市，协助辖区内企业入市的做法也得到国务院的肯定。在2018年12月召开的十三届全国人大常委会第七次会议期间，国务院在报告中指出："江苏武进以出让方式取得集体经营性建设用地资产成功入市，首次在最高层级资本市场上得到认可。"2018年6月，深交所负责人指出："江苏武进雷利公司的入市，开启了全国通过集体经营性建设用地制度改革而实现企业入市的破冰之旅，意义非同寻常！"[1]

江苏常州市武进区之所以成为集体经营性建设用地入市的全国先进典型主要是因为地方政府的责任政治与强治理。从政治学角度看，责任政治就是在国家治理过程中，相关主体以讲政治的高度履行岗位责任。责任政治是政府良性运行的基石，包含道德伦理上的责任和政策法规上的责任，

---

[1] 全国农村经济动态监测点常州市发展改革委：《常州市武进区农村集体经营性建设用地入市3年改革为全国探路》，2019年9月18日，http://www.jsnjw.com.cn/Item/66195.aspx，最后访问日期：2020年10月11日。

规制着国家、地方政府、民众之间的关系。责任政治的运行由责任价值观、结构、行动三方面组成①。首先，武进区政府的责任价值观是正面、积极的，想做事、敢担当。区党委、政府高度重视集体经营性建设用地入市试点工作，成立专门机构（试点办），出台配套政策文件，在收益分配上也向村集体、村民倾斜，主动对接企业的需求。武进区规定，只要符合城乡规划和土地利用规划的（"两规"），按照"应入市、尽入市"的原则，由入市试点工作联席会议对企业的规划、用地等事项统一会商、一次审核后办理到位；对于暂不符合两规的集体经营性建设用地，按处理历史遗留问题的相关政策，100%签订规范合法的有偿租赁合同，全面推进农村集体经营性建设用地入市试点工作。其次，明确定责结构与究责结构。对区—乡镇—村集体—村民—企业相关利益主体的权利、义务都有清晰的规定。对土地入市的程序、条件、利益分配细节都考虑周详。在问责方面，土地入市工作推动不力的乡镇、村干部予以诫勉谈话或通报批评。最后，在行动方面，区—乡镇—村形成了强治理态势，效能显著。譬如，前黄镇建立了"区干部—乡镇干部—村书记"的工作机构，强力推进土地入市，土地入市工作成效纳入乡镇干部、村干部绩效考核体系，每周统计、每月考评，对工作不力的乡镇、村干部进行谈话或通报批评。湟里镇通过"五个清"（即政策清、家底清、协议清、结算清、责任清），推进农村集体经营性建设用地租赁入市工作。该镇明确规定，将签订租赁补充协议的企业（或个人）收缴年租金及欠缴年租金的比例，作为各村考核的重要指标，对于完成比例达不到95%的，将取消评先评优资格。

三 村干部的变革型组织公民行为

习近平总书记提出，要"努力造就一支忠诚干净担当的高素质干部队伍"②。2018 年 5 月，中共中央办公厅印发了《关于进一步激励广大干部新时代新担当新作为的意见》（以下简称《意见》），对于如何激励干部人员担当作为提出了系统的指导意见。《意见》指出，应将讲担当、重担当作为选人用人的新导向，鼓励广大干部努力变革创新、攻坚克难、不断锐

---

① 张贤明、张力伟：《论责任政治》，《政治学研究》2018 年第 2 期。
② 习近平：《努力造就一支忠诚干净担当的高素质干部队伍》，《前线》2019 年第 2 期。

意进取、担当作为。勇于探索、敢于变革创新是新时代党和国家选人用人标准的核心要素。公共部门人力资源管理把这些要素称为变革型组织公民行为。即，作为个体创新行为的一种表现，是指个人为了改善工作现状与绩效，发挥自身能动性，超越既有工作任务要求，针对组织工作程序、方法和政策提出建设性意见的行为①。

变革型组织公民行为是周边绩效的一种类型。周边绩效是相对任务绩效而言的，指岗位说明书没有正式描述、没有被组织正式奖惩系统覆盖的个体态度或行为。它与个体的工作能力没有太大的关系，与个体的性情、价值观、服务动机、奉献精神等密切相关②。个体的周边绩效对组织的总体绩效具有积极作用。个体的周边绩效是组织的一种无形资产，对组织效能提升具有重大的潜在作用，并且是其他组织难以学习的文化③。

我们在调研中发现，有些地方政府并没像江苏武进那样实施集体经营性建设用地入市的绩效问责制度，但是这些地方的个别村庄却积极探索集体经营性建设用地入市，譬如晋江围头村。这个村是福建省较早做农村集体经营性建设用地入市的，其入市的做法得到了不少国家级主流媒体的关注与报道。在土地入市探索上，为什么围头村属于第一个敢吃螃蟹的村庄？这与村干部的组织公民行为密切相关。村支部书记洪先生曾担任过15年民兵哨所所长、民兵营长，具有军人爱国、爱家的情怀与担当。从2006年开始担任村干部，他的初心就是要发展围头村，制定了"一年一台阶、五年一跨越、十年实现宜居宜业宜游、二十年打造海峡名村"的乡村振兴蓝图。因此，他认为，凡是有利于发展围头的工作都要敢于尝试。村支部书记洪先生说："我们将闲散的三块地，租给人家去经营酒店，40年租期，每年可稳赚不少钱，这些钱能做许多公共事业，而且收入稳定，为什么不做呢？讨论时，绝大多数村民代表、干部都支持。"④

---

① 林亚清、张宇卿：《领导成员交换关系会影响公务员变革型组织公民行为吗？——变革义务感的中介作用与公共服务动机的调节作用》，《公共行政评论》2019年第1期。

② 侯志阳、丁元：《多样性管理、心理福利与公务员的周边绩效——基于美国联邦政府的调查》，《公共行政评论》2017年第6期。

③ Podsakoff, N. P., Whiting, S. W., Podsakoff, P. M., et al., "Individual - and Organizational - level Consequences of Organizational Citizenship Behaviors: A Meta - analysis", *Journal of Applied Psychology*, Vol. 1, No. 94, January 2009, pp. 122 - 141.

④ HSP, 20181224, 访问晋江W村村支部书记。

因此，在他的带领下，一块涉及3宗宅基地、若干集体用地、权属关系复杂的5.24亩土地入市了。若按传统办法，这类土地入市，国土部门要先收储，再报批，再"招拍挂"，程序复杂，时限长。最终，晋江市恒禾海景酒店有限公司以260万元拿地，围头村集体获得182万元的收入①。

为了促成这件事，村支部书记洪先生与村两委多次入户做村民工作，向村民讲解集体经营建设用地入市的好处，尤其是要做通被征收宅基地村民的思想工作。事实上，任何改革都是有风险的，就看干部敢不敢担当。只有敢担当，才会去变革创新。据调查，当时有的村干部也有顾虑，万一入市后赚不了钱，怎么向村民交代，弄不好要挨骂。洪书记就说，为了村庄的发展，有风险也要闯的，要发扬"敢拼会赢"的精神。就是在这种精神的鼓舞下，围头村才敢较早尝试集体经营性建设用地入市。

四　新社会化小农与村民的合作行为

村集体经营建设用地入市必须征得村民同意才具合法性。很多地方都规定，入市前，在做能否入市决议时，成员大会应当经到会人员的半数以上通过方有效，成员代表会议入市决议应当经到会代表2/3以上通过方有效。入市后，土地收益分配要接受村民监督。那么哪些因素会影响村民对村集体经营建设用地入市的态度？

根据已有的研究，小农分为马克思小农、舒尔茨小农、恰亚诺夫小农、黄宗智小农四大学派②。根据这四大学派的主要观点，我们可将小农分为生存小农、弱势小农、理性小农和效用小农。恰亚诺夫小农（生存小农）的假设是农户以生存、安全为追求目标。舒尔茨小农（理性小农）的假设是农户追求自身经济利益（利润）最大化。马克思小农（弱势小农）的假设是农户追求剥削最小化，追求平等权利，注重实践改造。黄宗智小农（效用小农）的假设是农户既追求家庭生产利润的最大化，也追求消费效用的最大化。

在上述学者观点的基础上，以徐勇等为代表的华中学派2005年提出了

---

① 陈小妮：《晋江统筹推进改革激活"三块地"群众享红利》，2019年7月8日，http://qz.fjsen.com/2019-07/08/content_22473687_2.htm，最后访问日期：2020年11月10日。

② 邓大才：《社会化小农：动机与行为》，《华中师范大学学报（人文社会科学版）》2006年第3期。

社会化小农的概念①。社会化小农与传统小农、理性小农、商品化小农不同，不再纠结于生存问题，而是追求货币，以货币至上为原则。经典学者对小农的分析给本文很多启发，但是他们都没有从"结构—过程"视角把握小农的行为逻辑，即将小农放于特定历史时期考察，所以，这些理论都不能很好地解释新时代小农。比如，为什么农民已经解决了温饱问题，家庭经济还比较富裕，却仍然在农地上勤劳耕作？

理解社会化小农的概念，首先要理解社会化。社会化源自社会学，指自然人转变为社会人的过程，是个人与社会的统一。这个概念的背后隐藏着社会学的元问题，即个人与社会的问题，或者称行动与结构的问题。社会学各种理论流派无不围绕这个元问题展开，有的偏向社会（结构）层面，可归纳为宏观社会学，譬如帕森斯的结构功能论、科塞的冲突功能论等；有的偏向个人（行动）层面，可归纳为微观社会学，譬如交换论、互动论等；还有的试图弥合个人与社会的分裂，譬如吉登斯的结构二重性理论。社会化一方面是个体学习知识、内化文化和承担角色的过程，另一方面是社会结构因素在个体身上的体现。因此，社会化小农一方面要考察小农的行为动机、生存逻辑，也要考察特定历史时期的经济社会因素对小农的影响。社会化小农，是在当时的社会经济条件下提出的。该概念提出至今已15年有余，农户身处的外部条件已发生了很大变化，尤其党的十八大以来，农户的内部结构、外部环境都有别于以前。引用政策话语，农户更多追求获得感、幸福感和安全感，更多追求美好生活。美好生活绝不只是生存，也不只是经济利益，更不只是免受剥削，而是包含经济、政治、社会、文化、生态等多维变量的概念。因此，我们提出"新社会化小农"的概念。

"新社会化小农"与传统社会化小农的不同点体现在以下两点。

第一，不只是追求个体利益最大化，更追求个体、村庄利益的统一。以集体经营建设用地入市为例，农户每年获得的经济利益（货币收入）占其年收入的比例是非常小的，想通过这点土地增值分红改善生活，基本不可能。这个现象与经济中的边际效用递减相符合，但是，为什么农民在集体经营性建设用地入市中还要投赞成票呢？这里涉及个人与村集体的关系

---

① 刘金海：《"社会化小农"：含义、特征及发展趋势》，《学术月刊》2013年第8期。

问题。受访农民吴先生说:

> 虽然那几块地入市,我们每家每户平均拿到的钱不多,但是加起来就多了呀,整个村的集体收入每年多出几十万,可办不少公益事业,像给老年人发慰问金、改善小学、幼儿园办学条件等。①

第二,不只是追求经济福利(货币最大化),还追求参与公共事务、生活环境改善、精神文化丰富等其他层面的福利。农民在集体经营性建设用地入市中的合作行为也不像社会化小农说的货币伦理(货币至上)。我们在晋江调研中发现,村民更注重村居环境的改善。如上所述,村民从土地入市中获利是不多的。村民蔡先生说:

> 我们村这几年发展乡村旅游,游客越来越多,但没有一家像样的酒店。那些地入市后,转让给一家公司,盖酒店,这对提升我们村的居住品质很有作用,大家还是很拥护的。②

五 土地正义:国家治理的转型

有学者借用波兰尼的"嵌入"概念,提出"集体经营建设用地入市是土地市场国家嵌入的结果"的命题③。诚然,这一命题的观点没有错,国家是乡村土地制度改革的重要推手,但是,这一命题并没有回答集体经营性建设用地入市何以可能的问题。事实上,在中国,不管是土地市场,还是其他类型资源的市场,都不是完全自由调节的,政府这只"有形之手"无处不在。国家嵌入市场是个常态。我们认为,引入土地正义与国家治理转型的概念,更能揭示集体经营性建设用地入市的动因。2008年以前,国家对农村土村的治理,更多采用征地的方法;党的十七届三中全会以来农村集体经营性建设用地入市进入了逐步开放阶段。

不管是征地还是农村集体经营性建设用地入市,都是国家嵌入土地市

---

① WHJ,20181220,访问晋江 W 村村民。
② CXS,20181222,访问晋江 W 村村民。
③ 夏柱智:《国家治理视域中的土地制度改革》,《求索》2020年第2期。

场的表征，但是其中的国家治理理念、方式却大相径庭。首先，从治理理念看，征地虽然有给农民货币补偿，但是这是一种短期福利。实践表明，不少失地农民的货币补偿很快就消耗掉了，因为补偿款是一笔流动的收入，而不是资产。与征地补偿不同，农村集体经营性建设用地入市让农民有一笔永续资产，可能长期获得收益。其次，从治理方式看，征地是一种强制行为。有些地区甚至把征地完成数额列入地方政府绩效考核指标。作为个体化的农民，在征地过程中，基本没有话语权。而农村集体经营性建设用地入市过程中，土地是否入市、怎么入市、收益怎么分配这些都是要征求村民意见的。

国家治理转型的背后是土地正义观的实践体现。这里的土地正义侧重指土地增值分配的公正性。长期以来，地方政府受到"土地财政"的影响，以较低价格从农民手中收购土地，再以高价卖给房产开发商，从中赚取差价。旧的《中华人民共和国土地管理法》第六十三条规定，"农民集体所有的土地的使用权不得出让、转让或者出租用于非农业建设"。因此，在城镇化过程中，地方政府和开发商成为乡村土地增值的获利者，失地农民属于利益受损者，城乡收入差距也被土地价值分配不公拉开。农村集体经营性建设用地入市将逐步扭转这种不公平。地方政府只是从农村集体经营性建设用地入市中获得少量的利润，土地承让方的收益主要看其经营情况，而不是单纯依靠土地获利。村集体、村民是土地入市的较大获利方。有学者认为，农村集体经营性建设用地入市是国家将土地的剩余控制权和索取权向村集体（村民）转移的过程[1]。

第四节 优化农村集体经营性建设用地入市的政策建议

一 调整土地收益分配的方法，切实保障农民的权益

从福利社会学角度看，农村集体经营性建设用地入市是拓展农村村集

---

[1] 盖凯程、于平：《农地非农化制度的变迁逻辑：从征地到集体经营性建设用地入市》，《农业经济问题》2017年第3期。

体和农户福利来源的新举措。农村集体经营性建设用地是提升农民福利的资产。如上文所述，有些地区在农村集体经营性建设用地收益分配上，实行的是按土地出让价总额的一定比例划拨给政府，政府包赚，若有风险，主要由村集体和农民承担。这种做法是不合理的，因此建议统一征收标准，以土地增值净收益为标准，而不是以成交总价为标准。一是通过估算当地过去三年内所有国有建设用地成本的平均值作为该地区集体经营性建设用地入市成本，从而得出土地增值纯收益。二是统一设置征收类别。可结合土地所在的位置、用途、规划等制定基准地价值评价体系[①]。三是灵活设置征收比例。关于这个问题学术界有不同看法，有的赞成政府与村集体三七开或二八开，有的赞成35%与65%或45%与55%[②]。对于存量土地、增量土地的征收比例可分别处理。就存量集体经营性建设用地而言，由于政府已经在只转不征时，收取了一定税费，农民也得到了一定补偿，所以政府、集体、个人的分配比例建议按1∶7∶2。就增量集体经营建设用地而言，政府、集体、个人的分配比例建议按1∶6∶3[③]。以上两种比例，村集体和村民都占大头，村集体其实也是全体村民共同占有的，受益者仍然是村民。

二 向村民普及"入市"知识，促进村民参与

课题组在调研中发现，农村集体经营性建设用地入市对于许多乡村干部来说都是一件新鲜事物，对于普通村民来说，更是闻所未闻。有些村民听说此事后的第一反应是，政府是不是想搞新名堂，来剥削我们的土地？因此，向广大村民宣讲政策至关重要，否则可能产生"好心办坏事"的结果。一是讲究宣讲话语，让村民明白农村集体经营性建设用地入市的意义。不管是政府的政策文本还是基层的宣传册子，关于农村集体经营性建设用地入市的表述都过于书面化、专业化、抽象化，许多乡村干部都看不懂，何况是普通村民？因此，要将宣讲话语平民化、方言化、具体化。用

[①] 林超、曲卫东、毛春悦：《集体经营性建设用地增值收益调节金制度探讨——基于征缴视角及4个试点县市的经验分析》，《湖南农业大学学报（社会科学版）》2019年第1期。

[②] 周小平、冯宇晴、余述琼：《集体经营性建设用地入市收益分配优化研究——以广西北流市的改革试点为例》，《南京农业大学学报（社会科学版）》2021年第2期。

[③] 林依标、林瀚：《集体经营性建设用地入市的实践思考》，《中国土地》2021年第6期。

当地方言编成顺口溜或小案例，让村民懂得入市对村里、村民的好处。二是让村民明白哪些地可入市。入市虽然能给村里、村民带来好处，但也可能有风险，也不是任何土地都可入市的。农村的土地主要由宅基地、公益用地、经营性建设用地三部分组成。其中宅基地约占80%，后面两种各约占10%。要让村民清楚，只有经营性建设用地才可以入市。经营性建设用地是指具有生产经营性质的农村建设用地，主要包括乡镇企业（约占90%）、宾馆、超市、洗车场、加油站、批发市场等用地，还有农村原来的供销社、电影放映场、农村村社活动场等[1]。三是开设培训班，讲解入市主体、方式、范围、收益分配、监管等专业知识。

村民只有明白入市的相关知识，才可能实质参与到入市的相关工作环节中，在此过程中，他们的知识、能力也才可能获得提升，村民之间围绕入市的互动网络也才可能形成。只有这样，作为集体资产的经营性建设用地，其促进村民人力资本、社会资本的福利效应也才可能显现。

三 建立容错机制，激励基层干部敢"入市"

同样一个地区，为什么个别乡镇推进农村集体经营性建设用地入市的力度较大，成效显著，而有些乡镇处于观望状态，甚至多数乡镇不敢做？这里涉及激励与容错机制的建设问题。长期以来，土地是中国农民的命根子，是农民生存发展的基础。土地在农村属于比较敏感的领域，是诱发矛盾纠纷的引爆点。乡村干部对集体经营性建设用地入市相当谨慎。不少干部想做，又怕出事，害怕承担入市失败的责任。就是入市顺利，获得一点成绩，对干部个人的晋升来说，也没有太大的作用。因此，作为理性经济人，许多干部也就抱着"多一事、不如少一事"的心态，停留于不作为的状态。因此，建立有效的激励与容错机制，减轻"想干事、敢干事、能干事"干部的心理负担，激发他们改革创新、勇于担当，探索农村集体经营性建设用地入市的新路子。一是激励"打硬仗"的干部更敢为。对于那些积极推动集体经营性建设用地入市、给村集体和村民带来效益的基层干部，在绩效奖励、职位晋升等方面给予优先考虑。二是宽容改革失误者，不让"领头羊"变成"替罪羊"。集体经营性建设用地入市属于市场行为，

---

[1] 林依标、林瀚：《集体经营性建设用地入市的实践思考》，《中国土地》2021年第6期。

存在一定的风险，不能包赚。基层干部只要是出于公心，为村集体、村民谋福利，而不是为了私利，就不应该因入市未达预期目标受到惩罚。三是鞭策改革观望者、滞后者，引导干部主动解决历史遗留问题。可通过干部谈话、绩效锦标赛等方法，压迫"不敢为"干部，推动他们主动担当。

四　建立风险预警机制，促进"入市"良性发展

虽然集体经营性建设用地入市在东部沿海地区已试点多年，但是到了2019年，才在全国范围内全面推广。作为农村土地改革的一项重要举措，集体经营性建设用地入市也存在一些潜在的风险。一是地方政府的行为风险。长期以来，地方政府为了化解债务，又要维持正常的公共物品供给，只能依靠"土地财政"。集体经营性建设用地与国有用地实行同价同权入市，这使得地方政府失去了土地供应的垄断地位。为了保证原有的财政结构，地方政府可能阳奉阴违，在推进入市方面不作为。也可能通过收取管理费、手续费、调节金等在集体经营性建设用地入市中谋利。这将可能损害村集体和村民的利益。二是村集体的代理行为风险。按国家规定，集体经营性建设用地入市须由村集体讨论决定。实践表明，"村集体"的意见在很大程度上是由村干部主导的。如果用地者行贿那些"说话管用"的村干部，以低价获得土地，那么村集体和村民利益也将受损，还可能引发群体性事件，危及乡村稳定。三是用地者及村民的自利行为风险。由于集体经营性建设用地的价格明显低于国有土地，用地者通常有大规模购置的动机。而村民看到土地转让的眼前利益，易冲动，不顾村庄发展未来，大量转让土地；或者改变土地性质，将不合规的土地作为集体经营性建设用地转让。

为应对这些风险，促进集体经营性建设用地入市的良性发展，需要重点做好两项工作。其一，建立健全入市规范体系。中央和地方政府对入市都出台了相关政策法规，基层政权一定要根据当地实际，多了解民意，制定公平、公正、可操作的细则。其二，建设规范化的入市交易平台。在交易方式方面，必须采用挂牌、拍卖、招投标等公共透明方式。在交易条件方面，土地必须符合规划要求，土地入市必须按要求经过村民会议或村民代表大会通过。在交易程序方面，村集体（经济组织）必须先申请，经所在地区的自然资源部门审查同意后才能委托交易机构上市。交易机构再在

公共媒体上发布土地入市的相关信息。符合条件的竞买者再按要求报名、交保证金、报价，出价最高者为竞得人。

本章小结

农村集体经营建设用地是自然资源资产的一种重要形式。本章重点阐述农村集体经营建设用地入市对乡村振兴的功能、运行过程、存在困境、影响因素与优化对策。与以往研究不同的是，本章侧重从福利社会学角度，将集体经营建设用地入市视为农村集体福利供给的政策工具，分析福利生产的主体、过程、规范化以及福利分配公平等问题。在谢若登的资产社会政策理论中，资产主要指个体或家庭的金融资产，作为自然资源资产的土地，他虽然有提及，但没有作相应的分析。本章的主要贡献在于拓展谢若登资产社会政策理论的研究对象，研究集体经营建设用地的福利效应及其生产机制。本章核心内容分为四节。

首先，本章对集体经营建设用地与福利关系的核心议题进行了文献梳理。相关研究成果主要聚焦于几个核心问题。一是集体经营建设用地入市能否给村民和村集体带来积极的福利效应？有的说可以，有的却说不能。二是集体经营建设用地入市究竟该由政府、市场还是村民和村集体主导？学者们莫衷一是，各执一词。三是入市的土地范围和入市方式。关于入市的土地范围存在静态论、动态论两种观点；关于入市方式存在"招拍挂"（"招标、拍卖、挂牌"）和协议出让两种策略。四是土地入市后的收益分配问题。讨论的焦点之一在于政府该不该从收益分配中获利，焦点之二在于村民的分配如何兼顾公平与效率。

其次，本章通过实证分析，阐明了集体经营建设用地入市对乡村振兴的福利效应，研究表明，它对乡村产业兴旺、农民生活富裕、一二三产业融合都具有积极作用，但是在具体的运行过程中，集体经营建设用地入市也面临一些问题。一是村民参与入市相关问题的讨论，处于象征性参与阶段。因为农民对集体经营建设用地入市的相关政策、知识基本不了解，存在"生活世界殖民化"的难题。二是各地区存在入市土地类别的多样化、土地收益增值调节金差距过大的问题。三是政府、村集体、村民利益分配不公的问题。比如，以成交价代替土地纯收益作为征收基准，这将带来政府包赚，村集体、村民承担市场风险的后果。

再次，本章揭示了集体经营建设用地入市福利效应形成的内在机理。一是基层政权的福利理念。如果基层政权扮演公共服务的供给者，集体经营性建设用地入市将真正造福于民，反之，如果基层政权扮演经营型政府角色，陷入精致的利己主义者思维，村集体、村民可能很难得到实惠。二是责任政治与地方政府强治理。农村集体经营性建设用地入市是国家自上而下推动的、旨在促进城乡用地市场一体化的一项政策工具。它是政府主导的工作，村集体、村民是被动员进来参与这项工作的。也就是说，如果地方政府不主动去执行这项政策，集体经营性建设用地入市很难全面推进，也就不可能推动乡村振兴，不可能给农民带来福利。地方政府如果以讲政治的高度、以责任政府的态度，敢担当，勇于推进，才可能形成强治理态势，取得显著效能。三是村干部的变革型组织公民行为。有些地方政府并没有像江苏武进那样实施集体经营性建设用地入市的绩效问责制度，但是这些地方的个别村庄却积极探索集体经营性建设用地入市。这主要涉及村干部是否敢想、敢闯。四是新社会化小农与农民的合作行为。与传统小农不同，新社会化小农不只是追求个体利益最大化，更追求个体、村庄利益的统一；不只是追求经济福利（货币最大化），还追求参与公共事务、生活环境改善、精神文化丰富等其他层面的福利。村民是否有新社会化小农的特质，也会影响他们在集体经营性建设用地入市中的配合程度。五是国家对土地入市价值观的转变。只有国家坚持"土地正义"，村民才能真正获益。

最后，本章提出了优化农村集体经营性建设用地入市的政策建议。一是调整土地收益分配的方法，切实保障农民的权益；二是向村民普及入市知识，促进村民参与；三是建立容错机制，激励基层干部敢入市；四是建立风险预警机制，促进入市良性发展。

第七章　农村社区自然资源资产建设（下）

——基于宅基地改革的案例分析

对于宅基地的定义，通常有小概念和大概念的分法。小概念的宅基地是指农民用于居住和建设的住房用地；大概念的宅基地是指农民居住和生活所使用的土地，包括农民用于所建住房以及与居住生活有关的建筑物和设施用地的总称①。本章主要指大概念，下文简称宅基地。

宅基地的所有权归属村集体，是村集体自然资源资产的一种重要形式。党的十八大以来，随着脱贫攻坚、乡村振兴战略的实施，党和国家高度重视宅基地改革，设立宅基地"三权分置"制度，允许宅基地使用权流转，并先后选取一些地区作试点。有些地区推行宅基地使用权抵押贷款，有些地区实行地票制。那么宅基地改革对乡村振兴有什么功能，取得了哪些成效，碰到哪些问题，影响改革的因素主要有哪些，如何优化改革、推动乡村振兴，等等，这些问题亟待解答。

本章第一节将梳理宅基地改革与乡村振兴的相关成果，构建全章写作的分析框架；第二节将从宏观角度归纳宅基地改革的历史与现状、功能与困境；第三节将从微观角度对宅基地改革的影响因素进行实证分析；第四节将从结构与过程、宏观与微观相结合角度，提出优化宅基地改革的对策建议。

---

① 林超、郭彦君：《农村宅基地功能研究述评及对乡村振兴启示》，《经济体制改革》2020年第4期。

第一节　宅基地改革的相关研究视角与局限

党的十九大以来，随着乡村振兴战略的全面推进，有关宅基地改革与乡村振兴的研究成果日益增多，形成了几种代表性的观点。

第一，功能论。功能论主要聚焦于宅基地改革与产业兴旺（人才回流）、生活富裕的关系。林超等认为开展宅基地改革的功能研究很有必要，因为宅基地承载着生产、生活、生态、教化等价值，宅基地改革是推动乡村振兴顺利进展的重要抓手[1]。对于宅基地的功能，不同学科有不同的看法，主要有四种见解。一是地理学的居民点功能。地理学或土地资源管理学的学者将宅基地视为农村居民点，按照土地利用结构，可将宅基地功能划分为生产、生活、生态和其他辅助功能[2]。二是经济管理学的多元功能。经管类的学者认为，宅基地不仅具有居住保障、经济财产功能，还有政治稳定、心理、维持农业收益、拆迁补偿等功能[3]。王晓桦认为宅基地的"三权分置"是从制度上促进乡村振兴的有效力量，因为它可能吸引社会资本，盘活闲置宅基地，发展新业态，拓宽村民就业渠道，增加村民收入；也可能吸引农民工回乡创业，促进乡村人才振兴[4]。三是社会学的文化功能。这类学者认为，宅基地不只是生产生活空间，更是一种文化现象，具有文化情感功能[5]。四是基于交叉学科的综合功能论。徐永德认为，中国农民工规模已达2.9亿人，全国农村至少有7000万套闲置房屋，闲置

---

[1] 林超、陈卫华、吕萍：《乡村振兴背景下农村宅基地功能分化机理、规律及治理对策研究——基于资产专用性视角》，《湖南师范大学社会科学学报》2021年第5期。

[2] 马雯秋、何新、姜广辉等：《基于土地利用功能的农村居民点内部用地结构分类》，《农业工程学报》2018年第4期。

[3] 张勇、徐成林：《多功能视角下农村宅基地退出补偿价值构成》，《山西农业大学学报（社会科学版）》2018年第8期；刘红梅、刘超、王克强等：《大都市郊区农村宅基地利用动态变化及驱动力研究——兼论上海郊区宅基地多功能与制度创新》，《城市发展研究》2018年第7期。

[4] 王晓桦：《农村宅基地"三权分置"是推动乡村振兴的一个制度性轮子》，《经济与管理》2018年第5期。

[5] 郭苗苗、杨博宇：《基于文化价值保护视角下的宅基地使用权流转问题研究——以陕北窑洞为例》，《乡村科技》2019年第17期。

宅基地面积达3000万亩左右。盘活宅基地具有多重效益,一是市场效益,可以提升农村土地市场化程度,吸引资本下乡,发展乡村旅游、农村电商、促进一二三产业融合;二是社会效益,能够拓宽农民收入渠道,尤其是增加农民的财产性收入;三是文化效益,吸引大量新乡贤回乡生活、创业,给乡村植入现代城市文明和生活方式[①]。刘锐认为,宅基地制度是乡村振兴的重要支撑性制度,宅基地改革有助于推动产业落地、增加资金支持、提高乡村治理水平,从而促进乡村振兴[②]。

第二,冲突论。与功能论不同,冲突论认为宅基地改革会影响到乡村社会稳定。以"刘贺之争"为例,刘守英认为,要让宅基地变成财产权,可以交易,且要能对外开放。说白了,他主张宅基地私有化,能够自由买卖,可以卖给村庄以外的城市资本。这样就能盘活农村生产要素,乡村就能"活"起来。与此相反,贺雪峰却认为宅基地不能私有化,不能被村庄外部资本绑架[③]。他认为,宅基地是农民外出打工谋生的兜底保障。如果农民外出打工,生存境况得到较大改善,他们仍然希望老家有自己的根据地,有自己的乡愁。即使他们在城市安家,他们的父母也喜欢在农村。另一种情况是,如果他们外出打工谋生不如意,宅基地还可给他们提供生活保障。因此,贺雪峰认为,农民进城不需要退出宅基地,农村闲置的宅基地是一种"必要的浪费",一种合理的资源冗余[④]。这种资源冗余具有积极功能,一是有利于保障农民的退路,当农民在城市无法谋生时,他们能够回农村生活;二是有利于我国避免出现城市贫民窟、应对经济危机以及保障社会主义现代化进程中的社会稳定。换句话说,不要寄太多希望于宅基地改革。

第三,交换论。在社会学理论体系中,结构主义交换论和行为主义交

---

① 徐永德:《以农村宅基地改革推动乡村振兴》,2021年1月18日,https://epaper.gmw.cn/gmrb/html/2021-01/18/nw.D110000gmrb_20210118_1-02.htm,最后访问日期:2021年1月30日。
② 刘锐:《乡村振兴战略框架下的宅基地制度改革》,《理论与改革》2018年第3期。
③ 贺雪峰:《何必与农民宅基地过不去》,2020年8月31日,https://www.sohu.com/a/415833125_714292,最后访问日期:2021年1月30日。
④ 贺雪峰:《论农村宅基地中的资源冗余》,《华中农业大学学报(社会科学版)》2018年第4期。

换论是两种代表性的理论流派。结构主义交换论强调由于交换的不平等形成的社会结构分化[1]。行为主义交换论将"经济人假设"引入社会交换领域，认为交换主体都是一个理性行为人，是以追求自身利益最大化为最终目标的[2]。纵观有关宅基地退出的研究成果，持这两种交换论观点的分别有一些学者。持结构主义交换论的学者主要考虑宅基地退出或流转过程中，城市资本的介入是否会形成对农民的剥夺、加大城乡居民的阶层固化[3]。因此，在宅基地改革中要让农民有所得（尤其是资产性收入），提升其阶层地位[4]。持行为主义交换论的学者主要考虑在宅基地改革中农民的退出意愿与理性行为逻辑及其影响因素[5]。

第四，互动论。符合互动论的代表性人物戈夫曼将社会和人生比作一个大舞台，认为行动者在前台试图通过各种印象表演让参与互动的人能够接受他、认同他。在宅基地改革中，基层政府或村干部在前台通过各种印象表演，与农民沟通、互动，试图让农民了解、接受国家（在后台）的宅基地改革政策。因此，乡村干部与农民的互动是影响宅基地改革能否顺利进行的重要因素。有的学者认为，对于农民来说，宅基地是他们的生命线，地方政府和乡村干部在政策执行中，不能搞"一刀切"、不能急于求成，要系统谋划，因地制宜、循序渐进，采用多样性策略，多做农民的思想工作，引导农民规范有序退出宅基地[6]。

上述研究要么偏向宏观的制度结构方面，要么偏向微观的行动者行

---

[1] 〔美〕彼得·M.布劳：《社会生活中的交换与权力》，李国武译，商务印书馆2012年版，第93页。

[2] 〔美〕乔治·瑞泽尔：《现代社会学理论（双语第7版）》，北京联合出版公司2018年版，第25页。

[3] 贺雪峰：《何必与农民宅基地过不去》，2020年8月31日，搜狐网，https://www.sohu.com/a/415833125_714292，最后访问日期：2021年1月30日。

[4] 韩高峰、袁奇峰、温天蓉：《农村宅基地：从资源、资产到资本》，《城市规划》2019年第11期；胡新艳、许金海、陈卓：《中国农村宅基地制度改革的演进逻辑与未来走向》，《华中农业大学学报（社会科学版）》2021年第1期。

[5] 韦彩玲、蓝飞行、宫常欢：《农村宅基地退出的农户理性与政府理性——基于广西农业转移人口宅基地退出意愿的调查与思考》，《西部论坛》2020年第2期；王蔷、郭晓鸣：《乡村转型下的农村宅基地制度改革》，《华南农业大学学报（社会科学版）》2020年第5期。

[6] 吴婧：《农村宅基地使用权退出的实践与路径：基于乡村振兴基础阶段的思考》，《江海学刊》2020年第3期。

第七章　农村社区自然资源资产建设（下）　　171

为或心理方面，缺乏一个整合性的分析。要理解宅基地改革在乡村振兴中的功能及其运行机理，我们需要从宏观与微观、制度与行动结合的角度来分析。一方面，在支撑乡村振兴的各项政策中，宅基地改革是一项重要的制度。作为一项公共政策，从宅基地改革的政策议程设置、政策制定、政策执行到政策反馈都有"国家在场"的痕迹，离不开国家治理的分析维度。虽然少量文献也从国家治理或制度变迁层面关注宅基地改革，但是主要停留于静态层面或应然层面的探讨。比如，周小平等通过梳理国家关于宅基地制度的政策演变规律，发现国家推动宅基地改革的政策意图是让农民拥有财产性收入[①]。徐忠国等认为宅基地改革可分为综合研究和专项研究[②]。在综合研究中，主要有制度演变和产权界定两个领域。制度衍化为产权界定提供历史基础。这些成果要么从历史角度说明制度发展阶段[③]，要么从法律角度阐述宅基地的"三权分置"依据[④]，都局限于理论思辨。我们需要知道的是，宅基地改革中，国家、地方政府、村干部与农民等利益主体是如何解读宅基地这项公共政策的，在政策执行中，不同利益主体是如何互动的，要想获得这些问题的清晰答案，我们需要规范的实证调研。另一方面，一些文献虽然也从微观角度研究了农户退出宅基地的意愿、行为模式[⑤]，但是忽略了制度对农户行为的形塑。部分学者也探讨了国家、地方政府宅基地退出政策对农户退出行为的影响，但主要局限于正式制度。我们的调研发现，在农民眼里，宅基地就是农民的家，是农民的根，是农民乡愁和乡村记忆的安放

[①] 周小平、高远瞩：《改革开放 40 年中国农村宅基地管理政策演进与前瞻——基于宅基地相关政策的文本分析》，《河海大学学报（哲学社会科学版）》2018 年第 5 期。

[②] 徐忠国、卓跃飞、吴次芳、李冠：《农村宅基地问题研究综述》，《农业经济问题》2019 年第 4 期。

[③] 李泉：《农村宅基地制度变迁 70 年历史回顾与前景展望》，《甘肃行政学院学报》2018 年第 2 期。

[④] 刘圣欢、杨砚池：《农村宅基地"三权分置"的权利结构与实施路径——基于大理市银桥镇农村宅基地制度改革试点》，《华中师范大学学报（人文社会科学版）》2018 年第 5 期；徐忠国、卓跃飞、吴次芳、李冠：《农村宅基地三权分置的经济解释与法理演绎》，《中国土地科学》2018 年第 8 期；韩立达、王艳西、韩冬：《农村宅基地"三权分置"：内在要求、权利性质与实现形式》，《农业经济问题》2018 年第 7 期。

[⑤] 傅熠华：《农民工农村宅基地退出的决策逻辑——基于全国 2328 户农民工家庭的实证研究》，《经济体制改革》2018 年第 6 期。

之处。在做宅基地是否退出的决策时，对农民来讲就是一个文化价值观的选择问题，但是从文化角度研究宅基地改革中农民的认知态度、行动规律的学术产出还比较欠缺。

着眼于当前学术成果的研究缺憾，本章将运用"结构—过程"分析方法，从宏观与微观、制度与行动结合的视角，对宅基地改革在乡村振兴中的功能、面临困境、运行机理进行实证分析，并提出优化宅基地改革、推动乡村振兴的政策建议。分析框架如图7.1所示。

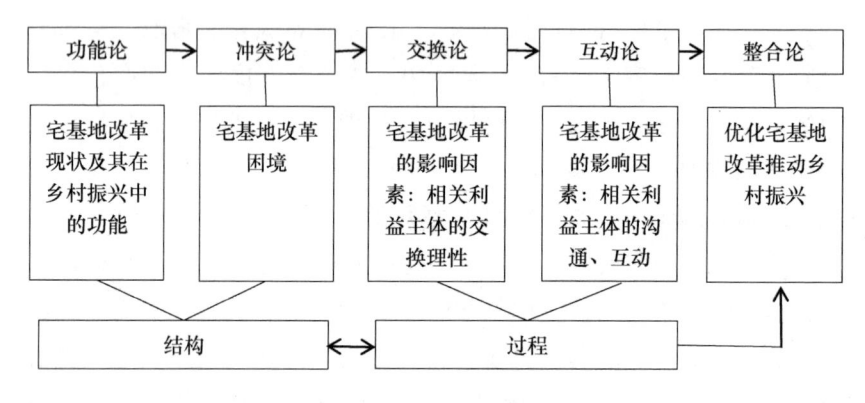

图7.1 本章分析框架

本章的写作素材主要来自三个方面。其一，政策文本。包括中央一号文件、国务院及其各部委以及各省市发布的有关宅基地改革的政策法规。其二，全国各地宅基地改革典型案例。这些案例来自福建、广东、浙江、江苏、山东、上海、重庆、山西、黑龙江、江西、海南等省份[①]。其三，宅基地改革部分试点地区的实地调研。为了深入了解宅基地改革的实际情况，我们多次到福建晋江进行田野调查。晋江于2015年作为全国宅基地改革第一批试点、2017年又作为第二批试点。经过若干年的探索，晋江形成了四种典型的宅基地退出模式：指标置换、资产置换、货币补偿和借地退

---

① 参见中华人民共和国农业农村部《宅基地管理与改革》，http://www.hzjjs.moa.gov.cn/zjdglygg/。

出。从 2015 年的试点到 2018 年，晋江市就腾退宅基地 6345 亩①。

第二节　宅基地改革的现状、功能与困境

一　宅基地改革的发展历程与现状

（一）改革历程

第一，土改到改革开放以前。土改以后，宅基地和耕地、林地等其他类型的土地一样都归农民个人所有。到了以"一大二公"为特征的人民公社时期，受到合作化运动的影响，村集体变成宅基地的主人。当时的相关文件是这样规定的，"参加人民公社的村民必须将农具、牲畜、耕地、林地等交给村集体"②，同时规定，"人民公社的村民拥有的房屋地基和旧有的坟地，不需要交给村集体。如果入社的村民或家庭需要申请新地基或新坟地，合作社负责统筹解决……"③ 也就是说，在人民公社时期，农村的宅基地分为两类：一种是属于农户私有的旧有宅基地，另一种是由合作社统筹、属于集体所有的新宅基地④。

后来，相关政策又发生了变化。一是明确生产队（类似现在的生产小组）范围内的土地归生产队所有，村民不能出租或买卖⑤；二是村民的房屋归社员所用⑥。从此，"农村土地归集体、房屋归农户"的基本框架得以确立，中国特色的宅基地制度也传承至今，但是，在政策执行中，有些地

---

① 《探索"晋江模式"——晋江市推进宅基地制度改革试点工作综述》，2018 年 8 月 23 日，http://zrzyt.fujian.gov.cn/xxgk/gtdt/jcdt/201808/t20180823_4220260.htm，最后访问日期：2020 年 10 月 30 日；农业农村部农村合作经济指导司：《福建晋江集成推进农村宅基地制度改革"四字诀"》，2018 年 8 月 23 日，http://www.hzjjs.moa.gov.cn/zjdglygg/202006/t20200602_6345721.htm，最后访问日期：2020 年 10 月 30 日。
② 参见 1959 年 6 月 30 日第一届全国人大第三次会议通过的《高级农业生产合作社示范章程》第十三条规定。
③ 参见 1959 年 6 月 30 日第一届全国人大第三次会议通过的《高级农业生产合作社示范章程》第十六条第二款规定。
④ 孔祥智：《宅基地改革　政策沿革和发展方向》，《农村工作通讯》2019 年第 12 期。
⑤ 参见 1962 年 9 月 27 日中共八届十中全会通过的《农村人民公社工作条例（修正草案）》第二十条。
⑥ 参见 1962 年 9 月 27 日中共八届十中全会通过的《农村人民公社工作条例（修正草案）》第四十五条。

区宣传不到位，使得群众理解有误，导致发生乱砍宅基地内树木现象。为消除误解，1963年3月，中共中央还发布了补充通知①，明确指出，社员的宅基地，不管是否有建筑物，都归集体所有，不准出租或买卖；但社员可长期使用，生产队或村集体不能想收就收、想调整就调整。宅基地上的房屋、树木、猪圈、厕所等附着物永远属于社员所有，社员有买卖或租赁房屋的权利。房屋出卖以后，宅基地的使用权即随之转移给新房主，但宅基地的所有权仍归生产队所有。

第二，1978年至20世纪90年代末。这段时间的农村改革触及宅基地问题的政策很少，主要聚焦在耕地方面。换言之，宅基地改革在这个时期没有太大的变化，全国大面积的宅基地买卖行为不多，个别交易活动主要在东南沿海地区。从1978年起，在前五个中央一号文件中，只有两个提到宅基地，并且强调宅基地的集体所有性质。国务院于1982年颁布的《村镇建房用地管理条例》规定，"社员对宅基地、自留地、自留山、饲料地和承包的土地，只有按照规定用途使用的使用权，没有所有权"。"严禁买卖、出租和违法转让建房用地。" 1986年通过的第一部《中华人民共和国土地管理法》第六条明确规定："宅基地和自留地、自留山，属于集体所有。"这是国家第一次以法律形式确立宅基地的集体所有属性。

第三，21世纪以来。随着城市化进程的加快，农村人口大量流动到城市生存发展，农村出现了大量的闲置宅基地。自社会主义新农村建设、乡村振兴战略实施以来，国家频繁出台一系列惠农支农政策，鼓励农民工、大学生、专业技术人员、退伍军人等各类人才返乡就业创业。这些人回到农村后需要土地，才能正常生活生产。因此，盘活宅基地的呼声越来越高。在2004—2018年的中央一号文件中，明确提出宅基地管理和改革的就有12次。以2014年为分界点②，2014年以前的中央一号文件主要聚焦于宅基地的规范化管理和确权颁证；2014年以后的中央一号文件每年对宅基地的改革都有新的表述。2015年提出"改革农民住宅用地取得方式，探索

---

① 《中共中央对于各地对社员宅基地问题作一些补充规定的通知》，1963年3月20日，http://www.110.com/fagui/law_ 8.html，最后访问日期：2020年11月10日。

② 该年中央一号文件提出宅基地"三权分置"的思路。

农民住房保障的新机制";2016 年提出"完善宅基地权益保障和取得方式,探索农民住房保障新机制";2017 年提出"探索农村集体组织以出租、合作等方式盘活利用空闲农房及宅基地,增加农民财产性收入";2018 年提出"适度放活宅基地和农民房屋使用权";2019 年提出"坚持农村土地集体所有、不搞私有化,坚持农地农用、防止非农化,坚持保障农民土地权益、不得以退出承包地和宅基地作为农民进城落户条件。加快推进宅基地使用权确权登记颁证工作,力争 2020 年基本完成。抓紧制定加强宅基地管理指导意见。研究起草宅基地使用条例。开展闲置宅基地复垦试点";2020 年提出"扎实推进宅基地使用权确权登记颁证。以探索宅基地所有权、资格权、使用权'三权分置'为重点,进一步深化宅基地制度改革试点"。

表 7.1　　　　　　　　　宅基地制度改革主要事件表

时间	文件/事件	要点	单位
2013	《国务院办公厅关于金融支持经济结构调整和转型升级的指导意见》	鼓励银行业金融机构扩大林权抵押贷款,探索开展宅基地使用权抵押贷款试点	国务院办公厅
2015	《国务院关于开展农村承包土地的经营权和农民住房财产权抵押贷款试点的指导意见》	推进农民住房财产权抵押、担保、转让试点,做好农村承包土地(指耕地)的经营权和农民住房财产权(以下统称"两权")抵押贷款试点	国务院
2016	《农民住房财产权抵押贷款试点暂行办法》	依法稳妥规范推进农民住房财产权抵押贷款试点	人民银行 银监会 保监会 财政部 国土资源部 住房和城乡建设部
2018	中央一号文件	"探索宅基地所有权、资格权、使用权'三权分置'"	中共中央 国务院

续表

时间	文件/事件	要点	单位
2019	《关于进一步加强农村宅基地管理的通知》	鼓励盘活利用闲置宅基地和闲置住宅，依据《中华人民共和国合同法》保护城镇居民、工商资本等租赁农房居住或开展经营的合法权益，明确租赁合同的期限不超过20年，合同到期后，双方可以另行约定	中央农办、农业农村部
2019	《关于积极稳妥开展农村闲置宅基地和闲置住宅盘活利用工作的通知》	支持返乡人员依托自有和闲置住宅发展适合的乡村产业。注重保护非本集体经济组织成员通过继承农房或其他合法方式占用宅基地的权益，探索由农村集体经济组织主导实施有偿使用制度	农业农村部
2020年1月	新《中华人民共和国土地管理法》	完善宅基地制度 新修正《中华人民共和国土地管理法》完善了宅基地制度，在原来一户一宅的基础上，增加宅基地户有所居的规定，明确：人均土地少、不能保障一户拥有一处宅基地的地区，在充分尊重农民意愿的基础上可以采取措施保障农村村民实现户有所居。这也是对一户一宅制度的重大补充和完善	全国人大
2020年7月	《深化农村宅基地制度改革试点方案》	会议指出，深化宅基地制度改革，要积极探索落实宅基地集体所有权、保障宅基地农户资格权和农民房屋财产权、适度放活宅基地和农民房屋使用权的具体路径和办法，坚决守住土地公有制性质不改变、耕地红线不突破、农民利益不受损这三条底线，实现好、维护好、发展好农民权益	中央全面深化改革委员会第十四次会议
2021年2月	中央一号文件	加强宅基地管理，稳慎推进宅基地制度改革试点，探索宅基地所有权、资格权、使用权分置有效实现形式	中共中央国务院

（二）改革现状

从宅基地改革的工作开展情况来看，我们可将其改革现状概括为"国家推动的试点治理+地方自主探索创新"。试点治理有三个重要时间节点。第一个时间节点是 2015—2016 年。在这段时间里，国土资源部在全国挑选了 33 个地区进行"三块地"改革试点，但在 2015 年，每个试点县域只探索一项改革，其中只有 15 个县域进行宅基地改革试点。到了 2016 年，国土资源部试图打通"三块地"的改革，宅基地改革试点开始在 33 个地区同时进行。第二个时间节点是 2019—2020 年。农业农村部原部长韩长赋表示，今后要深化宅基地改革，重点是探索宅基地所有权、资格权与使用权的"三权分置"方案。2019 年 10 月，农业农村部印发《关于积极稳妥开展农村闲置宅基地和闲置住宅盘活利用工作的通知》，要求各地要结合实际，选择一批地区，有序开展农村闲置宅基地和闲置住宅盘活利用试点示范。2020 年 5 月，陕西和安徽先后宣布开始在 12 个和 18 个县（市、区）开展农村闲置宅基地和闲置住宅盘活利用试点示范。而在此前，安徽只有金寨县、陕西只有西安市高陵区是 33 个"三块地"改革试点地区之一。第三个时间节点是 2020—2022 年。2020 年，国家启动新一轮宅基地改革试点，批复了全国 104 个县（市、区）和 3 个设区市为新一轮宅基地制度改革试点地区，及安徽的滁州市、浙江绍兴市、四川资阳市等 3 个地级市等为新一轮土地改革试点地区[①]。

从试点改革的内容来看，主要涉及三个方面：宅基地权益保障和取得方式、宅基地使用权流转制度、农民住房财产权的实现。

第一，宅基地权益保障和取得方式。这个问题的实质就是宅基地的资格权，即哪些人可以拥有宅基地或申请宅基地。全国各地在实际操作过程中遵循的原则都是"一户一宅"。

以福建晋江为例，户指的是公安户，同时结合老年人及独生子女情况进行微调。独生子女不能单独一户，须与其父母同一户口；在多生子女中，须有一位子女与其父母保持同一户口。家庭人均宅基地面积小于 30 平方米的农村集体经济组织成员可以申请新的宅基地。同时，晋江还明确规

---

① 《新一轮宅基地改革试点名单出炉了！有你们市（县）吗？》，2020 年 10 月 30 日，https://www.163.com/dy/article/FQ6HAC8C0532904X.html，最后访问日期：2020 年 11 月 13 日。

定几种情形不能申请宅基地①：(1)家庭现有人均宅基地低于30平方米，但现有人均住宅建筑面积超过60平方米的；(2)有宅基地、房产可以继承，其继承份额分摊至家庭成员后，人均宅基地面积超过30平方米或虽低于30平方米但人均住宅建筑面积超过60平方米的；(3)年龄未满18周岁的；(4)不符合土地利用总体规划和城乡规划的；(5)转让、出租、置换或者以其他形式流转宅基地的；(6)现有宅基地改作生产经营用途的；(7)不符合"一户一宅(居)"政策规定的。

浙江省坚决贯彻宅基地"一户一宅"的法律规定②。农村村民一户只能拥有一处宅基地，宅基地面积标准（包括附属用房、庭院用地）使用耕地最高不得超过125平方米；使用其他土地最高不得超过140平方米；山区有条件利用荒地、荒坡的，最高不得超过160平方米。有几种情形，农户可以申请宅基地：(1)因国家建设、垦区移民、灾毁等需要搬迁的；(2)实施村镇规划或旧村镇改造，必须调整搬迁的；(3)常住人口中已领取结婚证书，确需分户建房的。同时，规定几种情形，农户不能再申请宅基地：(1)已拥有一处宅基地的；(2)出卖、出租、赠予他人或者以其他形式转让宅基地上建筑物的；(3)以所有家庭人员作为一户申请并被批准后，不具备分户条件而以分户为由的；(4)其他不符合申请建房条件的。

从山西省自然资源厅官网③，我们可以发现山西省对"一户一宅"的规定相当明确。一是明确对象，农村村民，是指具有农村集体经济组织成员资格的人员。二是明确宅基地，是指村民用于建造住宅及其附属设施的集体建设用地，包括住房、附属用房和庭院等用地。三是明确使用与申请范围。村民新建住宅，应当尽量使用原有宅基地和村内空闲地。新申请的宅基地面积每户不超过200平方米。有几种情形可以向本农村集体经济组织申请使用宅基地：因结婚等确需分户，且当前户内人均宅基地面积小于

---

① 《晋江市人民政府关于印发〈晋江市农村宅基地与村民住宅建设管理暂行规定〉的通知》，2019年11月26日，http://zyghj.quanzhou.gov.cn/ztzl/jjsnctdzdgg/zcwj/201911/t20191126196 2958.htm，最后访问日期：2020年10月29日。

② 2021年浙江宅基地新政策：《浙江宅基地确权政策及自建房规定》，2020年9月21日，http://www.creditsailing.com/GuoJiaZhengCe/807315.html，最后访问日期：2020年10月29日。

③ 《一户只能拥有一处宅基地》，2019年9月20日，中国新闻网，http://news.cctv.com/2019/09/20/ARTIs3Xuf50eHjCksF8txi9q190920.shtml，最后访问日期：2021年1月10日。

50平方米的；符合政策规定迁入农村集体经济组织，落户成为正式成员且在原籍没有宅基地的；现住房影响乡村建设相关规划，需要搬迁重建的；因自然灾害损毁或者避让地质灾害搬迁的；原有宅基地被依法征收，或因公共设施和公益事业建设被占用的；法律法规规定的其他情形。

虽然各级政府都明确规定"一户一宅"，但事实上，很多地方都出现农户超面积占用宅基地或存在"一户多宅"现象[①]。针对这两类问题，有些地方也出台了相应的政策进行处理。例如，海南省2020年1月发布文件称，有"宅基地使用面积超过175平方米的超出部分面积；非本集体经济组织成员通过继承、受赠房屋或其他方式合法占有的宅基地"等四种情形的，宅基地可有偿使用。黑龙江安达市也明确规定，"在征求村民意见后，成立村民理事会，通过村民理事会对超出法定面积350平方米以上部分，按照征地区片综合地价的相应比例，分区域分类分档按年度计收宅基地有偿使用费"。浙江义乌和江苏常州的规定更加精细。浙江义乌规定，"超过按户控制面积的，每年每平方米按宅基地基准地价的0.15%为基础价格，以36平方米为一档，超占面积在36平方米（含）以内的按基础价格收取，每增加36平方米，收费标准按基础价格提高20%累进计收，但收费标准提高不超过基础价格的60%"。江苏省常州市武进区规定，"本集体经济组织成员超面积使用宅基地的，不超过法定标准面积上限的按每年每平方米10元计收使用费，超出法定面积标准上限的按每年每平方米20元计收使用费"。江西省鹰潭市余江区规定一户一宅超过140240平方米的，或超过本集体经济组织户均面积以上的，对多余部分要收取使用费[②]。

第二，宅基地使用权流转制度。这项制度是宅基地改革的核心。调研表明，实践中主要有三种模式：政府主导型、市场驱动、集体自组织。

政府主导型。该模式指地方政府通过货币补偿、资产置换、借地退出的方式给予自愿退出宅基地的使用人进行补偿，以推进宅基地改革的一种治理方式。（1）货币补偿。晋江金井镇按所在区域基准地价确定宅基地有偿退出的补偿费用。一级区内的宅基地退出补偿价按每亩34.4万元计算，

[①] 杨璐璐：《农村宅基地"一户多宅"的类型与产权处置——以福建省晋江市为例》，《东南学术》2017年第4期。

[②] 孔祥智：《宅基地改革 政策沿革和发展方向》，《农村工作通讯》2019年第12期。

二级区按每亩 18.8 万元计算。总的宅基地退出补偿费用的计算公式是：宅基地退出或补偿金费 = 土地补偿价① × 土地可补偿面积。其中，土地可补偿面积根据宅基地取得的手续合法情况确定相应的补偿比例。例如，同时持有政府部门颁发的《土地使用证》《房屋所有权证》，土地、房屋手续完整，按 100% 认定为可补偿面积。安海镇溪边村，符合政策的村民可选择货币补偿的方式退出闲置宅基地，补偿标准为每亩 30 万元、房屋每平方米 200 元②。（2）资产置换。地方政府鼓励村民退出宅基地后，分配安置房或商品房或店铺给退出宅基地的村民。晋江梅岭街道桂山社区，对城中村的村民，由政府统一规划安置，在腾退的宅基地上建设安置房 4396 套，店面 420 间，村民人均获得 150 平方米的住宅，户均获得 2—3 套安置房③。（3）借地退出。晋江深沪镇运伙村，针对"一户多宅"中祖宅已废弃坍塌的宅基地，借地退出 91 宗、26 亩宅基地，建设农村公园④。安海镇新店村村集体与村民签订宅基地"借用"协议，利用废旧老宅打造乡村微景观，改善农村人居环境，提升农村群众幸福感⑤。

市场驱动型。主要有两种做法，一是源自上海的宅基地股权化改革。上海的宅基地股权化改革主要是为了盘活宅基地、提高农民收入。农民只要退出宅基地，就可获得一套 200 平方米左右的商品房。如果所退宅基地的面积不够商品房的面积，可以 1.8 万元左右的价格购买补齐。如果所退宅基地的面积超过商品房的面积，可获得货币补偿或将多出的面积入股镇属置业公司。入股后，村民可获得 5% 的保底收益。换言之，农民稳赚不

---

① 这三种分类只是相对而言，其实都离不开政府的支持。
② 《探索"晋江模式"——晋江市推进宅基地制度改革试点工作综述》，2018 年 8 月 23 日，http://zrzyt.fujian.gov.cn/xxgk/gtdt/jcdt/201808/t20180823_4220260.htm，最后访问日期：2020 年 10 月 30 日。
③ 《探索"晋江模式"——晋江市推进宅基地制度改革试点工作综述》，2018 年 8 月 23 日，http://zrzyt.fujian.gov.cn/xxgk/gtdt/jcdt/201808/t20180823_4220260.htm，最后访问日期：2020 年 10 月 30 日。
④ 《探索"晋江模式"——晋江市推进宅基地制度改革试点工作综述》，2018 年 8 月 23 日，http://zrzyt.fujian.gov.cn/xxgk/gtdt/jcdt/201808/t20180823_4220260.htm，最后访问日期：2020 年 10 月 30 日。
⑤ 农业农村部农村合作经济指导司：《福建晋江集成推进农村宅基地制度改革"四字诀"》，2018 年 8 月 23 日，http://www.hzjjs.moa.gov.cn/zjdglygg/202006/t20200602_6345721.htm，最后访问日期：2020 年 10 月 30 日。

赔。截至2019年12月，上海市奉贤区南桥镇已完成首批吴塘、灵芝、华严、江海四个村328户农户"集中居住"签约工作，村民全部选择"上楼+货币补偿"方案①。二是源自重庆的地票制②。地票的本质是土地市场化，是一个市场运作并经法律认可的附有经济价值的土地指标。具体指，包括宅基地及其附属设施用地、乡镇企业用地、农村公共设施和农村公益事业用地等农村集体建设用地，经过复垦并经过土地管理部门严格验收后所产生的指标③。从资产建设的理论视角看，地票就是将土地资产化，土地资产权让渡后形成了土地流转收益，进而增加农民的财产性收入。地票改革是在统筹城乡发展的背景下进行的，是为了解决城乡建设用地双增长、农民土地财产权利实现缺乏制度通道两个问题，以耕地保护和实现农民土地财产价值为目标④。基本思路是，农户在地方政府、村集体的引导下，自愿退出闲置的宅基地，获得地票，再将地票委托代理机构在农村土地交易所进行地票公开竞价买卖。地票制后来在全国部分地区形成了政策扩散，有些地区还进行了创新。比如，福建沙县引入地票制后，推出林票、房票等新举措。沙县的地票功能也得到了新拓展，可换货币、换地、换房。

集体自组织。这种模式是以村集体主导、村民配合为主要特征。常用的操作策略是指标置换。即村集体通过新村建设或自建居住小区，引导村民自愿退出宅基地，然后根据宅基地指标重新分配，将村民妥善安置到新建的小区中，保障村民的居住权益。以晋江的大埔村为例，该村20年前还是一个脏、乱、差的大村。人口超过5000名1200多户。整个村庄有新房、没新村，基础设施建设落后，污水横流、苍蝇满天飞。有钱人一户多宅、穷人多户一宅。为了解决这些问题，村民在以吴先生为村支书的带领下，积极进行新村建设。按规划，整个新村建设共15年，分5期，逐年展开。

---

① 《奉贤探索推出部分宅基地"股权化"》，2019年12月17日，http：//www.cnr.cn/shanghai/tt/20191217/t20191217_524901417.shtml，最后访问日期：2020年10月17日。
② 《创新村集体"土地银行"，宅基地以"地票"形式"存"出乡村新貌》，2021年1月5日，搜狐网，https：//www.sohu.com/a/442545541_780508，最后访问日期：2020年10月17日。
③ 参见关于地票交易的解释，百度百科，https：//baike.baidu.com/item。
④ 《新型城镇化建设系列报道之一：重庆地票改革试验情况》，2016年5月18日，中国政府网，http：//www.gov.cn/zhengce/2016-05/18/content_5074350.htm，最后访问日期：2020年10月17日。

共建 100 多座独栋或联体别墅、十多幢 18 层的单元楼①。还建高质量幼儿园、小学、养老院、道路、公厕、停车场、水、电、网等公共服务设施。晋江的另一个村庄砌坑村也是采取指标置换的方法。经过三年时间的努力，该村累计回收宅基地 218 处，建成别墅 67 栋、安置楼 8 栋。交回宅基地 50 平方米以上的村民，购买安置房每平方米公寓优惠 500 元、别墅优惠 600 元。"搬迁上楼"节省的建设用地，除一部分用于建成别墅外，大部分被村集体用于建设工业园区，发展产业②。

第三，农民住房财产权的实现。这集中体现在宅基地的抵押贷款功能。晋江推出的农民住房财产权抵押贷款（命名为"农房乐"），指在不改变宅基地所有权性质的前提下，以借款人或抵押人依法将所有的农民住房所有权及所占宅基地使用权作为抵押财产，向符合条件的借款人发放的抵押贷款业务③。截至 2020 年，全市共发放宅基地抵押贷款业务 766 笔，金额 6.78 亿元，有效帮助农民盘活住房财产④。要点包括以下几点。（1）贷款对象："农房乐"的贷款对象包括经工商行政管理部门或主管部门核准登记的企事业法人、农民专业合作社或其他经济组织，农村专业种植养殖大户、家庭农场主或其他具有完全民事行为能力的自然人。（2）贷款方式：根据借款人的贷款金额、贷款用途、经营周期、消费需求等因素，综合确定发放方式，可采用一次性发放、分次发放或自助循环。（3）贷款用途：贷款可用于生产经营用途和房屋装修、医疗、教育助学、耐用消费品等消费需求，优先支持农业生产经营，不得发放无指定用途的贷款。（4）贷款额度与年限：农民住房财产权抵押贷款额度一般不超过所抵押农房评估价值的 50%，即贷款抵押率不超过 50%；在我行确认的优质路（街）段与区域内且具有商业氛围的沿路（街）的第一排的农民住房，贷款抵押

---

① 《沉睡的资本，这样被激活——福建晋江农村土地制度改革试点调查》，2018 年 5 月 6 日，人民网，http://finance.people.com.cn/n1/2018/0506/c1004-29967078.html，最后访问日期：2020 年 10 月 19 日。

② 储梦圆、刘同山：《农村宅基地制度改革的试点经验》，《农村经营管理》2020 年第 1 期。

③ 《晋江农商银行农民住房财产权抵押贷款管理办法》，2016 年 12 月 23 日，http://www.fjnx.com.cn/ar/201612239000048.htm，最后访问日期：2020 年 10 月 19 日。

④ 农业农村部农村合作经济指导司：《福建晋江集成推进农村宅基地制度改革"四字诀"》，2018 年 8 月 23 日，http://www.hzjjs.moa.gov.cn/zjdglygg/202006/t20200602_6345721.htm，最后访问日期：2020 年 10 月 30 日。

率经总行审批可提高至60%。贷款年限最高5年。（5）还款方式：采取利随本清、分期还款、分期付息到期还本、等额本金、等额本息、年审贷、自助循环等还款方式。（6）风险防范：晋江市政府设立农民住房财产权抵押贷款风险补偿基金，用于补偿分担自然灾害等不可抗力造成的贷款损失和抵押物处置期间农民基本居住权益保障及抵押物处置后不足以弥补本息损失的贷款风险[1]。

除了上述主要内容，"农家乐"还对贷款程序、基本条件、不能贷款的负面清单、保障机制等做出了规定。

二 宅基地改革在乡村振兴中的功能分析

（一）发挥宅基地的资产功能，解决部分村民生产生活的资金短缺问题

晋江村民D某从事鞋材化工贸易，因采购鞋材，需要贷款，他于1998年自建了一套150平方米的房子，就用该房向晋江农商银行申请抵押贷款。经第三方评估，D某住房的抵押价值为252万元，加上宅基地的抵押价值，总评估价达到328万元。经过审核，D某最终获得90万元贷款[2]。宅基地的资产功能在民营经济、小商品市场特别发达的浙江义乌显得更为突出。一是农民贷款的需求量大。中国人民银行义乌支行的调查数据显示：义乌有八成农户希望农房能用于抵押贷款，三成农户有农房抵押需求。二是贷款利息较低、手续简便。浙江义乌黄杨梅村民J某经营一家小包装厂，年营业额达百万元，但是由于经济形势不好、行业不景气、收款难、垫资多，又想开拓电商，急需资金周转。他就向义乌农商银行申请，以自家宅基地作为合法抵押，获得30万元贷款，月利息4.5厘，相当于年利率5.4%。农民贷款时，不需要担保人，只需提供集体土地使用权证、房屋所有权证；向村集体申请盖章证明，并向国土部门申请"宅基地抵押权"登记；随后便可与银行签订贷款协议。J某说："和其他贷款相比，宅基地

---

[1] 韩文龙、朱杰：《宅基地使用权抵押贷款：实践模式与治理机制》，《社会科学研究》2020年第6期。

[2] 《福建晋江：宅基地使用权抵押贷款"破冰"》，2015年12月30日，http：//www.gov.cn/xinwen/2015 - 12/30/content_ 5029643.htm，最后访问日期：2021年11月19日。

抵押更方便，不需要担保人，流程和商品房贷款差不多。"[①]

（二）增加农民财产性收入与经营性收入

重庆市复垦宅基地生成的地票，纯收益按85%给农户、15%给村集体经济组织的方法进行分配。按户均宅基地0.7亩计算，通过地票交易，农户能一次性获得约10万元的收益[②]。同时，复垦形成的耕地所有权仍归村集体所有，使用权也不变，仍交由农民耕种，这也增加了农民的经营性收入。郭苏文等的研究表明，地票对增加农民的财产性收入有显著效应，尤其是能够显著提高"城郊"和"远郊"农民财产性收入，但对于"城中村"农民财产性收入没有显著影响[③]。

（三）满足乡村不同阶层农民对美好生活的追求

有些村民已在县城购房并居住，他们对农村闲置宅基地的诉求就是能够盘活起来。有些村民想置换宅基地，到新地址建房。宅基地使用权的流转满足了不同类型村民的生产生活需要。福建三明于2020年5月印发《农村新型住宅小区集中建设试点工作方案》，确定了14个乡镇试点。各试点镇鼓励村民以地票置换集镇的宅基地和公寓楼。按当地规定，新型住宅小区，每平方米的售价为3000元。地票10平方米的票面面积可置换1平方米宅基地，即1平方米的地票价值300元。夏茂镇H某等三户村民已在市区购房，没有在城镇居住的需求，村民D某却想在集镇盖房。D某就找H某等人协商，以每平方米190元的价格，花了约2.85万元买下了H某三户的地票。D某再用3张地票申请换购了新型住宅小区的一处宅基地。最后，H某等3人既盘活了宅基地，又多赚了每平方米70元的差价；D某实现了在新住宅小区盖房的目标。

（四）促进宅基地公平分配，为乡村宜居创造条件

有些地区的农民以外出务工为主，宅基地闲置浪费；有些地区一户多

[①]《浙江农村宅基地抵押贷款"破冰"为农民创业融资开辟新路径》，2016年1月6日，https://china.huanqiu.com/article/9CaKrnJSWwY，最后访问日期：2021年11月19日。

[②] 发展改革委：《新型城镇化建设系列报道之一：重庆地票改革试验情况》，2016年5月18日，http://www.gov.cn/zhengce/2016-05/18/content_5074350.htm，最后访问日期：2020年10月10日。

[③] 韩文龙、朱杰：《宅基地使用权抵押贷款：实践模式与治理机制》，《社会科学研究》2020年第6期。

宅现象严重。宅基地改革能够较大程度解决这两个问题。以江西省鹰潭市余江区为例，全区共有闲置房屋2.3万栋，全区7.3万户农户中，一户多宅的2.9万户，占39.7%[1]。这造成了土地资源的极大浪费，也导致农村环境的脏乱差，不利于推进乡村振兴。经过宅基地改革后，全区退出宅基地32491宗4537亩，满足了未来15年左右农民建房用地需求；312户农民退出宅基地或放弃建房申请进城购房落户，这有利于编制行政村的土地利用规划，为乡村振兴奠定基础。

（五）促进城镇化、有利于统筹城乡发展

地票不仅满足了城镇（市）建设用地指标的现实需求，也提升了农村土地的价值。尤其是居住在远郊山区的农民，为了子女教育，迁移到城市里生存发展的愿望特别强烈。这类型农民将宅基地退出获得地票后，可在城里购房或在近郊建房。随着时间推移，他们也逐步完成了市民化。而偏远地区的农村土地不再是被抛荒的对象，与城市的地票交易有效地实现了城镇、乡村级差地租的价值化，扩大了城镇带动农村的涓流效应[2]。

三 宅基地改革面临的主要困境

（一）宅基地抵押贷款权利的不平等

从理论上讲，只要属于宅基地抵押贷款试点地区辖区内的居民，都有权利申请贷款，但是，银行为了避免贷款风险，农房及宅基地抵押的空间范围主要限定为中心城区部分主干道两侧及中心镇主干道两侧的农房及宅基地，全市范围内绝大部分农房及宅基地被排除在可抵押范围外。这种做法带来的后果是，城中村、市郊村的少数村民才有资格申请贷款，其他类型的绝大多数村民没有资格申请贷款。可能造成宅基地抵押贷款的供需不匹配。符合贷款条件的村民却不想申请贷款，真正需要贷款的村民不符合申请条件。福建村民H某原来是养猪专业户，前些年每年养了几百头猪，经营有道，收益不错。后来由于环保督查，地方政府要求H某拆除养猪场，减少污染。H某因此遭到巨额亏损。为了寻找新的生计，H某向银行

---

[1] 孔祥智：《宅基地改革　政策沿革和发展方向》，《农村工作通讯》2019年第12期。
[2] 惠献波：《地票交易制度风险评价及防范对策研究——基于重庆市的实证分析》，《西华大学学报（哲学社会科学版）》2017年第4期。

申请宅基地抵押贷款，但是由于他的房子不在银行指定的地域范围，无法获得贷款。我们在调研中发现，类似的问题还很多。

（二）宅基地、祖宅产权关系复杂，宅基地抵押权实现阻力较大

改革开放以前，许多晋江农民都是共同居住在一个大宅里，这些人通常是同一宗族的。那时候，经济落后，宗族内部的村民相互帮助，一起搭建房子，在生产生活中形成了宗族式的自我保障机制。这种宗族保障在历史上曾经发挥积极功能，为农村社会稳定提供了非正式制度支撑，也减轻了国家许多负担，但是，随着改革开放的推进，福建、浙江等东南沿海地区经济迅速发展，许多农民经商、创业，希望过上更好的生活，纷纷搬出祖宅，建新房。有些人还到海外谋生发展。祖宅的产权通常按房间来划分。一栋祖宅涉及的农户少则几户，多则几十户，这给产权划分带来很大难度。

（三）抵押物的评估、处置难问题

城市商品房的价格有市场价作参考，可委托第三方机构进行评估，但宅基地及其附着物的评估缺乏权威机构，暂时只能由银行根据地段、造价、房子年限等要素进行估值，因此，银行是一个"小心翼翼"的行动者，不敢贷出很大金额。此外，还有处置难的风险。贷款的村民如果没办法按期还款，怎么解决欠款问题呢？一种做法是，银行与贷款人协商，将抵押的宅基地有偿流转出去，再还款，但是，宅基地有偿流转的范围通常局限于村集体经济组织内部，要找到合适的流入者也有难度。另一种做法是，流转不成功，银行向法院起诉，但是，法院怎么处置宅基地、宅基地能否入市交易，暂时都没有明确规定。

（四）宅基地社会属性与经济属性之间的冲突

长期以来，宅基地是农民的一种福利，"一户一宅"政策保证了农民住有所居。从这个意义上看，宅基地是农民社会权利的一种体现，是中国农村社会保障的特殊安排。在宅基地抵押贷款政策试点出台前，虽然有些地区的农民私下进行宅基地流转，但是没有得到制度认可，也不是普遍现象。国家正式推出宅基地抵押贷款政策后，意味宅基地的特征将从单一的社会属性转变为社会属性兼具经济属性。在实际操作中，这两种属性是冲突的。因为农民如果申请宅基地抵押贷款后，他们就不能再申请新的宅基

地了，假设贷款的农民因各种因素还不了款，宅基地抵押权实现了，他们将面临没有宅基地及其住房的风险，这类农民的住房保障将是个问题。

（五）地票改革的困境

一是耕地保护风险，主要体现在耕地占补失衡。研究显示[1]，多数地票复垦的土地是农村零星、分散、质量较差的空置土地，但是，地票落地区域占用的土地却是质量好的耕地，这样导致的结果是，复垦耕地与占用耕地在数量、质量方面产生了一定程度的差异，耕地占补失衡问题逐步凸显。二是农民权益保护风险。农民在地票改革过程中处于"失声"状态，没有参与到工作核心环节中。这导致农民的权益保护存在潜在风险。主要体现在：其一，宅基地的地票价格是如何定的，农民不太了解，各地也不平衡，农民不患寡而患不均，不均衡的价格可能造成农民的被剥夺心理；其二，地票改革后，宅基地的社会保障功能弱化了，农民的社会保障水平本来就比较低，这可能加剧底层农民的脆弱性。

第三节 宅基地改革的影响因素分析

本节将从交换论、互动论的角度阐述宅基地改革能否顺利推进的影响因素。

一 行为主义交换论视角下宅基地改革的影响因素

如上文所述，在行为主义交换论看来，行动者是一个理性经济人，在做出决策时，会积极追求自身利益最大化。下面分别阐述宅基地改革中相关利益主体的理性行为。

（一）农民的理性

宅基地是农民的安身立命之本。有了宅基地，才能盖房，才有家。长期以来，农民对盖大房、盖新房有着特殊的情结。农民是否心甘情愿退出宅基地、支持宅基地改革是一个兼具工具理性与情感理性的复杂决策过

---

[1] 惠献波：《地票交易制度风险评价及防范对策研究——基于重庆市的实证分析》，《西华大学学报（哲学社会科学版）》2017年第4期。

程。从工具理性讲，多数农民是"理性小农"，会盘算宅基地退出的成本与效益，以追求自身利益最大化。因此，对自愿退出宅基地的农民进行货币补偿、以地换地、以地换房、以地换股权等经济激励有一定的效果。如前文所述，不同农民群体的需求是不同的。调研中，F省J市某村民说：

> 我现在的房子交通不便、前后被其他房屋遮挡厉害，以前向村里申请新地盖房，村里不同意，说只能翻旧房在原厝地盖新房，这样还是解决不了问题。这次村里主动找我们腾出宅基地，说要建设新型居住小区，我当然很支持，本来就想换个地方盖房嘛！[1]

工具理性的另一个表现是，农民住房财产权观念的兴起。在经济发达地区，有些农民逐步认识到，宅基地不仅有居住功能，还有资产增值功能。晋江某农村社区由于有很好的地理位置，一宗140—160平方米的普通宅基地，私下流转价格在150万—200万元之间，部分临街、区位好的宅基地可以达到500万元以上[2]。宅基地的资产效应对于亟需融资扩大生产的小微企业主具有较强的吸引力。晋江有很多家庭作坊式的小微企业。小微企业发展过程中经常面临资金短缺、周转不畅等问题，小额贷款无法满足其融资需要，从国有银行获得大额贷款，他们又不满足条件。因此，宅基地抵押贷款成为部分小微企业主投融资的重要选择。

从情感理性讲，附着在宅基地上面的房屋或其他建筑物对农民来说是一种情感寄托。不少房屋（尤其是祖宅）是农民的根，体现几代人的文化传承，具有一定的文化价值。因此，是否自愿退出宅基地是涉及文化价值观念转变的问题，尤其是农村老年人。农村老年人长期居住在祖宅，祖宅就是他们的根，是他们的精神支柱，是他们赖以生存、情分难舍的家。我们在调研中深刻感受到农村老年人对祖宅的深厚感情和乡愁记忆，要让他们主动搬离祖宅是一件很困难的事，但是，如果通过讲道理、讲究沟通策略，很多老年人还是会配合的。在一些贫困山区，几代农民都住在大山里，生存条件恶劣，孩子们上学困难，年轻人没有合适的职业，有条件的

---

[1] HMI，20201208，访谈F省J市Z村村民。
[2] 数据来源：课题组成员2020年4月在晋江的调研。

村民都往外迁移。类似的村庄只能易地搬迁，才能实现脱贫攻坚和乡村振兴的衔接，但是，要把这种村庄的老年人劝出祖宅也是一件充满挑战的工作。做老年人的工作时，要打感情牌。让他们知道，为了子孙后代的幸福，老年人须转变观念，迁移到交通、医疗、教育等公共服务配套较好、适合生存发展的新区居住。在祖宅情感与希望子孙后代过上幸福生活的愿景之间，很多老年人还是会从大局出发，选择后者，退出宅基地、祖宅，配合搬迁。

（二）地方政府的理性

任何改革都是利益的重新调整，都存在利弊，都是机会与风险并存。就宅基地改革而言，不管是抵押贷款还是地票制，都是有潜在风险的。对于属于国家确定的试点地区来说，地方政府必须先行先试，面临的问题不是考虑要不要改革，而是考虑怎么改革、改革的力度和速度等问题。我们在调研中发现，地方政府不少干部对推进宅基地改革还是心有余悸的，思想包袱比较重，担心潜在的社会风险。他们会观望中央的态度，决定自身的行为。如果中央果断在全国推行宅基地改革，各项政策配套也跟上，地方政府就没有太多顾虑，积极改革；如果中央只是想在部分地区试点，比较保守的地方政府干部就会裹足不前，不敢放开手脚做事。2021年2月24日，中央一号文件指出，"加强宅基地管理，稳慎推进宅基地制度改革试点，探索宅基地所有权、资格权、使用权分置有效实现形式"。某乡镇党委书记说，中央的用词是"稳慎""试点"，这说明中央的态度是求稳、谨慎试行，作为基层政府更不敢随意改革。他所在的镇虽然属于试点镇，但申请宅基地抵押贷款业务不多。这与他们不敢太主动推进改革也有关系。我问他为什么不敢推。他说："一方面这项工作目前还是乡镇绩效考核的主要项目，另一方面如果有些村民不理解，还以为是要霸占他们的宅基地和房子，又要上访，得不偿失。除非是要新建工业园区，上级要求这村迁移，否则，也是雷声大、雨点小。"① 对于不属于国家确定的试点地区来说，地方政府比较少主动推行宅基地改革。在这类地区，有些农民私下流转宅基地，有些农民在城镇购买商品房后，将农村的房子卖给了其他农户，这也是造成农村"一户多宅"的原因之一。

---

① HBL，20210224，访谈F省J市J镇党委书记。

(三) 村级组织的理性

村级组织在宅基地改革中扮演一线工作者的角色，不管是宅基地抵押贷款还是地票制，抑或是其他类型的宅基地退出，都离不开村级组织的参与。村级组织的理性表现在是否将宅基地改革作为绩效考核的重要指标、村民是否有要求、是否属于村庄经济社会发展的紧迫任务。

从调研的情况看，村级组织的行为概括来讲主要有三种类型。一是积极探索型。即村干部敢于改革创新，为了村庄经济社会发展，敢于承担风险，积极引导村民退出宅基地。这种类型宅基地改革还可分为两种情况。一种情况是为了发展工业园区，将较大规模宅基地复垦为耕地后，将农民安置到新建的村中心小区。像晋江市金井镇埔宅村就是这种情况。一种情况是村庄宅基地面积太少，无法满足村民建新房的需求，村级组织"被逼"建设新型自住小区，供那些符合条件的村民购买。购买自住小区房子的村民再将原有的宅基地腾出交给村委会，村委会统筹安排宅基地的使用。二是依葫芦画瓢型。即上级政府要求改革，村级组织遵循上级要求做好宅基地改革的宣传、动员工作，对改革进程、改革力度抱着顺其自然的心态，做到哪，算到哪。三是被动观望型。即怕出事、怕承担风险，能不改就不改，只要上级不是强制要求，就不去探索。某村村支部书记说："宅基地改革现在国家还只是试点，不是全面铺开，只是鼓励，不是强制，县里或镇里也没有要求一定得做，或者将它列入考核项目，村民也没有这方面的意愿，我们何必蹚这种浑水，多一事不如少一事……"[①]

(四) 银行的理性

银行主要考虑经济效益与社会效益。经济效益方面，银行要测算宅基地抵押贷款业务能给银行带来多少利息和可能承担的呆账、坏账风险。社会效益方面，宅基地抵押贷款是国家推行的试点政策，属于推动乡村振兴的重要政策工具之一，银行开展宅基地抵押贷款业务是响应党和国家全面推进乡村振兴号召的举措，是体现企业社会责任的道义之举，同时也是支持地方政府做好宅基地改革的一种姿态。为了平衡经济效益与社会效益，银行作为一个理性行动者，会推行宅基地抵押贷款业务，但不会将该业务

---

① HMH，20210222，访谈 F 省 J 市 A 镇 Z 村村支部书记。

作为主要工作。某银行负责人说：

> 这几年银行业竞争很大，银行主要从存贷差获取利润，必然会开拓贷款业务，但是，由于宅基地抵押贷款存在较多风险，比如，农民还不了款怎么办？抵押物怎么变现？现在都没有明确规定。不过，我们还是会做这个业务，毕竟要支持政府嘛，支持农民嘛，这也是我们银行获取良好社会声誉的一件事……①

二 互动论视角下宅基地改革的影响因素

不管是宅基地抵押贷款、地票制改革还是其他宅基地退出形式，都涉及了政府、农民、村级组织等利益主体之间的互动。

（一）政府与农民的良性互动

政府与农民的良性互动一方面要建立有效的社会安全阀，让农民充分表达利益诉求。社会安全阀是美国社会学家科塞提出的概念，用来表示社会冲突具有正功能的意思。社会安全阀可以让不理解改革或反对改革的相关利益群体表达诉求、化解怨气、疏解苦闷，起到促进改革、维护社会稳定的作用。宅基地改革中需要正式制度、非正式制度（文化习俗）等政策工具来化解不支持或不理解宅基地改革的农民心中的不满情绪。对农民来讲，宅基地改革是一件非常敏感而又复杂的事。中央也反复强调，宅基地改革要尊重农民的意愿，不能强迫农民退出宅基地，强迫农民"上楼"，要坚守土地公有制性质不改变、耕地红线不突破、农民利益不受损这三条底线。

山东 Z 城 X 村为了合村并居、推进城镇化，政府没有做好与农民的良性互动，强拆农民的房子、野蛮征用农民的宅基地，这最终引发农民上访，成为社会广泛关注的事件②。Z 城之事就是一本典型的反面教材。政府与农民未做充分沟通、未形成良性互动主要体现在五个方面。一是强

---

① HKD，20210118，访谈 F 省 Q 市 H 县某银行。
② 本部分信息来自光明网报道、人民网领导留言的材料。参见《农村宅基地改革不能急躁冒进》，2020 年 10 月 15 日，https：//guancha.gmw.cn/2020 - 10/15/content_ 34271122.htm，最后访问日期：2021 年 12 月 1 日。山东省领导留言板：http：//liuyan.people.com.cn/threads/content?tid = 7289649。

拆。政府与农民在还没对拆迁补偿价格达成一致的情况下就强拆农民的房子，也不顾农民还在房屋内，就让挖掘机、铲车强行闯入民宅，引发村民的强烈抗争。二是补偿价格、面积的霸王条款引起农民不满。政府没有征求农民意见，也不管农民是否同意，单方制定拆迁补偿价格和面积。这是导致官民冲突最主要的原因。宅基地补偿的价格每平方米只有 100—300 元，有的村还更低。村民房子平均估价每平方米 400—600 元，而政府承诺给农民却未见踪影的安置房按每平方米 1400—1600 元的价格，让农民购买。换言之，大概 3 平方米的农民房子才能换取 1 平方米的政府安置房。更令村民气愤的是，地方政府给农民的房子估价就是一张白纸，农民还未获得补偿款，就得多花几十万元购买还未建设的安置房，还得交 5000 元押金，自己掏钱租房子。村民吴某的房屋占地约 280 平方米，但他最终收到的估价条却是房屋合计面积 112 平方米。他从乡镇政府工作人员口中得知，漏掉的 160 平方米是因为房屋达不到居住条件，不给补偿。吴某去找乡镇政府说理，被工作组聘用的临时工暴打一顿，还遭威胁。工作组人员怕吴某录音录像，强制要求吴某删除手机上所有的音频、录像。三是安置小区还没建好，就拆迁农民的房屋。从工作程序上讲，政府在拆迁农民的房屋前，应将安置小区的建设地址、完工时间与农民沟通，让农民对新生活有憧憬，争取农民的配合，但是，山东 Z 城是在新建小区地址不明、建成时间不清楚的情况下，强制要求农民搬离居住多年的房屋。农民当然不配合。同时，他们发现，以往合村并居后，新建安置房的质量都不太理想。对有些村民来说，安置房就像鸡肋。四是没有做好农民"上楼"后生活适应的沟通。农民不愿退出宅基地、配合拆迁的另一个原因是生活习惯问题。地方政府在这方面没有与农民做好解释工作，更没有考虑农民"上楼"后的生活适应问题。适应农村庭院生活的农民，喜欢房子空间大，有自己的一片天地。农民"上楼"后发现，许多农具无处置放，养鸡养鸭变成一件很困难的事，去农田耕种要走很长的路。诸多生活不便让农民厌倦商品房似的城市生活。五是未能解决农民的就业问题。房屋被拆迁、土地被征用后，农民的生计从哪来，就业怎么办，这些问题地方政府都没有统筹考虑。

政府与农民的良性互动另一方面要建立宅基地改革的公共服务配套体系。福建三明虽然不是全国最早推行地票制的地区，但是它的地票制改革也取得了一定成效，形成了较好的社会效益。个中原因就是三明有一套适应本地实际、有利于农民参与宅基地改革的县、镇、村三级产权交易服务体系。在县一级，成立农村产权交易公共服务中心，为不具备产权登记条件的土地承包经营权、农业设施设备办理农村产权鉴定证书，使之具备抵押担保的功能。在乡镇一级，建立农村产权服务中心，承担地票、林票、房票核发、产权登记、交易、评估等任务；在村一级，设立产权交易村级服务站点，通过对农村闲置资源资产信息进行采集、整理、录入、比对，解决农村产权交易中双方在市场化水平上差异大、信息不对称等问题[1]。

(二) 政府间的良性互动

宅基地改革作为一项公共政策，在全国范围内从个别地区试点到较多地区执行，是一个政策创新扩散的过程。政策创新扩散过程主要有四种类型：自上而下的层级扩散、自下而上的吸纳辐射扩散模式、同一层级的区域或部门间扩散模式、不同发展水平区域间政策跟进扩散模式[2]。前两种类型属于纵向的央地互动；后两种类型属于横向的府际互动或区域互动。从纵向互动的角度看，宅基地改革集合了自上而下与自下而上两种模式，是中央与地方互动的结果。自上而下的层级扩散是上级政府以行政指令形式要求下级政府必须采纳或执行某项政策的过程。自下而上的吸纳辐射扩散模式是"地方政府创新—上级采纳—推广实行"的过程。

中央与地方的互动。宅基地抵押贷款政策从地方政府的自主创新探索上升到国家战略，就是中央与地方互动的结果。福建晋江于20世纪90年代就开始探索农房抵押贷款业务。这项业务当时由晋江农村商业银行推出，得到晋江市政府的大力支持。主要内容是，只要土地所有权性质不变、土地用途不变、农民权益不受损，允许农户将宅基地上附着的、具有集体土地使用权证及房屋所有权证的建筑物进行担保，申请用于生产经营或消费的抵押贷款。这个做法与当时国家的关于农村土地管理相关规定是相冲突的，因为《中华人民共和国土地法》规定："宅基地和自留地、自

---

[1] 《三明推出地票制度：一"票"激活沉睡的宅基地》，2020年12月11日，http://news.fznews.com.cn/dsxw/20201211/5fd2cdae1dc08.shtml，最后访问日期：2021年1月19日。

[2] 王浦劬、赖先进：《中国公共政策扩散的模式与机制分析》，《北京大学学报（哲学社会科学版）》2013年第6期。

留山，属于农民集体所有。"《中华人民共和国担保法》规定："耕地、宅基地、自留地、自留山等集体所有的土地使用权不得抵押。"《中华人民共和国物权法》则明确规定，除买卖、公开协商等方式承包的"四荒地"等农村土地可以抵押，其他方式承包的农村土地是不允许抵押的。虽然国家政策法规明确宅基地不能抵押贷款，但是，福建、浙江、广东等沿海地区都在自主探索宅基地抵押贷款，而且效果不错，银行、农民、地方政府等相关利益主体也积极参与。地方政府创新推动了国家对宅基地抵押贷款的认可。2015年12月27日，第十二届全国人民代表大会常务委员会第十八次会议决定：授权国务院在北京市大兴区等232个试点县（市、区）行政区域，暂时调整实施《中华人民共和国物权法》《中华人民共和国担保法》关于集体所有的耕地使用权不得抵押的规定；在天津市蓟县等59个试点县（市、区）行政区域暂时调整实施《中华人民共和国物权法》《中华人民共和国担保法》关于集体所有的宅基地使用权不得抵押的规定。这些调整在2017年12月31日前试行。

地方政府间的互动。从横向互动的角度看，宅基地改革融合了同一层级的区域或部门间扩散模式、不同发展水平区域间政策跟进扩散模式。同一层级的区域或部门间扩散模式指公共政策在邻近城市或部门间的复制或创新。不同发展水平区域间政策跟进扩散模式指落后地区向先进地区模仿、学习公共政策。以地票为例，重庆是全国最早推行地票制的，取得一定成效后，江西、福建等地区纷纷向重庆学习地票改革办法。浙江义乌的宅基地改革在全国处于领先地位，比较有效果，吸引了武汉等地前往学习。从2016年到2018年，义乌已办理宅基地使用权转让登记104宗，其中跨集体经济组织13宗，集体经济组织内部转让91宗。义乌在全国最早建立宅基地基准地价体系，区片价格从最高每平方米25870元，逐步过渡到最低的每平方米2870元，使宅基地抵押贷款有了准确的价值评估标准。截至2018年初，义乌全市24家金融机构累计发放农民住房抵押贷款7029笔，贷款金额34.09亿元，占全国试点地区总量的三分之一以上[1]。正是

---

[1] 武汉市人大常委会：《关于赴浙江省义乌市学习考察宅基地"三权分置"改革的调研报告》，2018年5月2日，http：//www.whrd.gov.cn/html/sjytt/dcyj/2023/0826/13914.shtml，最后访问日期：2021年12月1日。

有这样的业绩，武汉市人大领导带领市人大农村委员会、区人大常委相关负责人、市政府相关部门分管领导、部分涉农企业负责人到义乌学习宅基地"三权分置"的办法。

（三）银行与农民的良性互动

银行与农民的互动主要发生在宅基地抵押贷款政策执行中。宅基地抵押贷款政策对于农民来说是全新的概念，农民对贷款的条件、意义、内容、方式、还款要求等都不熟悉。农民考虑的是贷款是否合算、手续是否方便、不能如期还款怎么办等问题。解答这些问题都需要银行的积极配合与真诚互动。与戈夫曼拟剧互动论的"印象表演"不同，银行必须与农民"真诚互动"，前台与后台必须保持一致。因为贷款是一种法律行为，借贷双方的言行必须受法律约束，是一种法律结构化后的行为。负责贷款的银行工作人员黄先生说：

> 不管哪种贷款，我们都必须如实告诉申请人的权利、义务。对于宅基地抵押贷款，我们要诚恳、如实地告知农民，什么样的条件才能申请贷款，贷款最高金额是多少，贷款周期多久，如果不能按期还款要承担的后果，等等，绝对不能为了扩展业务，随意讲话，夸大贷款优惠，欺骗农民……[1]

第四节 优化宅基地改革的对策建议

一 树立正确的宅基地改革价值观，发挥宅基地改革的正功能

宅基地改革价值观指政策制定者、执行者对宅基地改革的初心是什么，坚持的基本价值取向是什么，抱着怎样的心态推进改革，是一个指涉"为什么改革"的问题。从党和国家一系列关于宅基地改革的政策文件、领导讲话看，我们可以发现，国家提出宅基地改革的初心是为了让宅基地成为农民的一种资产，而不是只有居住功能。当宅基地被盘活为资产后，农民就能获得财产性收入，幸福感、获得感就会提升。国家推行宅基地改

---

[1] HXS，20210218，访谈F省Q市N县某银行工作人员。

革的另一初衷是促进乡村产业振兴、壮大乡村集体经济、提升农村社区公共服务质量。总之，党和国家推行宅基地改革的目标是让农民生活更幸福、更美好，是中国共产党不忘初心、牢记使命的表现。

只有将这种价值观树立为省、市、县、乡镇、村各级干部的共同价值，才能保证宅基地改革的正功能得到发挥，保证改革成果不会被少数别有用心的人俘获。因此，公共价值的宣讲、沟通、培训显得格外重要。一是从中央到乡村，在五级书记抓乡村振兴过程中，要将宅基地改革的价值观、初心、使命讲清、讲透，让全体党员干部明白宅基地改革的目标，明白宅基地改革是农民个体、村集体和国家利益的统一。二是建立宅基地改革的公共价值导向体系。思想是行动的先导，人的价值观念是通过行动表现出来的。对于在宅基地改革中，妥善处理好农民、村集体与政府利益，实现"和谐拆迁""零上访"的工作小组或工作人员给予奖励；反之，对那些实行强拆、偷拆，将改革利益中饱私囊的工作人员进行处罚。

二 认清宅基地改革的本质，化解改革中的冲突

宅基地改革表面是土地改革，实质是农民发展观念、生活方式的改革，是一场文化变迁。长期以来，中国农民已习惯居住在农村宅院里。经过历史沉淀，农村宅院已逐渐形成庭院文化、农耕文化、邻里文化、宗亲文化等。与城市商品房不同，农村宅院空间大、有自己相对独立的空间，农民称之为"有天有地"。在这种空间里生活，农民有自己的庭院，可以养花种草，可以享天伦之乐，可以与众多亲朋好友谈天说地、纵论国是。由于空间大，农民在现代化社会里，仍然可以饲养牲畜，将农耕生活作为一种乐趣。邻里、宗亲住在一个区域里，互帮互助、其乐融融。当农民退出宅基地"被上楼"后，生活方式完全发生变化，需要有过渡期、适应期。农民将城市商品房比作"笼子里的鸽子"。空间狭窄、没有独立的天地，没有庭院，不能与花草为伴，不能饲养牲畜，左邻右舍来往也少。

要让农民"被上楼"生活舒心、幸福，就得处理好农耕文明与城市文明的冲突，促进两者融合。不能简单粗暴地将农耕文明视为落后、没素质、低下的文明，不能歧视农民，而是要将现代城市文明有机植入传统的农耕文明，让两种文明相得益彰，促进农民的文化适应。这就要求基层工作者积极引导农民树立公共空间意识。在中国历史上，农民长期只有"家

庭""朝廷"的概念,对这两个概念之外的公共空间没有太多的意识,也不在乎公共空间的言行举止。因此,随地吐痰、乱扔垃圾等被现代城市不能容忍的行为时有发生,但缺乏公共空间意识并不意味着农民是低素质的人。比如,路上躺着一个亟须救助的人,城里人可能不敢碰,农民看了却会去帮忙。只要讲究宣传方法,让农民知道公共空间角色扮演的要求,他们也会配合的。

三 处理好宅基地改革的法、理、情关系,解决好各种交换问题

宅基地改革牵涉的利益多、风险大,需要各种正式制度和非正式制度作保障。

首先,严格执行宅基地确权颁证制度。这是保证产权秩序的前提。产权混乱是导致产权治理失效的重要因素[1]。当前应该加快宅基地的确权颁证,明确宅基地所有权、资格权、使用权的边界与功能,减少宅基地改革中的交易成本,提高宅基地抵押贷款制度的实施效率,释放宅基地的潜在价值。尤为重要的是要对宅基地的使用权还权赋能,减少宅基地抵押贷款的政策障碍,才能放活宅基地,使宅基地运转起来。

其次,建立农民住房保障制度。农民申请宅基地抵押贷款后,如果不能按时还款,宅基地会被金融机构收回。那么,失去宅基地及其房屋的农民将无房可住,这不利于乡村社会稳定,也与宅基地改革的初衷背道而驰。因此,要确保农民住有所居,不因无力偿还宅基地贷款而无家可归。一方面,规定农民申请宅基地抵押贷款时,必须保留人均若干平方米的宅基地[2]。另一方面,有些地区若宅基地本来就少,还要硬性要求保留一定的面积数,可能无法执行宅基地抵押贷款政策。这类地区的地方政府可尝试建立风险保障金,确保有正当理由不能按时还款的农民以政府的风险金作偿还,既保证农民的住房保障,也保证了金融机构的利益。

再次,严守耕地保护制度。耕地保护关乎粮食安全。在推进地票制过程中,应该严格执行耕地占补平衡政策规定。采用"先补后占"原则,探

---

[1] 韩文龙、朱杰:《宅基地使用权抵押贷款:实践模式与治理机制》,《社会科学研究》2020年第6期。

[2] 至少保留多少平方米,各地区可根据实际来确定,但至少要10平方米才能居住。

索"以补定占"办法,实现复垦宅基地与占用耕地数量、质量的平衡。同时,对基本农田要永久保护。任何单位或个人未经上级审批不得改变或占用。大力推进土地整治,提升耕地质量。加快建设高标准农田,做好农田水利等基础设施维护,确保高标准农田持续发挥长期效益。

复次,将宅基地改革纳入地方政府考核的参考指标。宅基地改革还处于试点阶段,不宜全国一刀切,有些地区不一定需要宅基地改革,因此将宅基地改革纳入地方政府绩效考核指标时,可作为加分项,不宜作为必选项。这种做法给地方政府有一定的自由裁量权,适合开展宅基地改革的地区可以大胆探索,反之,不适合改革的地区不能强制,避免瞎折腾。

最后,在宅基地改革中,对祖宅的处理要动之以情、晓之以理。如前文所述,祖宅、祠堂等是农民情感的寄托,是农民尊重先人、传承家风的特殊场所。对于农村老年人来说,祖宅、祠堂甚至是他们的生命依托。因此,对祖宅、祠堂的处理绝对不能强拆、偷拆,一定要反复耐心地与农民沟通,以情感人、以理服人。一线工作人员可从农村下一代生存发展的角度给农村老年人做工作。让农村老年人理解,宅基地改革是为了村庄更好地发展,尤其是为了让孩子们有更好的生活空间、接受更好的教育、享有更好的文化公共服务等。我们的调研实践表明,为了子孙后代着想,绝大多数农村老年人还是通情达理,会积极配合的。

四 建立政府、村级组织、农民、金融机构的良性互动机制

宅基地改革作为一项公共政策,在政策执行中,政府、村级组织、农民、金融机构有着自己的利益诉求,织成了一张政策网络。只有建立高效、流畅的良性互动机制,才能减少宅基地改革交易成本,促进改革的顺利进行。一是参与机制。每个主体(尤其是农民)要能参与宅基地改革的每个环节,知晓改革的意义、内容、工作程序、利弊等关乎其切身利益的事项。二是协商对话机制。每个利益主体看问题的角度不同,所说的话、所做的事可能也就不同,在改革中就可能产生冲突,这就需要协商对话。基层政府为了完成上级的任务,可能会急于推进改革;有些村两委为了维护村庄利益,不配合基层政府;农民可能更多从自身或宗族利益考虑宅基地的价值;金融机构考虑的是成本、效益。这些不同利益诉求交织在一起,容易引起矛盾。在改革推进中,一线工作人员要不断与农民沟通、对

话，讲究策略、抓住重点人群、换位思考。以退出祖宅为例，要充分发挥农村老年协会的力量，老年协会领导要带头支持祖宅退出，村里的党员干部也要带头支持。然后，以点带面，采用"一人一策"的沟通方案，化繁为简、化整为零，做通"钉子户"的工作。三是利益表达与保护机制。农民在宅基地改革中一旦有利益受损的心理时，随时可以向政府表达自己的诉求。基层政府要建立高效的回应机制。宅基地改革的风险保障金或融资公司的建立都有利于保护农民或放款金融机构的利益。

本章小结

本章认为，宅基地改革的相关研究成果可归纳为功能论、冲突论、互动论与交换论。现有的研究成果与理论视角为本章的写作提供了丰富的知识积累，指明了研究方向，但是，已有的知识生产要么偏向宏观的制度结构方面，要么偏向微观的行动者行为或心理方面，缺乏一个整合性的分析。本章认为，要理解宅基地改革在乡村振兴中的功能及其运行机理，需要从宏观与微观、制度与行动结合的角度来分析。为此，本章建构了"结构—过程"的分析框架，涵盖了宅基地改革的外部结构因素和内在行动者因素。

宅基地改革历程可分为三个阶段：土改到改革开放以前；1978年至20世纪90年代末；21世纪以来。宅基地改革的内容主要是围绕"三权分置"展开的，包括权益保障和取得方式、宅基地使用权流转制度、农民住房财产权的实现。权益保障和取得方式的本质是宅基地的资格权问题，即哪些人可以拥有宅基地或申请宅基地。全国各地遵循的原则是"一户一宅"，在实际操作过程中根据实际情况制定相应的条件。宅基地使用权流转主要有政府主导型、市场驱动、集体自组织三种类型。政府主导型，指地方政府通过货币补偿、资产置换、借地退出的方式对自愿退出宅基地的使用人进行补偿，以推进宅基地改革的一种治理方式。市场驱动包括宅基地股权化改革、地票制。集体自组织主要采用指标置换方法。农民住房财产权的实现方式主要是宅基地使用权抵押贷款。

实证分析表明，宅基地改革在乡村振兴中能够发挥五个正功能，一是发挥宅基地的资产功能，解决部分村民生产生活的资金短缺问题；二是增加农民财产性收入与经营性收入；三是满足乡村不同阶层农民对美好生活的追求；四是促进宅基地公平分配，为乡村宜居创造条件；五是促进城镇化，有利于统筹城乡发展。

但是，宅基地改革也面临五个困境：一是宅基地抵押贷款权利的不平等；二是宅基地、祖宅产权关系复杂，宅基地抵押权实现阻力较大；三是抵押物的评估、处置难问题；四是宅基地社会属性与经济属性之间存在冲突；五是地票制存在耕地质量和数量占补不平衡、农民住房保障受到冲击的问题。

本章从交换论与互动论角度分析了影响宅基地改革效果的诸多因素。其一，从行为主义交换论看，宅基地改革中相关利益主体都是理性行动者，在做出决策时，会积极追求自身利益最大化。农民的理性是工具理性与情感理性的统一，既考虑退出宅基地的经济效益，也考虑宅基地的情感寄托效应。地方政府会权衡改革、发展、稳定的关系。村级组织会考虑宅基地改革的绩效、宅基地改革是否属于村庄发展的重要任务。银行作为一个理性行动者，试图平衡经济效益与社会效益，会推行宅基地抵押贷款业务，但不会将该业务作为主要工作。其二，从互动论角度看，政府、农民、村级组织等利益主体之间的互动，会影响到宅基地改革效果。一是政府与农民的互动，是否有社会安全阀、是否有公共服务配套体系将影响到宅基地改革是否顺利。二是中央与地方政府的互动、地方政府间的互动学习会影响到宅基地改革的政策扩散。三是银行与农民的互动会影响到宅基地改革的政策执行。

基于以上分析，本章认为可从四个方面优化宅基地改革、促进乡村振兴。一是树立正确的宅基地改革价值观，发挥宅基地改革的正功能。二是认清宅基地改革的本质，化解改革中的冲突。宅基地改革表面是土地改革，实质是农民发展观念、生活方式的改革，是一场文化变迁。三是处理好宅基地改革的法、理、情关系，解决好各种交换问题。四是建立政府、村级组织、农民、金融机构的良性互动机制。

第八章　农村社区实物资产建设（上）
——基于乡风文明的视角

《中共中央　国务院关于实施乡村振兴战略的意见》和《乡村振兴战略规划（2018—2022年）》都提出"乡村振兴，乡风文明是保障"。随着我国进入新时代，农村生产力水平获得了很大提升，农民追求美好生活的需求也日益强烈。美好生活包括物质生活和精神生活，既要富口袋，也要富脑袋。这就给乡风文明提出了更高要求。乡风文明是农村精神文明建设的重要组成部分，是让农民拥有高质量精神生活的前提。作为乡村振兴的一项紧迫任务，乡风文明重点是弘扬社会主义核心价值观，保护和传承农村优秀传统文化，加强农村公共文化建设，开展移风易俗，改善农民精神风貌，提高乡村社会文明程度[①]。古村落、农家书屋、宗祠、祖厝等实物资产分别是弘扬农村优秀传统文化、加强农村公共文化建设与落实社会主义核心价值观、推进移风易俗的有力抓手。那么，这些实物资产在推进乡风文明中有何功能，存在哪些困境，影响它们功能发挥的因素有哪些，如何优化它们的功能？

本章第一节从理论与实践两方面对乡风文明的相关文献进行了梳理与评述，指出现有研究的贡献与不足；第二节界定了乡风文明、实物资产两个核心概念，提出了分析框架，交代了研究方法；第三节是实证分析，阐述了实物资产促进乡风文明的功能表现、存在的主要困境与形成逻辑；第四节对实物资产促进乡风文明的优化方案提出对策建议。

---

① 习近平：《把乡村振兴战略作为新时代"三农"工作总抓手》，《求是》2019年第11期。

第一节　乡风文明的理论研究与实践探索

与本章研究主题密切相关的文献主要分布在乡风文明[①]、乡村文化振兴、乡村文化建设、乡村文化公共产（物）品等领域，我们分别以这四个关键词为篇名进行搜索，发现主要的研究成果可归纳为理论层面的规范研究和实践层面的实证研究。

一　关于乡风文明的理论研究

党的十六届五中全会于 2005 年召开，提出将乡风文明作为社会主义新农村建设的 20 字总要求的重要内容。2017 年，党的十九大报告提出，实施乡村振兴战略，将乡风文明作为乡村振兴 20 字总要求的核心内容。从社会主义新农村建设的 20 字总要求到乡村振兴战略 20 字总要求，只有乡风文明的提法没有发生变化，这说明乡风文明在"三农"工作中的重要性。从时间维度看，有关乡风文明的研究可分为两个阶段：2005—2017 年；2017 年以来。考虑到本课题的研究背景主要是乡村振兴，我们重点回顾与评述 2017 年以来的文献。2017 年以来，乡风文明的研究文献日益增多，我们以"乡风文明"为主题词进行搜索，2017—2021 年的文献分别有 114、402、600、456、706 篇。在理论研究领域，学者们关于乡风文明的学术产出主要集中在以下几个主题。

（一）乡风文明的内涵

张元洁、田云刚认为乡风文明有广义和狭义之分，狭义的乡风文明指乡村的科技、教育、文艺、道德等方面的状况，可概括为乡村的精神文明；广义的乡风文明是乡村的物质文明和精神文明的总和[②]。刘欢、韩广富将乡风文明置于后脱贫时代的背景来看，认为乡风文明属于精神文明建

[①] 乡风文明有广义与狭义之分，广义的乡风文明包括文化振兴、乡村文化建设、乡村文化公共产（物）品。参见本章第二节的概念界定。

[②] 张元洁、田云刚：《乡风文明的谱系学分析与产业化重建》，《湖北社会科学》2019 年第 10 期。

设的范畴,基本内容包括新的生产生活方式、开展精神文明创建活动和提升农民科学素养等[1]。邹陆林认为,乡风文明是乡村振兴的根与魂,乡风兴则乡村兴。乡风是指农民在乡村长期的生产生活中形成的具有统一规范的风俗习惯、思想观念和行为操守的总和。其中积极的、具有建设功能的成果就是文明乡风[2]。

(二) 乡风文明的特征

系统性。高洪洋认为,乡风文明建设是一项系统工程。推进乡风文明建设要落实资金保障、加强村民思想道德建设、加大农村公共文化队伍、推动城乡产业融合等多管齐下[3]。刘盛认为,乡风文明与乡村振兴密切相关,不能将两者独立开来研究。推进乡风文明关键要从构建新型乡村文化与乡村伦理入手,坚持政府、社会、个人层面多管齐下、多方发力、多措并举,积极推动乡风文明的改善,为乡村振兴奠定坚强文化保障和强有力支持[4]。

多元性。在张元洁、田云刚看来,乡风文明具有三个明显的特征[5]。一是外在性与内在性。乡风文明的外在性体现在乡村的生产工具、建筑设施、饮食服饰等方面;乡风文明的内在性体现在乡村的精神文明状况、村民的精神世界和文化素养。二是乡风文明与城市文明具有趋同性与差异性。趋同性指,农村居民与城市居民在汽车、电脑、手机等现代化工具的使用上具有共同属性,差异性指,乡村仍然保留农业生产的"乡土本色",城市仍然表现为从事工商业生产经营活动的城市本色。三是乡风文明具有相对稳定性和变迁性,乡风文明既是稳定的也是流变的。

动态性。还有学者认为乡风文明是主客观统一的实践活动,是动态多

---

[1] 刘欢、韩广富:《后脱贫时代乡风文明建设的现实价值、发展境遇及路径选择》,《西北民族大学学报(哲学社会科学版)》2021年第2期。

[2] 邹陆林:《乡村振兴中乡风文明建设问题与出路——基于云浮市乡村振兴的实证研究》,《广东行政学院学报》2019年第4期。

[3] 高洪洋:《新时期加强乡风文明建设的系统探索》,《系统科学学报》2019年第4期。

[4] 刘盛:《乡风文明与乡村振兴:重要意义、现实难点与关键举措》,《农林经济管理学报》2018年第5期。

[5] 张元洁、田云刚:《乡风文明的谱系学分析与产业化重建》,《湖北社会科学》2019年第10期。

维的客观存在，在不同历史时期有不同的内涵[①]。比如，新民主主义革命时期的乡风文明建设侧重突出革命性；社会主义革命和建设时期的乡风文明建设倾向泛政治化、集体主义；改革开放后新农村建设中的乡风文明建设带有多变性与不稳定性；后脱贫时代的乡风文明建设更具人文关怀，要把"消除乡村精神贫困"纳入其中[②]。

（三）乡风文明的功能

功能论的主要观点是，乡风文明在乡村振兴中具有积极的正功能。比如，朱启臻认为，乡风文明是乡村振兴的灵魂所在，建设乡风文明是中国社会文明建设的重要基础[③]。林聚任等认为，乡风文明是乡村振兴"五位一体"战略的主要内容，是新时代社会文明建设的重要时代课题[④]。朱德全、马鸿霞认为，乡风文明是新时代农村文化建设的战略目标，对乡村发展与美丽新农村建设意义重大[⑤]。徐越指出，乡风文明是评判乡村共同体进步开化与否的标准，是乡村振兴水平和程度的外显，乡村振兴战略背景下的乡风文明建设具有重要意义[⑥]。也有学者从乡村文化建设的角度，阐述乡风文明的作用[⑦]。陈晓霞认为，加快乡村文化建设是实施乡村建设行动、深化农村改革、推进乡风文明建设和城乡一体化发展的重要内容，也是实现巩固拓展脱贫攻坚成果同乡村振兴有效衔接的重要手段。实施文明乡村创建，加大乡村文化发展传承，注重新时代乡村文化培育，加快推进乡村文化建设，可保障乡村建设行动的有效实施，全面推进乡村振兴。叶剑鸣以浙江象山为例，阐明乡风文明是实现乡村全面振兴的重要保障和力量源泉，是满足基层群众日益增长的美好精神文化生活需求的必然要求[⑧]。

---

① 刘欢、韩广富：《后脱贫时代乡风文明建设的现实价值、发展境遇及路径选择》，《西北民族大学学报（哲学社会科学版）》2021年第2期。

② 韩广富、刘欢：《新时代农村基层党组织推进乡风文明建设的逻辑理路》，《理论探讨》2020年第2期。

③ 朱启臻：《乡风文明是乡村振兴的灵魂所在》，《农村工作通讯》2017年第24期。

④ 林聚任、刘佳、梁亮：《乡风文明与当前农村新型社区建设——以山东省"乡村文明行动"为例》，《中国农业大学学报（社会科学版）》2018年第3期。

⑤ 朱德全、马鸿霞：《乡风文明：职业教育"化民成俗"新时代行动逻辑》，《国家教育行政学院学报》2020年第8期。

⑥ 徐越：《乡村振兴战略背景下的乡风文明建设》，《红旗文稿》2019年第21期。

⑦ 陈晓霞：《乡村振兴战略下的乡村文化建设》，《理论学刊》2021年第1期。

⑧ 叶剑鸣：《乡风文明建设助推浙江象山乡村振兴》，《红旗文稿》2019年第21期。

刘欢、韩广富认为，乡风文明在后脱贫时代有新的内涵与现实价值，能为乡村特色优势产业发展提供内生动力源、能带动乡村人居环境整体优化、能繁荣与发展新时代乡村文化、能推动乡村社会和谐有序发展、能不断提升乡村社会文明水平，通过乡村振兴增强脱贫可持续性、最大程度减少返贫现象[1]。

（四）乡风文明建设的困境

一是基层政府职能的弱化。基层政府干部对乡风文明的思想认识、政策水平和执行力度在很大程度上影响着乡风文明建设的成效，但是，有些乡镇政府将乡风文明与乡村经济建设割裂开来看，没有将乡风文明视为促进经济发展的一种软实力，将时间、精力主要放在GDP增长上，公共文化设施建设、精神文明建设成为乡镇工作的短板。乡村文化设施和场所建设不能满足广大农民群众的实际需要，乡风文明建设失去了应有的物质依托[2]。

二是建设主体的缺位。随着城镇化进程的加快，农村人口大量涌向城市，留守人员以老年人、妇女和儿童为主，乡村呈现空巢化、过荒化。农村人口外出务工经商虽然给乡村发展带来了更多的资金，但是也使乡村损失了比资金更重要的财富——人力资源。人才缺乏成为新时代乡风文明建设的瓶颈[3]。乡村空心化也加速了乡村优秀传统文化断层，城市文明又很难在短时间内在乡村落地生根[4]。调研表明，多数群众参与乡风文明的主体意识不强，认为乡风文明建设只是政府的事，干好了是领导干部的政绩，干不好也与自己无关，主体意识严重缺乏，存在"干部干、群众看；政府买单、群众不买账"等现象[5]。

---

[1] 刘欢、韩广富：《后脱贫时代乡风文明建设的现实价值、发展境遇及路径选择》，《西北民族大学学报（哲学社会科学版）》2021年第2期。

[2] 刘盛：《乡风文明与乡村振兴：重要意义、现实难点与关键举措》，《农林经济管理学报》2018年第5期。

[3] 刘盛：《乡风文明与乡村振兴：重要意义、现实难点与关键举措》，《农林经济管理学报》2018年第5期。

[4] 刘志刚：《乡村振兴战略背景下重建乡村文明的意义、困境与路径》，《福建论坛（人文社会科学版）》2019年第4期。

[5] 邹陆林：《乡村振兴中乡风文明建设问题与出路——基于云浮市乡村振兴的实证研究》，《广东行政学院学报》2019年第4期。

三是农村教育的落后。教育在乡风文明中具有不可替代的作用，能够提升农村人口素质，也能够成为农村文化建设的阵地，但是，随着城镇化、老龄化、空巢化趋势的加剧，农村教育状况不容乐观。许多中小学被合并，不少农村小孩上学要到镇中心或县城，路途遥远，成本增加，这导致农村辍学率有所回升①。研究表明，农民的文化程度越高，对精神文化追求就越重视，个人追求也越多，参与乡风文明建设的积极性就越高②。

四是乡风文明建设的文化基础设施保障不够。由于基层政府不够重视、乡村教育弱化，乡风文明建设中文化设施保障滞后。调研表明，"在公共文化服务工作方面，还存在着村级活动阵地功能不全、作用发挥不够，乡村文化活动还不能完全满足乡村群众需要的问题"③，"乡风文明建设缺少基础设施载体，就很难发挥乡风文明对乡村振兴的作用"④。随着现代工业文明的迅速发展，扎根乡土社会和承载乡愁记忆的自然村落、文物古迹、宗祠村庙、乡村礼俗等，面临被损毁、弱化甚至消失的危机，乡土文化特色正在逐步丧失⑤。

（五）推动乡风文明的路径

学术界探索推动乡风文明的路径集中于两方面。一方面从历史与现实结合的角度进行阐述，张元洁、田云刚运用整体主义的文明观念和文化史的谱系学方法发现，乡村振兴要解决的是乡村衰落问题，乡村衰落的本质是传统乡村文化的衰落，解决乡村文化衰落的问题需要重建乡风文明，这不是要求改变乡村文化的农业本色，而是要按照科技化、资本化、企业化、市场化等的产业化要求改造传统农业，将建立现代化的农业产业体系作为根本出路，进而通过发展股份制农业企业，再造富强、民主、文明、

---

① 刘盛：《乡风文明与乡村振兴：重要意义、现实难点与关键举措》，《农林经济管理学报》2018年第5期。

② 邹陆林：《乡村振兴中乡风文明建设问题与出路——基于云浮市乡村振兴的实证研究》，《广东行政学院学报》2019年第4期。

③ 肖莉：《青海乡风文明建设实践与强化路径》，《青海社会科学》2019年第6期。

④ 李荷园：《乡村振兴战略视域下乡风文明建设研究述评》，《农村实用技术》2020年第7期。

⑤ 欧阳雪梅：《振兴乡村文化面临的挑战及实践路径》，《毛泽东邓小平理论研究》2018年第5期。

和谐、美丽的乡风文明体系①。另一方面，从关系的角度进行探索，门献敏认为，乡村文化是乡村振兴的重要内容，是乡村存续发展的根基灵魂，乡村文化振兴是一项系统工程，必须正确认识和处理好坚持文化创新与打造特色的关系，坚持文化借鉴与继承传统的关系，坚持文化保护与开发利用的关系，坚持文化投入与以民为本的关系，坚持文化公益与产业发展的关系②。

二 关于乡风文明的应用研究

2018 年 1 月颁布的中央一号文件《中共中央 国务院关于实施乡村振兴战略的意见》，从加强农村思想道德建设、传承发展提升农村优秀传统文化、加强农村公共文化建设、开展移风易俗行动等四个方面提出了乡风文明建设的要求。学术界关于乡风文明的应用研究也主要集中于这四个方面。

（一）农村思想道德文化建设

一是建设"道德小屋"，将社会主义核心价值观内化为群众的一言一行。据报道，云南德宏州盘活乡村活动室，按照"有房子、有牌子、有物品、有制度、有台账、有积分标识、有专人管理"的标准建设"道德小屋"。村民在"遵纪守法、勤劳致富、团结和睦、文明风尚、热心公益"等五个方面做好事，可获得一定积分，再将积分兑换生活用品③。二是建设新时代文明实践中心。形成县、镇、村三级文明实践中心体系，以中心为平台设立"好人馆"、红黑榜，建立思想道德文化建设的激励机制④。

（二）农村优秀传统文化建设

赵亚芬等以贵州塘约村为例，阐述村史馆在农村优秀传统文化传承、积极的文化价值和社会价值传播中起的重要作用⑤。五千年的农耕文明是

---

① 张元洁、田云刚：《乡风文明的谱系学分析与产业化重建》，《湖北社会科学》2019 年第 10 期。
② 门献敏：《关于推进乡村文化振兴的若干关系研究》，《理论探讨》2020 年第 2 期。
③ 中共德宏傣族景颇族自治州委宣传部：《德宏州"道德小屋"汇聚乡风文明正能量》，《社会主义论坛》2019 年第 4 期。
④ 杨达：《建设新时代文明实践中心的有益探索》，《红旗文稿》2021 年第 4 期。
⑤ 赵亚芬、李洪欢、白崇岩、肇颖：《塘约经验对骆驼山子村乡风文明建设的启示》，《经济师》2020 年第 7 期。

我国乡村文化的精神源泉。城镇化进程的加快和工业文明的扩张，客观上瓦解了乡村传统文化赖以生存的根基。刘志刚认为，中华传统文化根植于农耕文明，从宅院村落到农业景观，从农事节气到民间艺术，从祖传家训到乡村礼俗，都是乡村文化的鲜明标签，承载着华夏文明生生不息的文化基因，彰显着中华民族的思想智慧和精神追求。走出乡村"空心化"导致的文化困境，需要从乡土、礼俗、乡愁等视角重建乡村文化共同体[1]。

（三）农村公共文化建设

杨森提出加强公共文化基础设施建设，需要政府投入资金，加强资金的监督管理；要积极吸引社会资本参与；不能重建设、轻管理[2]。李乐为、佘生梅认为推进乡风文明关键要提升农村公共服务水平，需从资金投入、制度建设、人才队伍、硬件条件建设等方面投入，解决农村公共文化服务供需不匹配、基础设施不完善、专业人员短缺等问题[3]。祁红亭基于浙江海宁的调查实践，认为农村文化礼堂是农民精神生活的家园，对推动乡风文明、促进乡村文化振兴很有意义，应该坚持农民主体地位、把握群众需要，以农村文化礼堂为载体推动乡风文明[4]。黄昕、张振国提出要建立"乡镇—村—小组"三级文化设施[5]。刘保庆、陈雨昕认为，基层政府要合理配置乡村文化资源，出台优惠政策吸引企业参与乡村文化建设，要针对农村留守人群的特点，针对性地提供文化公共服务[6]。

（四）移风易俗

黄昕、张振国基于湖南乡风文明"千村万户大调查"，指出移风易俗是乡风文明建设的"助推器"。湖南许多乡村通过制度规范、干部带头、

---

[1] 刘志刚：《乡村振兴战略背景下重建乡村文明的意义、困境与路径》，《福建论坛（人文社会科学版）》2019年第4期。

[2] 杨森：《乡村振兴中乡风文明建设的意义、困境与路径探析》，《湖北理工学院学报（人文社会科学版）》2021年第1期。

[3] 李乐为、佘生梅：《乡风文明建设中农村公共文化服务的难题及其破解——基于张家界等地5村的调研分析》，《吉首大学学报（自然科学版）》2019年第3期。

[4] 祁红亭：《以农村文化礼堂提升乡风文明的实践与思考——以浙江海宁为例》，《文化学刊》2020年第4期。

[5] 黄昕、张振国：《乡风文明助推乡村振兴的湖南实践及其启示——基于湖南省乡风文明"千村万户大调查"的分析》，《民族论坛》2019年第2期。

[6] 刘保庆、陈雨昕：《乡村振兴背景下乡风文明建设的实现路径》，《农业经济》2020年第10期。

个人承诺、舆论监督、榜样激励等多种方式，引导农民婚事新办、丧事简办、他事不办，在狠刹婚丧嫁娶大操大办、互相攀比、铺张浪费等不良风气上取得实效[1]。

杨华认为，必须通过约束性强的村规民约扼杀人情整酒、大操大办、庸俗表演、天价彩礼以及不赡养老人等不良乡风[2]。

现有的研究成果主要停留于描述性的分析，对于乡风文明生产逻辑的解释性研究还很少见。虽然个别学者阐释了农村基层党组织推进乡风文明建设的历史逻辑、理论逻辑与实践逻辑[3]，但是缺乏实证资料支撑。以实物资产建设推动乡风文明的过程究竟是怎样的、建设理念是什么、建设主体的结构及其关系形态是什么、建设途径是什么、建设内容有哪些等问题都没有得到很好的解答。探讨这些问题在学术上可拓展实物资产建设与乡风文明的研究视角，在现实上为乡风文明建设提供新的实践路径。

第二节 实物资产与乡风文明的关系

本章的核心概念主要是乡风文明和实物资产。

乡风文明进入人们的视野，更早出现在党和政府的政策文件中。党的十六届五中全会首次将"乡风"和"文明"作为一个完整的概念提出，并将其作为社会主义新农村建设的总要求之一[4]。乡风就是乡土风俗，侧重指农村居民在乡村生产生活过程中形成的价值观念、行为习惯和风土人情。文明是相对野蛮而言的，属于先进文化，是人类社会进入高级阶段的一种进步形态。乡风文明通俗地讲就是乡村良好社会风气、生活习俗、思

---

[1] 黄昕、张振国：《乡风文明助推乡村振兴的湖南实践及其启示——基于湖南省乡风文明"千村万户大调查"的分析》，《民族论坛》2019年第2期。
[2] 杨华：《通过约束性强的村规民约促进乡风文明》，《乡镇论坛》2020年第1期。
[3] 韩广富、刘欢：《新时代农村基层党组织推进乡风文明建设的逻辑理路》，《理论探讨》2020年第2期。
[4] 徐越：《乡村振兴战略背景下的乡风文明建设》，2019年11月11日，http://www.qstheory.cn/dukan/hqwg/2019-11/11/c_1125217525.htm，最后访问日期：2020年1月11日。

维观念和行为方式等的总和①。乡风文明要注意和文明乡风、乡村文明相区别②。张元洁、田云刚认为，由于文明有广义和狭义之分，乡风文明也有广义和狭义之分，广义的乡风文明包括物质文明和精神文明，狭义的乡风文明仅指精神文明③。

本文认为，在乡村振兴背景下考察乡风文明，从狭义的角度理解乡风文明更具合理性。因为乡风文明只是乡村振兴20字总要求中的一个方面。如果从广义的角度理解乡风文明，乡村振兴的其他16字要求也属于乡风文明了。综合以往学者的观点，结合课题组的前期调研，我们认为，乡风文明指，政府、社会与乡村等主体通过正式制度或非正式制度的方式，对乡村思想道德、优秀传统文化、公共文化设施、风俗习惯、生活方式等进行改造，达到提升乡村精神文明建设质量，促进文化振兴的目标。这个概念有几个特征。一是主体多元。乡风文明需要国家的政策法规和社会主义核心价值观作引导，需要地方政府的积极推动，需要社会组织的参与，更需要广大村民的支持、参与。二是手段多样化。包括强制性的政策工具、市场化的政策工具、引导型的政策工具和志愿型的政策工具。三是继承与发展的统一。对传统文化要"扬弃"，充分吸收优秀传统文化的精华，结合乡村振兴的新要求，赋予乡风文明新内涵。四是主客观的统一。乡风文明属于精神层面的范畴，需从物质层面入手。

本章的实物资产是资产社会政策理论的一个概念，有别于其在会计学中的含义。会计学对实物资产的界定主要是着眼于它的经济价值。指有物质形态的资产，包括存货和固定资产，前者涵盖库存材料、成品或者生产中的半成品，后者指使用期限超过一年的建筑物、机械、土地等④。会计学实物资产的价值主要源自资产的物理特性，这种物理性质可能是天然的，如黄金、石油等，也可能是人造的，如机器、建筑等。资产社会政策

---

① 张秀梅：《聚力乡风文明 助推乡村振兴》，2018年6月14日，http://www.cssn.cn/bk/bkpd_qklm/bkpd_bkwz/201806/t20180614_4366753.shtml，最后访问日期：2020年1月11日。

② 刘欢、韩广富：《关于乡风文明建设问题研究综述》，《中共云南省委党校学报》2020年第6期。

③ 张元洁、田云刚：《乡风文明的谱系学分析与产业化重建》，《湖北社会科学》2019年第10期。

④ 详见百度百科关于实物资产的解释。

中的实物资产主要是考虑资产的社会价值，尤其是福利价值指向。本章的实物资产主要从文化福利的角度来界定，指能够提升人们精神生活质量、有物质形态的资产。比如，古村落、农家书屋、宗祠等。这个概念有两个鲜明特征。一是偏向人造的而非天然的资产。资产的创造主体是多元的，包括政府、农民或社会组织等。二是资产的价值属性体现为文化价值，而不是经济价值。比如，古村落蕴含着农村优秀传统文化。

上一节的文献述评已指出，虽然有少量的文献探讨了乡风文明的运行逻辑[①]，但是成果呈现碎片化、外在化，未能从实物资产建设与管理的角度来系统揭示乡风文明治理过程中国家、地方政府、村干部、农民、社会组织之间的互动逻辑，也未能系统阐释乡风文明在地化过程中制度性因素与非制度性因素之间的协调机制。实物资产是乡风文明的载体，是推进乡风文明建设的有效切入点，是思想道德建设、农村优秀传统文化、公共文化建设和移风易俗的有力抓手，但是学术界对如何通过农村实物资产的规划、建设、管理促进乡风文明的研究还很少见。

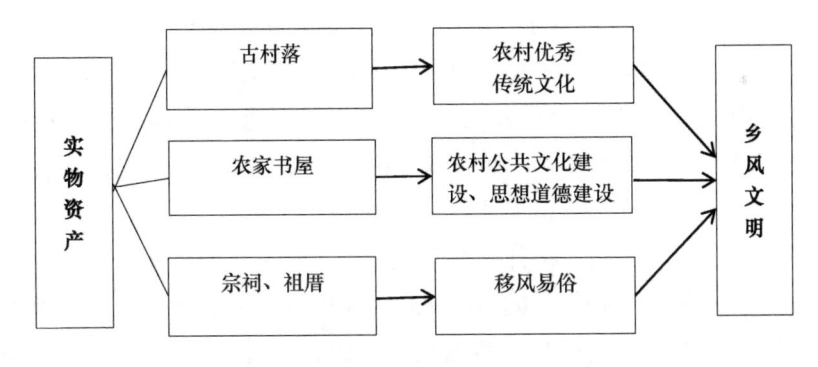

图 8.1　本章分析框架

基于现有的研究缺憾和本章的研究问题，我们构建了本章的分析框架（见图 8.1）。本章选取若干实物资产（古村落、农家书屋、宗祠和祖厝），分析其在乡风文明中的作用，因为它们代表乡风文明不同维度，古村落是

---

① 黄昕、吴恒同、张振国：《纵横磨合：乡风文明建设的多重逻辑——基于湖南省 14 个市州的调查分析》，《吉首大学学报（社会科学版）》2019 年第 4 期；高晓琴：《乡村文化的双重逻辑与振兴路径》，《南京农业大学学报（社会科学版）》2020 年第 6 期。

农村优秀传统文化的代表,农家书屋是农村公共文化建设、思想道德建设的载体,宗祠和祖厝是移风易俗的切入点。本章将分别阐述这三种资产在乡风文明建设中的作用、存在困境、影响功能发挥的主要因素以及功能提升的对策建议。

第三节 实物资产促进乡风文明的功能、困境与逻辑

一 实物资产建设促进乡风文明的功能

盘活古村落、古建筑,推动农村优秀传统文化的传承与发展。中共中央、国务院印发的《乡村振兴战略规划(2018—2022年)》指出,"完成全国重点文物保护单位和省级文物保护单位集中成片传统村落整体保护利用项目。吸引社会力量,实施'拯救老屋'行动,开展乡村遗产客栈示范项目,探索古村落古民居利用新途径,促进古村落的保护和振兴"[①]。从社会学角度看,文化是一个广泛的概念,凡是人类创造、赋予的东西都可称为文化,因此文化也可简称人化。广义上的文化包括物质文化和精神文化,狭义上的文化仅指精神变化。这里的文化取广义上的意义。不管是哪种类型的文化,文化传承都需要合适的载体。古村落、古建筑本身就是一种物质文化,凝聚着先辈的汗水与智慧,是农耕文化的重要组成部分。古村落、古建筑还是一种特殊的精神文化,体现着乡村世世代代村民为了谋生,适应当地自然环境的生产生活痕迹,代表着农民勤劳、朴实、互助、尊老爱幼等优良品质,是当地乡风、民风、家风的综合体现。古村落、古建筑的保护与修复可以让后人了解前人的艰苦奋斗历程,让后人重温前人为了生存砥砺前行、披荆斩棘的精神。古村落、古建筑本身就是一本活教材,是农村优秀传统文化传承的阵地。

农家书屋是乡风文明的重要支撑点与基石。其一,农家书屋能为贫困

[①] 《中共中央 国务院印发〈乡村振兴战略规划(2018—2022年)〉》,2018年9月26日,中国政府网,http://www.gov.cn/zhengce/2018-09/26/content_5325534.htm,最后访问日期:2020年11月19日。

农民提供精神食粮，有助于转变贫困群体的价值观，提升农村思想道德水平。正如习近平总书记所言，摆脱贫困首要并不是摆脱物质的贫困，而是摆脱意识和思路的贫困①。不少贫困对象认为自己陷入贫困是因为命运不佳、时运不济、天公不作美，只要财运一到，自然就会致富。他们很少从自身找贫穷的原因，而将贫困归结于外因。抱着这种宿命论的贫困群体往往停留于"等、靠、要"状态，不积极进取，不勤劳致富。当这种观念成为许多农民的价值取向时，甚至形成劣币驱逐良币时，乡风不可能文明、民风也难以淳朴。如果能引导贫困群体多到农家书屋读好书，让他们从书中或影像视频中多学习一些通过合法劳动、艰苦奋斗实现勤劳致富的案例，这对转变他们的观念，实现扶贫与扶志相结合是大有裨益的。其二，农家书屋是农村精神文明建设的孵化平台，是提升农民精气神的"发动机"。聚会吃喝、聚众赌博是许多农民闲时的娱乐方式。这种生活方式对农村儿童的影响相当不好。有些小孩耳濡目染，从小学会打牌赌博、抽烟喝酒，养成"混混"的品行。农家书屋作为一项文化惠民工程，是国家公共文化服务下乡的重要载体，是乡村振兴的"知识粮仓"。如果能够以农家书屋为平台，以儿童、青少年为重点人群，以"小手拉大手"的方法，吸引不同年龄段的农民好读书、读好书，学习农业科技、思想道德、经济、法律等书籍，或者观看视频录像，或者读书交流，实现"农家书屋+"，就可引导农民将时间、精力聚焦在乡村经济社会发展方面。

转变宗祠的功能，推动移风易俗。农村宗祠本来是用于供奉与祭祀祖先或先贤的场所，是族权与神权的象征，在农民心中有崇高的地位。我们在福建调研中发现，宗祠还有人专门看管，专门打扫卫生。村里许多重要的事情都是在宗祠举办的。由于福建华侨比较多，华侨为家乡作些贡献，喜欢在宗祠举办相关的仪式。比如，有些华侨每年春节返乡省亲，喜欢在宗祠大办宴席，请宗亲大吃大喝，甚至发放红包。这种仪式性的人情消费少则几万元，多则几十万元，甚至有时带来相互攀比、奢靡浪费之风。后来，少部分觉悟较高的乡贤与华侨建议，能否将宴请、发红包的钱削减下

---

① 《习近平谈摆脱贫困：扶贫必扶智，治贫先治愚》，2018年10月9日，人民网，http://cpc.people.com.cn/xuexi/n1/2018/1009/c385476-30329647.html，最后访问日期：2020年11月19日。

来，创办教育基金会或家风家训馆，创办仪式、宣传等活动照样可以在宗祠举办。乡贤劝说华侨的理由主要是：宗祠是用来怀念先辈的场所，也是优良家风传承的场所，吃吃喝喝、浪费粮食与先辈的勤劳节俭作风截然相反，是对祖先的不敬①。有些华侨听了这些话后，主动取消宴请或减少宴请标准，再将节省下来的资金投入村教育基金会。宗祠的墙壁上也多了捐资助学的华侨名单。宗祠的功能也呈现多样化，由原来的供奉、祭祀转变为优秀族风传承。教育基金会成立、捐款、助学金发放等活动都在宗祠举行。宗祠成为乡村推动移风易俗的载体。

二　实物资产建设与管理的困境

古村落保护与开发的困境。第一，态度不够端正，对古村落价值的认知不够，缺乏保护意识。有些地方政府官员对古村落的含义、功能、历史文化价值一无所知，还有些官员明知是古村落，但为了追求 GDP，敢于破坏古村落。课题组在调研中发现一个典型的案例。某县领导为了发展乡村旅游业，对古村落进行过度开发，很多承载历史文化元素的古建筑、古文物、古道、古树等见证物被摧毁、重建，优秀传统文化的痕迹逐步消失，现代商业味道过浓。旅游要能长久，要能吸引回头客，都离不开文化引子，尤其是农村，要能让游客体验传统农耕文化。由于现代商业文化的过度嫁接，该县的乡村旅游发展业绩并不尽如人意。另外，有些村民不了解古村落、不懂古村落的文化价值，反而认为古村落是脏乱差、落后的表现，一味想脱离古村落，试图用现代城市文明来替代古村落承载的农耕文明。第二，能读懂古村落这种活教材的专业文管人员数量太少，人员专业素养也不够。古村落保护涉及建筑学、历史学、考古学、人类学、社会学等多学科知识，需要专业人员的理论支撑与实践指导，但是，这方面的专业人员在农村非常稀缺，单靠博物馆、文化馆等少数工作人员远远不够。第三，古村落修缮、维护缺乏常态化的专项经费。在目前的公共财政体制中，各级政府是没有将古村落、古建筑的保护、修缮资金列入常态化的财政预算中的。每次需要修缮古村落时，都需要重新申请专项资金，但是，这种资金往往杯水车薪。此外，按照现行文物保护专项资金使用政策"专

---

①　HDL，20210228，访问 F 省 N 市 M 村某乡贤。

项资金不能补贴私人产权的文物"的规定,有些富有文化价值的古民居建筑,得不到政府专项资金的支持,古民居建筑的产权所有者或使用者因财力有限,难以承担修缮的高额费用,致使一些古民居建筑遭到自然损坏。第四,管理机制不顺畅。一是多头管理的问题。从村庄规划、自然遗产保护的角度讲,古村落应该由住房和城乡建设部门负责;从文化遗产的角度讲,古村落却由文广新局管理。换言之,没有一个统一的专门机构来负责古村落的管理。二是缺乏明确的报审制度和指导机制。由于没有一个统一的综合协调机构,当古村落需要修缮、维护时,向哪个部门报审、申请指导等工作都是模糊的,这也导致许多富有价值的古村落失去了保护的时机。三是产权不明晰,有些古村落的产权、使用权不明,导致地方政府管理责任不明确、管理缺位。第五,相关政策法规不完善。国家层面涉及古村落保护的政策法规主要包括《中华人民共和国文物保护法》《中华人民共和国非物质文化遗产法》《历史文化名城名镇名村保护条例》等,但是这些政策文件没有专门对古村落的科学规划、保护规划等做出要求与规定,而地方性法规的政策效应又很有限,难以适应古村落的保护和开发实情。由于缺乏明确的政策法规,地方政府在开展工作时难以有章可循,对打击破坏、偷盗文物、古建筑等不法行为也动力不足。

公共文化设施建设存在供需不平衡的问题。以农家书屋为例,农家书屋工程自2005年开始试点、2007年全面推开以来,全国共建成农家书屋58.7万家、数字农家书屋12.5万家,累计配送图书超过12亿册,农民人均图书拥有量从2005年前的0.13册增加到目前的2.17册,增长近16倍[1]。经过十多年的建设,农家书屋实现所有行政村全覆盖,部分解决了农民"借书难、读书难"的问题,但是,许多农家书屋的使用率不高。我们在调研中发现,有的村庄人口达4000多人,村民到农家书屋借阅图书的比例很低。经常借阅图书的村民集中在几个老年人或青少年。农家书屋陈列的图书数量、种类不多,时间较久远。有些书很破旧,落满了灰尘,看上去多年未动。这说明书很少被借阅,也没有得到较好的管护。个别村庄的农家书屋甚至没有专人看护,变成某些村民打麻将的场所。有村民说:

---

[1] 《农家书屋,如何打造脱贫攻坚"精神加油站"?》,2020年9月15日,新华网,http://www.xinhuanet.com/politics/2020-09/15/c_1126495684.htm,最后访问日期:2020年9月20日。

"农家书屋位于村部一楼,大家白天都要上班,没时间看书,晚上想去看书,环境又很吵闹,因为书屋外面就是广场舞;少部分村民白天有空想去看书,书屋也是人来人往,有些人在里面聊天、抽烟。"①

有些农家书屋存在"表演式阅读"。课题组在实地调研中发现,当我们说要拍照报道农家书屋时,村干部就赶紧打电话找人来农家书屋"阅读"。村干部跟村民在电话里说:"某某大学的教授带着几个学生来咱们村调研,要宣传咱们村农家书屋的情况,你快点过来配合一下。"② 过一会儿时间,几个老人、妇女、儿童就匆忙来到了农家书屋。有的妇女还抱着小孩过来,有的老人脚上还有泥土(显然刚从田地里赶过来),有的小孩还带着玩具。虽然他们是被叫过来的,但是很快进入"读者"角色,各自找到座位后,熟练地抽取书本,端坐在书桌前,低头专心"阅读",俨然酷爱读书的读者。看到大家各就各位后,村干部问我们,是否可以开始拍摄了。我们说可以。村干部看我们拍完后,就跟村民说:"好了,大家可以回去了"。有的村民头也不回就赶紧走了,边走边说,我还有许多庄稼活儿要做。有的村民找我们看照片,看拍摄的效果。不多久,村民都回去了。那些书又回到了原来摆设的位置,静静地等待下一次被抽取、被当作"表演式阅读"的道具。农家书屋的门也锁上了。看样子,村民和村干部合作的"表演式阅读"是经过一段时间训练的,是为配合制作节目、拍摄报道而作的。这种场景与乡风文明、乡村文化振兴是格格不入的,是令人痛心的。我们本以为这种现象可能不是乡村农家书屋的普遍现象,后来看到《半月谈》记者在 2021 年 3 月份也作了类似的调查报道③。这说明全国农家书屋存在"表演式阅读"的问题可能还比较严重。

宗祠是农村一种很重要的实物资产,在传统社会里,是村民祭祀祖先的场所,但是,近年来宗祠的维护管理也陷入了困境。一是年轻人对宗祠的观念逐步淡化。许多年轻人外出务工经商,很少回家,很少参加宗祠相关活动,只知道宗祠是一座怀念先辈的老房子。因此,在一些空心村里,宗祠逐步荒废,屋漏、长满杂草,成为蜘蛛、老鼠、蟑螂等动物的家。二

---

① HJF, 20200820, 访问 F 省 N 市 M 村村民。
② LYX, 20200116, F 省 A 县 D 村调研非参与式观察笔记。
③ 白毅鹏:《农家书屋表演式阅读是农民的问题吗?》,2021 年 3 月 30 日,https://s.cyol.com/articles/2021-03/30/content_ k6jQ9YcG.html,最后访问日期:2021 年 4 月 1 日。

是功能异化。有些村庄的宗祠变成村民赌博（打麻将、打扑克）的场所。有些村庄的宗祠变成村民操办宴席的场所。一部分有钱人（华侨或企业家）利用宗祠宴请村民大吃大喝。有些村庄的宗祠变成村民举办喜事、丧事的场所。

三 实物资产促进乡风文明的形成逻辑

（一）是否践行系统论是古村落能否得到有效保护的重要影响因素

系统论是关于事物内部与外部、静态与动态、历史与现实等的看法与方法论，其主要观点包括整体、联系、有序、衍化、适应等。持系统论的思维并运用系统论指导实践是古村落得以有效保护的关键影响因子。

其一，能否将古村落视为一个整体。古村落是一个有机整体，既包括古建筑、古桥、古道、古木等物质文化，又包括生产生活方式、价值观念、农耕文明等精神文化。这两种文化密切相关、相互牵制。如果不能从整体、联系角度看待古村落，人们在开展保护工作时，就容易存在"只见树木、不见森林"的思维局限，陷入"头痛医头、脚痛医脚"的行为困境。这种做法也可能导致"补丁式"的保护，影响古村落的整体美观度。调研中有些农民就说，上面（政府）派人今天来修一点，明天来修一点，有时候派的人不同，后面来的人否定前面人的整修工作，工作缺乏联系性[1]。

其二，能否将古村落的保护主体视为一个利益共同体。古村落的保护离不开村民、地方政府、专业人员、社会组织等主体。找到不同主体的利益平衡点，是调动他们协同治理古村落的保障。反之，各个主体追求自身利益最大化，容易导致各自为政。村民的利益诉求是多元的，有些村民希望通过古村落的保护、开发，发展乡村旅游，增加收入；有些村民希望搬离古村落，到城市里生活；有些村民却坚守古村落，不想搬家；等等。各种想法都有。地方政府官员的动机也是复杂多样的，有些官员是出自情怀，抱着"为官一任、造福一方"的初心，认为古村落是一种公共责任，是传承优秀传统文化的重要载体，但是，有些官员可能更多从自己晋升的角度考虑，认为开发古村落可以增加地方 GDP，这样也可能导致过度开发

---

[1] WDF，20210326，访问 F 省 D 县 Y 村古村落某村民。

古村落。至于专业人员、社会组织的利益诉求相对单纯一些。专业人员可能纯粹从古村落的文化价值来考虑,社会组织可能从自身的使命来考虑。

其三,能否将古村落的保护手段视为一个体系。古村落的保护手段是法、理、情的统一。如果没有相对完备的政策法规,古村落的保护工作就会陷入无章可循、无法可依的境况。这是导致破坏古村落不法行为猖獗、屡禁不止的重要原因。没有法律依据,执法人员也失去了工作动力,但是,并不是说政策法规不完善,古村落的保护工作就不做了。费孝通在《乡土中国》中指出,中国农村是一个"无讼"社会。乡村治理更多依靠村规民约、风俗习惯、乡土人情。因此,能否充分调动道理、情感等因素在古村落保护工作中的作用就显得尤为重要了。绝大多数村民是理解保护古村落的意义的,也对古村落有着深厚的感情。关键是怎么动之以情、晓之以理。

其四,能否从动态角度看待古村落保护。古村落的形成是一个漫长的演变过程,是若干代人劳动智慧的结晶,是后人对前人成果的继承发展,是一定时期经济社会发展的缩影。如果没有认识到古村落的历史演变特征,人们将可能断裂、片面地认识古村落,可能运用现代技术手段过多地包装古村落,使其失真。当然,也要防止另一种极端,就是为了保护而保护,不能对古村落明显衰败、破损之处进行现代科技处理,任其腐化。或者不让人们对古村落进行参访、研究,使得古村落成为一种"文化标本",成为纯粹的物化标本,失去应有的文化教育意义。因此,这里存在如何把握现代科技在古村落保护中应用的问题。

(二)政策执行互适是影响农家书屋功能发挥的重要因素

农家书屋作为一项农村公共文化服务设施,是促进城乡基本公共文化服务均等化的重要平台。从福利社会学角度看,我们可以将农家书屋视为农民的一项文化福利,国家推行的农家书屋政策,也可被视为一项文化福利政策。这里我们借鉴公共政策学中的政策执行互适理论分析农家书屋之所以成为"表演性阅读"(政策执行偏差)的背后逻辑。政策执行互适理论是美国学者麦克拉夫林于1976年在其著作《互相调适的政策执行》中提出的。该理论的主要观点是,政策执行过程是政策执行者与受政策影响者之间就政策目标、手段进行互动的过程,政策执行的成效取决于政策执行者与受政策影响者之间行为调适的程度①。主要内容包括四个方面：（1）政策执行者与受政策影响者之间的观点、需要可能不一致，但基于双方在政策执行中的利益关系，双方可能相互妥协、让步，寻求一个双方都能接受的政策执行方式；（2）政策执行的目标、手段富有弹性，可根据环境的变化而进行选择；（3）政策执行者与受政策影响者之间的信息沟通不是自上而下的单向沟通，而是双向的平等沟通；（4）政策执行效果的评价要以政策接受者的评价为主。

政策执行互适理论源自美国，是用来解释美国联邦政府、州政府之间的政策执行过程，直接被用来解释农家书屋的政策执行偏差问题，显然不合适，但是可供分析参考。

第一，农家书屋政策制定者与执行者、接受者三者缺乏有效的互动机制。2007年，为深入贯彻落实中共中央、国务院《关于推进社会主义新农村建设的若干意见》和中共中央办公厅、国务院办公厅《关于进一步加强农村文化建设的意见》，切实解决广大农民群众"买书难、借书难、看书难"的问题，新闻出版总署会同中央文明办、国家发展和改革委员会、科技部、民政部、财政部、农业部、国家人口和计划生育委员会联合发出了《关于印发〈"农家书屋"工程实施意见〉的通知》，开始在全国范围内实施"农家书屋"工程。2018年9月，中共中央、国务院印发了《乡村振兴战略规划（2018—2022年）》，明确提出"推进农家书屋延伸服务和提质增效"②。2019年2月，中央宣传部、中央文明办、教育部、财政部、农业农村部、文化和旅游部、国家广播电视总局、共青团中央、全国妇联、中国残联联合印发了《农家书屋深化改革创新 提升服务效能实施方案》（以下简称《方案》），要求以习近平新时代中国特色社会主义思想和党的十九大精神为指导，推动农家书屋提质增效，助力乡村振兴战略实施。十多年来，农家书屋政策在全国已从试点到全面铺开。从农家书屋的发展，我们可以看出，农家书屋政策是国家自上而下地推行的；地方政府一方面按中央要求执行，另一方面相互学习、模仿；多数农民是被动接受。农家书屋

---

① 陈振明：《政策科学》，中国人民大学出版社1998年版，第310页。
② 《中共中央 国务院印发〈乡村振兴战略规划（2018—2022年）〉》，2018年9月26日，http：//www.gov.cn/zhengce/2018-09/26/content_5325534.htm，最后访问日期：2020年11月19日。

建在哪个位置、要放什么书或影像资料、怎么吸引村民来看书等问题都没有征求村民意见。建设农家书屋的公共财政分担比例、考核办法、绩效问责等也都没有一个相对成熟的方案。换言之，农家书屋的政策制定者、执行者、接受者之间的地位不平等、信息不对称、目标诉求可能不一致，未能形成有效的互动机制。

第二，政策执行者受限于各种考核压力，无暇顾及农家书屋的政策执行绩效，政策执行目标、手段都被异化了，容易与村民"共谋"，生成"表演性阅读"。基层政府、村干部是农家书屋的主要政策执行者。基层政府要面对上级政府名目繁多的考核，人力、物力、财力有限，只能将有限的时间、精力去解决招商引资、安全生产、维稳等他们认为的重要工作。对基层政府和乡村干部来讲，农家书屋停留于"说起来重要，干起来次要，忙起来不要"的状态。而农家书屋对于绝大多数农民来讲，也不是生活必需品，属于锦上添花的文化福利。农家书屋政策执行不好，农民也不会有太多抱怨，不至于威胁到基层社会的稳定与经济发展。一旦上级要检查或者媒体要报道农家书屋时，乡村干部就召集一些村民来配合"表演性阅读"。

第三，农家书屋运行效果评价的内部化[①]。农家书屋从 2007 年运行至今，主要是由政府自上而下推广的。农家书屋的评价体系设计和评价工作都是由政府一手操盘的。即，关于农家书屋绩效评价的三个基本问题（为什么评、评什么、怎么评）是由政府自问自答的。在为什么评的问题上，各级政府一方面为了检查下级政府落实情况，同时又要向上级政府负责。在评什么的问题上，主要考核硬件，农家书屋的面积、藏书量等硬性指标是重点。在怎么评的问题上，上级主管部门派几个工作人员下来走访、座谈，写份考核报告就完事了。农民在整个考核体系中都是缺席的。农家书屋里面的书是否符合农民的需要，管理服务是否便民，农民是否满意，有哪些改进建议，等等，这些核心内容都没能体现在绩效考核中。

（三）仪式性的人情消费转变为人情公共性

这是对宗祠推动乡村移风易俗逻辑的概括。仪式性的人情消费主要指

---

① 张龙：《农家书屋政策执行的解释工具与策略选择——基于 M. 麦克拉夫林的政策执行互动模型》，《新世纪图书馆》2020 年第 2 期。

一些先富群体大操大办请客宴，显示自己"出人头地""事业有成"，是一种爱面子的表现。人情公共性指先富群体通过捐款给公益事业，支持村庄公共物品供给的慈善行为。前者可能造成社会失灵、社会分散，后者可能促成社会整合、社会团结。实现仪式性的人情消费转变为人情公共性，需要整体性治理与分类治理相结合[1]。

整体性治理是对仪式性人情消费的理念、主客体、方法等进行系统性的改造。从理念上讲，要认识到仪式性人情消费的弊端，接受人情公共性的积极功能。有位华侨说，其实他心里也不想办那么多桌宴请大家，菜多、酒多，每次都没吃完，很浪费，但是，不请又怕别人背后说三道四，评价他小气、忘本[2]。因此，他每次返乡也是硬着头皮请客。要扭转这种心态就必须转变价值观。从主客体上讲，不只是先富群体或者华侨消费理念的转变，更需要全体村民消费理念的转变，全体村民要理解、接受人情公共性。只要人情公共性成为绝大多数人的价值共识后，即便少数人有意见也不足为道。从方法上讲，其实就是将每个村民享受的即期免费午餐改为部分符合条件村民的受教育福利。要和村民反复沟通、宣讲，让村民理解在宗祠设立教育基金会与摆宴席的利弊。

分类治理是针对重点人群进行治理。一是对仪式性人情消费发起者治理。发起者主要是有家乡情怀的企业家或华侨。他们事业有成后，为了名声、面子，宴请同族宗亲。福建 M 村有位 H 先生，是当地知名企业家，位居胡润排行榜 30 多名。他每年春节返乡在宗祠广场大办宴席[3]，邀请同姓乡亲大吃大喝，每桌酒席的餐标 5000 元左右，加上烟酒后，餐标高达 1 万元。每次约百桌，一次宴请就得 100 万元左右。有些村民觉得很浪费，有些村民觉得很有排场。在地方政府干部和村干部的劝导下，H 先生改变了宴请消费方式。他简化了宴请仪式，大大降低宴请标准，再将节省下的资金发给老年人当作过节费。同姓 60 岁以上的老年人每人 200 元，80 岁以上的老年人每人 500 元。H 先生的新做法既有面子，又在村里弘扬节约、孝顺的乡风、民风，许多村民和干部赞不绝口。据 H 先生介绍，他自己也

---

[1] 耿羽：《侨乡仪式性人情异化的移风易俗治理研究——基于福建长乐的实地调查》，《福建论坛（人文社会科学版）》2020 年第 11 期。
[2] HKH，20210221，访问 F 省 N 市 M 村某华侨。
[3] 建设宗祠的钱主要也是 H 先生捐的。

倾向于将钱花在养老、教育方面,而不是用于奢侈浪费的餐桌上[①]。二是对被请者的治理。从数量上看,被请者包括全体村民和地方政府干部;从结构上看,干部才是先富群体邀请的重点对象。因为,干部(尤其是高级别干部)的参与更能体现邀请者的面子、地位、社会影响力。因此,要让宗祠成为优良家风、族风的传承场所,而不是大吃大喝之地,地方政府干部带头表率不受请显得格外重要。一方面,从软控制角度,引导地方政府干部恪守中央八项规定,讲究行政伦理和道德操守,不受吃请、不收礼金,做到廉洁自律;另一方面,从硬控制角度,对干部受吃请实行申请审批制度。干部受吃请须向上级领导申请,写明受吃请的时间、地点、与请客者的关系、桌数、金额等信息,如果未经审批擅自接受吃请者,将受到组织处分。研究表明,这种做法的效果很好[②]。

(四)观念转变与当事人的价值取向积极影响移风易俗的成效

这是祖厝推动乡村移风易俗成效的一个影响因素。福建 M 村有位老人 90 岁去世。老人共有五个儿子、十个孙子(女)、十四个重孙(女),可谓人丁兴旺。90 岁在农村已属高寿。按当地的风俗习惯,这位老人去世,他的后代要给他做功德,在祖厝将丧事办成喜事,办得隆重、热闹。在讨论是否做功德、大办丧事时,孙辈都积极支持,表示要出钱,请专业人员来处理。左邻右舍(尤其是宗亲)也纷纷表态要将老人的丧事办得规格高、场面大,才能显示出大家族的面子。与众不同的是,老人的长子坚决反对,要求简化丧事,不要铺张浪费。他的理由:一是老人一生勤劳朴素,讨厌奢侈浪费,临终前也交代尽量简化丧事;二是国家现在提倡移风易俗,丧事从简。他提出自己的观点后,孙辈们激烈反驳,并强调费用由孙辈们支出。长子的观点也遭到亲朋好友的讥讽,但是,长子还是坚持他的观点,并说"按祖例,他作为长子,对这种事有决定权"[③]。

与这个案例相反,不少农民爱面子,怕被别人嘲笑,仍然存在厚葬薄养的陋习。课题组的调研发现,农村老年人如果生活能自理,养老质量尚

---

① HCC,20210316,访问 F 省 N 市 M 村某企业家。
② 耿羽:《侨乡仪式性人情异化的移风易俗治理研究——基于福建长乐的实地调查》,《福建论坛(人文社会科学版)》2020 年第 11 期。
③ HKH,20210319,访问 F 省 N 市 M 村某村民。

可，反之，生活不能自理时，吃饭还是有保障的，但是居住卫生、生活照料、精神交流等就比较差了。D村位于M村附近。该村老年人戴某，去世时92岁，在他68岁时老伴就过世了。戴某也是四代同堂，子孙30余人。在戴某的老伴过世后不久，戴某骑电动自行车时摔断了一只脚，被迫截肢，行动不便，常年卧床。老人独居祖厝，子孙只负责轮流提供三餐。老人很少洗澡，自己洗衣服、打扫卫生，平时也很少有人陪他，生活质量低下。过世后，子孙们为了体现高龄去世、体现大家族的气派，在祖厝将戴某的丧事办得热烈隆重，还请艺术团来表演。

（五）村干部的动员与带头作用也是影响移风易俗成效的重要因素

这是祖厝推动乡村移风易俗成效的另一个影响因素。村干部是乡风文明政策执行"最后一公里"的落实者，自身的言行起着至关重要的作用。泉州L村靠海，村民以打鱼捕捞为生，村里老人去世后，遗体通常要放在祖厝5—7天，让亲朋好友吊唁，也是表示对海神的回馈。但是，这种办法时间太长，遗体也容易发臭，影响到村民（尤其是逝者家属）的正常生活。为了改变这种陋习，简化丧事，L村每个村干部、老年协会的干部按网格化管理的方式，每个人包片负责，发现村民仍有按陋习办理丧事时，村两委轮流去做工作，直到劝说成功。如果碰到村干部或老年协会干部自家的丧事，干部自身要表率，简化丧事，遗体放置时间最长不能超过2天。

第四节　实物资产促进乡风文明的对策建议

一　应用系统论的思想与方法，做好古村落保护工作

一是在"为什么保护"的问题上，树立古村落保护的系统思维。系统思维注重从局部与整体的关系来看问题。古村落保护表面上看是个别农村社区的事情，背后却关涉中华民族文明传承的国家战略、地方政府发展模式、乡村文化振兴、农民追求美好生活等大问题。因此，要采取积极态度、树立正确认知来对待。从国家、地方政府、村干部、村民到社会组织等，都要充分认识到古村落保护的正功能。只有政策制定者、执行者、政策对象等主体的心态摆正了、认识统一了，后续工作才会顺畅。二是在

"谁来保护"的问题上,建立多中心协同治理机制。地方政府、村干部、村民、社会组织、企业要建立常态化的沟通协商机制。地方政府、社会组织代表更多代表公共利益,村干部与村民更多代表社区集体和农民个体利益,企业更多代表市场效益。不同利益主体交织在一起,需要求同存异、相互忍让。其中,地方政府的导向尤为重要,要兼顾经济效益、社会效益、文化效益和生态效益的统一;要处理好政府、市场、社会的关系。三是在"保护什么"的问题上,坚持物质文化与精神文化并重。正如前文所述,古村落包括物质文化与精神文化,是对青少年进行农村优秀传统文化现场教育的最佳场所。在这种特殊的教学场所里,青少年要能全方位地进行一场文化之旅。他们不仅要能看到古屋、古井、古桥、古道等古建筑,还要能体验先人的生产生活方式,更要能感悟传统农耕文明的魅力。要让青少年能够喜欢、热爱古村落,引导他们通过绘画、音乐、摄影、文学作品等形式宣传古村落。四是在"怎么保护"的问题上,合理运用现代科学技术,坚持法、理、情的统一。国家要尽快出台专门保护古村落的政策法规,让地方政府有法可依、有章可循。地方政府要建立专门机构协调管理古村落的保护修缮工作。要发挥数字政府的优势,简化古村落的保护、修缮手续,运用数字化、智能化手段,提升古村落保护的科技含量。在这方面,浙江有些村庄充分利用"互联网+"的特点,推出乡村网红打卡点,提高古村落的社会知名度和影响力。五是在"何以保护"的问题上,建立有效的物质激励与精神激励机制。需要建立常态化的古村落保护专项资金,列入各级政府财政预算。培育古村落相关的专业人才,给予专业人才较好的待遇。设立举报破坏古村落的奖励制度。

二 以《中华人民共和国公共文化服务保障法》为指导,建立农家书屋的管理体系

2017年3月1日起,《中华人民共和国公共文化服务保障法》开始施行。这部法律已将农家书屋作为公共文化服务设施的一种重要形式,纳入法律保障范畴,但是,这部法律只是对公共文化服务的建设管理、保障措施做出框架性的规定,未能详细规定一些实施细节。地方政府应以《中华人民共和国公共文化服务保障法》的实施为基础,结合乡村振兴战略和农民阅读需求,从规划、场所、经费、人员、设备、活动、绩效等方面,建

立农家书屋的管理体系。在理念上,落实《中华人民共和国公共文化服务保障法》,着眼于推进乡村振兴尤其是促进乡风文明,将农家书屋建设成为农民的精神粮仓,提升农民的精气神,为农民深度参与乡村振兴提供精神动力。在财政体制上,建立以公共财政为主、社会募捐为辅的机制。公共财政应由各级政府按一定比例合理分摊,保证农家书屋拥有常态化的资金来源。同时,引导乡贤、社会爱心人士捐赠。队伍建设方面,实行公共文化服务专员制,农村文化专员负责农家书屋的日常管理及其他公共文化服务工作,保证农家书屋常态化开放。绩效评价方面,应该将农民作为评价主体,以农民的满意度、获得感作为评价的主要导向,并将农民的评价结果与农家书屋主管部门的绩效挂钩。基层政府也应将村民到农家书屋的读书情况、借书情况列入文明村的评比指标。管理方式方面,及时更新各类书籍、影像资料;加强农家书屋的数字化建设,提升数字服务水平;加强农家书屋的村际联盟或与地方图书馆的共建共享,丰富图书资源。

三 吸引农民自觉好读书、读好书

从社会学角度出发,我们可将农民到农家书屋读书、借书视为一种社会行动。这种社会行动的产生和持久性维续既受到外部结构性因素影响,也受到内部行动者因素影响。上一段所述的农家书屋管理体系侧重外部因素的解决。要解决农民自身的因素可从几方面着手。其一,引导个体读书转为群体读书。将读书作为一种习惯,成为农民日常生活的必需品,这除了受个人的兴趣爱好影响,还受群体监督的影响。可组建读书会或读书小组,定期举办读书交流活动。参与读书活动(尤其是分享读书心得)的村民可获得一定积分,当积分累积到一定数额时可兑换某些日常生活用品或获得"先进读书者"荣誉称号。其二,寻找读书达人或社区领袖作为带头人。根据农民读书的动机与表现,我们可将农民分为"积极读书者""消极读书者""中间态度读书者"。前两类人较少,第三类人比较多。"积极读书者"将读书视为享受,将读书视为个人追求进步的台阶,将读书融入自己的生产生活。"消极读书者"认为读书无用,不能产生经济效益,甚至称读书人为书呆子。"中间态度读书者"是否参与读书易受别人影响。因此,通过"积极读书者"培育"中间态度读书者",吸引越来越多的村民参与读书活动。其三,以特殊群体为突破口。这个特殊群体主要包括农村小孩与老人。将农家书屋建成农村小孩学习、做作业的快乐场所，家长也会被小孩拉到农家书屋，经过长时间耳濡目染，也可能养成常到农家书屋看书的习惯。农村老人比较有时间，重点挖掘退休教师、医生、公职人员等，发挥他们的余热，协助管理农家书屋，或者帮助荐书、讲书。

四　盘活宗祠，促进乡风文明

从社会学角度看，宗祠作为一种空间，具有多重含义。宗祠是一种地理空间，是村民集体活动的场所，是农村重要的公共空间。宗祠又是一种文化空间，是村民祭祀、怀念先辈的地方，象征着家风、族风，是农村风水的重要组成部分。宗祠还是一种社会空间，规制着各种社会关系。如果村民供奉同一祖先，血缘关系就比较近，相互之间认为是"自己人"，属于内群体，反之，血缘关系就比较远，属于外群体。一旦村民认为是"自己人"，红白喜事就会在内群体里相互支持。福建有些村庄还规定，外嫁女、入赘男、越轨村民不能踏入宗祠。有时候，宗祠也作为惩罚不孝、不遵纪守法村民的场所。

因此，宗祠在农村具有重要的功能，但是正如前文所述，宗祠的维护管理面临一些困境。在全面推进乡村振兴的背景下，乡村应充分盘活宗祠，促进乡风文明建设。一是整修被荒废的宗祠。做好这件事，关键要解决两个问题：带头人与资金。村干部要和宗亲理事会多次沟通，物色带头人。带头人的主要条件是有情怀、有社会责任感、热心公益事业、做事认真靠谱、在村里有一定威望。村干部和宗亲理事会挑好带头人后，可协助带头人成立宗祠修葺小组。小组成员主要由带头人来定，由若干个志同道合的村民构成。这样，就有人做事了。资金可由宗祠修葺小组募捐，按户按人口数量摊派，也可动员部分经济条件比较好的村民或华侨捐款，还可申请政府补助。二是纠偏宗祠功能，发挥其正效应。宗祠整修后，可改造为家风家训馆、农家书屋、移风易俗特色馆、核心价值观展览馆等，丰富其文化功能，使之成为农村公共文化场所。这里的"文化"是主流文化，而不是请客吃饭、聚众赌博、抽烟喝酒等反文化。课题组在调研中发现有些地方在这方面积累了一些有益经验。以泉州市德化县某乡为例，该乡充分发挥宗祠在乡村治理中的作用①。德治方面,在宗祠里展现村里的好人好事;自治方面,涉及村庄集体利益的大事,在宗祠里协商;法治方面,变宗祠为普法新阵地,加强《民法典》,新刑法等法律法规的宣传。福州罗源某村是一个畲族村,该村动员少量居住在宗祠里的村民搬出,再将宗祠变为畲族文化展示馆。

本章小结

本章的主要创新之处在于在相关文献研究的基础上,结合课题组的实证调研,构建了实物资产与乡风文明的分析框架,揭示了实物资产促进乡风文明的作用机制。

本章认为,有关乡风文明的学术产出可归纳为理论层面的规范研究和实证层面的应用研究。理论研究主要探讨了乡风文明的内涵、特征、功能以及发展路径等。应用研究集中探讨如何从农村思想道德建设、传承发展提升农村优秀传统文化、加强农村公共文化建设、开展移风易俗行动等四个方面推进乡风文明。既有的研究成果为本章的写作提供了有益启发,但也存在一些值得深入探讨的空间。比如,不同维度乡风文明建设的切入点是什么?乡风文明作为农村精神文明的重要组成部分,需要实物资产作为载体。这些实物资产在乡风文明中的作用及其生产过程是什么?

为弥补现有研究的不足,本章界定了核心概念、构建了分析框架,并进行实证分析。本章认为,乡风文明指,政府、社会与乡村等主体通过正式制度或非正式制度的方式,对乡村思想道德、优秀传统文化、公共文化设施、风俗习惯、生活方式等进行改造,达到提升乡村精神文明建设质量,促进文化振兴的目标。乡风文明有四个特征:主体多元、手段多样化、继承与发展的统一、主客观的统一。实物资产主要从文化福利的角度来界定,指能够提升人们精神生活质量、有物质形态的资产。这个概念有两个鲜明特征。一是偏向人造的而非天然的资产。二是资产的价值属性体

---

① 《德化国宝乡:盘活宗祠祖厝 移风易俗入人心》,2020年12月12日,泉州网,http://www.qzwb.com/gb/content/2020-12/22/content_7070301.htm,最后访问日期:2021年1月11日。

现为文化价值，而不是经济价值。

本章选取若干实物资产（古村落、农家书屋、宗祠和祖厝）分析其在乡风文明中的作用，因为它们代表乡风文明的不同维度，古村落是农村优秀传统文化的代表，农家书屋是农村公共文化建设、思想道德建设的载体，宗祠和祖厝是移风易俗的切入点。本章写作的资料收集方法主要运用了观察法、访谈法、个案法。资料分析主要采用"饱和经验法"和因果分析法。

实证分析表明，实物资产建设与管理存在一些困境。一是古村落保护与开发中存在态度不端正、专业人员短缺、资金不足、管理体制不顺、政策法规不健全等问题。二是公共文化设施建设存在供需不平衡的问题。三是有些农家书屋存在"表演式阅读"现象。四是年轻人对宗祠的观念逐步淡化，有些村庄的宗祠变成村民赌博（打麻将、打扑克）的场所。

实物资产促进乡风文明的形成逻辑包括：其一，古村落能否得到有效保护受到基层政府与乡村是否践行系统论的影响；其二，政策执行互适是影响农家书屋功能发挥的重要因素；其三，宗祠能否推动乡村移风易俗受到仪式性的人情消费是否转变为人情公共性的影响；其四，祖厝推动乡村移风易俗的成效受到村民观念转变、当事人价值取向以及村干部的动员与带头等因素的影响。

本章提出实物资产促进乡风文明的四条路径。第一，应用系统论的思想与方法，做好古村落保护工作。一是在"为什么保护"的问题上，树立古村落保护的系统思维。二是在"谁来保护"的问题上，建立多中心协同治理机制。三是在"保护什么"的问题上，坚持物质文化与精神文化并重。四是在"怎么保护"的问题上，合理运用现代科学技术，坚持法、理、情的统一。五是在"何以保护"的问题上，建立有效的物质激励与精神激励机制。第二，以《中华人民共和国公共文化服务保障法》为指导，建立农家书屋的管理体系。第三，吸引农民自觉好读书、读好书，养成读书习惯。第四，盘活宗祠，促进乡风文明。一是整修被荒废的宗祠；二是纠偏宗祠功能，发挥其正效应。

第九章　农村社区实物资产建设（下）
——基于L村住房福利自组织治理的案例分析

房子是一种重要的有形资产，农村社区自己规划、自己建设的房子（小区）属于村集体资产。符合申请条件的村民可以向村集体购买自建房，价格低于周边商品房的销售价。虽然没有产权，但是村集体盖的自建房对于住房困难户来说已是一种住房福利。住房福利是社区福利体系的一个重要项目，也是重要的民生工程，但在社区福利的学术研究中还比较薄弱。有关社区福利研究的成果普遍从"他治理"视角出发，将社区作为福利资源整合的平台，而不是从"自治理"角度，将社区作为福利供给主体。与现有研究不同，本章将公共池塘资源自组织治理（IAD）框架引入农村社区福利治理研究，以L村合作建房为例，探究农村社区住房福利自组织治理的形成过程及其运作机制。

第一节　问题提出

社区福利是社会福利体系的重要组成部分，它有两层内涵，一是指社区作为政府、非营利组织和市场等各种社会福利资源整合的平台；二是指社区作为福利提供的主体[1]。与同类研究不同，本章主要研究后者。住房福利是社区福利的一个重要项目。长期以来，住房福利治理以市场治理或政府治理为主。住房福利市场治理的表现形式就是商品房。20世纪80年

---

[1] 侯志阳：《兰村福利：资产建设与农村社区福利研究》，中央编译出版社2014年版，第51页。

代兴起的商品房在很大程度上解决了中国城市居民的住房问题,提升了中国城市居民的住房品质,也减轻了国家在住房福利治理中的责任,但是,进入21世纪以来,商品房价格飙升,超出了绝大多数城市居民的购买能力。住房成为压在许多中国人头上的一座大山。尤其是一线城市,许多家庭要靠两三代人的努力才可能在城市拥有自己的住房。为此,国家也积极参与住房福利的供给。住房福利政府治理的表现形式就是经济适用房、廉租房和共有产权房。这三种住房的政策初衷是解决买不起商品房的中低收入群体的住房问题。但政策执行中,住房福利政府治理的政策目标经常出现偏差,住房福利资源时常被精英俘获,经济适用房常被少数有权者占有。

为了避开太贵的商品房和少数人才有资格得到的经济适用房,部分人发起了合作建房。我们称其为住房福利自组织治理(以下简称"住房福利自治理")。合作建房在中国并非新鲜事物,中华人民共和国成立以来,政府就鼓励单位集资建房。1998年住房商品化改革后,国家要求逐步取消单位分房,住房要由政府供给或单位供给转变为市场供给,单位集资建房也日渐式微。与单位集资建房不同,21世纪以来兴起的合作建房主要由个体发起。联想IT工程师于凌罡于2003年首次提出了由住户"合作盖楼"理念。随后,合作建房在北京、温州、深圳得到许多不愿做"房奴"人的响应。然而,由于国家政策法规的约束、开发商和舆论的压力,个体发起的合作建房运动经历短期的热闹趋于平缓,并逐渐淡出公众的视线[①]。

与城市的单位集资建房或个体发起的合作建房不同,本章要讨论的是农村社区的合作建房。长期以来,中国农村住房福利自治理以家庭治理为主。家庭成员共同讨论,决定是否建房、怎么建房、承担建房资金、劳力等责任。国家提供宅基地(一户一宅)的法律保障,保证农户的建房权利。村集体协助农户做好建房审批、规划建设、安全保障等工作,但是,传统的农村住房福利自治理前提是农户拥有宅基地。当宅基地不足以满足

[①] 朱亚鹏、肖棣文:《中国的合作建房运动:特征与逻辑》,《社会科学战线》2012年第10期。

村民的基本建房需要时，村民怎么实现住有所居的"安居梦"呢？L 村根据自身实际，探索出了一条有别于城市的合作建房道路①，解决了多数住房困难户的建房问题。那么，农村社区住房福利自治理是怎么形成的、怎么运作的？这是本章的关键问题。

针对本章拟解决的核心问题，本章比较适合采用案例分析法。（1）剖析 L 村住房福利自治理的现状，分析该村住房福利自治理方式的变迁和特征以及住房福利自治理过程中相关利益主体的态度。（2）探讨 L 村住房福利自治理的制度绩效、行动情景及其行动者模型。（3）评估 L 村住房福利自治理的产出。

我们把 L 村村集体组织村民合作建房的过程作为本文的案例研究对象是因为：首先，L 村自建小区的住房、土地、物业配套设施都属于村集体的公共池塘资源，在公共事务的治理方面有较强的代表性；其次，L 村村民住房福利经历了不同发展阶段，每个阶段都有自己的特征，便于完整地叙事；再次，L 村合作建房是一种典型的村庄集体行动，适合运用制度分析与发展框架和公共池塘资源自治理理论进行分析。最后，L 村合作建房是农村社区福利自治理中的新现象，在分析这种新现象的基础上有利于推进农村社区福利自治理的知识增长，这也是案例研究的目标所在②。

本章将农村社区合作建房视为住房福利自治理，首先回顾了社区福利自治理、公共池塘资源自治理的文献，构建 L 村合作建房的理论分析框架。然后，描述分析 L 村住房福利自治理的现状、变迁、共同体成员对合作建房的态度。最后，运用公共池塘资源自治理的制度分析框架（IAD）讨论 L 村住房福利自治理的制度绩效、行动情境、行动者模型并对 L 村住房福利自治理进行评估。

---

① 本章讨论的住房不是小产权房。小产权房有三个条件：建造房屋的土地是农村集体土地；为了交易；为非集体成员（城市居民或非本村村民）所拥有［参见董藩、郑雪峰《小产权房现实与政策要求的背离——基于制度分析与发展（IAD）框架的商榷意见》，《学术界》2017 年第 10 期］。

② 张静：《案例分析的目标：从故事到知识》，《中国社会科学》2018 年第 8 期。

第二节 社区福利的相关研究与拓展

一 相关研究进展

（一）作为社会福利载体的社区：社区福利研究的传统路径

长期以来，社区福利的理论研究与实践工作主要局限于社会福利社区化的维度，将社区作为社会福利资源整合的平台和载体，而不是将社区作为福利供给的主体。这些成果涉及的议题包括以下几点。一是分析社区福利产生的动因。一方面，从国内社会结构转型角度看，单位制逐步解体，单位人逐步转为社会人，社区逐步取代单位，成为满足人们福利多元化需要的载体[①]。另一方面，从国际社会福利发展的趋势看，由于公共财政难以支撑高福利，现代社会福利政策倾向去机构化，社会福利的中心逐步从机构福利转向社区福利[②]。二是分析社区福利在社会保障体系中的位置与功能。政府、非政府组织、企业、市场等提供的福利资源都能以社区为平台和载体进行整合[③]。社区已成为老年人福利、残疾人福利、儿童福利等社会福利服务的主要载体[④]。刘继同认为，中国社会福利已进入社区福利时代，以社区为平台整合的各种社区福利服务在满足人民追求美好需要方面起着不可替代的作用[⑤]。三是剖析社区福利的需求——供给问题。张秀兰等认为，随着单位制逐步解体、人口老龄化日益加重、家庭日趋小型化和核心化，家庭福利需求日益增多，但政府福利供给缺位，这就要求整合家庭和社区福利资源，支持社区福利体系建设，缓解家庭福利需求压力[⑥]。

[①] 颜德如、孔庆茵：《我国社区服务的定位、国外经验借鉴及其完善的基本路径》，《理论探讨》2018年第3期。

[②] 〔韩〕金炳彻：《从机构福利到社区福利——对国外社会福利服务去机构化实践的考察》，《中国人民大学学报》2013年第2期。

[③] 江立华、沈洁：《中国城市社区福利》，社会科学文献出版社2008年版，第26页。

[④] 张继元：《社区福利核心概念和发展路径的中日比较》，《社会保障评论》2018年第3期。

[⑤] 刘继同：《"中国社区福利体系与社区精神健康社会工作实务体系建设"研究专题（下）》，《浙江工商大学学报》2019年第2期。

[⑥] 张秀兰、方黎明、王文君：《城市家庭福利需求压力和社区福利供给体系建设》，《江苏社会科学》2010年第2期。

张一认为，社区福利服务供给状况不能完全适应和谐社区建设的新形势，服务主体没有真正从社区居民的福利文化诉求出发转变服务观念，进而导致服务体系严重滞后于服务需求[1]。四是分析社区福利发展的影响因素。杨发祥认为，从经济学视角来看，公共财政是社区福利建设的主要支柱，经济发展较好的城市，公共财政实力较强，社区福利建设得到的资金较多，社区福利体系也较完善[2]。周晶等认为，从社会学来看，社会组织的介入是影响城市社区福利治理的重要因素[3]。李迎生等认为，基层政策执行、社会福利政策目标定位是影响农村社区低保户福利获得的重要因素[4]。王习明认为，从政治学看，乡村治理是影响农村社区老年人福利获得的重要因素[5]。五是社区福利发展的内在逻辑与实践策略问题。赵定东等认为，中国城市社区福利建设过程中存在社区福利观念功利化、责任主体模糊化、福利来源过度单一化、福利获得复杂化、福利服务诉求全面化、福利差距扩大化和福利矛盾尖锐化等实践问题，提出政府在社区福利中应承担基本的道义责任[6]。颜德如等认为，完善社区福利服务，政府负有重要职责。政府不仅要提供物资、资金支持满足社区公共服务的基本需求，还要发挥规范引导作用，对不同的服务供给主体做好组织协调和监督工作[7]。

综上所述，学界有关社区福利的研究已积累了一定成果，为本文提供了有益的研究启示，但也存在一些明显的局限：第一，在分析单位上偏向城市，涉及农村社区福利的研究成果还比较少；第二，在内容上偏重养老、医疗、扶贫、文化等，涉及住房福利的成果还很少见；第三，在研究视角上偏重他组织治理，即以社区为平台整合各种福利资源向公众提供福

---

[1] 张一：《文化适应视角下社区福利服务体系创新研究》，《社会科学战线》2015年第5期。
[2] 杨发祥：《社区福利建构的理念与实践——基于广州市的实证分析》，《社会主义研究》2010年第6期。
[3] 周晶、韩央迪、郝华卿：《社会组织何以介入社区福利治理？——社区福利的治理变革及对中国的启示》，《华东理工大学学报（社会科学版）》2016年第6期。
[4] 周晶、韩央迪、郝华卿：《社会组织何以介入社区福利治理？——社区福利的治理变革及对中国的启示》，《华东理工大学学报（社会科学版）》2016年第6期。
[5] 王习明：《乡村治理与老人福利互动模式研究——河南安阳吕村调查》，《中州学刊》2006年第2期。
[6] 赵定东、李冬梅：《中国社区福利的逻辑及实践问题》，《社会科学战线》2012年第12期。
[7] 颜德如、孔庆茵：《我国社区服务的定位、国外经验借鉴及其完善的基本路径》，《理论探讨》2018年第3期。

利服务，将社区作为福利供给主体（自治理）的研究成果还极少见；第四，在学科视角上偏向经济学、社会学和政治学等单一学科，涉及交叉学科视角的研究成果还不多。

（二）从载体到主体：社区福利研究的新路径

那么，农村社区作为福利供给的主体何以可能？我们可以从福利多元主义、福利治理的相关研究寻找相关的理论支撑。

为化解福利国家危机，西方学者纷纷建言献策，福利多元主义应时而生，其主要观点是：福利供给的主体不能只是政府，还应包括市场、家庭、非营利组织和社区[①]。由此，西方学者提出了社区照顾模式[②]。西方国家的经验是值得借鉴的，但是，西方学者的研究大都局限在国外的城市社区，对我国农村社区福利的研究甚少，而且由于文化和社会背景的显著差异，他们的研究结论未必适用中国。因此，很有必要根据我国实际情况，研究中国的农村社区福利模式。

当治理的概念应用到服务于保证或提高公民社会福利水平的管理或政策，可称之为福利治理[③]。福利治理是一个比福利多元主义更具融合的概念，它不仅强调福利供给的主体要由政府、市场、家庭和第三部门等多元组合，还强调这些主体要形成良性互动关系。福利治理的内容包括福利的产生、传递与供给的系统化过程，涵盖变化中的福利定义、变化中的传递制度和福利传递过程中的实践[①]。关于福利治理理论的研究可分为替代论和互补论。替代论认为，政府提供的法定服务与第三部门服务存在着一种背离的关系。法定服务的增加必然减少自愿服务的供给，反之则相反。当第三部门介入福利领域后，国家的福利责任就会萎缩。而当利他主义责任、社会问题完全由政府承担时，人们就会停止相互关心，非正式的社会支持网络会逐渐消停。互补论质疑自愿组织与政府之间的替代关系。互补论认为，那些专业技能较强、时间紧迫、需动用广泛资源的福利服务应由

[①] 彭华民：《福利三角中的社会排斥——对中国城市新贫穷社群的一个实证研究》，上海人民出版社2007年版，第24页。

[②] 〔英〕苏珊·特斯特：《老年人社区照顾的跨国比较》，周向红、张小明译，中国社会出版社2002年版，第18页。

[③] 韩央迪：《从福利多元主义到福利治理：福利改革的路径演化》，《国外社会科学》2012年第2期。

政府提供，反之，可由第三部门、市场或家庭提供①。

不管是福利多元主义还是福利治理中的替代论、互补论，它们都一致认为政府不应在福利供给中扮演垄断角色，但这些理论主要探讨第三部门（非营利组织）如何在福利治理中发挥作用，单独研究农村社区如何在福利治理中扮演主角的成果还很少见。事实上，农村社区在农民福利需求的发现、福利资源的整合、福利资源的传递方面起着很大作用。比如，当政府通过公共财政手段，向农村拨款建设福利设施时，应该优先建什么项目，以满足村民迫切所需；应该建在哪个地方，才能顾及各自然村的利益；应该怎么建设，才能适合当地农村的风俗习惯。这些问题只有村干部和村民最清楚，因为他们掌握着大量的"地方性知识"。而解决这些问题是提高农村社区福利有效性的重要保障，但是，学术界对这些问题却鲜有研究。

二 IAD 与农村社区住房福利自治理

那么，农村社区作为福利供给主体的过程机理是什么，公共管理学科中的公共池塘资源自治理的制度分析框架（IAD）为我们提供了很好的启示。这是因为，IAD 归纳公共池塘资源自治理过程中涉及的诸多变量，这些变量为自治体制的构建、调整与改善提供了相应的指导②。在 IAD 框架看来，我们对公共池塘资源问题的研究，除了关注生物物理条件的自然属性或特点，还应关注产权、管理体系、应用规则等人文因素。目前 IAD 框架已经成为理解社会行为的精致框架及公共事物（Commons）管理的精致理论③。该框架的经典版本如图 9.1 所示。

IAD 框架主要包括七组变量：生物物理属性、共同体属性、规则、行动舞台、互动模式、产出结果和对产出的评价④。其中前三个变量属于外

---

① 吴限红：《非营利组织介入福利治理的理论思考及路径重塑》，《山东社会科学》2015 年第 1 期。
② 谭江涛、彭淑红：《农村"公共池塘"资源治理中的集体行动困境与制度分析——基于安徽桐城市青草镇黄砂资源过度采集问题的个案研究》，《公共管理学报》2013 年第 1 期。
③ 王亚华：《对制度分析与发展（IAD）框架的再评估》，《公共管理评论》2017 年第 1 期。
④ Ostrom Elinor, *Understanding Institutional Diversity*, Princeton, N. J.: Princeton University Press, 2005, p. 15.

部变量；后四个变量用于阐明宪制选择、集体选择和操作选择任一层次上的结果及其影响因素。IAD 的基本功能，是帮助研究者分析行动者在特定的行动情景下，如何根据三组外部变量相互作用，产生特定的激励和互动模式，进而导致特定的产出，并对产出作了客观评估[1]。

在 IAD 框架中，问题可能存在于操作层面、集体选择或宪法层面。分析问题的第一步是确认行动舞台。它可以用来分析、预测和解释制度安排下的行为。行动舞台包括行动情景和该情景下的行动者。行动情景是最核心也是最复杂的组成部分，指行动者所采取的行动或策略空间。在公共池塘资源的自治理中，存在一个或多个行动情景，它们只有在合理地应用规则的约束与限制下才能对资源自治产生积极的作用。行动情景的内部结构通过七组变量来刻画：（1）参与者集合；（2）参与者担任的上体职位；（3）容许的行为集合及其与产出的关联；（4）与个体性行动相关联的潜在产出；（5）每个参与者对决策的控制层次；（6）参与者可得到的关于行动情景结构的信息；（7）成本和收益——它们是行动和结果的激励因子和阻碍因子[2]。在理解行动舞台的结构后，IAD 的第二步骤是探究行动舞台结构的影响因素。这些因素包括三组变量：（1）参与者用以规范他们关系的规则（应用规则）；（2）对这些舞台起作用的世界的状态结构（自然物质条件）；（3）在任一特定的舞台所处的更普遍的共同体结构（共同体属性）。IAD 的第三步骤是分析应用规则的改变与行动情景变量的变化（见图 9.2）。在 IAD 框架中，影响行动情景结构的规则有七种：进入和退出规则、职位规则、范围规则、权威规则、聚合规则、信息规则和偿付规则[3]。这七种规则的累积效果影响行动情景的七个要素。然后分析行动者间的相互作用，最后对其产出进行评估。

结合 IAD 框架和本文的案例特点，我们提出 L 村案例的分析框架，见表 9.1。

---

[1] 王亚华：《对制度分析与发展（IAD）框架的再评估》，《公共管理评论》2017 年第 1 期。
[2] 〔美〕保罗·A. 萨巴蒂尔：《政策过程理论》，彭宗超等译，生活·读书·新知三联书店 2004 年版，第 58 页。
[3] Ostrom Elinor, *Understanding Institutional Diversity*, Princeton, N. J.: Princeton University Press, 2005, p. 23.

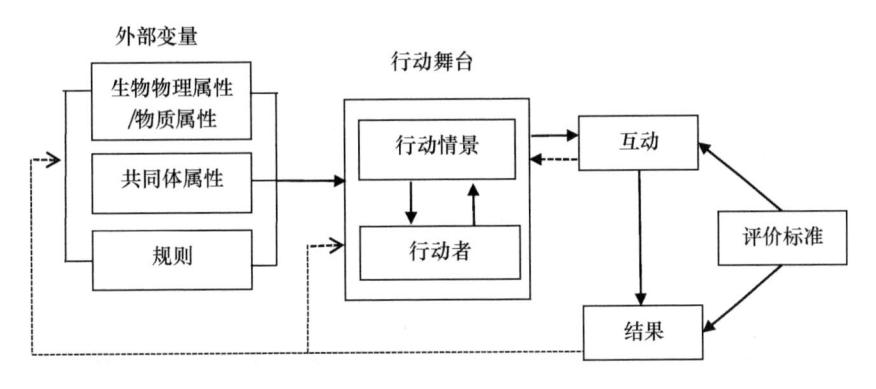

第九章 农村社区实物资产建设（下） 237

图 9.1 自治理的制度分析框架（IAD）

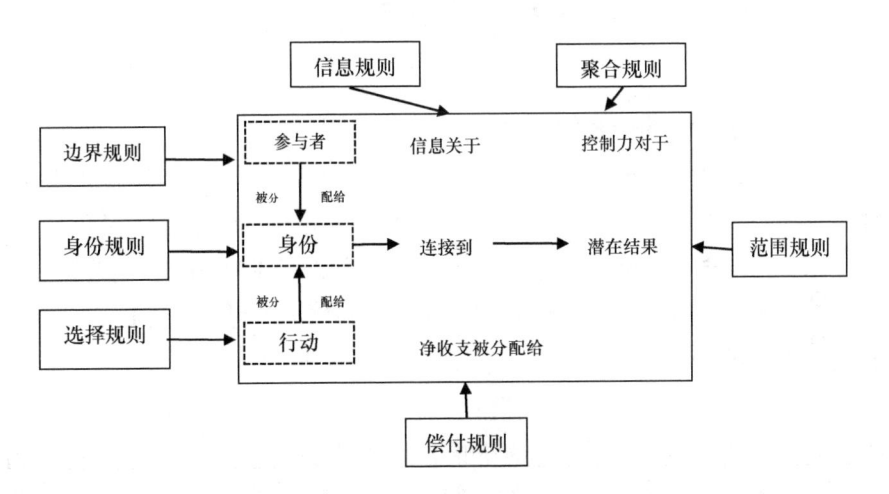

图 9.2 行动情境内部结构及规则应用

表 9.1 案例分析框架

项目	内容
自然物质条件	L 村土地资源的特点及无法满足村民新建住房现状
共同体属性	L 村合作建房过程中相关主体的态度、价值观
应用规则	L 村为了成功合作建房进行的自治制度设计和规则构建，包括进入和退出规则、职位规则、范围规则、权威规则、聚合规则、信息规则和偿付规则七种

续表

项目	内容
行动情境	在合理应用规则的约束与限制下,对合作建房的自治产生促进作用的引导措施,作为多方参与主体进行自治行为过程的结构,它能够分析自治制度对合作建房治理结果的影响,因此它将涉及应用规则构建后的有针对性的治理措施的提出
行动者	案例中的行动者是指参与L村合作建房的主体,案例将分析各相关主体的认知、理性选择逻辑及其交互作用如何促成L村合作建房
评估结果	L村组织村民共建自住小区的结果评价

第三节　L村住房福利自治理现状与变迁

一　L村住房福利自治理现状

L村地处闽南惠安县崇武镇,与台湾隔海相望。L村人口约6000人,1600多户,常年外来人口约1000人。L村人多地少,陆地面积仅0.51平方千米,人均占地不足90平方米。全村共有住房困难户408户,占全村总户数约25%,其中207户成功获得了村集体的住房福利,入住L村"集中建设、集约用地、集资合作"("三集")的自建小区。该小区占地12.16亩,共有4幢住宅,16层、13层住宅各两幢。如果按传统供地到户(一户一宅)模式建设,12.16亩的土地仅能供应39户村民建房。L村采用"三集"的建设模式,解决了207户村民的住房问题,极大提高了土地使用效率,有效化解村民改善住房、追求美好生活需要同土地资源极端紧张之间的矛盾。

207户困难户获得住房的居住品质不比周边的商品房差。L村自建小区位于村行政文化中心,配套的公共服务设施丰富,包括L村实验小学、L村文体服务中心、地下停车库,生活方便。所有房屋的朝向都是当地人喜欢的坐北朝南,通风、日照条件都符合当地村民的需要。绝大多数房屋属于三室两厅两卫的格局,每套建筑面积约120平方米,基本功能可满足当地村民的居住需要。自建小区采用物业管理,但与城市商品房市场化的物业管理不同。L村物业管理也采用自治理方式。物业管理事务由某一村干部负责，管理人员、保洁、水电工都从村民中聘请。物业费每月每平方米仅 0.8 元。入户深访中，一位 72 岁的许阿婆对我们说：

> 非常感谢村干部帮我们家解决了住房困难问题，在我有生之年，能住上像城里人才能住的套房，我以前想都不敢想……我有两个儿子，其中一个儿子精神有问题，早年走丢了，另一个嫌弃家里没钱，也出走了。去海南在酒店工作，后来听说可以申请自建小区的房子，就带着在外打工赚的钱回来装修房子。现在住上新房子，儿子也定期回来，我心情好多了，感觉很幸福……①

L 村住房福利自治理效果除了得到村民的赞许之外，政府部门、企业、媒体也都给予肯定和支持。当地县政府将 L 村自建小区纳入县美丽乡村建设规划，县领导多次在大会上肯定 L 村"三集"模式，并号召其他村庄学习 L 村模式。中国农业银行股份有限公司泉州分行在贷款方面给予 L 村很大支持。央视新闻频道、当地主流媒体对 L 村住房福利都给予宣传报道。许多高校、政府部门、村庄也都纷纷来 L 村调研住房福利的自治理经验。

二　L 村住房福利自治理的变迁

相比城镇职工或居民来说，农村住房福利在我国住房保障体系中处于剩余角色。长期以来，除了"五保户"、低保户等特殊群体可得到国家提供的危房改造、建房援助外，对于绝大多数农民来说，他们享受不到像国家给城里人提供的住房公积金、经济适用房、公租房、共有产权房等住房福利。通过对中华人民共和国成立以来 L 村村史的分析和实地调研，L 村住房福利自治理的发展主要经历了四个不同阶段。

改革开放以前，以家族或宗族治理为主。这个时期，L 村村民以家族或宗族为依托，共同出力、出资，合作建房，几代人、不同家庭依靠血缘、亲缘关系，居住在一座大房子（厝）里。彼时的居住环境很差，房屋以泥土、草木、瓦片为主要建筑材料，住房安全得不到保障，房屋无法抵

---

① XAP，20181205，访谈 L 村村民。

抗台风、暴雨冲击，经常出现房屋倒塌现象。房间数量不多、面积不大、居住空间狭窄。

改革开放初期到20世纪末，以家庭治理为主。这个时期，L村村民的住房条件有了一定的改善。受益于改革开放的政策红利，L村发挥"靠海吃海"的优势，发展海洋经济。许多村民做起了渔业生意，通过捕捞、买卖、加工渔产品，增加了收入。那些经济条件比较好的渔民家庭就自筹资金，建造石头房。这些石头房的层数包括一层到五层。不管几层，这些家庭的住房品质高于土房或草房。石头房比较结实、牢固，有利于抵御每年的台风，房间数量较多，空间也较大，成为当时L村村民住房首选，但是，石头房也有地震一来容易倒塌的风险，并且，石头房建设缺乏统一规划，分布比较杂乱，没有建筑美感。

2000—2012年，以粗糙的村庄规划+家庭治理为主。进入21世纪以来，党中央对"三农问题"高度重视，连续多年以"三农"为主题颁布"一号"文件。2005年党中央提出的"新农村建设"推动农村新一轮发展。这个时期的L村也积极进行新农村建设，对村庄进行了一定规划，限制村民在某些地域申请建房，形成了工业园区、居住区、文体中心、旅游区等功能区。有些比较富裕的村民拆掉了自家的石头房，盖起了钢筋水泥式的房屋或别墅。这种房屋的居住品质更高，但造价成本也高，需要有较强的经济实力。

2013年以来，国家选择性治理+家庭市场化治理+农村社区自治理。进入新时代以来，随着精准扶贫、乡村振兴等国家战略的推出，L村住房福利自治理呈现多元化。贫困户的石头房危房改造，政府会给予补贴，这种住房福利可称为国家选择性治理。经济条件好的家庭，到周边购买商品房，也可满足其提高住房品质的需要。对于那些迫切需要改善住房条件、经济实力不好或普通的家庭，他们多次找村两委，要求批地建新房，但是，L村又没有足够的土地满足这些家庭的建房需求。于是，村两委与村民多次开会协商，最终想出由村集体出面、组织住房困难家庭共建自住小区。

三　共同体成员对L村住房福利自治理的态度

针对L村村集体组织住房困难户共建自住小区，政府、村民、村两委、银行等相关主体都从各自立场给予支持。

(一)政府的态度

1. 国土资源部的态度

2014年4月23日，国土资源部调研组一行在福建省厅、泉州市局相关领导和惠安县领导的陪同下，到L村调研自住小区。国土资源部调研组对L村自住小区建设项目与L村村两委的工作高度肯定，并予以诸多指导，增强L村建好自住小区的信心。国土资源部调研组提出六条看法。第一，L村自建小区是解决住房困难户安居问题的民心工程，在农村社会保障体系建设中是一个创新，也是为村民办好事、办实事的亮点。第二，自住小区是村民共建自住，没有进入市场交易，不属于房地产，也不是小产权房。第三，自住小区盘活了有限的村集体土地，高度节约集约用地。第四，建新房、退旧屋，做得不易；村银（行）合作，做得好；共建自住小区的原则订得细，合情合理，依法依规。第五，共建自住小区的做法创新了宅基地的分配方法，保障了农户用益物权，稳定了农村，合乎民心，也是新型城镇化道路的创新探索。第六，L村提出的两个问题（指为准入户办房产权证和支持小区农电配套设施）应支持解决，地方（指县市级政府）能解决就要先给予解决。关于办产权证，县政府可以先以集体用地方式，分割办到户。L村要有信心，因为共建自住小区符合中央改革政策的大方向[1]。

2. 县、乡政府的态度

从县政府国土资源局的相关文件和对乡镇政府的行为，我们可以看出，县、乡政府也支持L村共建自住小区。在2009年、2010年连续两年的县政府办公会上，县领导都指出：L村共建自住小区是解决本县农村人多地少居住难的新路子，要求"各方应给予大力支持"[2]。

崇武镇镇长在2016年12月召开的崇武镇第十七届人民代表大会第一次会议上作政府工作报告，特别指出L村共建自住小区使得崇武镇城镇建

---

[1] 选自《L村简讯》2014年第8期，2014年5月12日。
[2] 《村民自住小区建设·隆重举行开工仪式》，2012年10月9日，http://cunwu.cuncun8.com/?ctl=village&act=articleedit&geoCode=68257801&category_code=469762048&id=655460，最后访问日期：2020年3月30日。

设呈现新风貌①。在 L 村共建自住小区过程中，乡镇政府还派干部参与、指导 L 村共建自住小区的听证会，促进 L 村共建自住小区的信息公开，让村民真正了解、参与进来。

（二）L 村村民的态度

村民可分成应建户和非应建户两类。应建户指的是那些从未批过宅基地或住宅面积太小、房屋为石头结构危房等的农户。应建户都是积极支持共建自住小区的。因为共建自住小区让他们改善住房条件有了希望。村民颜女士说：

> 我们家已经三代没有房子，平时租住在古城里，居住条件差，我丈夫过世早，我一个人带着一个六岁大的儿子，在房价大幅上涨后，买房不现实。当时，听说村里要建套房，价格比外面的便宜，我听了很高兴，感觉生活有盼头②。

村民石女士说，当年她家住的是旧房子，下雨会漏水，夏天很热，冬天又很冷。如果有自住小区可以申请房屋，再怎么辛苦筹钱，她都会努力买一套③。

村民刘先生说：

> 自住小区环境很美，绿化好，空气也好。这证明我当年的决策没错。因村里土地紧张，我们家从未批过宅基地，几次申请，村里都说没地。我也观察了许多，确实是没地，不是村干部敷衍我。没办法，我只能到我舅舅家所在村申请建房，但这很尴尬，我不属于那个村，虽然买了地建房，实际不合法，得不到法律保护；由于住在外村，村里的许多事也不参与，结果两个村的归属感都不强，感觉自己被边缘化了。后来，听说，L 村要盖自住小区，像我这种没有批过宅基地的

---

① 参见《崇武镇第十七届人民代表大会第一次会议胜利闭幕！》——微信公众号泉州古城在线，https://wx.abbao.cn/a/19106-4e4f3f41e7769d24.html。
② YAZ, 20181205, 访问 L 村村民。
③ SNS, 20181206, 访问 L 村村民。

可以申请，我很高兴，有种回家的感觉……而且，你想一平方米才500—600元，一百多平方米的房子只要六万多元，外面要5000—6000元，差了10倍，傻瓜也要买的……①

对于非应建户来讲，绝大多数人也是支持的。通过对调研资料的分析，这些人的看法归纳起来有三种：有些人认为建设自住小区有利于美化村庄环境，提升村里的居住品质；另一些人认为建设自住小区是帮助住房困难户（尤其有许多是残疾、重病的贫困家庭）渡过难关的民生工程，是一件功德无量的事，再苦再难也得努力去做；还有些人认为住房困难户共建小区也是要花钱的，只是由村集体组织而已，况且人家住进小区里，不像其他村民有自己的地盘，也是不容易的，对非应建户来讲又没有任何损失，为什么不支持？

（三）L村村两委的态度

对于L村村两委来讲，组织村民共建自住小区是不得不做的事。据村委张书记介绍，他们之所以建设自住小区，是逼出来的，当年村两委不是考虑要不要做的问题，而是重点考虑怎么做好的问题②。理由有三。第一，全村土地仅有0.51平方千米，共1600多户，但有400多户（占比25%）存在住房困难。如果按传统一家一户的建设方式，要60多亩地，村里根本不可能提供那么多的宅基地。第二，还有一些家庭两三代没有享受到村里批的宅基地，这些家庭租住在其他村，他们对村两委的意见很大，经常来诉苦，说寄人篱下的滋味很不好受。长期积累的怨恨，导致这些人对村里的公共事务也不关心、不参与，影响到正常的村庄治理。第三，自住小区也是推进新农村建设、美丽乡村建设的亮点工程，有利于探索突破土地资源紧缺瓶颈的L村模式，也有利于转变村民居住观念，提升生活品质。

（四）银行的态度

银行是主动支持L村建设自住小区的。调研中，我们曾经就这个问题专门访谈了L村书记和村长。张书记说，当年他去参加省农业银行主办的"信用村"建设座谈会。他介绍了L村两委组织村民共建自住小区面临资

---

① LJJ，20180720，访问L村村民。
② ZSJ，20180721，访问L村村支部书记。

金紧张、不知如何筹款的难题，希望农行继续支持 L 村建设[①]。他只是做了一个非正式的口头发言。出乎意料的是，出席会议的省农行副行长将他的这个发言报告给了省农行主要领导。省农行后来主动联系张书记，让他提供一份书面发言稿，说要开会研究支持 L 村自住小区建设。

第四节　IAD 与 L 村住房福利自治理的形成逻辑

一　L 村住房福利自治理的制度绩效分析

从 L 村共建自住小区的规划、建设、分配、管理的全过程看，制度供给、可信承诺和相互监督三个难题都得到比较好的解决。这说明 L 村自住小区的治理制度是成功的。L 村住房福利自治理制度与奥斯特罗姆关于长期存续的自主治理的公共池塘资源制度 8 条设计原则具有很大的相似性（见表 9.2）。

表9.2　　　　　　L 村自住小区的治理制度分析

	治理制度								
	清晰界定边界	因地制宜的规则	参与集体选择	监督	分级制裁	冲突解决机制	对组织权的最低限度认可	多层次的分权制	制度绩效
现状	是	是	是	有	有	有	是	有	坚韧

（一）清晰界定边界

界定公共池塘资源的边界和明确规定哪些人有资格占有并获利于公共池塘资源，这是促成集体行动的最重要条件，因此放在第一条。因为只要资源的边界或具体使用这些资源的人是不确定的，就没有人知道管理什么和为谁管理。L 村自住小区所用土地资源的边界是很清晰的。总共十二亩地，其中九亩地用于建设四幢小高楼，三亩地用于公共服务配套还有绿化美化的地方。《L 村村民申报共建自住小区公约》共有 14 条细则，对应建户（有权利申请共建自住小区的村民）作了明确规定。L 村界定应建户时

[①] ZSJ，20180721，访问 L 村村支部书记。

重点考虑五个因素：原籍且现在户籍须在本村；是否获批宅基地申请经历；现居住房屋面积、是否石头房；家庭经济困难程度；是否属于政策优惠对象（计生户、服兵役）。"应建户"按其居住困难重轻程度，分为七种顺序类型。第一，在本村从未批过宅基地，至今也未购地建房或买房。第二，在本村从未批过宅基地，已向他人购地建房或买房，但居住面积小于政策规定的人均面积。第三，在本村或在外村已批过宅基地，但未超过65平方米或古城内新旧厝连体未超过65平方米；属二兄弟合户批宅基地但未超过130平方米（多兄弟合户的类推；下同），且古城内无其他旧房屋；如兄弟合户的须拼厝后始可解决准入。第四，如同第三类型，不同的是古城内有其他旧房屋，或者已批过宅基地，但未超过70平方米，属二兄弟合户批宅基地但未超过140平方米。第五，在外村批的宅基地，至今瓜葛、纠纷者，但在本村从未批过的其他户。第六，父母等上辈因天灾人祸或经济困难，迫不得已出卖村集体批给的宅基地（或所建的房子）以抵偿债务、渡经济难关，现本人已成人，全家仍靠租、借房屋生活的。第七，石头结构危房申请拆迁户者。以上七条，在同等条件下，农村女孩户、现役及退伍军人户优先批准。

（二）因地制宜的规则

公共资源的占用和供应规则要与当地条件相一致，这有助于说明公共池塘资源的存续性。L村自住小区的规划、建设、分配与管理都能因地制宜进行。一是自住小区使用的12亩地是长期荒废的工业用地。这种用地选择不会受到非应建户或其他村民的反对。二是自住小区的房屋数量、建房周期、每套房屋的面积、格局与朝向、购房总资金、购房手续等都能符合村民的需求。三是住房分配规则也结合村情，比如宅基地申请经历、古城内房屋面积、是否石头危房等都是L村特有属性。四是自住小区的房屋只能在村里买卖，不能进入市场交易。五是自住小区的物业管理费用也是在入住小区村民可承受的范围内。

（三）参与集体选择

绝大多数受规则影响的个人应该能够参与对操作规则的修改。这条规则的使用有利于公共池塘资源制度更好地适应当地环境。这条讲的是公共参与的重要性。L村全体村民都可以参与共建自住小区每个环节的规则修订。在规划环节，村民（尤其是应建户）可对房屋户型、朝向、建筑风格、绿化等向村两委提出自己的看法。在小区由哪家建筑公司承建问题上，L村以听证会形式听取村民代表的意见。在选房环节上，村民有权对选房规则提意见。在小区管理上，入住村民有权提出自己的管理办法。在综合全体村民意见基础上，村民代表大会再来决定最终方案。村民参与每个环节的信息获取渠道包括村民代表大会、村两委扩大会等会议，村务公开栏，村印发的宣传手册，村网站，等等。

（四）监督

参与只能提升制度的针对性，监督和制裁才能保证每个利益主体遵守制度。积极检查公共池塘资源状况和资源占用的监督者、占用者负责人，或占用者本人[1]。这条强调的是选用什么样的监督机制确保公共池塘资源相关利益主体遵守规则。首先，应建户的身份确认既受到全体村民、村干部的内部监督，也受到上级党委政府的外部监督。有资格申请购买自住小区房子的村民名单，一方面要由村两委上报给镇党委、镇政府备案，另一方面要在全村公示，以防浑水摸鱼者。其次，全体村两委不管住房条件多困难，也不能申请购买自住小区的房屋。若有违规者，村民可上访举报。最后，选房时，所有房源必须公开，七种类型的应建户按顺序通过摇号方式选房。自住小区建设委员会无法捂房或将好房源优先挑给自己的亲朋好友。

（五）分级制裁

制裁分为外部制裁和内部制裁，前者通常是外部统治者的强制执行；后者通常是参与者自己强制实施的。在长期有效的公共池塘资源系统的制度安排中，监督和制裁都不是由外部权威实行的，而是由参与者自己实施的，使得公共资源占有者达到准自愿遵守。准自愿遵守形成的原因是越轨者易被其他人发现，而且越轨的成本很高。同时，发现并举报越轨者的人将被奖励。L村共建自住小区过程中，主要也是依靠内部制裁。一是对违规村干部的制裁。村干部如果将不符合条件的农户纳入应建户或将优质房源留给自己的亲朋好友，将被解除职务并罚款。二是对应建户中浑水摸鱼

---

[1] 〔美〕奥斯特罗姆：《公共事物的治理之道》，余逊达、陈旭东译，上海三联书店2000年版，第112—113页。

者的制裁。乡村是个熟人社会，村民彼此之间知根知底，监督者与占有者之间信息是对称的，所以 L 村应建户中浑水摸鱼者极少。村民通常也不会那么做，他们很清楚应建户名单一公示，大家都知道谁符合条件。浑水摸鱼者将被取消资格，也失去了信用和声誉，今后在村里生活将面临很多鄙夷的眼光。三是对破坏选房规则者的制裁。如果不按摇号顺序选房，选房是无效的；如果在选房当天不来参加，超期之后再来选房也是无效的。四是对按揭中恶意欠款者的制裁。如果不是因为客观因素限制，故意不按期还月供者，除了受到银行的征信制裁，还受到村里的信用扣分，今后有事想向村里求助就很难了，因为恶意欠款会影响到 L 村信用村的声誉。

（六）冲突解决机制

占用者和他们的官员能够迅速通过低成本的地方公共论坛来解决占用者之间或占用者和官员之间的冲突[①]。这条强调要有个机制来讨论什么是违规，怎么处理违规，才能保证制度的存续。L 村共建自住小区面临的冲突主要有三类：一是应建户与非应建户之间的冲突，焦点在于谁有资格购房；二是应建户之间的冲突，焦点在于谁可以优先选房；三是村民与村干部之间的冲突，焦点是前两者的结合。L 村村两委通过向村民摆事实、讲道理的方式来解决或协调各种冲突。村民还是很认可 L 村的冲突解决机制的，没有因共建自住小区事件上访。

有一户退伍军人家庭，按条件他家属于应建户，村干部也将购房通知单发到他家了，并让他太太签名，表示收到，但购房那天，他们家不来办手续。等大家都购完房了，他又来找村干部闹事，说村里应优先照顾退伍军人，让他们家优先选房，购房那天没准时来，是因为自己没收到通知。这时，负责通知的村干部亮出他太太签名的通知单，退伍军人无言以对。后来，村两委考虑到还剩四套房源，就让他和其他 50 多户报名者抽签，结果他还是没抽到。事已至此，退伍军人仍不服气，散播谣言说村干部不公平、不讲理，让他买不到房，但村民还是支持村干部，认为村干部是公道的。

---

① 〔美〕奥斯特罗姆：《公共事物的治理之道》，余逊达、陈旭东译，上海三联书店 2000 年版，第 112—113 页。

（七）对组织权的最低限度认可

占用者设计自己的制度的权利不受外部政府权威的挑战[①]。如果外部的政府官员认为只有他们才有权力去制定规则，那么，当地占用者想长期维持一个由规则治理的公共池塘资源体系就将是非常困难的。这条强调当地政府对自治制度合法性的认可。前文已述，从国土资源部门到乡镇政府，他们都认可L村共建自住小区的村治细则，并且支持自住小区建设的各项工作。

（八）多层次的分权制度

将占用、供应、监督、强制执行、冲突解决和治理活动在一个多层次的嵌套式企业中加以组织。这条强调多层级组织对自治理制度的重要性。奥氏强调所有更复杂、存续时间更长的公共池塘资源制度都满足最后这条原则。她以西班牙的韦尔塔为例，那些灌溉者先被纳入3—4个层级组织，再被纳入当地的、地区的和国家的管辖区域。同理，L村共建自住小区过程中，应建户也是被嵌入小组、村、乡镇、县、省（部）、国家等层级组织的。作为村公共资源占有者的应建户从资格认定、选房、办理购房手续、入住小区、自我管理小区等环节都离不开村、乡镇、县、省（部）、国家不同层级的规则约束。也只有这样，L村自住小区才能长期存续。

二 L村住房福利自治理的行动情境

在IAD分析框架中，确认行动舞台（action arena）是分析问题的核心。行动舞台是指个体间相互作用、交换商品和服务、解决问题、相互支配或斗争的社会空间。它可以用来分析、预测和解释制度安排下的行为，包括行动情境（action situation）和该情境下的行动者。行动情境包含七组变量，这七组变量又受七种规则的影响（见图9.2）。

（1）进入和退出规则影响参与者集合，比如，哪些人可以从公共资源中获利。L村共建自住小区细则明确规定，只有原籍且现户籍在L村的住房困难户（应建户）才有资格申请购房。

（2）职位规则构建的是情境中的职位，指如何从仅仅是获取者群体的成员变为诸如水分配卫士等具有特定任务的位置。L村应建户都可能成为自住小区建设监督委员会的重要成员。

（3）权威规则规定的是特定节点职位上的参与者必须、可以和不准采取的一系列行动，比如，渔民渔网渔眼的尺寸是否必须达到特定的大小，森林使用者必须采用某种砍伐工具而不能使用其他工具。L 村应建户在收到选房、购房通知时必须亲自签名；选房当天，必须亲自参加；对于没有稳定收入、还款能力较弱的购房者尽可能采取一次全额付款，反之，可采取按歇方式还款①。

（4）范围规则界定了其能影响的潜在结果及与特定结果相联系的行动。资源获取者或其他人对授权或禁止的地理区域和职能领域是怎么理解的？L 村应建户确定购房后，必须把原有的旧屋交给村集体，由村集体统一处理；新房不能进入外部市场交易，只能在村里转让。

（5）聚合规则是对行动情境中控制的规定，它涉及谁能控制从行动到结果的链条，尤其是当一个重大决策的选择权被分配给很多人时，这就需要聚合规则对结果进行规定②。即资源获得者是否参与协商、是否获得了别人的许可？L 村共建自住小区细则是在多轮民主协商基础上制定的，协商形式包括村民代表大会、听证会、村两委扩大会议等。哪些人可成为应建户也都是在多轮会议、公示、备案基础上确定的。

（6）信息规则涉及行动情境中所有参与者的信息获取程度。可获取的信息包括：对于资源本身的状况、其他获取者的成本和收益函数以及他们的行动如何累积成共同的结果等，获取者有多少信息？③ L 村村民获取自住小区的信息是充分、全面的。自住小区的用地面积，总的楼栋数，每栋楼的层数、套数，每套房屋的面积、朝向、格局、价格等是公开的；应建户的家庭情况也都是公开的。

（7）偿付规则影响的是能把特定行动和结果结合起来的收益和成本，它们进而能建立行动的激励和障碍条件。对每类获取者采取各种行动的成本如何，效益又怎样？L 村自住小区选房环节明显体现了这条规则的应用。

---

① 为避免还贷能力较差应建户的还贷风险，L 村两委通过找其亲朋好友帮助出资，争取一次性付款。

② 李文钊：《制度分析与发展框架：传统、演进与展望》，《甘肃行政学院学报》2016 年第 6 期。

③ 〔美〕保罗·A.萨巴蒂尔：《政策过程理论》，彭宗超等译，生活·读书·新知三联书店 2004 年版，第 59 页。

七种类型的应建户按顺序摇号选房,高楼层的房屋价格高,但视野、通风、日照效果好,反之,低楼层的房屋价格便宜,但居住品质相对较差。

以上七条是一个有机的整体,某一规则效果的改变要依赖于其他规则的运用。

三 L村住房福利自治理的行动者模型

情境中的行动者可以是一个单一的个体或者是作为共同行动者起作用的群体。从上述各方主体对L村共建自住小区的态度描述中可以看出,各相关主体从自身立场的利益出发,基于各自目标的最大公约数,采取相应的策略,在共同推进自住小区建设过程中形成了一张相互合作的关系网络图(见图9.3)。

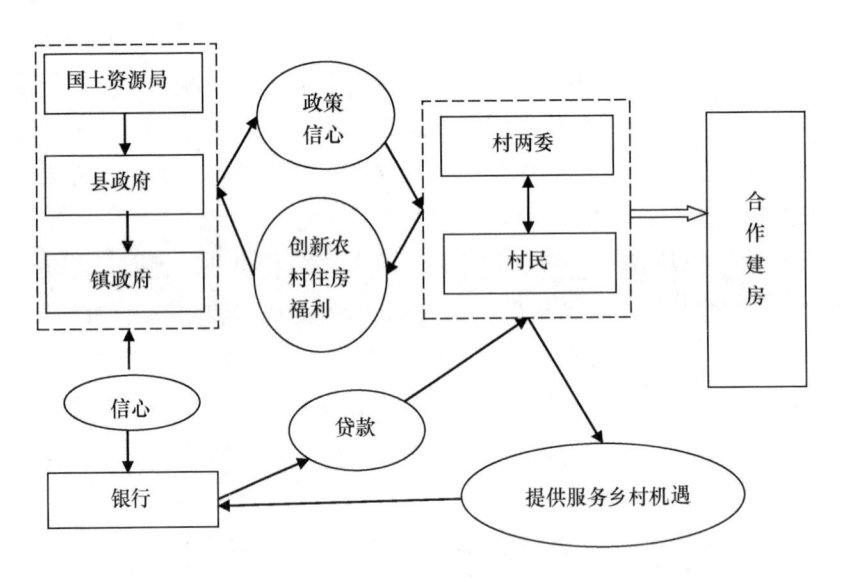

图9.3 共同体成员的交互作用

(一)政府与L村村两委、村民的交互作用

政府与L村村两委、村民形成了良性互动、相互促进的关系。一方面,各级政府部门的积极表态和支持型政策工具的出台,为L村村两委组织村民建设自住小区提供了信心。L村党委张书记说,当时他们听到国土资源部门调研组给出的意见后,非常振奋,唯恐小区建设不合法的担忧消除了。当专家组问:"你们有没有觉得自住小区建设的意义不亚于当年安徽搞家庭联产承包责任制?"L村村两委和村民顿时觉得这项事业值得做。代表国家的国土资源部门提出的6点意见,为地方政府支持L村提供了权威性和合法性。在国土资源部门调研组离开后,县国土资源局针对自住小区的房产权办理规定、手续专门整理了一份文件供县国土资源局各股室和崇武镇国土资源所参考。分管的县委常委率相关部门负责同志到L村调研自建小区的经验,拟从县政府层面出台农村共建自住小区的政策在全县推广。此外,惠安县还将L村共建自住小区纳入县美丽乡村建设项目,给予一定资金支持。另一方面,L村共建自住小区给地方政府破解有限土地资源与农民追求美好住房生活之间的矛盾提供了样本,也为国家探索宅基地制度改革、土地融资、创新农村住房保障体系提供了有益的政策启示。

(二)银行与L村村两委、村民的交互作用

银行与L村村两委和村民是相互信任、相互合作、相互促进的关系。一方面,银行主动支持L村,给L村建设自住小区在项目建设资金和后期的农民建房户的"按揭"提供帮助。农行泉州分行推出创新产品"新农村住房建设项目贷款",给予L村自住小区固定资产贷款授信额度4000万元,并成立专项团队,派驻专职客户经理在L村为村民办理贷款手续。另一方面,L村自住小区建设也为银行提供了服务"三农"的机遇和开发农村金融产品的动力。

银行与L村之所以能形成这种交互作用源于他们之前构建的社会资本存量。L村是农行泉州分行评定的信用村,是全国首张惠农社保卡的发源地。L村与农行泉州分行于2010年曾签订《信用村合作协议》《银村共建协议》。L村之所以获得农行的青睐源于L村村干部和村民的长期守信。20世纪90年代,为渡过渔业经营不善的难关,L村向农行贷款,可是到了还款时间,渔业依然不景气,为了不失信,村两委决定在除夕夜卖船还清贷款,L村成为崇武镇全镇唯一还清渔贷的村子。2001年,村里某企业倒闭,村委会作过担保,村干部和村民代表认定"欠钱必还、天经地义",不能以"村委会担保无效"为借口不承担责任,因而一致同意把40万元贷款连同利息加罚金一并还了。因此,L村获得了农行的高度信任,成为市县金穗惠农家庭创业贷款的试点村,成了全国农行第1张金穗惠农社会保障卡的发行村①。

（三）政府与银行的交互作用

政府与银行在 L 村建设自住小区中的关系主要是相互增强信心。一方面，政府的政策导向、积极表态为银行贷款给 L 村村集体建设自住小区和给入住村民购房、装修办理按揭带来了信心。考虑到自住小区用地属于村集体土地，小区所建房屋不具备商品房属性，不能抵押，其他银行无法办贷款。当地农行敢于研发新型贷款产品给 L 村，除了 L 村是信用村之外，更重要的是 L 村建设自住小区的做法符合国家政策，得到各级政府的认可，并被地方政府纳入新农村建设和美丽乡村建设行动计划。另一方面，农行的贷款和金融服务也为地方政府支持 L 村建设自住小区提供了信心。自住小区属于农村住房保障的项目，从理论上讲，地方政府有责任协助 L 村解决住房困难户的住房问题，但限于财力，地方政府没办法通过公共财政转移的方式援助 L 村，而单靠 L 村集体筹资，资金显然是不够的。当年地方政府也担忧，要是因资金不足，自住小区中途流产了，投入的钱又要不回来，农民可会闹事的，群体性事件可能会爆发。银行贷款，事实上给地方政府支持 L 村打了一针强心剂。

四　L 村住房福利自治理的评估

对于自治理的结果，理性行动者总要去评价，以评价结果对行动舞台及其影响因素的反馈。当结果与人们的预期目标相一致，人们就会遵循原有的行动准则和互动模式，反之，就会修正自身的行为，或推动行动舞台的结构变迁，以实现符合预期或超出预期的结果②。尽管存在许多评估标准，但 IAD 分析框架认为以下标准是必须考虑的。

（1）经济效率，强调资源投入的成本与收益比较。L 村仅用 12 亩的土地就让 207 户住房困难户实现住有所居。如果按传统的宅基地供应模式，12 亩的土地仅能供应 39 户村民建房。显然，组织村民共建自住小区对村

---

① 《泉州农行授崇武潮乐"信用村"称号》，2011 年 3 月 25 日，http://news.163.com/11/0325/16/700M2HQN00014JB6.html，最后访问日期：2021 年 1 月 12 日。

② 〔美〕保罗·A.萨巴蒂尔：《政策过程理论》，彭宗超等译，生活·读书·新知三联书店 2004 年版，第 59 页。

集体来说是一条非常有效利用土地资源的举措。

（2）融资均衡，强调个体的收益与付出要成比例，各级政府的收益与付出也要成比例。对于入住的村民来说，他们在自住小区的购房成本远低于获得的收益，因为不管是在市场上购买商品房还是传统的农户个体自建住房，要获得像自住小区同样品质的房屋，成本都远远高于参与村集体组织的合作建房。对于国土资源部门来讲，他们只是派调研组下来表态，给予地方政府和L村信心，却获得了宅基地制度改革、探索农村住房保障治理新模式的案例启示。对于地方政府来讲，他们也只是投入少量的人力（赴L村现场指导或参加会议）、政策支持而已，就获得了建设农村安居工程的政绩。

（3）再分配公平，强调公共资源要分配给弱势群体。L村自住小区细则规定参与合作建房者必须是住房困难户，其中绝大多数是经济贫困家庭。这本身就体现罗尔斯提出的"分配正义"原则。7种顺序类型依次按摇号顺序选房，让最弱势者优先选房也是体现分配公平的。

（4）问责制，强制官员应就公共基础设施和自然资源的开发和使用对公民负责。地方政府在协助L村做好土地勘探、建筑质量监管、应急设施建设、自住小区公共设施建设（水电、绿色、地下车库）等方面都派专业人员给予指导支持，也将自住小区建设纳入美丽乡村建设规划并给予资金支持。这都体现了地方政府官员承担了相应责任。

（5）与普遍的道德一致，强制共同体成员应当诚实、遵守诺言、相互信任。首先，村干部都守信，没有出现一个村干部参与合作建房，或接受行贿将不符合资格的村民纳入应建户，或将优质房源留给自己的亲朋好友。其次，所有应建户也都经得起全体村民的监督，没有假冒者。再次，各级政府也都能兑现诺言，给予L村自住小区各种支持。最后，银行也遵守诺言，给予L村和应建户贷款支持。

（6）适应性，强调自治理制度要有灵活性，能适应外界环境的变化，实现资源和投资的可持续性。L村对于经济困难的购房家庭，采用动员这些家庭的社会支持网络，引导网络中经济宽裕者协助购房者一次性付款的方式，有效预防了部分困难家庭无力还款的风险，也有效维护其信用村的声誉。自住小区的房屋仅限于本村村民内部交易，保证了自住小区的村集体公有性质。

本章小结

党的十九大报告指出："坚持房子是用来住的、不是用来炒的定位，加快建立多主体供给、多渠道保障、租购并举的住房制度，让全体人民住有所居"。住有所居已成为城乡居民过上美好生活的必要条件，也是人民最关心的重要民生工程。L村合作建房，让住房困难户住有所居，让村庄和谐美丽，是践行十九大关于住房保障精神的创新探索。在L村住房福利自治理过程中，村干部、村民、政府和银行构成了集体行动的共同体，这一共同体的有效运作是自组织制度成功实施的关键。L村共建自住小区是一种以自愿的方式，将多方参与主体组织起来解决有限的土地资源与村民追求美好住房生活需要矛盾的探索。这种探索对于农村社区住房福利、农村公共池塘资源的治理提供了富有启发的理论借鉴，具有重要的实践价值。

一方面，本章将制度分析理论和方法引入农村社区住房福利自治理领域，在L村合作建房的案例分析基础上，探讨农村社区住房福利自治理的背景与形成过程，分析其多方参与的自主治理制度设计的机理及其制度绩效。这推进了社区福利自治理研究的知识增长。与社区福利传统的他治理研究不同，本章不只是将社区视为福利承载的平台，更重要的是将社区作为福利自治理的主体，分析社区福利自治理的生产机制；以农村社区为案例，也拓展了社区福利的研究范围；以住房福利为内容，丰富了社区福利的内涵；将IAD引入社区福利自治理也拓宽了社区福利研究的学科视角。同时，本研究对农村公共池塘资源自治理也作出了理论贡献。以农村集体利益土地、合作建房为研究对象丰富了公共池塘资源的内涵；以闽南沿海农村社区为案例，推进了该理论的本土化；将社会网络资源纳入制度分析的范围，使之与正式制度衔接，拓宽了传统制度理论的研究视野。

另一方面，本案例研究为同类型农村社区在乡村振兴背景下治理住房福利提供了经验借鉴。当市场治理、政府治理无法解决农民住有所居时，农村社区进行住房福利自治理是可行的。重点要解决制度供给、可信承诺和相互监督三个难题。一是在制度供给方面，住房福利自治理制度设计要遵循公共池塘资源自主治理的 8 条设计原则。《L 村村民申报共建自住小区公约》的 14 条细则就很好地体现了这 8 条原则。二是利益相关者都要守信。L 村的村干部、村民（尤其是应建户）都没有越轨；各级政府、银行也都能遵守诺言，给予 L 村和应建户贷款支持。三是有效的监督机制，保证制度能落实。在共同体成员中，人人是监督者也是被监督者。监督有效还依赖于制裁。制裁要有效就得让越轨者的违规成本远远大于获利。

本章也存在一些局限性，有待进一步的后续研究。第一，本章关注的是农村社区住房福利自治理成功的现象，而现实中还普遍存在"住房福利自治理失败"的现象，比如城市合作建房失败；农村建房个体化、分散化严重，难以统一规划，影响乡村振兴进程的推进；等等。未来研究可以尝试探究"农村合作建房失败"的分析框架，并将其与本研究进行对比。第二，本章的研究对象 L 村人多地少，为了解决村民住房困难问题，村集体被逼组织村民合作建房，这属于被动型自治理。调研中，我们发现有些村庄为了建设美丽乡村，提升村民的居住品质，统一规划全村的土地、住宅，通过宅基地的退出、置换、村集体内部流转等方式，建设农民公寓、住宅小区等，在提升村民居住品质的同时，又促进土地集约化利用。这属于主动型自治理。被动型自治理与主动型自治理的生产机制有何不同，值得后续跟踪研究。

第十章　资产为本：乡镇政府促进乡村产业振兴的社区发展策略[①]

上述的3—9章主要论述了农村社区组织、金融、自然资源和实物四类资产对乡村振兴不同维度的功能及其生成机理，但是这些资产建设局限于行政村、自然村或村民小组层面。实践中，有些地区正在乡镇层面积极探索资产建设助推乡村振兴的策略。那么，乡镇政府资产建设的过程是怎样的，何以可能？本章首先指出乡镇层面资产为本的乡村产业振兴现象与问题，其次指出传统理论对产业振兴的解释局限，然后以泉州市H乡的案例分析，阐述了乡镇政府综合运用多种资产、推动乡村产业振兴的过程与策略，最后揭示了乡镇层面资产建设助推产业振兴的形成条件。

第一节　资产为本的乡村产业振兴现象与问题

2021年3月23日，习近平总书记在福建考察时强调指出："乡村要振兴，因地制宜选择富民产业是关键。要抓住机遇、开阔眼界，适应市场需求，继续探索创新，在创造美好生活新征程上再领风骚。"[②] 2021年8月24日，习近平总书记在河北承德考察时再次强调："产业振兴是乡村振兴的重中之重，要坚持精准发力，立足特色资源，关注市场需求，发展优势

[①] 本章核心内容已公开发表于《学术研究》2021年第3期。
[②] 《如何"深化改革"，习近平再访三明这样"解题"》，2021年3月26日，中国共产党新闻网，https://m.gmw.cn/baijia/2021–03/26/34719948.html，最后访问日期：2021年12月4日。

产业，促进一二三产业融合发展，更多更好惠及农村农民。"①

可以说，产业振兴是乡村振兴的基础，是解决农村发展问题的前提。产业不旺，乡村不兴。因此，理论界和实务界都高度关注乡村产业振兴，但是，现有的研究成果主要沿袭经济学式的思维，停留于农业供给侧改革、产业组织管理、产业布局优化、产业结构调整以及产业体系整合等议题②。诚然，产业经济学思维对探索乡村产业振兴的规律、影响因素、实现路径等有许多值得借鉴之处，但是，经济学思维经常忽视了乡村产业振兴中的社会关系网络、社区组织、地方文化、村民参与等社会因素以及乡镇政府治理理念、方式等公共管理因素。而这些因素是乡村产业振兴不可缺少的要素，也是资产为本社区发展（Asset - Based Community Development，ABCD）的重要内容。我们的调研表明，某些乡镇正在践行 ABCD，探索如何立足于本地的资源优势和文化特色，建立各种社会关系网络，以村民为主体，调动村民参与社区公共事务，共同推进产业振兴。那么，这种资产为本的乡村产业振兴的绩效怎样？具体策略有哪些？如何形成？本章基于泉州市 H 乡的运作实践对这些问题予以解答。

第二节　相关理论的解释局限

经济要素配置理论认为，确保粮食安全是乡村产业振兴的基础和底线。因此，要严守耕地红线、保护耕地质量，不断提升粮食生产能力③。为了优化各类经济要素的配置，必须坚持低成本、高效益的原则，兼顾效率与公平。对于较高质量的资本和劳动力要素，要在政府引导、支持和市场机制作用下进行；对于土地这种特殊又复杂的生产要素，要采用自主治

---

① 彭建强：《产业振兴是乡村振兴的重中之重》，2021 年 9 月 3 日，http://www.moa.gov.cn/xw/qg/202109/t20210903_6375598.htm，最后访问日期：2021 年 12 月 14 日。
② 张晓山：《推动乡村产业振兴的供给侧结构性改革研究》，《财经问题研究》2019 年第 1 期；张利庠、罗千峰、王艺诺：《乡村产业振兴实施路径研究——以山东益客现代农业产业园为例》，《教学与研究》2019 年第 1 期；唐浩：《乡镇干部如何驾驭乡村振兴中的"产业兴旺"——湖南省 33 个乡镇党委书记和乡镇长的相关调查》，《理论探索》2019 年第 1 期。
③ 于建嵘：《乡村产业振兴要因地制宜》，《人民论坛》2018 年第 17 期。

理结构。当高质量的资本、劳动力、土地等生产要素投入乡村产业后，要采用农业产业化联合体来有效组合和配置这些生产要素，以提高乡村产业经营效益、促进乡村产业振兴[①]。

越来越多的研究认为，资本、劳动力、土地、技术设备等生产要素的挖掘与投入，要注重其内生性。强调内生为主、外援为辅已形成一种共识[②]，但是，这些要素在乡村内部如何被识别、挖掘，如何有效管理等问题，经济要素配置理论并没有给予很好的解答。资产为本的社区发展理论能够为我们探索这些问题给予有益的启示。ABCD 作为社区社会工作的理论与实务方法，最早由 Kretzmann 和 McKnight 提出。ABCD 的主要观点是，社会工作者介入社区时，先要聚焦于社区的优势（有什么），而不是将注意力放于社区的缺点与不足（没什么）上，然后以社区的"组织"和"关系"等社会资本作为驱动力，激活社区内在的动力，调动居民参与的主体性与能动性，实现社区可持续发展[③]。ABCD 的关键要素是"优势""关系""内在"。其资产概念与经济学中的资产不同，一方面指社区各种有形资产（自然资源、组织机构）和无形资产（社区成员的知识、技能、社会关系网络、社区文化等）；另一方面指社区的优势和能力。ABCD 对传统以需要为本的社区发展（Need – Based Approach，NBA）理论与方法提出了挑战。其一，NBA 只看到社区问题、缺失与不足，与之相反，ABCD 看到社区优势与能力，倡导外来工作者通过识别、挖掘和整合未被确认的社区内部人财物等资源，创造当地经济社会发展机会，进而实现社区发展[④]；其二，NBA 只注重吸引外援机构的资金和服务，ABCD 更加关注社区内部的能力建设；其三，NBA 寄希望于外部组织帮助，ABCD 认为，正式、非正式的社区组织和社会支持网络皆被视为社区建设内生力

[①] 张晓山：《推动乡村产业振兴的供给侧结构性改革研究》，《财经问题研究》2019 年第 1 期。

[②] 黄启发、庄晋财、成华：《基于农民创业者的村庄公共品供给内生机制研究——温州市永嘉县桥下镇龙头村的案例》，《农业经济问题》2017 年第 3 期。

[③] Kretzmann, J. & McKnight, J., *Building Communities from Inside out: A Path Toward Finding and Mobilizing a Community's Assets*, Chicago: ACTA Publications, 1993, p. 160.

[④] 〔美〕丹尼斯：《优势视角：社会工作实践的新模式》，李立婕等译，华东理工大学出版社 2015 年版，第 88 页。

量的源泉,以社区自身网络资源而非外部组织的力量实现社区可持续发展[①]。

有别于经济要素配置,资产为本的乡村产业振兴是一种社会投资。这种投资注重培育乡村社区内部的社会资本(关系)、人力资本(参与),但是,现有成果在运用 ABCD 理论时主要局限于行政村,在分析单位上忽视了乡镇政府运用 ABCD 促进乡村振兴的研究。诚然,ABCD 理论对于某一行政村发展具有很好的借鉴价值,但事实上,行政村的振兴离不开乡镇政府的统一规划与资源统筹。比如,土地、林地等资产的挖掘,单靠村庄的力量根本不可能解决,很大程度上需要乡镇政府出面协调。此外,西方语境中的"资产"与中国乡村的"资产"也略有不同,譬如,西方国家不存在类似土地、林地等农村集体资产。因此,我们很有必要基于中国乡村的社会事实,研究中国乡镇政府运用 ABCD 推进产业振兴的策略与逻辑。这也有利于拓展 ABCD 理论的应用范围,推进该理论的本土化,建设中国特色的 ABCD 理论。

第三节　泉州市 H 乡的运作实践

H 乡位于泉州市区的最北端和最高处,距离市区 55 千米,平均海拔 550 米。H 乡自然条件优越,生态旅游资源丰富,森林覆盖率高达 75%,空气负离子含量高达 22 万个/cm³,是休养生息、避暑度假的好地方。

本文以 H 乡为案例的缘由有以下两点。一是完整性。H 乡地处穷山僻壤,人口外流严重,全乡 1.3 万人口,待在乡里的仅约 4000 人,占比 31%。留守人口多数是老人、儿童和妇女,绝大多数青壮年都外出打工。H 乡没有企业,多数村民靠种地瓜、种菜谋生。2014 年以前,在当地人心中,H 乡代表落后、贫困,男性村民找对象都难,但 2014 年以来,H 乡逐步走向振兴,以全域旅游为主线,充分发掘各样资产,发挥优势,以旅游产业带动乡村振兴,取得了显著成绩,甚至获得全国生态镇的称号,成为

---

① 张和清、闫红红、尚静:《社区为本的农村社会工作实务模式探索——国内外农村社会工作研究文献的综述》,《学海》2019 年第 2 期。

泉州市生态旅游的名片。这种前后发展巨变有利于我们观察乡镇政府动员村民参与、实施资产为本社区发展策略，促进乡村产业振兴的全景。二是典型性。H 乡发展是以党委领导、政府负责、社会协同、公众参与为显著特征的乡村治理体制，乡镇政府是整个资产为本社区发展策略的规划者、实施者、引导者、参与者，这是与国内外其他村庄（社区）运用资产为本社区发展策略的根本不同之处。通过该案例，我们既可以清晰看到乡镇层面实施 ABCD 的全过程，还可以比较 ABCD 与 NBA 的区别。

一 资产清单制作

按照 Kretzmann 和 McKnight（1993）关于资产的界定与分类方法，H 乡首先运用实地观察、访谈、文献查阅等方法搜寻辖区内资产，做出社区资产清单（见表10.1）。

实地观察法主要用于识别自然资源资产。党委书记 ZJS 先生履新 H 乡后，就认真研究 H 乡地图，并多次带领乡村干部、村民代表实地考察 H 乡的土地、山、水、林、田、谷等自然生态资源。他们先按资源的优劣势，分出优先重点开发、稍后开发、潜在开发三个等级。再根据资产所属的村庄归类，判断动员这些资产的可行性。Z 书记说，在实地考察各类自然资源时，村民 PLQ 先生给政府提供了许多帮助，因为他以前就是在外地搞乡村旅游的，比较有经验，知道哪些资源先用，哪些资源后用，知道怎么挖掘资源，有利于今后发展[1]。

访谈法主要用于识别个人资产与组织资产。H 乡多次组织村干部、村民代表召开座谈会，列出村民身上的人力资本存量、组织建设情况、地方文化。例如，村民个人资产方面，H 乡发现可从普通村民和乡贤两类人身上寻找资产。普通村民很多是留守老人和妇女，这些人手工本领可以、动手能力较强，而且在农闲时有时间，可利用他们的技能与时间发展鞋业加工。还有些老人懂乐器表演，可做一文化项目融入油菜花文化节。乡贤 PLQ 先生在外经商多年，从事户外运动休闲项目，有较丰富的市场经验，有强烈的返乡创业意愿，有一定的人脉资源。可动员他开发石龙谷[2]。

---

[1] ZJS，20180726，访问 H 乡党委书记。
[2] 该乡的一个荒谷。

文献查阅法主要用于识别实物资产。H乡发现当地有上千年的彭祖养生文化旧址和古建筑、书院，这些都可融入旅游产业，让游客体验地方文化。

其次，H乡将各种资产的存量、类型、属性标志在地图上，并按颜色分清开发的先后次序①。

最后，制作社区资产的实时走势图，以折线图形式形象描述相关资产的联系程度和关系变化情况②。比如，春季重点举办油菜花文化节，夏季重点推介彩虹瀑布，秋季重点举办地瓜文化节，冬季重点宣传彭祖养生，全年都可推介石龙谷景区。

表10.1　　　　　　　　H乡资产清单（节选）

资产类型	主要内容
自然资源资产	拥有山、水、林、田、谷等多种资源；石龙谷、瀑布、油菜花、红心地瓜等
组织或机构资产	志愿者协会、农民专业合作社
实物资产	古建筑、书院

二　资产动员

社区资产动员主要包含两层内涵：盘活现有资产开展社区服务和结合社区发展规划开展资产推介与宣传工作。

动员资产、开展社区服务方面，H乡主要盘活了油菜花，举办油菜花文化节。考虑到土壤、气候、植被等独特条件适合种植油菜花，H乡鼓励村民种植油菜花。每年3月，200多亩的油菜花田像金色花海，喜迎各方宾客。H乡以油菜花为切入点，举办乡村文化节。2014年举办首届油菜花文化节时，村民、上级政府都不怎么看好，约1万元经费全部源自H乡政府自筹。乡政府动员村民做当地特色小吃卖给游客，村民觉得不可能有多少人来，基本不配合，但令村民意想不到的是，当天游客就达2万人。于是村民开始看到了希望，觉得这届乡政府真想为百姓做实事。2015年举办

---

① 因篇幅所限，感兴趣的读者可向作者索要图。
② 因篇幅所限，感兴趣的读者可向作者索要图。

第二届油菜花文化节时，很多村民就按乡政府的建议，制作特色小吃，卖给游客。有户村民制作牛肉丸，其实质量很普通，结果两天卖了四万元，扣掉成本，两天赚了两万多元。自这件爆炸性新闻产生后，绝大多数村民就很配合乡政府了。自2017年起，区委、区政府相关职能部门就积极参与了，并作为主办单位，投入适当经费支持，相关领导出席油菜花文化节开幕式并作讲话。这极大提升了H乡继续办好油菜花文化节的信心。从2014年到2019年，油菜花文化节的服务内容也逐年增多，类型多样，老少皆宜，这也使得游客数量逐年明显增加。

在推介与宣传资产方面，H乡采用"内外兼修"策略。充分利用自己的微信公众号，辅之外部新闻媒体宣传。2013年起，H乡申办自己的微信公众号，并派专人负责。每年举办油菜花文化节前，H乡就在其微信公众号进行宣传，让更多人知道，吸引更多游客。此外，H乡也积极主动联系地方媒体，让他们帮忙宣传造势，为油菜花文化节营造氛围。每年到现场报道的媒体都达10家以上，刚开始只有区级、市级媒体参加，后来省级、国家级媒体也参加了。

三 资产关系管理

资产关系管理包括互动、合作、反馈和危机介入四个机制。

互动机制关注的焦点是如何让新旧资产保持可持续互动。前文交代油菜花文化节让H乡有一定知名度，许多人开始了解、熟悉、参访H乡，H乡的人气也逐渐增旺，但仅凭借油菜花文化节，要实现旅游产业振兴是不可能的。就像H乡党委Z书记说：

>油菜花文化节只是全域旅游的一个引子，让大家知道H乡，走近H乡，后续还需要争取许多项目落地。于是，我们2016年就开始开发石龙谷。①

Z书记说的石龙谷，本是一个荒废多年的山谷，占地3000多亩。谷下原有不少农田，村民步行到农田需要走5000—6000米的路程。由于耕种成

---

① ZJS，20180712，访问H乡党委书记。

本太高，许多村民逐步放弃农田，抛荒现象严重。因此，长期以来，该山谷变成荒山野岭。除了个别村民放牧牛羊之外，石龙谷基本无人问津，但是，以 Z 先生为党委书记的新一届 H 乡领导班子在带领村民制作资产地图时发现，石龙谷没有被利用起来，实在可惜。石龙谷不仅有丰富的生态植被、形态各异的山石、秀美曲折的溪涧、跌宕多变的瀑布等景观，如此仙境要是被开发起来，将是 H 乡产业振兴的亮点工程，还可弥补油菜花文化节的时间限制。因为，油菜花盛开时间只有每年的 3 月，这对 H 乡发展全域旅游是一个局限。石龙谷如果被开发，就可成为吸引游客的常年项目。于是，经村民推荐和一段时间的观察，H 乡就动员返乡乡贤 PLQ 牵头开发石龙谷。

合作机制关注的焦点是协调相关主体的利益均衡。开发石龙谷涉及的利益主体包括村民、村集体、开发商、H 乡政府、区级政府。对于村民、村集体来讲，主要是保障其土地权益和旅游产业的附加效益。调查发现，村民可获得每亩 3.5 万元的土地补偿金，也可以入股形式参与投资。村集体给开发商 3 年的项目建设期，3 年过后开发商每年给村集体 3 万元的土地补偿金，逐年增长，10 万元封顶。此外，开发商还要付给村集体土地租金，每年每亩 100 元，租期 30 年。这样保证村集体有固定经济来源。开发商的获利源于门票。乡政府为开发商营造优质营商环境，包括办手续、人才引进、做村民工作、环境卫生整治等。H 乡政府也获得了产业振兴的一个标志性项目，对其发展全域旅游是利好的。而对于区级政府来讲，开发石龙谷是扶持 H 乡脱贫攻坚和乡村振兴的抓手，可提升其治理绩效。

反馈机制关注的焦点是如何建立相关利益主体之间的沟通反馈渠道。石龙谷开发过程中涉及村民、村小组、村集体利益协调的沟通，H 乡充分发挥村民自治的作用，让村民自己讨论、自己决定。石龙谷用地涉及 S 村 8 个村民小组。S 村两委多次召开村民代表大会、村两委扩大会议，并入户与村民商量土地征用模式、分红办法。H 乡在开发商与区政府之间起着重要的桥梁作用。在 H 乡政府的申请下，区政府将开发石龙谷纳入区重点建设项目，给予政策、资金、工作指导各方面支持。分管副区长 CQ 女士带领区文化旅游局、自然资源局等职能部门负责人到 H 乡现场办公，解决石龙谷开发过程中的难点问题。

危机介入机制关注的焦点是如何有效识别、预防、应对资产建设管理过程中的各样风险。在油菜花项目的基础上增加石龙谷项目存在不少风险。一是政策问题。开发石龙谷占用一定耕地，虽然这些地不少被抛荒，但仍存在踩"18亿亩耕地红线"问题，还存在谷中水资源、森林资源、植物资源保护问题。二是安全问题。要将3000亩荒谷建设成宜游宜居景区，周期长，参与人员不少，怎么保证工作人员、游客的人身安全是必须考虑的。三是资金问题。景区开发资金数额达1亿多元，资金来源渠道多样化，有村民入股、村集体入股、银行贷款、政府公共投入等，万一项目失败了，怎么办？H乡党委Z书记说，上述三个问题是他们必须面对的风险，在应对政策风险方面，他们必须向上级党委政府汇报，至少获得上级的口头同意后才能做。在安全方面，只能努力做好安全生产监管工作，要求企业做好各项安全防范措施。在资金方面，重点要向村民、村集体讲清楚投资的潜在风险，丑话说在前，以免项目真的失败了，相互埋怨，推卸责任。

四 资产冲突管理

社区资产的冲突管理指，由于各种因素影响，当资产的维护管理出现中断或失败时，社区应积极寻找其中缘由并做好防范工作。H乡资产的冲突管理主要体现在两个方面。

组织资产的冲突管理。H乡在推进乡村旅游产业振兴过程中，为了给游客创造干净整洁的环境，积极培育环保志愿者协会。会员以成年人为主，主要由留守老人、妇女构成。承担任务包含环保知识宣传、垃圾分类、路面清洁、村民房前屋后卫生检查。起初，很多村民都积极报名，但是，活动开展半个月左右，不少志愿者就开始退出了。有的说没时间，有的说效果不理想，有的说这些事应该由村干部或政府去做……为了让村民有信心搞好环境，让更多村民参与到志愿者队伍中，H乡发起"小手拉大手"倡议。具体由H乡小学组织小学生做环保志愿者，引导小学生养成爱护环境、美化环境的好习惯。小学生回家后再带动其家长一起做环保志愿者。"小手拉大手"活动效果很好，很多家长看到小孩子都能够养成好的卫生习惯，不乱扔垃圾，还主动捡垃圾，深受感动，也纷纷加入环保志愿活动。

自然资产分配的冲突管理。前文已述，油菜花文化节只是H乡旅游产业的一个引子，还有石龙谷、彩虹瀑布等后续项目。从产业集约效应讲，油菜花被盘活之后，H 乡应该优先开发彩虹瀑布，因为这个瀑布与油菜花同属 H 村，距离近，一并开发可节约成本，还能形成规模效应，但是石龙谷所在的 S 村认为，他们村有资源，但都没被盘活，乡政府应该给他们村一个发展机会。

于是为了减少村庄利益之争，H 乡调整了项目次序，优先开发石龙谷。截至我们调研时，石龙谷已经形成比较成熟的景区，游客数量逐年递增，但是，彩虹瀑布还在建设中。

五 社区外部关系资源的链接与拓展

H 乡政府在外部关系资源的链接与拓展上，侧重向上级政府、企业、高校寻求支持。

第一，拓展与上级政府的资源链接网络。H 乡所属的 L 区下辖 2 个街道、3 个镇、1 个乡。不管哪个层级政府的资源都是有限的，上级政府对下级政府的支持，除了国家政策、政治体制、领导偏好等外部因素之外，一个很重要的因素是下级政府及其群众的表现。L 区党委常委、副区长 CTN 说：

> 有为才有位，你要比其他乡镇（街道），优先获得区政府支持，首先要引起领导的重视，你自己要有规划，有项目，有优势，有特色，干部要想做事，群众乐参与，这样的话，再向上面要钱、要政策，才有针对性，上面也才会给，否则都是空谈。[①]

H 乡基于自身自然资源优势，以旅游产业振兴为突破口，促进乡村全面振兴的思路引起了上级领导的注意，区党委政府才给予 H 乡各种支持。一是区委书记、区长、区委常委多次到 H 乡调研，帮忙问诊把脉，解决难题。比如，召开现场办公会，解决石龙谷开发过程中的土地、水、电、停车场、公厕等配套设施问题。二是相关职能部门资源下沉到 H 乡。比如，区党委组织部在石龙谷开辟党建教育基地，模拟"重走长征路"，设立红色景点。三是选派干部 H 乡挂职，给予人才支持。比如，前后分别选派一

---

① CTN，20190811，访问 L 区党委常委、副区长。

批懂旅游、有丰富基层经验的干部到乡政府担任副乡长、副书记或到村里担任"第一书记"。S村的"第一书记"就帮该村发展集体经济，使其脱离"空壳村"。

第二，与外部企业共建。受限于地理位置、交通条件、人才引进等因素，2013年以前，H乡招商引资的阻力很大，辖区内基本没有企业。自2014年发展全域旅游以来，H乡美丽的油菜花、喜庆的文化节、令人流连忘返的石龙谷等项目逐渐有了知名度，人气日益增旺。此时，H乡的招商引资工作就顺畅许多了。近年来，H乡积极主动出击，为内部企业与外部企业共建搭台。比如，H乡石龙谷旅游公司与F省N市K公司合作建设"森林游乐园"项目。

第三，与高校合作共建。为充分发掘外部文化资源助推旅游产业振兴，H乡积极联系高校，吸引高校相关院系在其辖区内建立教学研究基地。一是邀请ZJ大学帮忙规划设计全域旅游的总体框架。ZJ大学选派部分师生驻村调研，他们与村民同吃、同住、同劳动。村民提供当地民俗、文化、历史遗迹等地方性知识，ZJ大学师生提供建筑设计专业知识，两者最终合作制定了H乡全域旅游规划。二是邀请YE大学学生在油菜花文化节期间友情赞助，表演文娱节目。三是邀请HQ大学学生到H乡开展暑期社会实践，写出调研报告或制作视频宣传H乡。

六 产业振兴：资产为本社区发展的绩效

H乡运用资产为本社区发展策略，充分挖掘各样资产，发挥优势，注重村民参与，积极拓展外部关系网络，发展全域旅游，以旅游业为优势产业，推进一二三产业融合发展，推动乡村全面振兴。

2014年以来，H乡以200亩油菜花观赏基地为纽带，以石龙谷景区、最美乡村行、花田美食节、地瓜文化节为主题，每年举办大型旅游主题活动，每年游客量超20万人次，单日游客突破2万人次、车流量超过6000部，带动了H乡民众各类美食、土特产销售达200万元以上，"H乡油菜花"已成为泉州乃至省内春季独具特色的乡村旅游品牌之一[①]。

---

① 陈倩：《搬开全域旅游"绊脚石"寻找区域需求与自身条件最佳耦合》，2017年3月22日，http://www.fj.xinhuanet.com/2021zt/2021fjlh/index.htm，最后访问日期：2021年12月1日。

许多外出打工经商的村民看到家乡喜人的变化,积极返乡创业就业。H乡听到不少乡贤想返乡创业的喜讯后,就主动联系乡贤,宣讲返乡创业的好处和政府的服务、优惠政策等。经过多年培育鼓励,截至2018年7月,H乡已有9家规模不小的编织鞋企业。这些企业的创办填补了H乡的工业空白,也促进了脱贫攻坚与乡村产业振兴的衔接。一方面,这些企业解决了留守老人、妇女、贫困家庭的就业问题,增加了他们收入,也帮助他们解决了"工作—家庭"平衡问题。另一方面,这种企业也为企业家节省了用工成本。

H乡产业振兴已开始进入良性循环。自从有了油菜花、石龙谷为载体的旅游产业和制鞋工业的带动,H乡的其他产业项目也就更容易落地生根了。H乡在吸收油菜花、石龙谷项目发展经验的基础上,以红心地瓜为抓手,推动一二三产业融合。H乡的红心地瓜有着400多年的历史,远近驰名,是它的经典名片,早在2011年就被授予国家地理标志证明商标,但由于缺乏开发、整合、利用,红心地瓜只是在当地小有名气,停留于简单的农产品销售。H乡动员村民先成立农民专业合作社。合作社向村民统一收购红心地瓜,并制作成地瓜干、地瓜薯条、地瓜粉等加工品,统一包装,通过线上线下的物流渠道,销往全国各地。以合作社的集体经营方式,红心地瓜销量剧增,瓜农收入也大幅增加。2017年起,H乡开始举办地瓜文化节,将其纳入全域旅游产业。地瓜文化节以体验、参与为主题,活动内容丰富、多姿多彩,吸引众多游客。

当前,H乡继续坚持挖掘各个村庄的资源优势,以全域旅游带动乡村道路交通、餐饮、住宿、购物等生活配套设施完善,实现生态、经济、社会、旅游效益的协同,建设"康养天堂,五福乡村"。H乡预计到2020年年底,年接待游客数量为34万人次;2025年,年接待游客数量为50万人次。年度消费收益保守估算以观光游24万人次、休闲度假游15万人次、节庆游11万人次计算,年旅游业收入总计2.32亿元,税收1800万元[①]。

综上所述,H乡运用ABCD推进产业振兴的实践过程可概括为图10.1。这个过程模型蕴含着三种社会投资策略。一是人力资本的培育与增进。在制作资产清单过程中,乡村干部和村民都要学会使用多种社会调查

---

① 参见泉州市洛江公众信息网,http://www.qzlj.gov.cn/Pub/news_des-28294.html。

方法，这个过程既让他们认识到自身的一些人力资本存量（本就拥有的知识、技能），也让他们学会识别、挖掘别人身上的优点。通过这样的自我学习与相互学习，人们的视野拓宽了，发展思路也打开了。而后续的资产动员、关系管理、冲突管理更是提升了 H 乡干群组织协调、沟通合作、危机处理等能力。二是社会资本的培育与增进。在内部社会资本方面，盘活现有资产增加村民收入，也提升村民对乡政府的信任。资产关系管理促进了村民、村民小组、村集体的沟通协调，加强了不同利益群体的合作。资产冲突管理促进了 H 乡新的组织网络（如小学生环保组织）。在外部社会资本方面，通过资产的推介、资源链接，H 乡与政府、企业、高校的合作关系网络得到了扩展。三是心理资本的累积。有效盘活现有资产（油菜花文化节的成功举办）扩大了 H 乡的知名度、增加了村民收入，这极大提升了 H 乡干群的自信心。

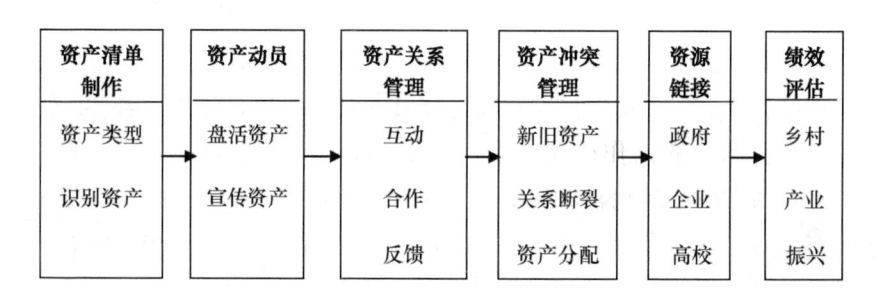

资产清单制作	资产动员	资产关系管理	资产冲突管理	资源链接	绩效评估
资产类型 识别资产	盘活资产 宣传资产	互动 合作 反馈	新旧资产 关系断裂 资产分配	政府 企业 高校	乡村 产业 振兴

图 10.1 资产为本乡村产业振兴的过程模型

第四节 ABCD 何以可能：对需要为本与资产为本的进一步比较

需要为本是传统社区发展模式的主要特征。NBA 将注意力聚焦于社区外援组织，在此理念指导下，社区工作者在介入社区发展时，要先做社区居民的需要状况调查，分析社区存在的问题，列出解决问题和满足居民需要的方法。在此过程中，他们提供了一种负面看待社区的观点，这种观点将破坏社区的能力建设①。与 NBA 只看到社区和居民的需要与问题不同，ABCD 坚守的原则是每个人身上都有知识、技能、天分、经历、美德等优点，社区能够采取积极行动，发挥每个居民的优点，让社区发生变化。比如，当人们看到装满半杯水的玻璃杯时，从 NBA 角度看，玻璃杯"只有半杯水"，人们看到是空的部分，持消极心态。相反，从 ABCD 的角度看，玻璃杯"已经有半杯水"，人们看到是满的部分，是一种积极心态，应该将注意力放于如何充分利用这半杯水（类似于社区居民的特长、潜力、社区各种资源），驱动社区发展②。

相较于 NBA，ABCD 在个体与组织层面形成了鲜明对比。

一 主人翁还是旁观者？——社区发展的主体差异

在应用 ABCD 的社区里，社区居民的主人翁意识强，都把自己当作社区领袖，自觉承担社区建设的责任。社区领袖与社区居民共同讨论、决定如何充分利用社区已有的资产推动社区发展。在此过程中，社区居民被赋权、被激励。他们能看到自己身上的优点，也能看到别人的优点，并且相互学习，共同合作。对生活充满信心和对成功的渴望，促使他们扩大资产建设的范围。社区居民每天激情澎湃，积极参与社区发展，努力让自己和邻居的生活更美好。H 乡村民 L 先生说：

> 许多村民不会再自暴自弃了，说自己没有用，相反，很多人知道自己能做什么了。你看，不管男女老少，都能找到事做了，有的在油菜花节时煮小吃卖，有的在石龙谷当保安，有的当环保志愿者……③

而在应用 NBA 的社区里，社区领袖主要由领薪酬的干部组成，社区居民觉得社区发展事务属于公事，与自己直接关系不大。在这种社区中，社

---

① Kretzmann, J. & McKnight, J., *Leading By Stepping Back: A Guide for City Officials on Building Neighborhood Capacity*, Chicago: ACTA Publications, 1999, p. 131.
② Nel, H., "Community Leadership: A Comparison Between Asset-based Community-led Development (ABCD) and the Traditional Needs-based Approach", *Development Southern Africa*, Vol. 35, No. 6, June 2018, p. 839.
③ LRS, 20180817, 访问 H 乡村民 L 先生。

区居民寄希望于外来的社会组织、地方政府直接投资项目或发放资金，满足他们的需要，解决各种问题。他们也不想参与项目规划、建设的讨论，结果就形成对外援机构或政府的等、靠、要心态。H乡某村民小组组长说：

> 我们以前为什么落后，除了交通、地理等一些外在因素外，与村民观念密切相关，绝大多数人认为乡村发展要靠村干部、乡政府、企业家等，然后会觉得村里没人当大官，没有大老板，弄不起来，就纷纷外出打工了。结果，恶性循环，村里很多公益事业都做不起来，没人参加啊。①

二 平等还是专制？——社区发展的组织过程、话语差异

在应用ABCD的社区里，各类组织（地方政府、非政府机构等）将社区居民视为学习伙伴、掌握本土知识的专家，两者属于平等合作关系。这些组织将与社区一起工作视为一种学习过程。组织结构是以团队为基础的，而不是等级森严的，组织与社区相互信任，共同构建积极的合作伙伴关系。社区居民被鼓励参与组织或社区项目建设。各类组织及时将自己所做的事情反馈给社区居民。就像H乡某养老组织负责人说：

> 我们不再是指导者，我们与社区是一个团队；以前社区居民与我们工作人员是疏远的，各干各的，现在是手联手，一起做事，每周都要开会共同商讨社区事务。②

各类组织对社区居民的称呼也发生了变化，他们不再称社区居民"客户""案主""受惠者"，而是称"学习伙伴""合作者""团队成员"。

> 不只是我们讲我们知道的，更多时候，我们给他们发言、参与讨论的机会，我们一起学习，他们是我们的学习伙伴。③

---

① PDS，20180819，访问H乡某村民小组组长。
② ZNV，20180822，访问H乡某养老组织负责人。
③ ZNV，20180822，访问H乡某养老组织负责人。

第十章 资产为本：乡镇政府促进乡村产业振兴的社区发展策略

地方政府对社区居民不再停留于管治，而是与社区居民建立学习伙伴关系。H 乡开展了"夜访夜谈"活动。H 乡要求党政机关、企事业单位工作人员、派出所公安干警、村两委成员、治安协勤人员和网格员在夜晚值班时间进村入户，与村民拉家常，倾听村民对乡村振兴的想法，问计于民。入户访谈的工作人员每人须准备好笔和民情记录本，每次探访须做好访谈记录。听取村民意见或建议后，工作人员能当场回答或能解决的须当场处理，否则也须带回商讨，并及时回复村民。"夜访夜谈"活动改变了传统的政府治理方式，乡镇政府工作人员不再高高在上，待在办公室等村民来反映问题。这也重塑了 H 乡的干群关系，增进群众对政府的信任，激发群众主动参与乡村治理。H 乡 W 副乡长说：

> 很多问题群众比我们更清楚。夜访时，有些村民会建议我们，哪段路需要增加反视镜，哪段路的亮化设施要更换，哪段路要增加防护设施，等等。这些建议对我们改善环境、促进乡村产业振兴都很有帮助。[①]

在应用 NBA 的社区里，组织程序方面，公共事务的决策通常是以专制方式进行的。外援机构的管理者是社区发展项目的主要决策者。虽然非政府组织/社区组织的管理者有时试图让社区居民参与决策过程，但这种参与局限于某部分人群，并且通常只是象征性的。其结果通常是令人惋惜的。据 H 乡某干部介绍，以前有家鱼类养殖公司，经上级政府推介，来 H 乡投资。村民建议该公司，H 乡不适合发展渔业。该公司负责人偏不听，认为 H 乡有许多水资源，可建水库养鱼，开发 H 乡新产业，还能带动村民致富。这个项目前后折腾了三年，最终宣告失败。失败的原因很简单，一是 H 乡海拔高，不适合储水；二是村民不认可、不配合，偷鱼、钓鱼频繁发生。

话语方面，各类组织的管理者都称社区居民为"受恩者""受施者"等。他们经常说："我是优秀的教导者、领导者"；"社区居民懂得我的角色，在他们眼里，我是最棒的，能帮他们"；"我们给他们整好了蔬菜果园

[①] WHE，20180826，访问 H 乡 W 副乡长。

项目，给他们食品、培训、创造了就业机会，甚至给他们资金，难道他们不该感谢我们"？[1]

本章小结

从福利社会学角度看，乡村产业振兴的本质是农民经济福利的提升。H乡乡村产业振兴的过程表明，村民既是经济福利提升的享受者，也是参与者。村民在参与产业振兴中，人力资本也获得了累积。同时，H乡与政府、企业、高校等组织的关系得到了加强，发展了外部社会资本；乡村内部形成了各种组织网络，培育了内部社会资本。这些都体现了社会投资的思想。社会投资强调通过社会政策进行人力资本投资、社区资本投资和社会资本投资，促进经济发展[2]。

本文将这种社会投资策略概括为资产为本。即，乡镇政府从优势视角出发，发掘村民或乡村社区内外部已有的各种资产或建设新型资产，以村民为主体，促进村民参与，共同治理乡村公共事务，实现乡村产业振兴的社区发展策略。"资产为本"整合了欣赏式探询、社会资本、参与式发展和社区经济发展理论[3]，以优势取向、关系取向、内在取向为显著特征。优势取向方面，它与欣赏式探询具有共同之处，都认为社区每个居民身上都有优点或长处，每个社区都有丰富的自然资源、组织资源、文化资源，这些优点、资源都可用来促进社区发展。关系取向方面，它与社会资本、社区经济发展理论具有内在契合性，认为社区应积极与内外部各种组织建立积极的关系网络资源，促进社区居民的团结协作。比如，培育社区环保志愿者协会、专业合作社等。内在取向方面，它和参与式发展理论是相通

---

[1] Nel, H., "An Integration of the Livelihoods and Asset – based Community Development Approaches: A South African case study", *Development Southern Africa*, Vol. 32, No. 4, June 2015, p. 511.

[2] 王磊：《从福利国家到社会投资国家：发展型社会政策生成机理及其运行逻辑》，《东岳论丛》2020年第3期。

[3] Cunningham, M. G., "From Clients to Citizens: Asset – Based Community Development as a Strategy for Community – Driven Development", *Development in Practice*, Vol. 13, No. 5, June 2003, pp. 474 – 486.

第十章　资产为本：乡镇政府促进乡村产业振兴的社区发展策略

的，都鼓励社区居民参与社区公共事务，动员居民参与决策，让社区居民真正成为社区发展的掌控者。"资产为本"的运作实践包括六个步骤：（1）制作社区资产清单；（2）动员社区资产；（3）管理社区资产关系；（4）管理社区资产冲突；（5）链接与拓展社区外部关系资源；（6）评估社区发展绩效。

H 乡的实践表明，资产为本具有积极的正功能，并非像有些学者担心的[1]，强调优势、内部取向，会导致新自由主义、引起政府不作为；强调关系取向，会导致乡村社区依赖于外部力量，被外部机构绑架。要实现资产为本的正功能，在个体层面，乡镇社区要让村民认为自己是推动乡村发展的主体力量，乡村社区发展是一种自下而上、由内而外的模式；在组织层面，乡村各类组织与村民要形成合作伙伴关系，认为村民是学习伙伴、掌握地方知识的专家，对村民的话语是平等的。

---

[1] Roy, M. J., "The Assets‐based Approach: Furthering a Neoliberal Agenda or Rediscovering the old Public Health? A Critical Examination of Practitioner Discourses", *Critical Public Health*, Vol. 27, No. 4, June 2017, p. 460.

第十一章 结论与讨论

以上 3—10 章的实证研究，以深度访谈资料、案例分析为主，观察资料、会议记录、档案材料、一般访谈材料和媒体报道为辅，讨论了农村社区组织、金融、自然资源和实物四类资产对乡村振兴的功能及其形成逻辑。本章将导出该项研究的最后结论，并进一步讨论研究引出的问题，提出促进乡村振兴的社会政策建议以及交代本文的研究不足和今后可继续深入研究的问题。

第一节 研究发现

针对如何根本治理贫困问题，谢若登及其团队提出了资产建设社会政策理论，这一理论的核心内容是政府通过制度化的措施帮助穷人或贫困家庭进行资产建设，将会产生诸多福利效应，主要包括提高穷人或贫困家庭的人力资本、社会资本、增加后代的福利等，这些福利效应将会使政策对象最终脱贫。课题组曾经借鉴资产建设社会政策理论探讨贫困农村社区通过资产建设摆脱贫困的过程。本项目继续借鉴谢氏理论，并拓展以往研究，试图探讨农村社区通过资产建设是否能够促进乡村振兴。因此，本项目的研究问题是：农村社区如何立足于自身的资源优势，进行社区资产建设，促进乡村振兴。五个具体的研究问题是：（1）农村社区组织资产建设对乡村振兴有何功能？影响功能发挥的因素有哪些？（2）农村社区金融资产建设有哪些类型？它们对乡村振兴有何福利效应？影响福利效应形成的因素是什么？（3）农村社区自然资源资产的福利效应是什么？福利生产的过程机制是怎样的？（4）农村社区实物资产对乡风文明、农民生活质量提升有哪些影响？其中的过程机理是什么？（5）乡镇政府如何运用资产为本的社区发展策略促进乡村产业振兴？基于本文的研究问题和理论框架，第3—10章通过案例村的实证分析，解答了以上问题，同时证实并补充了核心概念之间存在的关系。本节将从"资产型乡村振兴"总结本项研究的发现。

资产型乡村振兴是本文对案例村资产建设促进乡村振兴的概括，它是乡村振兴的一种理想类型，指农村社区发挥自身优势，盘活人、财、地、物等资源，调动村民参与，在政府相关部门的帮助下，通过组织、金融、自然资源和实物资产建设，推动乡村产业兴旺、生态宜居、乡风文明、治理有效和生活富裕的过程。

通过以上八章实证资料的分析，我们可以发现，围绕资产型乡村振兴分析框架的两个核心概念之间的关系得到了验证或补充（见图11.1）。即农村社区的组织、金融、自然资源、实物资产建设在不同维度上对乡村振兴有正功能，每种资产的功能表现有自身的形成逻辑。

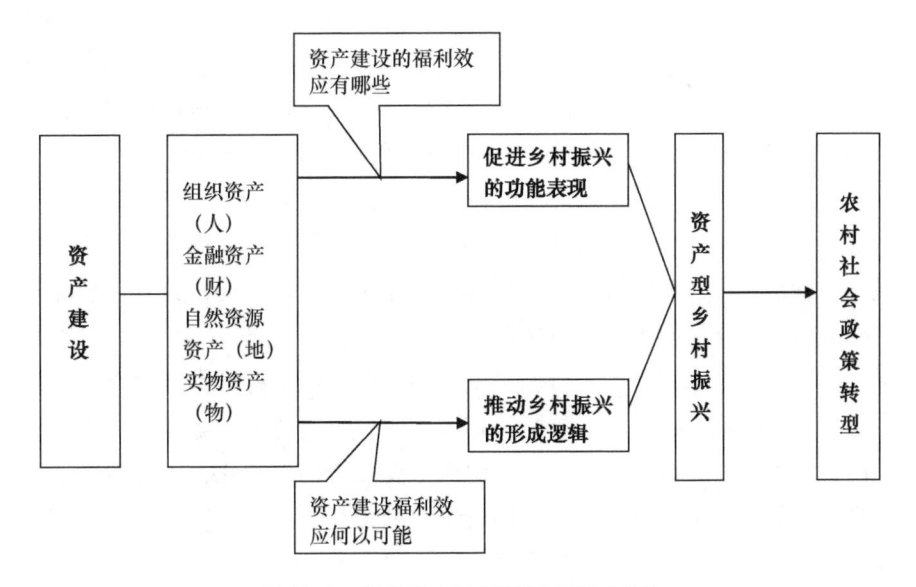

图 11.1 资产型乡村振兴研究发现总结

以下从三个层面对资产型乡村振兴的主要内容进行总结。

一 资产型乡村振兴的社会政策理念

资产型乡村振兴是在社会政策语境下使用的,是我们运用资产建设社会政策理论、资产为本社区发展理论以及福利社会学的"大福利"概念对案例村资产建设与乡村振兴的理论概括。这里的资产与经济学、会计学一般意义上的"资产"略有不同,主要指涉社会政策意义,除了有形资产的含义,还有优势、内在、关系的内涵。"优势"强调农村社区要立足村情,发挥自身的人、财、地、物等资源优势,促进乡村振兴;"内在"强调农村社区要注重村民参与、自我造血,实现内生式发展;"关系"强调农村社区要注重内外部各种社会资本的积累,与各样社会组织、政府相关部门、企业等建立紧密联系。从乡村振兴的社会政策取向看,资产型乡村振兴是一种优势视角,而不是缺乏视角;是一种内生式发展,而不是寄生式依赖;是与外部系统相互联系、相互依存的,而不是孤立于外部系统。

资产型乡村振兴具有几个特征。

一是科学性。从福利社会学角度看,乡村振兴就是一种大福利。这种大福利要有科学性,福利供给才能够满足村民的福利需要。资产型乡村振兴不只是要满足村民的基本生存需要,更重要的是要满足村民的发展性需要和自我实现的需要,以提升村民的获得感、幸福感、安全感。

二是人文性。乡村振兴的政策制定者、执行者与政策对象要进行情感沟通,实施情感治理。不管是组织、金融、自然资源、实物等哪种资产的建设与管理,都需要政策实施者与政策对象进行良好沟通,让政策对象从情感上认可、支持资产型乡村振兴。

三是整合性。资产型乡村振兴是一个系统工程,每项资产建设与管理离不开政府、社会、市场、农民等相关主体的整合协同。如果政府内部各部门自行其是、各自为政,那么乡村振兴要么走向碎片化,要么走向重复建设。而如果单纯依靠社会、市场或农民的力量,乡村振兴可能走向资本化或民粹化。因此,它需要政府来统筹协调,形成合力。

四是积极福利。以往的社会福利政策更多处于"扑火"状态,哪里有问题了,才被正式启动。比如,"孙志刚事件"使得人们认识到传统收容遣送政策的弊端,国家才开始建设现代社会救助体系。资产型乡村振兴更多体现积极福利的特征,是一种鼓励村民作为乡村振兴建设主体的福利政策，是以提升村民可行能力为价值取向的福利政策，是脱贫攻坚政策的延伸与拓展。我们可以看到，国家实施乡村振兴战略是站在中华民族伟大复兴的高度来认识的，正所谓"民族要复兴、乡村必振兴"。这是一种对乡村过度衰败防患于未然的远见卓识。

从上述资产型乡村振兴的内涵、特征和发展型社会政策的理论、方法看，资产型乡村振兴具有明显的发展型社会政策取向[①]，可以说两者具有内在契合性。

一是从目标看，作为乡村振兴的一种理想类型，资产型乡村振兴也是一种全面振兴，是涉及"三农"的系统工程，到2050年做到"农业强、农村美、农民富要全面实现"。乡村振兴的总要求是"产业兴旺、生态宜居、乡风文明、治理有效、生活富裕"，其内涵涉及农村经济建设、政治建设、文化建设、社会建设、生态文明建设和党的建设。如果从大福利的角度看，资产型乡村振兴就是农民福利的全面提升。包括农民经济福利、政治福利、生态福利、文化福利和社会福利。资产型乡村振兴的最终目标是让亿万农民过上幸福美好生活。这里的美好生活包括物质生活与精神生活。发展型社会政策的目标是实现社会进步与经济发展的协同，是为了实现人的全面发展。发展型社会政策也注重制定中长期目标，注重可持续发展。可见，从目标看，两者具有高度一致性。

二是从主体看，资产型乡村振兴也是一项周期长、任务重的系统工程，需要政府、市场、农户、社会组织等多主体的协同，才可能顺利完成。这种多主体结构与发展型社会政策的社会福利责任结构相一致。早期的社会福利主要是由政府单一供给的，后来由于西方福利国家危机，公共财政难以支撑高福利，社会福利逐步转向社会化。关于福利责任的承担，学者们的目光开始由政府单主体转向政府、市场、家庭、社会组织等多主体[②]。于是，福利三角、福利组合、福利多元主义、福利治理等理论与实

[①] 向德平、华汛子：《意蕴与取向：社会政策视角下的乡村振兴战略》，《吉林大学社会科学学报》2019年第4期；田毅鹏：《东亚乡村振兴的社会政策路向——以战后日本乡村振兴政策为例》，《学习与探索》2021年第2期。

[②] 陈友华、庞飞：《福利多元主义的主体构成及其职能关系研究》，《江海学刊》2020年第1期；韩央迪：《从福利多元主义到福利治理：福利改革的路径演化》，《国外社会科学》2012年第2期。

践相继出场,这些也推动了社会政策研究范式的转型。发展型社会政策的实施主体也不只是政府,还包括社区、企业、社会组织、家庭以及福利接受者自身等。

同时,在资产型乡村振兴的多主体结构中,村民才是乡村振兴的主体。这个理念与发展型社会政策将民众置于发展中心位置的观点是一致的。发展型社会政策认为,民众才是地方性知识的掌握者,外来的机构行动者只有与当地的民众形成战略联盟,才可能达到预期的目标。它还认为,发展型社会政策的行动过程应该依照特定环境的要求来决定,并且应当直接与受益人进行充分的协商,而不应该事先制订好行动计划后照方行事[①]。

三是从对象看,资产型乡村振兴的直接受益者是所有的农民,间接受益者是所有的城镇居民。乡村振兴的初心是想让农民过上美好生活,提升农民的幸福感、获得感。这里的农民是全中国的农民,不分区域、阶层、群体。其实,乡村振兴的受益对象也包括城镇居民。农业现代化、生态化了,城镇居民也能享用生态农产品;农村变美了,公共服务配套上去了,城镇居民休闲有了好去处。这些对城镇居民来说,也是一种间接福利。因此,从社会福利政策角度看,乡村振兴也是普惠的。中国社会福利政策的受益群体原来主要局限于老人、儿童、妇女、残疾人等特殊群体,属于选择性福利。选择性福利是一种小福利的概念。随着中国经济实力的逐步强大和国家治理理念的转变,共享发展、人的全面发展、共同富裕等观念日益深入人心,中国社会福利政策也逐步进入适度普惠阶段。中共十九大报告提出,要坚持在发展中保障和改善民生,在幼有所育、学有所教、劳有所得、病有所医、老有所养、住有所居、弱有所扶上不断取得新进展,保证全体人民在共建共享发展中有更多获得感。中共十九届四中全会提出,增进人民福祉、促进人的全面发展是我们党立党为公、执政为民的本质要求。必须健全幼有所育、学有所教、劳有所得、病有所医、老有所养、住有所居、弱有所扶等方面国家基本公共服务制度体系,注重加强普惠性、基础性、兜底性民生建设,保障群众基本生活。满足人民多层次、多样化

---

① 〔英〕安东尼·哈尔、詹姆斯·梅志里:《发展型社会政策》,罗敏等译,社会科学文献出版社 2006 年版,第 142 页。

需求,使改革发展成果更多更公平惠及全体人民。这些政策话语都表明中国政府将社会福利视为一种社会投资,是西方发展型社会政策中国化、本土化的表现。同时,这些政策话语也表明中国发展型社会政策已逐步转变为大福利,政策对象不再局限于民政部门界定的特殊群体,而是面向全体国民,具有普惠性。

四是从内容看,资产型乡村振兴是一个项目丰富、逻辑严密的体系。它是由农村社区组织、金融、自然资源、实物四大类资产带动的乡村振兴,因为这四类资产涉及乡村振兴所必需的人、财、地、物四大因素。四大资产的盘活或建设,关乎农民的生存、发展和自我实现等权利。譬如,作为实物资产的住房是农民的基本生活需要;作为组织资产的教育基金会,是帮助农村贫困儿童顺利完成学业的重要机构,也为促进农村贫困儿童及其家庭实现向上社会流动提供了可能;作为金融资产的村财是提升农村社区公共服务质量的物质来源;实物资产的农家书屋是提升农民精神生活质量的重要保障。换言之,资产型乡村振兴可能让农民活得有尊严,让农民成为一个体面的职业,让农村成为人们想留下来生产生活的地方,让农业成为有奔头的产业。而发展型社会政策的许多项目就是致力于解决农民的生存、发展和自我实现问题的。比如,教育救助、住房救助等社会救助项目有利于保障农民生存权利。就业技能培训、现代农业技术培训、文化公共服务、医疗卫生服务、居家养老服务等项目有利于保障农民发展权利和自我实现权利。

五是从手段看,两者都注重可持续生计的资产累积和能力建设。资产型乡村振兴的本质是注重农村社区经济资本、人力资本、社会资本、文化资本等的积累,注重农村内生发展,实现农户生计的可持续发展。传统的社会福利政策是一种消极福利,是单纯的社会支出,对经济发展来讲是一种负担,但是,发展型社会政策已逐步转向积极福利[1]、生产性福利,注重福利对象的参与、能力建设,追求社会福利与经济发展协同,将社会福利视为能够推动经济发展的社会投资。

综上,资产型乡村振兴是以农村全面发展和城乡一体化为目标,以全

---

[1] 林闽钢:《中国社会福利发展战略:从消极走向积极》,《国家行政学院学报》2015年第2期。

体农民为直接受益对象、城镇居民为间接受益对象,以政府、市场、农户、社会组织等为供给主体,以农民的生存、发展、自我实现为保障内容,以可持续生计、能力建设为手段的大福利体系,向德平等认为乡村振兴就是发展型社会政策理论在乡村的具体实践[①]。

二 资产型乡村振兴的内容与实现机制

通过本文第3—10章的分析,我们可以发现,资产型乡村振兴的实现有赖于组织、金融、自然资源、实物等四大类资产的建设与管理。

(一)组织资产建设

组织资产建设包括村级组织、农村社区社会组织两个方面。本文通过"一肩挑"的实践观察,分析村级组织资产对乡村振兴的功能及其形成逻辑。研究表明,"一肩挑"有利于提升农村基层组织的运行效率、有利于保证国家政权在乡村场域的渗透、有利于促进村庄共同体建设、有利于乡村"三治融合"。能否充分发挥"一肩挑"的积极功能,取决于基层政府、村庄是否有一些相应的工作机制。包括:"一肩挑"能否顺利产生、能否得到村民与村干部的认同、权力能否得到有效监督、退下来的村干部是否有相应的利益补偿机制。本项目通过若干个典型案例的分析,揭示不同类型农村社区社会组织在乡村振兴中的作用及其运行机理。研究表明,农村社区社会组织在乡村振兴中能够发挥积极作用。一是促进产业兴旺,主要是依托农业,发展二、三产业,促进一、二、三产业融合。二是促进生活富裕,体现在增加了村民收入,更重要的是吸收贫困户加入合作社,促进脱贫攻坚与乡村振兴的衔接。三是提升乡村治理水平,包括促进治理理念善治化、治理主体多元化、治理方法的"三治融合"、治理内容融入核心价值观等。从乡村共同体角度看,农村社区社会组织推动乡村振兴的影响因素包括三个方面。其一,社会组织的目标是否符合共同体的需要。社会组织的目标是否符合乡村共同体的需要决定它能否在乡村振兴中生存与发展。如果农村社区社会组织的目标与乡村共同体的发展目标存在内在契合性,它就容易得到乡村共同体各种力量的支持与配合。反之,如果社会组

[①] 向德平、华汛子:《意蕴与取向:社会政策视角下的乡村振兴战略》,《吉林大学社会科学学报》2019年第4期。

织的目标与乡村共同体格格不入，它是很难生存的。社会组织的活动内容是否符合共同体的需要决定它能否在乡村振兴中起作用。其二，社会组织的活动内容是否符合共同体的需要。如果社会组织的活动形式、活动内容适合乡村共同体的实际，能够满足乡村共同体的需要，就容易获得支持，能够扎根乡村。反之，如果社会组织的活动违反了乡村共同体的需要，就可能阻碍乡村振兴进程，自己也会被摧毁。其三，社会组织的运行机制是否与共同体产生协同。如果社会组织的运行机制与乡村共同体的运行相一致，它就能推动乡村振兴，反之，可能阻碍乡村振兴，甚至走向衰亡。

（二）金融资产建设

金融资产建设主要是村集体收入（村财）的积累与壮大。本文通过多案例分析，阐释了农村社区金融资产建设在乡村振兴中的福利效应及其形成因素。调研表明，农村社区金融资产建设主要类型包括入股分红、抱团发展、盘活既有的资源与资产、产业带动。农村社区金融资产建设具有积极的福利效应。一是经济福利，可为村民发放货币福利，提升村民的物质生活水平。二是政治福利，可促进治理有效。包括增进村民公共参与、干群信任、提升社区凝聚力。三是生态福利，可为村庄生态宜居提供经济来源。四是文化福利，可为农村精神文明建设提供物质基础。金融资产建设能否推动乡村振兴有赖于四个条件。一是基层党建能力，凡是农村社区金融资产建设成绩显著，能够积极推进乡村振兴的村庄，都有一个坚强的农村基层党组织。二是村庄是否有未来取向。村干部、村民要有长远目光，而不是竭泽而渔，才能真正建设好金融资产。三是政策压力的影响。适当的政策压力有利于基层政府和村集体实现壮大村财的目标。四是金融资产建设中村庄主体性的体现程度。只有村干部、村民参与到金融资产建设中，他们才能从中获取知识与能力，人力资本、社会资本才能获得提升，而这些资本是促进治理有效的关键。

（三）自然资源资产建设

本文以农村集体经营建设用地、宅基地为研究对象，揭示自然资源资产对乡村振兴的作用机制。调研表明，农村集体经营建设用地入市具有明显的福利效应：能够推动乡村产业兴旺、农民生活富裕、一二三产业融合。农村集体经营建设用地入市福利效应的形成机理主要包括五个方面。

一是基层政权的福利理念。如果基层政权扮演公共服务的供给者，集体经营建设用地入市将真正造福于民，反之，如果基层政权扮演经营型政府角色，陷入精致的利己主义者思维，村集体、村民可能很难得到实惠。二是责任政治与地方政府强治理。农村集体经营性建设用地入市是国家自上而下推动的、旨在促进城乡用地市场一体化的一项政策工具。它是政府主导的工作，村集体、村民是被动员进来参与这项工作的。也就是说，如果地方政府不主动去执行这项政策，集体经营性建设用地入市很难全面推进，也就不可能推动乡村振兴，不可能给农民带来福利。地方政府如果以讲政治的高度、以责任政府的态度，敢担当，勇于推进，才可能形成强治理态势，取得显著效能。三是村干部的变革型组织公民行为。有些地方政府并没有像江苏武进那样实施集体经营性建设用地入市的绩效问责制度，但是这些地方的个别村庄却积极探索集体经营性建设用地入市。这主要涉及村干部是否敢想、敢闯。四是新社会化小农与农民的合作行为。与传统小农不同，新社会化小农不只是追求个体利益最大化，更追求个体、村庄利益的统一；不只是追求经济福利（货币最大化），还追求参与公共事务、生活环境改善、精神文化丰富等其他层面的福利。村民是否有新社会化小农的特质，也会影响他们在集体经营性建设用地入市中的配合程度。五是国家对土地入市价值观的转变。只有国家坚持"土地正义"，村民才能真正获益。

实证分析表明，宅基地改革在乡村振兴中能够发挥五个正功能，一是发挥宅基地的资产功能，解决部分村民生产生活的资金短缺问题；二是增加农民财产性收入与经营性收入；三是满足乡村不同阶层农民对美好生活的追求；四是促进宅基地公平分配，为乡村宜居创造条件；五是促进城镇化，有利于统筹城乡发展。

本文从交换论与互动论角度分析宅基地改革效果的影响因素。其一，从行为主义交换论看，宅基地改革中相关利益主体都是理性行动者，在做出决策时，会积极追求自身利益最大化。农民的理性是工具理性与情感理性的统一，既考虑退出宅基地的经济效益，也考虑宅基地的情感寄托效应。地方政府会权衡改革、发展、稳定的关系。村级组织会考虑宅基地改革的绩效、宅基地改革是否属于村庄发展的重要任务。银行作为一个理性行动者，试图平衡经济效益与社会效益，会推行宅基地抵押贷款业务，但不会将该业务作为主要工作。其二，从互动论角度看，政府、农民、村级组织等利益主体之间的互动，会影响到宅基地改革效果。一是政府与农民的互动，是否有社会安全阀、是否有公共服务配套体系将影响到宅基地改革是否顺利。二是中央与地方政府的互动、地方政府间的互动学习会影响到宅基地改革的政策扩散。三是银行与农民的互动会影响到宅基地改革的政策执行。

（四）实物资产建设

这部分从两个层面来观察。一方面，通过祖厝、宗祠、古村落、农家书屋等的建设与管理，分析实物资产对乡风文明的功能及其形成逻辑。另一方面，将住房视为一种实物资产，以村集体合作建房为例，阐述作为实物资产的集体建设用房对农民住房福利的作用及其生成机制。研究表明，当市场治理、政府治理无法解决农民住有所居时，农村社区进行住房福利自治理是可行的。重点要解决制度供给、可信承诺和相互监督三个难题。一是在制度供给方面，住房福利自治理制度设计要遵循公共池塘资源自主治理的8条设计原则。二是利益相关者都要守信。三是有效的监督机制，保证制度能落实。在共同体成员中，人人是监督者也是被监督者。监督有效还依赖于制裁。制裁要有效就得让越轨者的违规成本远远大于获利。

（五）资产为本与乡村产业振兴

研究表明，乡镇政府从优势视角出发，发掘村民或乡村社区内外部已有的各种资产或建设新型资产，以村民为主体，促进村民参与，共同治理乡村公共事务，是能够实现乡村产业振兴的。本文将这个过程称为"资产为本的社区发展策略"。该策略要成功实施有赖于两个因素。在个体层面，乡镇社区要让村民认为自己是推动乡村发展的主体力量，乡村社区发展是一种自下而上、由内而外的模式；在组织层面，乡村各类组织与村民要形成合作伙伴关系，认为村民是学习伙伴、掌握地方知识的专家，对村民的话语是平等的。

三 资产型乡村振兴的价值

"资产型乡村振兴"概念的提出具有明显的学术价值与实践意义。学术价值方面，在研究内容上，拓展了发展型社会政策理论的应用范围，为该理论的发展提供了更加丰富的实证资料，推动了该理论的本土化；在研究视角上，拓展了乡村振兴研究的学科视角；在分析单位上，拓宽了资产建设社会政策理论的应用领域，推进了中国社会政策学科建设；在理论构建上，为中国福利社会学的学科建设提供了类型学的理论资源与实证经验。实践意义方面，有利于同类型乡村探索乡村振兴的在地化模式时作为参考；为同类型乡村探索组织资产、金融资产、自然资源资产、实物资产建设提供借鉴。

第二节 相关讨论

一 关于资产建设社会政策的本土化问题

资产建设社会政策最早是由谢若登及其团队提出的，认为贫困治理不只是给穷人收入，还应该给穷人资产，只有"收入+资产"才能真正帮穷人摆脱贫困。在谢若登及其团队看来，资产建设具有九大福利效应。这些效应是穷人走出贫困、实现可持续生计所必需的素质或能力。在理论界，许多社会政策学者被该政策的想法吸引，表现出较大的研究热情，为之倾注了大量时间与精力，也形成了丰富的学术成果，但是，如前所述，相关学术积累局限于贫困个体或贫困家庭的研究，较少将学术目光移向贫困农村社区的研究。在实务界，欧美许多国家或中国台湾地区积极推行资产建设社会政策，取得了一定政策实效。

但是，资产建设社会政策的文化背景更多是西方消费主义。在美国，居民基本是不储蓄的，绝大多数人的消费习惯是提前消费。因此，当穷人获得政府的货币补助之后，很快就将钱花光了，然后又陷入贫困。穷人处于"获得补助—消费—贫困—再获得补助—再消费—再贫困"的恶性循环状态。为了让穷人走出"贫困陷阱"，也为了提升国家社会福利政策的绩效，谢若登及其团队才提出"收入+资产"的社会福利政策。与美国消费主义文化不同，中国城乡居民一向勤俭节约，储蓄是中国居民的习惯。因此，直接搬用资产建设社会政策理论，是不合适的，但是，资产建设社会政策理论的理念是值得借鉴的，让穷人、贫困家庭、贫困社区拥有资产，有助于他们走出贫困。乡村振兴是农村社区贫困治理的延伸，是为了更好地巩固、提升脱贫攻坚成果。本文的研究结果表明，农村社区是可借用资产建设的理论与方法，推动乡村振兴的。这也为资产建设社会政策理论的中国化、本土化提供了实证经验。

下面将从建设什么、谁来建设、怎么建设、建设的功能四个方面阐述资产建设社会政策理论中国化、本土化的问题。

首先，关于资产的分析单位与类型本土化。从资产的分析单位看，在谢若登及其团队的资产建设理论体系中，资产的分析单位局限于个体或家庭。本文资产的分析单位是农村社区。这里的农村社区包括自然村、行政村或乡镇，边界是比较清楚的。不同的农村社区单位拥有自己的共有资产。美国的社区是个边界不清的生活共同体。所以，学者们很难在美国研究社区共有资产。从资产类型看，在谢若登及其团队的资产建设理论体系中，资产主要指金融储蓄。本文所说的资产除了农村社区金融储蓄（村集体收入或村财），还包括村集体的土地（集体经营建设用地、宅基地）、村级组织、社会组织、祖厝、宗祠、集体建设的房子等。农村社区资产类型的多样性是中国特有的。以土地为例，西方国家的土地是私有的，有钱人占有大量的土地，穷人基本没有土地，要以土地进行资产建设是比较困难的。中国农村的土地属于村集体所有，但是农民有耕地承包权、宅基地资格权、使用权等权利，以土地进行资产建设是比较可行的。时下，中国政府正在推进的农村集体产权改革为我们探索中国农村本土资产建设社会政策理论提供了很好的机会。

关于农村集体产权的概念，学术界已有一定的探索。郭强[1]认为，集体产权可定义为：在一定的社区边界内，一定环境约束下，由集体成员联合组成的决策组织，按一定的制度规范，在对共有资产配置中形成的各项权利集合。仝志辉、韦潇竹[2]认为，根据现代产权理论，产权的直接内容是人对财产的行为权利，是人们在资源稀缺性条件下使用资源的规则。这种行为权利又体现了人们在财产的基础上形成的相互认可的关系，即产权的本质特征。结合上述学者的观点，我们认为，农村集体产权是农民或村

---

[1] 郭强：《中国农村集体产权的形成、演变与发展展望》，《现代经济探讨》2014年第4期。
[2] 仝志辉、韦潇竹：《通过集体产权制度改革理解乡村治理：文献评述与研究建议》，《四川大学学报（哲学社会科学版）》2019年第1期。

集体按照一定的政策法规，对农村集体资产拥有的社会权利集合。农村集体产权主要有6项权能，可分为三类。第一类是占有权与收益权，这两项权利是农村集体资产六项股份权能中的基本权利。占有权指个人对集体资产以股份形式占有。收益权是集体资产股份权能的核心权利，是农民能够收获改革红利的分配制度。第二类是继承权和有偿退出权，这两种权利属于拓展权能。继承权主要发生在实行"生不增、死不减"的产权静态管理模式中。这里的继承主要有两种情形：一是在集体经济组织内部继承，继承人享有集体资产占有权、收益权的继承。二是继承人不属于本集体经济组织，产权采用集体托管方式，继承人仅享有收益权。采取动态管理方法的村庄，就不存在产权继承的问题。第三类是抵押权和担保权。今后可重点探索这些权利的改革对乡村振兴的福利效应及其形成机制。

其次，关于资产建设主体的本土化。资产建设社会政策理论的西方实践表明，资产建设主体主要由政府、贫困家庭或非营利组织构成。以美国为例，谢若登团队在相关政府部门的支持下，进行资产建设的政策实验[①]。政策实验包括儿童教育储蓄、低收入家庭的金融储蓄等[②]。从上述的实证研究，我们可以看出中国农村社区资产建设的主体是村干部、村民、社会组织和政府，其中村干部与村民是最重要的。"村干部"这个概念在西方国家根本不存在，是中国农村特有的角色。村干部在资产建设政策执行中起着不可替代的作用，是社会政策制定者与社会政策接受者之间的纽带。譬如，本文阐述的农村社区金融资产、自然资源资产、实物资产等的建设，都是村干部在国家政策框架下，在地方政府干部指导下，团结带领村民将相关政策从应然状态转化为实然状态的乡土实践。这种特殊的、饱含中国基层干部与农民的智慧与汗水的乡土实践将为我们探索中国农村社区资产建设社会政策的过程机制提供丰富的素材。

再次，关于资产建设方法的本土化。西方资产建设理论的主要政策工具是设立个人账户，鼓励贫困家庭进行金融储蓄，政府给予一定的财政补

---

① 〔美〕迈克尔·史乐山、邹莉：《个人发展账户——"美国梦"示范工程》，《江苏社会科学》2005年第2期。

② Huang, J., Sherraden, M. S., Sherraden, M. et al., "Experimental Effects of Child Development Accounts on Financial Capability of Young Mothers", *Journal of Family and Economic Issues*, Vol. 43, 2021.

贴，让穷人拥有收入与资产。这种政策工具的基本假设是，让穷人拥有收入与资产，能够帮助穷人走出贫困陷阱，获得社会地位的改变。基本方法是运用资产建设社会政策代替收入为本的社会政策。收入为本社会政策的逻辑是这样的，如果政府给予穷人每月1000美元的救助，穷人将1000美元消费掉，重新申请政府补贴，如此循环，穷人始终是穷人。为了改变这种恶性循环，资产建设社会政策要求穷人不能花光政府每月的补贴，而是要将一定比例的政府补贴存在指定账户，比如每月存200美元，三年一个政策周期，总共可存7200美元。此时，穷人如果取出7200美元进行创业，还可获得州政府1：1的配套。这种方法可能帮助穷人走出"贫困陷阱"。前文已述中美消费文化的区别，个人账户的方法未必适合中国。本文研究表明，中国农村社区资产建设的方法更丰富灵活。一是盘活已有的资产。比如，许多地区的集体经营建设用地入市，就是将闲置的土地商业化，推动农村集体资产的市场化，以获得收益。宅基地改革的本质就是将宅基地的"所有权、资格权、使用权"重新整合，也是盘活旧有资产的创新举措。而祖厝、古村落等实物资产建设更是充分利用了原有资产的历史、文化价值。二是建设新的资产，包括教育基金会、专业合作社等组织资产、以村财为主要表现形式的金融资产。在建设金融资产中，中国农村探索了入股分红、抱团发展、产业带动等方法。不管是盘活既有的资产还是建设新的资产，其中隐含的资产建设方法为我们探索资产建设社会政策理论本土化、中国化提供了实践操作经验。

最后，关于资产建设福利效应的本土化。谢若登在《资产与穷人——一项新的美国福利政策》一书中指出，资产建设可能的福利效应有9个，包括：促进贫困家庭稳定、让穷人对未来有信心、提升穷人的人力资本、促进穷人财富知识的专门化和专业化、提升穷人应对风险的能力、让穷人对生活有更多的选择机会、提升穷人的社会地位、增加政治参与、增进穷人后代福利。这些福利效应虽然可能帮助穷人摆脱贫困，但是它是一种个体主义、封闭式的福利。这与美国个体至上的文化价值取向密切相关。本文研究表明，农村社区资产建设的福利效应是面向集体的，是一种集体为本的价值导向。一是从福利效应覆盖的群体看，只要是农村社区（村民小组、自然村、行政村或乡镇）边界内的居民都可受益。比如，农村社区金融资产为村民提供的福利，每个村民都有权利享用。二是从福利效应的内容看,乡村振兴作为一种大福利,其要求虽然仅20字,但是内涵广泛,是个体、集体、国家利益的统一。乡村振兴既是作为实现中华民族伟大复兴的重要战略,也是为了让农村村集体更有社区领导力和活力,更是为了让亿万农民过上幸福美好的生活。三是从福利效应的产生过程看,资产建设促进乡村振兴是一个开放、包容、互助的过程,需要村民、村干部、社会组织、企业、地方政府、国家等不同利益主体的共同配合。不是某个农村社区自己做好自己的事就可以。先振兴起来的乡村要带动后进村,有些地区推行的乡村振兴联盟、结对竞赛等都说明了乡村振兴的福利互助性。这些本土实践为我们探索中国农村社区资产建设理论提供了丰富的实证经验。

二 关于资产型乡村振兴与农村社会政策的转型问题

资产型乡村振兴是本文对部分地区运用资产建设理论推动乡村振兴的类型化概括。上文已对资产型乡村振兴的社会政策理念、主要内容、实现机制、学术价值和实践功能进行系统的阐述。那么,资产型乡村振兴是否可以推动农村社会政策的转型?

第一,从收入为本社会政策到资产为本社会政策的转变。传统的农村社会政策以收入为本,让贫困乡村或贫困家庭获得货币补贴。比如,对于农村低保户的社会救助,以往的制度安排就是给他们发放低保金。在资产型乡村振兴的实践中,如前所述,可将低保户拉入专业合作社,以土地入股或小额贷款的方式扶持他们,逐步让有劳动能力的低保户走出贫困。对于已经脱掉贫困帽子的乡村来说,政府不再直接拨款资助,而是通过传统村落建设项目、土地整治等盘活乡村实物资产、自然资源资产的方法,帮助它们巩固脱贫攻坚成果,走向乡村振兴,这些都是从收入为本转向资产为本的表现。

第二,农村发展型社会政策1.0到农村发展型社会政策2.0的转变。脱贫攻坚是社会政策在乡村贫困治理中的应用,主要目标是保障贫困人口的基本生存权利,让贫困人口不愁吃、不愁穿,住房、医疗、教育有保障。乡村振兴战略是脱贫攻坚的延伸。从社会政策角度看,乡村振兴也是升级版的社会政策在农村社区发展中的应用。乡村振兴是一种大福利,涉及经济、政治、社会、文化、生态等多个维度的福利,它不只是要巩固脱贫攻坚的成果，还要让亿万农民过上幸福美好的生活。

传统社会政策主要是国家基于再分配手段为弱势群体提供生存保障的制度安排。发展型社会政策1.0是传统社会政策的升级版，在保证政策对象生存保障的基础上，注重政策对象人力资本、社会资本的培育与累积，认为社会政策也是一种生产力，是一种能够促进经济增长的社会投资，但是，不管是传统社会政策还是发展型社会政策都局限在社会政策的工具箱里，都认为社会政策是一种花钱的行为，只是花钱领域、花钱方法的不同而已[①]。

发展型社会政策2.0是发展型社会政策1.0的升级。两者的区别主要体现在三个方面。一是政策功能。发展型社会政策1.0强调社会政策的社会投资功能，强调社会政策对经济增长的作用；发展型社会政策2.0不只是注重社会政策的经济效应，更注重社会政策促进人的全面发展的作用。二是政策工具箱。发展型社会政策1.0的政策工具，比如，教育、医疗等人力资本的投资策略主要还是局限于社会政策工具箱；发展型社会政策2.0将产业发展、生产、投融资、流通、贸易、金融等经济手段引入社会政策工具箱，破除了社会政策的非经济性。三是政策来源。发展型社会政策1.0主要是梅志里等学者对传统社会政策的批判反思形成的，是理论推演的结果；发展型社会政策2.0更多源于实践。

资产型乡村振兴的中国实践对于推动发展型社会政策1.0到2.0的升级，为我们探索中国特色的农村发展型社会政策2.0具有特殊的价值。以乡镇政府运用资产为本社区发展策略促进乡村产业振兴为例（参见第十章内容），H乡很好地将经济手段与社会政策融入在一起，运用资产建设理论与政策模式，促进一二三产业融合。H乡资产建设的福利效应，既体现了社会政策的经济功能，又体现了经济手段融入社会政策的可行模式。一方面，H乡从优势视角出发，盘活已有的资源，注重村民能力培养和社区参与，加强与外部的社会联系和内部社会资本的培育，实现了产业振兴；另一方面，以一二三产业融合为特色的产业振兴，反过来促进村民物质生活、精神生活的改善，让村民深度参与市场经济发展，获得可持续生计能

---

① 李晓辉、徐晓新、张秀兰、孟宪范：《应对经济新常态与发展型社会政策2.0版——以社会扶贫机制创新为例》，《江苏社会科学》2015年第2期。

力，实现生存、发展的衔接。H乡的实践为我们基于中国场景构建本土化的农村发展型社会政策2.0提供了实证经验。

第三节 促进乡村振兴的社会政策建议

本节根据全文的研究发现，从资产建设社会政策的角度提出促进乡村振兴的理念与实践路径，供同类型地区推进乡村全面振兴时参考。

一 促进乡村振兴的社会政策理念：发展型社会政策2.0

如前所述，资产型乡村振兴是发展型社会政策的中国本土化实践，是由农村社区组织、金融、自然资源、实物等不同类型资产建设推动形成的，能够在乡村振兴的各个维度获得发展、提升村民物质生活和精神生活质量的大福利。资产型乡村振兴具有积极功能，是我们追求的乡村全面振兴的某种理想类型。本文的实证研究表明，要实现这种乡村振兴，以发展型社会政策2.0为理念指导是可行的。具体来说，可从政策导向、政策工具、政策实践等方面来推进。

第一，在政策导向方面，乡村振兴要致力于促进人的全面发展。实现人的全面发展是发展型社会政策2.0的重要目标。有学者认为，人的全面发展可从两个层面来看。一是从普遍意义上讲，人的全面发展是一种理想状态，包括人的个性、知识和能力的综合协调发展，人的自然、社会、精神等综合素质的提高，政治、经济、文化、社会等权利的实现。二是从特殊意义上讲，人的本质是一切社会关系的总和，社会关系的丰富性、全面性决定着人的本质的丰富性、全面性，人的全面发展其实就是人的社会关系的发展[1]。从社会政策角度看，人的全面发展的实质就是大福利权利的实现。包括经济福利、社会福利、政治福利、文化福利、生态福利等的充分体现。乡村振兴不只是要农业农村现代化，更重要的是要让农民获得全面发展。要让农民在经济福利方面拥有收入与资产，在社会福利方面能够

---

[1] 李明：《新时代"人的全面发展"的哲学逻辑》，2019年2月11日，http://ex.cssn.cn/dzyx/dzyx_llsj/201902/t20190211_4823466_2.shtml，最后访问日期：2021年12月2日。

幼有所育、学有所教、劳有所得、病有所医、老有所养、住有所居、弱有所扶；在政治福利方面，对乡村治理有知情权、参与权；在文化福利方面，享有丰富多样的乡村精神文化生活；在生态福利方面，拥有宜居、卫生、环保的村庄。要实现这些目标，农村社区资产建设是一条可行的途径。

第二，在政策工具方面，乡村振兴可从发展型社会政策2.0的工具箱中获取有益经验。发展型社会政策2.0的工具箱不仅包含了传统社会政策的社会工具，而且增补了经济工具。这些经济工具包括产业发展、投融资、金融创新、财务管理、贸易流通等，可促进政策对象深度参与市场经济发展，获得资产性收益。换言之，发展型社会政策2.0的工具箱兼具经济属性与社会属性。这个特征对乡村振兴是有借鉴意义的。产业振兴在追求一二三产业融合的同时，要将农民的利益置于首要位置，而不能使得农民利益被村庄外部资本俘获。也就是说，产业振兴不能只重显性的经济效益，还要重视隐性的社会效益。在人才振兴方面，重点培育懂经济、有社会责任的农村社会企业家。在组织振兴方面，选拔那些经济发展能力强、有担当、乐于奉献的人担任村级组织"一肩挑"。在文化振兴方面，善于将乡村文化保护、发展与文化创意产业相结合，促进乡村文化与经济协同发展。在生态振兴方面，着力发展循环经济、生态型经济，譬如沼气产业。

第三，在政策实践方面，政府可选取部分典型地区，譬如本文资产型乡村振兴涉及的案例村，作为中国本土化发展型社会政策2.0的实验基地。在这些实验基地，我们可进行乡村振兴与发展型社会政策2.0的跟踪研究，将它们变成知识生产的田野车间。同时，吸引其他地区来观摩、交流资产型乡村振兴的理论与实践，为全国各地乡村振兴提供智力支持与决策参考。

二　促进乡村振兴的社会政策路径：农村社区资产建设

如何在农村社区层面进行资产建设、促进乡村振兴是本文的研究问题。本研究通过对部分案例村的实证调查和理论分析，解答了这个问题并且提炼出"资产型乡村振兴"的理论模型和实践机制。"资产型乡村振兴"的操作要点也是值得同类型地区推进乡村振兴参考的。

第一，选好资产建设的带头人及其团队。这里的带头人主要指村主官，团队指村两委。组织、金融、自然资源、实物等资产的建设、管理，都离不开村主官与村两委的组织发动。组织资产建设中的"一肩挑"，本身就是选拔村级组织领头雁的问题。要想发展壮大金融资产（村财），也得选好带头人（好的党委或党支部书记）。"好书记"除了发展经济有思路、有办法、能致富之外，政治素质、乐于奉献也是非常重要的。"好书记"还要会讲政治，与党中央保持高度一致，善于将乡村振兴的国家战略与本村实际相结合，寻求壮大集体经济的新路子。乐于奉献的书记，就不易贪腐，而是将集体经济发展成果与村民共享，致力于让村民生活幸福。"好书记"还要善于团结其他村干部，具有凝聚力，能够带领其他村干部和村民共同推动乡村振兴。

第二，农民是资产建设的主体。资产建设中的资产内涵是丰富的，既包括组织、金融、自然资源、实物等具体的有形资产，还有优势、内在、关系之意。从上文的实证分析部分，我们可以看出，每种资产建设的主体都离不开村民的参与。譬如，组织资产中的"一肩挑"本身就是村干部，其人选来自村民中的精英，要能得到绝大多数村民的认可。金融资产中的村集体经济壮大，也离不开村民的努力。在自然资源资产中，不管是集体经营建设用地入市还是宅基地改革，都离不开村民的配合。宗祠、祖厝等实物资产建设与管理涉及村民观念的转变。在发挥村庄优势、村民特长方面，村民比外来的专家更清楚本村的资源、优势等，因为他们掌握着大量的地方性知识。

那么，农村社区资产建设如何发挥农民的主体作用？一是村干部处理资产建设的村庄公共事务时要做到公平、公正、公开，让村民有知情权。集体经营建设用地、宅基地、祖厝、宗祠、合作建房等都是关涉农民切身利益的大事，在盘活、建设、管理这些资产时，必须让农民全过程知晓相关信息。二是村里要将村民参与资产建设制度化。通过村民小组议事会、村民代表大会、村两委扩大会议等，让村民实质参与资产建设重大事项的决策过程，防止由个别村干部或少数利益获得者说了算的现象产生。三是资产建设的福利效应评估要由村民来评议。比如，对于"一肩挑"干部，只有多数村民认为好，才能说这项基层组织创新是好的。农村社会组织开展的活动是否满足了村民的需要，村民是最有发言权的。村集体金融资产的壮大、集体经营建设用地入市、宅基地流转等是否给村民带来了福利，村民的评价最有说服力。

第三，处理好政府与乡村的关系是推进农村社区资产建设的关键。强调村干部、村民的主体作用，并不是说农村社区资产建设不需要外援、不需要政府支持。资产建设作为发展型社会政策的一种实践模式，基本理念还是沿袭发展型社会政策的整体思路。发展型社会政策认为不能寄希望于依靠单一机构来解决农村发展的问题，而将多重行动者考虑在内。因为不同的行动者扮演的角色是不同的，各类机构之间可以互补，从而使发展行动事半功倍。比如，国家虽然不再拥有对计划性发展的垄断权力，但是国家依然在农村发展中能发挥独一无二的作用，即提供压倒一切的法律或政策框架来促进社会变迁[1]。从委托—代理角度看，地方政府作为国家的代理者，在资产建设与乡村振兴的实施过程中，如何处理好与乡村的关系至关重要。归纳起来，地方政府至少要做好三件事情。一是工作指导。以组织资产中的"一肩挑"为例，基层党委、政府有义务做好"一肩挑"人选的培育工作。要善于从留在乡村的年轻人中发现好苗子，将其作为后备人选，经常委以重任，让他们多参与村庄公共事务治理，多磨炼、多实践。要善于依托乡贤理事会、乡村发展促进会，举办座谈会、研讨会、项目洽谈会，吸引大学生、退伍军人、务工经商人员返乡就业创业，担任村干部，参与乡村治理。这些工作单靠某个村庄是很难完成的。二是政策支持。以集体经营建设用地入市、宅基地改革等自然资源资产为例，能不能改革，改革中村集体、村民能够获得多大比例的利益等都需要政府的指导性文件作支撑。三是财政补贴。农民专业合作社、古村落、农家书屋等的建设发展离不开地方政府的财政补贴。

第四，实施资产为本的社区发展策略。"资产为本"的运作实践包括六个步骤：（1）制作社区资产清单；（2）动员社区资产；（3）管理社区资产关系；（4）管理社区资产冲突；（5）链接与拓展社区外部关系资源；（6）评估社区发展绩效。

---

[1] 侯志阳：《兰村福利：资产建设与农村社区福利研究》，中央编译出版社2014年版，第210页。

第四节　研究不足与展望

虽然本项目力求严格按照社会科学研究的规范进行，但是由于项目负责人和研究团队在学识、时间、精力、经费等方面的限制，本项目还存在一些研究不足。

首先，在资料收集方面，为保证资料的信度，课题组虽然采用多元研究法、三角验证法力求资料的准确性，但由于有些事情发生的时间与访谈的时间间隔较长，受访者可能因为记忆的问题，丢失了一些重要细节。还有些资料（比如乡村档案、工作简讯、会议记录等）属于二手材料，是已被记录者或撰写者加工处理过。这些情况都可能造成无法还原事件的真实全貌，继而影响到描述型效度（Descriptive Validity）。其次，由于课题负责人及其成员在进入相关乡村进行实地调研时，虽然尽量避免由当地政府干部带入，但是绝大多数受访者仍然将我们当成"上面的人"或外来的客人，在接受调查时，仍然心存芥蒂，可能没有表达自己真实的想法，这也会影响到资料的解释型效度（Interpretive Validity）。最后，在资料分析方面，由于课题组事先带着资产建设社会政策与乡村振兴的理论框架去调研，这可能造成我们带着"有色眼镜"去寻找能够支撑课题研究的资料。在此过程中，我们对于资产建设与乡村振兴的因果机制解释可能也存在"先入为主"的问题，这也可能影响到本研究的理论型效度（Theretical Validity）。

当然上述的研究不足也是诸多质性研究的共性问题，只是存在程度的深浅而已。下面谈谈本项目后续值得研究的问题。

第一，研究内容的拓展。本项目虽然力图从全国各地案例村的乡村振兴实践中构建农村社区资产建设与乡村振兴的理论关系，从组织、金融、自然资源、实物四类有形资产分别阐述它们对乡村振兴的功能及其作用机制，但是在真实世界中，可能还有其他类别的资产在起作用，并且资产建设的福利效应也可能有更多的内涵。这些都有待于我们后续对案例村进行长时段的跟踪研究。

第二，因果机制解释深度的提升。本项目虽然已运用多案例研究、比较分析、功能分析、结构—过程分析等方法，揭示农村社区资产建设对乡村振兴的功能与形成逻辑，在情境性、动态性、过程性方面有一定的解释力，但是相比混合研究或定量研究，在因果机制解释的客观性、科学性方面仍然有较大的提升空间。今后可尝试运用混合研究或定量研究，通过大规模的问卷调查和假设检验式的统计模型估计，研究农村社区资产建设的数量、类型、结构对乡村振兴各个维度的作用程度及其影响机制。

第三，类型学研究的视角转换。在文献综述部分，本文已指出，当前关于乡村振兴与农村社会福利的研究成果虽然有了一定积累，但是缺乏学术意义上的类型学研究。本文从福利社会学的角度，将乡村振兴视为一种大福利，运用资产建设社会政策理论研究农村社区资产建设对乡村振兴的作用，试图提炼资产型乡村振兴的理想类型。虽然本文的学术努力在推进乡村振兴的社会政策研究、推动资产建设社会政策理论的中国化和本土化以及建构中国农村发展型社会政策等方面都是一种积极的尝试，但是仍然存在类型学研究角度有待转变的空间。本文的类型学研究是从全国各地的案例村中挖掘具有"资产建设"的共同属性，好比数学中的提取公约数。这种做法虽然照顾到案例研究的典型性与代表性，但是深度仍有待提升。今后可尝试聚焦在几个村庄，研究资产建设与乡村振兴的关系问题。比如，围绕农村社区有形资产的四种类型，寻找四个村庄，在每个村庄只研究一种资产对乡村振兴的作用，再比较不同类型资产对乡村振兴的作用及其形成机制，这样有利于细化资产型乡村振兴的内容及其过程机制。

第四，关于资产建设社会政策理论本土化的经验研究。前文已从资产建设的主体、内容、方法、类型、分析单位、福利效应等方面对资产建设社会政策理论本土化问题进行了深入探讨，但是这些想法仍然停留于理论层面，今后可选取若干个典型乡村，进行村落层面、乡镇层面甚至是县域层面的资产建设问题研究。资产建设理论最早用于解决贫困问题，本项目将其拓展到乡村振兴领域。时下，党和政府正致力于推进实现共同富裕。今后可将资产建设理论应用到中国共同富裕的研究和实践中，在此基础上，深入推进资产建设社会政策理论的本土化。

附　件

一　一般访谈名单（节选）

工作单位	受访对象	性别
F省N市S镇X村	村民代表林先生	男
F省N市S镇X村	村民代表黄女士	女
F省N市D镇H村	H村村干部	男
F省Y县D镇X村	X村支部书记	男
F省Y县D镇政府	乡镇干部	男
F省N市S镇X村	X村村干部	男
F省A县J镇J村	J村村民	女
F省N市S镇X村	X村村干部	女
F省A县J镇J村	J村村民	男
F省J市J镇W村	W村村民	男
F省J市J镇W村	W村村民	男
F省J市A镇Z村	Z村村民	男
F省Q市N县某银行	银行工作人员	男

二　深度访谈名单（节选）

序号	访谈对象	性别	年龄（岁）	职务	职业
1	洪先生	男	41	F省H镇党委书记	公务员
2	侯先生	男	56	F省M镇乡贤	企业家

续表

序号	访谈对象	性别	年龄（岁）	职务	职业
3	林先生	男	43	F省H镇纪委干部	公务员
4	姚女士	女	42	F省D镇X村村民代表	农民
5	姚先生	男	45	F省D镇X村村干部	农民
6	陈先生	男	41	F省M镇M村村干部	个体户
7	潘先生	男	52	F省M镇M村村支部书记	农民
8	蔡先生	男	48	F省H镇M村"一肩挑"干部	农民
9	刘先生	男	39	F省H镇纪检委委员	公务员
10	陈女士	女	45	F省D镇X村村民	农民
11	侯先生	男	65	F省M镇M村教育基金会会长	公务员（退休）
12	侯先生	男	56	F省M镇M村乡贤	企业家
13	李先生	男	50	F省S市S村党支部书记	农民
14	林先生	男	45	F省N市S镇X村村民	农民
15	林女士	女	42	F省N市S镇X村村民	农民
16	洪先生	男	43	F省J市W村某企业管理者	企业负责人
17	洪先生	男	57	F省J市W村支部书记	农民
18	倪先生	男	46	F省J市J镇党委书记	公务员
19	黄先生	男	47	F省N市M村乡贤	企业家
20	黄女士	女	42	F省N市M村村民	农民
21	吴先生	男	41	F省D县Y村古村落村民	农民
22	黄先生	男	46	F省N市M村华侨	企业家
23	侯先生	男	67	F省N市M村乡贤	企业家
24	侯先生	男	69	F省N市M村村民	农民
25	许女士	女	72	F省H县C镇L村村民	农民
26	颜女士	女	53	F省H县C镇L村村民	农民
27	石女士	女	55	F省H县C镇L村村民	农民
28	刘先生	男	47	F省H县C镇L村村民	农民
29	张先生	男	68	F省H县C镇L村村支部书记	农民
30	陈先生	男	48	F省L区党委常委、副区长	公务员
31	张先生	男	47	F省L区H乡党委书记	公务员
32	李先生	男	45	F省L区H乡村民	农民

续表

序号	访谈对象	性别	年龄（岁）	职务	职业
33	潘女士	女	42	F省L区H乡某村民小组长	农民
34	王女士	女	45	F省L区H乡副乡长	公务员
35	刘先生	男	48	F省Y县D镇Q村第一书记	大学教师

三 访谈提纲（节选）

第3章

你怎么看"一肩挑"？

你认为"一肩挑"实行后，村庄公共事务治理发生了哪些变化？

你认为实行"一肩挑"的村庄相比没实行"一肩挑"的村庄，乡村治理有哪些变化？

你认为全面推行"一肩挑"需要哪些条件？

你认为"一肩挑"推行过程中会碰到哪些挑战？

村支书如果竞选村主任失败，怎么办？

你接受"一肩挑"的做法吗？

你认为应该怎么监督"一肩挑"？

"一肩挑"推行后，原来的村支书或村主任，要么一个人被撤换，要么两个人都被撤换，你认为要对他们进行利益补偿吗？如果要，该怎么补偿？

你认为"一肩挑"的工作责任、工作压力怎样？

你认为"一肩挑"应该享受哪些待遇？

你认为怎么优化"一肩挑"？

第4章

当时为什么成立淮山合作社？

淮山合作社刚成立时，村民怎么看？

淮山合作社怎么运行的？

淮山合作社给村民、村集体带来哪些好处？

请帮我们介绍一下M村教育基金会的发展历史。

您担任M村教育基金会会长时，基金会的规模、基本情况。

M 村教育基金会的运行情况，包括，钱从哪来，发给谁，管理制度怎样？

村里老年人的需求是什么？

老年协会怎么开展工作的？

村里妇女的需求是什么？

妇代会是怎么开展工作的？

村里儿童的需求是什么？

儿童之家有哪些活动？

党群服务中心有哪些活动？怎么运行的？给村民生活带来哪些影响？

海丝文化党建服务中心有哪些活动？怎么运行的？给村民生活带来哪些影响？

第 5 章

你怎么看村财乡管？

村财乡管对村民自治的影响有哪些？

村集体负债吗？为什么会负债？

村里每年底给村民发钱，给村民生活带来哪些影响？

村里是怎么完成上级下达的集体经济发展任务的？

第 6 章

您对农村集体经营建设用地入市的了解情况？

村里哪些地块叫经营建设用地？

什么叫入市？

集体经营建设用地入市有什么好处或者坏处？

集体经营建设用地入市方法有哪些？

当地政府对集体经营建设用地入市出台了什么政策？领导重视吗？有下来村里调研吗？

村干部与村民沟通集体经营建设用地入市的情况怎样？

您觉得集体经营建设用地入市有哪些风险？

从做企业的角度看，您怎么看集体经营建设用地入市？

作为村主官，您怎么看集体经营建设用地入市？

第 7 章

你知道宅基地改革的内容吗？

你愿意退出宅基地吗？为什么？
你怎么看宅基地改革政策？
政府在执行宅基地改革政策时会考虑哪些因素？
政府是怎么推动宅基地改革的？
作为村干部，你怎么看宅基地改革？
村里是怎么推动宅基地改革的？
作为金融机构的工作人员，你怎么看宅基地改革？
你认为宅基地改革对农村发展、农民生活有什么用处？
你认为宅基地改革过程中存在哪些困难？
你认为宅基地改革过程中政府、村民、村干部、银行之间的关系是什么？
你认为怎么处理宅基地改革过程中相关主体的利益关系？

第8章

你认为古村落对乡村振兴有哪些价值？
你觉得应该怎样保护古村落？
你觉得古村落保护面临哪些困难？
你认为哪些因素会影响古村落保护？
你认为农家书屋对乡村振兴有哪些价值？
你觉得应该怎样建设、管理农家书屋？
你觉得建设、管理农家书屋面临哪些困难？
你认为哪些因素会影响农家书屋的建设、管理？
你认为祖厝、宗祠对乡村振兴有哪些价值？
你觉得应该怎样盘活祖厝、宗祠？
你觉得盘活祖厝、宗祠面临哪些困难？
你认为哪些因素会影响祖厝、宗祠的盘活？
有些华侨、乡贤在祖厝、宗祠大摆宴席请村民大吃大喝，你怎么看？

第9章

村里自建小区，你怎么看？
你住在自建小区里，生活怎样？
当时村里为什么要建设自住小区？
村里建设自住小区需要克服哪些困难？

村里建设自住小区得到政府的哪些支持？

村里建设自住小区得到银行的哪些支持？

怎么保证自住小区分配的公平性？

如何照顾不同困难群体的选房？

第10章

你刚任书记时，怎么发现乡里的各种资源的？怎么动员乡里的乡贤一起帮助村里发展？

乡里在盘活不同资源时，会不会有冲突，如果有冲突怎么解决？

作为区领导，区下辖许多乡镇，为什么比较支持H乡？

村民参加乡里社区发展哪些活动？表现怎样？

社会组织在介入农村社会工作时是怎么动员村民的？

作为一个社会组织的负责人，你怎么看待村民在产业振兴中的作用？

主要参考文献

(按作者姓的首字拼音排序)

一 中文

卜文虎:《城市化进程中边疆少数民族贫困社区家庭经济资产建设研究》,《红河学院学报》2018年第6期。

蔡晓琳、方凯、张倩秋:《乡村振兴背景下农户产业组织模式的选择》,《统计与决策》2021年第15期。

曹志立、曹海军:《全面推行村级组织负责人"一肩挑"的基层实践与优化策略——基于北省L镇的考察》,《东北大学学报(社会科学版)》2022年第2期。

陈红霞:《集体经营性建设用地收益分配:争论、实践与突破》,《学习与探索》2017年第2期。

陈军亚:《农村基层组织"一肩挑"的制度优势与现实障碍》,《人民论坛》2019年第11期。

陈向明:《质的研究方法与社会科学研究》,教育科学出版社2000年版。

陈晓霞:《乡村振兴战略下的乡村文化建设》,《理论学刊》2021年第1期。

陈友华、庞飞:《福利多元主义的主体构成及其职能关系研究》,《江海学刊》2020年第1期。

陈振明:《政策科学》,中国人民大学出版社1998年版。

程鹏:《改革开放以来村级组织职能转变的实践与探索》,《重庆行政》2019年第5期。

程同顺、史猛:《推进村级组织负责人"一肩挑"的条件与挑战——基于P镇的实地调研》,《南开学报(哲学社会科学版)》2019年第4期。

储梦圆、刘同山：《农村宅基地制度改革的试点经验》，《农村经营管理》2020 年第 1 期。

崔宝玉、王孝瑢：《村书记村主任"一肩挑"能改善中国村治吗?》，《中国农村观察》2022 年第 1 期。

邓大才：《社会化小农：动机与行为》，《华中师范大学学报（人文社会科学版）》2006 年第 3 期。

邓锁：《生命历程视域下的贫困风险与资产建设》，《社会科学》2020 年第 11 期。

董藩、雷童：《集体经营性建设用地入市的政策变迁考察与分析——动力机制视角下倡导联盟框架的应用》，《农村经济》2021 年第 8 期。

董敬畏：《村级组织负责人"一肩挑"制度面临的挑战及对策》，《中州学刊》2020 年第 9 期。

杜姣：《村级组织建设路径的地区差异研究——以珠三角地区、中西部地区村庄为经验基础》，《中国行政管理》2020 年第 4 期。

范柏乃、蓝志勇：《公共管理研究与定量分析方法》，科学出版社 2008 年版。

方舒、兰思汗：《金融赋能与资产建设：金融社会工作教育、研究与实务国际研讨会综述》，《开发研究》2019 年第 2 期。

方舒、苏苗苗：《家庭资产建设与儿童福利发展：研究回顾与本土启示》，《华东理工大学学报（社会科学版）》2019 年第 2 期。

房莉杰、刘美洋：《构建社区社会工作"生态系统"——嵌入社区治理三种社工模式比较研究》，《江苏行政学院学报》2021 年第 2 期。

费孝通：《江村经济——中国农民的生活》，商务印书馆 2001 年版。

风笑天主编：《社会研究方法》，高等教育出版社 2006 年版。

冯娟：《工商资本参与乡村振兴的内涵与路径》，《西北农林科技大学学报（社会科学版）》2021 年第 5 期。

冯旭：《乡村振兴中的农村生态环境治理共同体建设》，《甘肃社会科学》2021 年第 3 期。

傅熠华：《农民工农村宅基地退出的决策逻辑——基于全国 2328 户农民工家庭的实证研究》，《经济体制改革》2018 年第 6 期。

盖凯程、于平：《农地非农化制度的变迁逻辑：从征地到集体经营性建设用地入市》,《农业经济问题》2017年第3期。

高帆:《乡村振兴战略中的产业兴旺:提出逻辑与政策选择》,《南京社会科学》2019年第2期。

高和荣:《论托底型民生》,《北京师范大学学报(社会科学版)》2020年第3期。

高洪洋:《新时期加强乡风文明建设的系统探索》,《系统科学学报》2019年第4期。

高鉴国、展敏主编:《资产建设与社会发展》,社会科学文献出版社2005年版。

高静、王志章:《改革开放40年:中国乡村文化的变迁逻辑、振兴路径与制度构建》,《农业经济问题》2019年第3期。

高晓琴:《乡村文化的双重逻辑与振兴路径》,《南京农业大学学报(社会科学版)》2020年第6期。

耿羽:《侨乡仪式性人情异化的移风易俗治理研究——基于福建长乐的实地调查》,《福建论坛(人文社会科学版)》2020年第11期。

龚英:《论公共财政支持新生代农民工进行资产建设的合理性与必要性》,《当代经济》2018年第21期。

龚志伟:《乡村振兴视阈下社会组织参与公共服务研究》,《广西社会科学》2020年第4期。

谷中原:《乡村振兴背景下的农村持续发展型社会组织建设》,《湖湘论坛》2020年第1期。

郭苗苗、杨博宇:《基于文化价值保护视角下的宅基地使用权流转问题研究——以陕北窑洞为例》,《乡村科技》2019年第17期。

郭强:《中国农村集体产权的形成、演变与发展展望》,《现代经济探讨》2014年第4期。

郭晓鸣:《乡村振兴战略的若干维度观察》,《社会科学文摘》2018年第7期。

郭艳:《特色小镇建设中失地农民问题的应对之道——乡村振兴战略背景》,《社会科学家》2020年第8期。

韩高峰、袁奇峰、温天蓉:《农村宅基地:从资源、资产到资本》,《城市规划》2019年第11期。

韩广富、刘欢：《新时代农村基层党组织推进乡风文明建设的逻辑理路》，《理论探讨》2020 年第 2 期。

韩娟：《"资产建设"理论视域下农民工城市创业精准教育与培训研究——基于 CHIP 数据的分析》，《宁波大学学报（教育科学版）》2020 年第 5 期。

韩立达、王艳西、韩冬：《农村宅基地"三权分置"：内在要求、权利性质与实现形式》，《农业经济问题》2018 年第 7 期。

韩文龙、朱杰：《宅基地使用权抵押贷款：实践模式与治理机制》，《社会科学研究》2020 年第 6 期。

韩央迪：《从福利多元主义到福利治理：福利改革的路径演化》，《国外社会科学》2012 年第 2 期。

何虹、叶琳：《集体经营性建设用地入市改革的实践与思考——以江苏省常州市武进区的实践探索为例》，《中国土地》2018 年第 1 期。

何明、方坤：《组织再造与文化接续：后脱贫时代社会工作介入民族地区乡村振兴的实现路径研究——以广西上林县壮族 F 村为例》，《贵州民族研究》2020 年第 11 期。

何雪松、覃可可：《社会工作参与乡村振兴的目标与定位：以城乡社会学为视角》，《西北民族研究》2021 年第 3 期。

贺雪峰：《规则下乡与治理内卷化：农村基层治理的辩证法》，《社会科学》2019 年第 4 期。

贺雪峰：《基层治理需要有自主权》，《人民法治》2019 年第 2 期。

贺雪峰：《精准扶贫与农村低保的制度绩效问题》，《江苏行政学院学报》2019 年第 3 期。

贺雪峰：《论农村宅基地中的资源冗余》，《华中农业大学学报（社会科学版）》2018 年第 4 期。

贺雪峰：《论中坚农民》，《南京农业大学学报（社会科学版）》2015 年第 4 期。

贺雪峰：《乡村振兴与农村集体经济》，《武汉大学学报（哲学社会科学版）》2019 年第 4 期。

衡霞：《组织同构与治理嵌入：农村集体经济何以促进乡村治理高效能——以四川省彭州市 13 镇街为例》，《社会科学研究》2021 年第 2 期。

侯志阳：《"城归族"有助推进乡村治理现代化》，《中国社会科学报》2017年8月30日。

侯志阳、丁元：《多样性管理、心理福利与公务员的周边绩效——基于美国联邦政府的调查》，《公共行政评论》2017年第6期。

侯志阳：《兰村福利：资产建设与农村社区福利研究》，中央编译出版社2014年版。

侯志阳、张翔：《公共管理案例研究何以促进知识发展？——基于〈公共管理学报〉创刊以来相关文献的分析》，《公共管理学报》2020年第1期。

侯志阳、张翔：《作为方法的"中国"：构建中国情境的公共管理案例研究》，《公共管理学报》2021年第4期。

胡那苏图、崔月琴：《组织化振兴：农村社会组织参与乡村治理路径分析——以内蒙古东部脱贫县A镇三村为例》，《理论月刊》2020年第5期。

胡如梅、谭荣：《集体经营性建设用地统筹入市的模式选择》，《中国土地科学》2021年第4期。

胡绍雨：《完善农村合作医疗制度的财政思考》，《财政科学》2020年第12期。

胡新艳、许金海、陈卓：《中国农村宅基地制度改革的演进逻辑与未来走向》，《华中农业大学学报（社会科学版）》2021年第1期。

胡秀荣：《关于土地制度改革的争论》，《中国党政干部论坛》2013年第8期。

黄晨熹：《社会政策概念辨析》，《社会学研究》2008年第4期。

黄进、〔美〕玛格丽特·谢若登、邹莉：《普惠金融与金融能力：美国社会工作的大挑战》，《中国社会工作》2018年第28期。

黄进、邹莉、周玲：《以资产建设为平台整合社会服务：美国儿童发展账户的经验》，《社会建设》2021年第2期。

黄启发、庄晋财、成华：《基于农民创业者的村庄公共品供给内生机制研究——温州市永嘉县桥下镇龙头村的案例》，《农业经济问题》2017年第3期。

黄昕、吴恒同、张振国：《纵横磨合：乡风文明建设的多重逻辑——基于湖南省14个市州的调查分析》，《吉首大学学报（社会科学版）》2019

年第 4 期。

黄昕、张振国：《乡风文明助推乡村振兴的湖南实践及其启示——基于湖南省乡风文明"千村万户大调查"的分析》，《民族论坛》2019 年第 2 期。

黄宗智：《集权的简约治理——中国以准官员和纠纷解决为主的半正式基层行政》，《开放时代》2008 年第 2 期。

惠献波：《地票交易制度风险评价及防范对策研究——基于重庆市的实证分析》，《西华大学学报（哲学社会科学版）》2017 年第 4 期。

霍军亮、吴春梅：《乡村振兴战略背景下农村基层党组织建设的困境与出路》，《华中农业大学学报（社会科学版）》2018 年第 3 期。

季中扬、李静：《论城乡文化共同体的可能性及其建构路径》，《学海》2014 年第 6 期。

贾春增：《外国社会学史（修订本）》，中国人民大学出版社 2000 年版。

江立华、沈洁：《中国城市社区福利》，社会科学文献出版社 2008 年版。

金江峰：《村级组织的"规范主义"运作及其后果分析——基于技术治理背景下的考察》，《长白学刊》2020 年第 3 期。

景天魁：《探索适合中国的民生建设新路》，《学习与探索》2019 年第 8 期。

孔凡飞、龚松：《发展型社会政策视角下乡村振兴路径分析》，《黑河学刊》2020 年第 2 期。

孔祥智：《宅基地改革 政策沿革和发展方向》，《农村工作通讯》2019 年第 12 期。

蓝宇蕴：《非农集体经济及其"社会性"建构》，《中国社会科学》2017 年第 8 期。

蓝宇蕴、曾芷盈：《集体土地收益分配与村民生活形态的变迁——以新丰村集体分配为例》，《学术研究》2020 年第 12 期。

李国福：《新时代实行村级主干"一肩挑"的若干思考——以南平市建阳区为例》，《福建省社会主义学院学报》2020 年第 3 期。

李国庆：《关于中国村落共同体的论战——以"戒能—平野论战"为核心》，《社会学研究》2005 年第 6 期。

李荷园：《乡村振兴战略视域下乡风文明建设研究述评》，《农村实用技术》

2020 年第 7 期。

李华胤：《治理型中坚农民：乡村治理有效的内生性主体及作用机制——基于赣南 F 村的调查》，《理论与改革》2021 年第 4 期。

李欢、周永康：《发展取向的资产建设：社会工作参与乡村扶贫实践研究——以 P 村"三区计划"项目为例》，《重庆工商大学学报（社会科学版）》2019 年第 5 期。

李乐为、佘生梅：《乡风文明建设中农村公共文化服务的难题及其破解——基于张家界等地 5 村的调研分析》，《吉首大学学报（自然科学版）》2019 年第 3 期。

李培林：《巨变：村落的终结——都市里的村庄研究》，《中国社会科学》2002 年第 1 期。

李平、曹仰锋：《案例研究方法：理论与范例——凯瑟琳·艾森哈特论文集》，《管理案例研究与评论》2012 年第 5 期。

李泉：《农村宅基地制度变迁 70 年历史回顾与前景展望》，《甘肃行政学院学报》2018 年第 2 期。

李绍华：《全面推行村级组织负责人"一肩挑"的现实逻辑与实践进路》，《党政研究》2020 年第 6 期。

李文钢、马良灿：《新型农村集体经济复兴与乡土社会重建——学术回应与研究反思》，《社会学评论》2020 年第 6 期。

李文钊：《制度分析与发展框架：传统、演进与展望》，《甘肃行政学院学报》2016 年第 6 期。

李晓辉、徐晓新、张秀兰、孟宪范：《应对经济新常态与发展型社会政策 2.0 版——以社会扶贫机制创新为例》，《江苏社会科学》2015 年第 2 期。

李耀东：《农产品区域品牌助推乡村振兴的作用机理和实施路径研究》，《经济问题》2021 年第 9 期。

李迎生、李泉然、袁小平：《福利治理、政策执行与社会政策目标定位——基于 N 村低保的考察》，《社会学研究》2017 年第 6 期。

李迎生、刘庆帅：《生命历程理论视野下我国社会政策的创新发展——围绕民生建设"七有"目标的分析》，《江苏行政学院学报》2021 年第 1 期。

李志强：《转型期农村社会管理创新研究新视野——"结构—功能"理论框架下农村社区社会组织分析维度》，《社会主义研究》2014年第4期。

利子平、梁娟：《村干部犯罪的特点、主要成因和治理对策》，《江西社会科学》2020年第5期。

连雪君、吕霄红、刘强：《空心化村落的共同体生活何以可能：一种空间治理的视角——基于W县乡村留守老年人群社会组织方式的调查》，《南京农业大学学报（社会科学版）》2019年第2期。

梁秀娟、郭嘉欣、谭晶晶：《"以文促产"，黑皮冬瓜种植走出产业振兴路》，《中国社会工作》2021年第13期。

林超、陈卫华、吕萍：《乡村振兴背景下农村宅基地功能分化机理、规律及治理对策研究——基于资产专用性视角》，《湖南师范大学社会科学学报》2021年第5期。

林超、郭彦君：《农村宅基地功能研究述评及对乡村振兴启示》，《经济体制改革》2020年第4期。

林超、曲卫东、毛春悦：《集体经营性建设用地增值收益调节金制度探讨——基于征缴视角及4个试点县市的经验分析》，《湖南农业大学学报（社会科学版）》2019年第1期。

林聚任、刘佳、梁亮：《乡风文明与当前农村新型社区建设——以山东省"乡村文明行动"为例》，《中国农业大学学报（社会科学版）》2018年第3期。

林闽钢：《中国社会福利发展战略：从消极走向积极》，《国家行政学院学报》2015年第2期。

林亚清、张宇卿：《领导成员交换关系会影响公务员变革型组织公民行为吗？——变革义务感的中介作用与公共服务动机的调节作用》，《公共行政评论》2019年第1期。

林依标、林瀚：《集体经营性建设用地入市的实践思考》，《中国土地》2021年第6期。

刘保庆、陈雨昕：《乡村振兴背景下乡风文明建设的实现路径》，《农业经济》2020年第10期。

刘红梅、刘超、王克强等：《大都市郊区农村宅基地利用动态变化及驱动力研究——兼论上海郊区宅基地多功能与制度创新》，《城市发展研究》

2018 年第 7 期。

刘欢、韩广富：《关于乡风文明建设问题研究综述》，《中共云南省委党校学报》2020 年第 6 期。

刘欢、韩广富：《后脱贫时代乡风文明建设的现实价值、发展境遇及路径选择》，《西北民族大学学报（哲学社会科学版）》2021 年第 2 期。

刘继同：《"中国社区福利体系与社区精神健康社会工作实务体系建设"研究专题（下）》，《浙江工商大学学报》2019 年第 2 期。

刘骥、熊彩：《解释政策变通：运动式治理中的条块关系》，《公共行政评论》2015 年第 6 期。

刘金海：《"社会化小农"：含义、特征及发展趋势》，《学术月刊》2013 年第 8 期。

刘俊杰：《农村集体经营性建设用地入市改革需解决好四大问题》，《农村工作通讯》2019 年第 2 期。

刘锐：《乡村振兴战略框架下的宅基地制度改革》，《理论与改革》2018 年第 3 期。

刘圣欢、杨砚池：《农村宅基地"三权分置"的权利结构与实施路径——基于大理市银桥镇农村宅基地制度改革试点》，《华中师范大学学报（人文社会科学版）》2018 年第 5 期。

刘盛：《乡风文明与乡村振兴：重要意义、现实难点与关键举措》，《农林经济管理学报》2018 年第 5 期。

刘伟、黄佳琦：《乡村治理现代化中的简约传统及其价值》，《厦门大学学报（哲学社会科学版）》2020 年第 3 期。

刘伟伟：《新时代文明实践中心建设：打造湖北乡风文明的助推器》，《学习月刊》2019 年第 11 期。

刘晓萍：《农村集体经营性建设用地入市制度研究》，《宏观经济研究》2020 年第 10 期。

刘雪梅：《乡村振兴中的公共价值实现》，《行政管理改革》2021 年第 8 期。

刘志刚：《乡村振兴战略背景下重建乡村文明的意义、困境与路径》，《福建论坛（人文社会科学版）》2019 年第 4 期。

刘志秀：《乡村人才振兴：内生型与嵌入型主体的治理效能》，《云南行政学院学报》2021 年第 2 期。

刘祖云、李烊：《在乡村振兴语境下培育"情感共同体"》，《江苏行政学院学报》2019 年第 1 期。

娄季春：《农村"两委"干部基本薪酬设计——以河南省新乡市为例》，《西北农林科技大学学报（社会科学版）》2018 年第 4 期。

卢泓钢、郑家喜、陈池波：《中国乡村生活富裕程度的时空演变及其影响因素》，《统计与决策》2021 年第 12 期。

吕德文：《警惕村级债务反弹风险》，《社会科学报》2021 年 5 月 6 日第 3 版。

吕方、苏海、梅琳：《找回村落共同体：集体经济与乡村治理——来自豫鲁两省的经验观察》，《河南社会科学》2019 年第 6 期。

马翠萍：《集体经营性建设用地制度探索与效果评价——以全国首批农村集体经营性建设用地入市试点为例》，《中国农村经济》2021 年第 1 期。

马洪伟：《乡村振兴战略视域下传统村落的价值审视与制度保护》，《中国农村研究》2019 年第 1 期。

马力、孙平、李杭：《全面推行村级组织负责人"一肩挑"的制度优势与有效路径》，《北华大学学报（社会科学版）》2020 年第 6 期。

马帅帅：《农村集体经营性建设用地入市的法律问题探析》，《上海房地》2019 年第 12 期。

马雯秋、何新、姜广辉等：《基于土地利用功能的农村居民点内部用地结构分类》，《农业工程学报》2018 年第 4 期。

毛绵逵：《村庄共同体的变迁与乡村治理》，《中国矿业大学学报（社会科学版）》2019 年第 6 期。

毛一敬、刘建平：《乡村文化建设与村落共同体振兴》，《云南民族大学学报（哲学社会科学版）》2021 年第 3 期。

门献敏：《关于推进乡村文化振兴的若干关系研究》，《理论探讨》2020 年第 2 期。

聂继红：《乡村振兴战略背景下农村基层党组织建设的困境与路径》，《宁夏党校学报》2021 年第 1 期。

聂建亮、吴玉凡：《乡村振兴战略背景下社会保障参与农村社会治理路径分析》，《济南大学学报（社会科学版）》2020 年第 2 期。

欧阳静：《策略主义：桔镇运作的逻辑》，中国政法大学出版社 2011 年版。

欧阳静：《基层治理中的策略主义》，《地方治理研究》2016 年第 3 期。

欧阳雪梅：《振兴乡村文化面临的挑战及实践路径》，《毛泽东邓小平理论研究》2018 年第 5 期。

潘文雯、刘振宇：《论集体经营性建设用地入市过程中的国家管制》，《长治学院学报》2021 年第 4 期。

彭华民：《福利三角中的社会排斥——对中国城市新贫穷社群的一个实证研究》，上海人民出版社 2007 年版。

齐骥、〔美〕特里·N. 克拉克、亓冉：《双循环格局下"全球—地方"互动的乡村文化振兴》，《山东大学学报（哲学社会科学版）》2021 年第 3 期。

祁红亭：《以农村文化礼堂提升乡风文明的实践与思考——以浙江海宁为例》，《文化学刊》2020 年第 4 期。

钱全：《乡村振兴背景下公共品供给模式类型及其治理分化》，《学习与实践》2021 年第 7 期。

曲卫东、闫珍：《集体经营性建设用地入市税费征收现状及体系建设研究》，《公共管理与政策评论》2020 年第 1 期。

尚静、张和清：《从脱贫攻坚到乡村振兴：社会工作的实践逻辑及策略——以广东×村的社区减贫项目为例》，《中国农业大学学报（社会科学版）》2021 年第 4 期。

孙刚、罗昊：《乡村振兴背景下文化治理现代化的价值意蕴与政策路径》，《江汉论坛》2021 年第 7 期。

孙佑海、王操：《乡村振兴促进法的法理阐释》，《中州学刊》2021 年第 7 期。

孙玉栋、李浩任：《乡村振兴战略实施中财政引导市场机制参与的模式、问题及对策研究》，《公共管理与政策评论》2021 年第 4 期。

谭江涛、彭淑红：《农村"公共池塘"资源治理中的集体行动困境与制度分析——基于安徽桐城市青草镇黄砂资源过度采集问题的个案研究》，《公共管理学报》2013 年第 1 期。

唐斌尧、谭志福、胡振光：《结构张力与权能重塑：乡村组织振兴的路径选择》，《中国行政管理》2021 年第 5 期。

唐浩:《乡镇干部如何驾驭乡村振兴中的"产业兴旺"——湖南省33个乡镇党委书记和乡镇长的相关调查》,《理论探索》2019年第1期。

唐任伍、叶天希、孟娜:《乡村振兴战略实施中元治理的优势、作用、路径和支撑》,《中国流通经济》2021年第9期。

田书芹、王东强:《乡村人才振兴的核心驱动模型与政策启示——基于扎根理论的政策文本实证研究》,《江淮论坛》2020年第1期。

田毅鹏:《东亚乡村振兴的社会政策路向——以战后日本乡村振兴政策为例》,《学习与探索》2021年第2期。

仝志辉、韦潇竹:《通过集体产权制度改革理解乡村治理:文献评述与研究建议》,《四川大学学报(哲学社会科学版)》2019年第1期。

王海娟、胡守庚:《新时期政权下乡与双层治理结构的形成》,《南京社会科学》2019年第5期。

王海娟:《乡村振兴背景下农村基层民主治理转型:制度空间、实现路径与当代价值》,《求实》2021年第5期。

王磊:《从福利国家到社会投资国家:发展型社会政策生成机理及其运行逻辑》,《东岳论丛》2020年第3期。

王量量、王珺、刘佳欣:《集体经营性建设用地入市的利益格局研究——以北京大兴区试点为例》,《城市发展研究》2021年第5期。

王浦劬、赖先进:《中国公共政策扩散的模式与机制分析》,《北京大学学报(哲学社会科学版)》2013年第6期。

王蔷、郭晓鸣:《乡村转型下的农村宅基地制度改革》,《华南农业大学学报(社会科学版)》2020年第5期。

王秋月、郭亮:《乡村振兴视阈下的祖先崇拜及其功能——基于赣南农村的田野叙事》,《中南民族大学学报(人文社会科学版)》2021年第7期。

王曙光、王丹莉:《中国农村社会保障的制度变迁与未来趋势》,《新疆师范大学学报(哲学社会科学版)》2020年第4期。

王思斌:《积极托底的社会政策及其建构》,《中国社会科学》2017年第6期。

王思斌:《社会韧性与经济韧性的关系及建构》,《探索与争鸣》2016年第3期。

王薇、李祥：《农业产业集群助推产业振兴：一个"主体嵌入—治理赋权"的解释性框架》，《南京农业大学学报（社会科学版）》2021 年第 4 期。

王习明：《乡村治理与老人福利互动模式研究——河南安阳吕村调查》，《中州学刊》2006 年第 2 期。

王晓桦：《农村宅基地"三权分置"是推动乡村振兴的一个制度性轮子》，《经济与管理》2018 年第 5 期。

王亚华：《对制度分析与发展（IAD）框架的再评估》，《公共管理评论》2017 年第 1 期。

望超凡：《村社主导：资本下乡推动农村产业振兴的实践路径》，《西北农林科技大学学报（社会科学版）》2021 年第 3 期。

韦彩玲、蓝飞行、宫常欢：《农村宅基地退出的农户理性与政府理性——基于广西农业转移人口宅基地退出意愿的调查与思考》，《西部论坛》2020 年第 2 期。

魏爱棠、吴宝红：《集体为本：失地老人的资产建设和福利生产——以闽南 M 社老人俱乐部实践为例》，《中国行政管理》2019 年第 2 期。

魏来、黄祥祥：《集体经营性建设用地入市改革的实践进程与前景展望——以土地发展权为肯綮》，《华中师范大学学报（人文社会科学版）》2020 年第 4 期。

温铁军：《中国大陆的乡村建设》，《开放时代》2003 年第 2 期。

文军、黄锐：《论资产为本的社区发展模式及其对中国的启示》，《湖南师范大学社会科学学报》2008 年第 6 期。

吴婧：《农村宅基地使用权退出的实践与路径：基于乡村振兴基础阶段的思考》，《江海学刊》2020 年第 3 期。

吴限红：《非营利组织介入福利治理的理论思考及路径重塑》，《山东社会科学》2015 年第 1 期。

吴晓林：《结构依然有效：迈向政治社会研究的"结构—过程"分析范式》，《政治学研究》2017 年第 2 期。

吴业苗：《乡村共同体：国家权力主导下再建》，《人文杂志》2020 年第 8 期。

伍振军、林倩茹：《农村集体经营性建设用地的政策演进与学术论争》，《改革》2014 年第 2 期。

习近平：《把乡村振兴战略作为新时代"三农"工作总抓手》，《求是》2019年第11期。

习近平：《努力造就一支忠诚干净担当的高素质干部队伍》，《前线》2019年第2期。

夏柱智：《国家治理视域中的土地制度改革》，《求索》2020年第2期。

夏柱智：《农村集体经济发展与乡村振兴的重点》，《南京农业大学学报（社会科学版）》2021年第2期。

向德平、华汛子：《意蕴与取向：社会政策视角下的乡村振兴战略》，《吉林大学社会科学学报》2019年第4期。

萧易忻：《论经济全球化下的乡村振兴：再思资产为本的社区发展理论》，《社会工作与管理》2020年第1期。

萧子扬：《农村社会保障社区化：2020"后脱贫时代"我国乡村振兴的路径选择》，《现代经济探讨》2020年第3期。

萧子扬：《社会组织参与乡村振兴的现状、经验及路径研究——以一个西部留守型村庄为例》，《四川轻化工大学学报（社会科学版）》2020年第1期。

肖莉：《青海乡风文明建设实践与强化路径》，《青海社会科学》2019年第6期。

肖黎明、张润婕、肖沁霖：《中国农村生态宜居水平的动态演进及其地区差距——基于非参数估计与Dagum基尼系数分解》，《中国农业资源与区划》2021年第3期。

肖龙、马超峰：《从项目嵌入到组织社会：村级集体经济发展的新趋势及其类型学研究》，《求实》2020年第3期。

肖顺武：《从管制到规制：集体经营性建设用地入市的理念转变与制度构造》，《现代法学》2018年第3期。

肖新喜：《集体经营性建设用地增值收益分配的制度革新》，《学习与实践》2019年第9期。

熊景维、于丹丹、季俊含：《农村社会保障减贫的局部失灵：一个政策过程分析的视角》，《中国行政管理》2021年第6期。

徐俊忠：《"乡村振兴战略"：不可淡忘的国情逻辑和社会主义底色》，《经济导刊》2018年第2期。

徐晓新、张秀兰：《数字经济时代与发展型社会政策的2.0》，《江苏社会科学》2021年第1期。

徐勇：《县政、乡派、村治：乡村治理的结构性转换》，《江苏社会科学》2002年第2期。

徐越：《乡村振兴战略背景下的乡风文明建设》，《红旗文稿》2019年第21期。

徐忠国、卓跃飞、吴次芳、李冠：《农村宅基地三权分置的经济解释与法理演绎》，《中国土地科学》2018年第8期。

徐忠国、卓跃飞、吴次芳、李冠：《农村宅基地问题研究综述》，《农业经济问题》2019年第4期。

徐祖祥、罗张悦：《乡村振兴中民间信仰重塑的文化力实践逻辑——以贵州黔西南州望谟县H村苗族为例》，《中南民族大学学报（人文社会科学版）》2021年第7期。

许汉泽、徐明强：《再造新集体经济：从"产业扶贫"到"产业兴旺"的路径探索——对H县"三个一"产业扶贫模式的考察》，《南京农业大学学报（社会科学版）》2020年第4期。

许胜晴：《论我国乡村振兴的生态化发展及其法治保障》，《西北大学学报（哲学社会科学版）》2021年第2期。

许亚敏：《村级组织负责人党政"一肩挑"的制度优势、执行困难与机制创新》，《社会建设》2020年第6期。

颜德如、孔庆茵：《我国社区服务的定位、国外经验借鉴及其完善的基本路径》，《理论探讨》2018年第3期。

杨博文、牟欣欣：《新时代农村集体经济发展和乡村振兴研究：理论机制、现实困境与突破路径》，《农业经济与管理》2020年第6期。

杨达：《建设新时代文明实践中心的有益探索》，《红旗文稿》2021年第4期。

杨发祥：《社区福利建构的理念与实践——基于广州市的实证分析》，《社会主义研究》2010年第6期。

杨华：《通过约束性强的村规民约促进乡风文明》，《乡镇论坛》2020年第1期。

杨建海、康旺龙：《资产建设视域下农村个人账户养老金改革探析》，《西北人口》2018 年第 4 期。

杨磊、徐双敏：《中坚农民支撑的乡村振兴：缘起、功能与路径选择》，《改革》2018 年第 10 期。

杨礼银：《哈贝马斯社会整合理论中共同体的三个基本层面》，《哲学研究》2019 年第 10 期。

杨柳青：《保障村级组织运转经费夯实实施乡村振兴基础》，《上海农村经济》2021 年第 2 期。

杨璐璐：《农村宅基地"一户多宅"的类型与产权处置——以福建省晋江市为例》，《东南学术》2017 年第 4 期。

杨璐璐：《乡村振兴视野的新型职业农民培育：浙省个案》，《改革》2018 年第 2 期。

杨森：《乡村振兴中乡风文明建设的意义、困境与路径探析》，《湖北理工学院学报（人文社会科学版）》2021 年第 1 期。

杨旸：《乡村人才是乡村振兴的重要力量》，《人民论坛》2021 年第 16 期。

杨远根：《国内大循环、乡村振兴与财政政策优化》，《改革》2021 年第 8 期。

姚锐敏：《全面推行村级组织负责人"一肩挑"的障碍与路径》，《中州学刊》2020 年第 1 期。

姚之浩、朱介鸣、田莉：《产权规则建构：一个珠三角集体建设用地再开发的产权分析框架》，《城市发展研究》2020 年第 1 期。

叶剑鸣：《乡风文明建设助推浙江象山乡村振兴》，《红旗文稿》2019 年第 21 期。

叶兴庆：《新时代中国乡村振兴战略论纲》，《改革》2018 年第 1 期。

易新涛：《村党组织书记"一肩挑"的生成逻辑、内涵解析和实施指向》，《探索》2020 年第 4 期。

尹秀芹、王猛：《社会组织有效嵌入乡村振兴的影响因素分析——以广东省"双百"为例》，《中共青岛市委党校青岛行政学院学报》2019 年第 5 期。

于建嵘：《集体经营性建设用地入市的思考》，《探索与争鸣》2015 年第 4 期。

于建嵘：《乡村产业振兴要因地制宜》，《人民论坛》2018 年第 17 期。

余莉、汪志恒、伍鹏宇：《强化村级领导　促进乡村振兴——关于乐山市井研县村干部"一肩挑"工作的调查与思考》，《中共乐山市委党校学报（新论）》2021年第2期。

喻瑶、余海、徐振雄：《农村集体经营性建设用地入市价格影响因素研究——基于湖南省浏阳市数据的分析》，《价格理论与实践》2019年第11期。

袁方：《社会研究方法教程》，北京大学出版社1997年版。

苑丰、金太军：《行政、社区、市场：乡村组织振兴"三重赋权"的内在逻辑》，《理论与改革》2021年第4期。

曾繁正：《西方国家法律制度社会政策及立法》，红旗出版社1998年版。

张弛：《中国特色农村新型集体经济的理论基础、新特征及发展策略》，《经济纵横》2020年第12期。

张锋：《农村社会组织参与农村社区治理的利益机制与制度建构》，《学习与实践》2020年第8期。

张海鹏、郜亮亮、闫坤：《乡村振兴战略思想的理论渊源、主要创新和实现路径》，《中国农村经济》2018年第11期。

张和清：《社区文化资产建设与乡村减贫行动研究——以湖南少数民族D村社会工作项目为例》，《思想战线》2021年第2期。

张和清、闫红红、尚静：《社区为本的农村社会工作实务模式探索——国内外农村社会工作研究文献的综述》，《学海》2019年第2期。

张和清：《知行合一：社会工作行动研究的历程》，《浙江工商大学学报》2015年第4期。

张贺：《全面推进乡村振兴背景下数字普惠金融对我国西部经济增长的影响》，《云南民族大学学报（哲学社会科学版）》2021年第5期。

张继元：《社区福利核心概念和发展路径的中日比较》，《社会保障评论》2018年第3期。

张静：《案例分析的目标：从故事到知识》，《中国社会科学》2018年第8期。

张静：《基层政权：乡村制度诸问题》，社会科学文献出版社2019年版。

张俊飚、王学婷：《乡村生态振兴实现路径的对策思考》，《中国地质大学学报（社会科学版）》2021年第2期。

张立、郭施宏：《政策压力、目标替代与集体经济内卷化》，《公共管理学报》2019 年第 3 期。

张利庠、罗千峰、王艺诺：《乡村产业振兴实施路径研究——以山东益客现代农业产业园为例》，《教学与研究》2019 年第 1 期。

张龙：《农家书屋政策执行的解释工具与策略选择——基于 M.麦克拉夫林的政策执行互动模型》，《新世纪图书馆》2020 年第 2 期。

张琦、薛亚硕、杨铭宇：《脱贫户抗逆力水平测度与差异分析——以燕山—太行山片区为例》，《西北农林科技大学学报（社会科学版）》2021 年第 6 期。

张少宁：《商业银行服务乡村振兴的普惠路径》，《华南农业大学学报（社会科学版）》2021 年第 5 期。

张贤明、张力伟：《论责任政治》，《政治学研究》2018 年第 2 期。

张晓山：《推动乡村产业振兴的供给侧结构性改革研究》，《财经问题研究》2019 年第 1 期。

张新文、张龙：《乡土文化认同、共同体行动与乡村文化振兴——基于鄂西北武村修复宗族文化事件的个案启示》，《南京农业大学学报（社会科学版）》2021 年第 4 期。

张秀兰、方黎明、王文君：《城市家庭福利需求压力和社区福利供给体系建设》，《江苏社会科学》2010 年第 2 期。

张延龙：《完善农村集体经营性建设用地入市流转收益分配机制》，《中国社会科学报》2018 年 7 月 18 日第 4 版。

张一：《文化适应视角下社区福利服务体系创新研究》，《社会科学战线》2015 年第 5 期。

张勇、徐成林：《多功能视角下农村宅基地退出补偿价值构成》，《山西农业大学学报（社会科学版）》2018 年第 8 期。

张元洁、田云刚：《乡风文明的谱系学分析与产业化重建》，《湖北社会科学》2019 年第 10 期。

张震宇：《乡村振兴背景下完善农村地区基本社会保障制度的思考》，《农业经济》2021 年第 7 期。

赵定东、李冬梅：《中国社区福利的逻辑及实践问题》，《社会科学战线》2012 年第 12 期。

赵强社：《村支书与村主任"一肩挑"不能简单一刀切》，《中国乡村发现》2020年第1期。

赵新潮：《"三权分置"背景下宅基地流转制度的反思与重构——基于法定租赁权设想之审视》，《社会科学战线》2021年第2期。

赵亚芬、李洪欢、白崇岩、肇颖：《塘约经验对骆驼山子村乡风文明建设的启示》，《经济师》2020年第7期。

郑秉文：《非缴费型养老金："艾伦条件"下农村养老保险制度变迁与改革出路》，《社会科学文摘》2020年第6期。

郑功成：《面向2035年的中国特色社会保障体系建设——基于目标导向的理论思考与政策建议》，《社会保障评论》2021年第1期。

郑观蕾、蓝煜昕：《渐进式嵌入：不确定性视角下社会组织介入乡村振兴的策略选择——以S基金会为例》，《公共管理学报》2021年第1期。

郑吉友、娄成武：《我国农村医养结合型养老服务体系构建研究》，《改革与战略》2021年第2期。

郑妮：《〈民法典〉实施视角下集体经营性建设用地入市疑难问题及对农民权益保障的影响》，《农村经济》2021年第8期。

中共德宏傣族景颇族自治州委宣传部：《德宏州"道德小屋"汇聚乡风文明正能量》，《社会主义论坛》2019年第4期。

周大鸣、周博：《村改居后集体资产问题的思考——以珠三角为例》，《社会学评论》2021年第1期。

周珂：《村财乡管的法理悖论及改革路径》，《法学论坛》2017年第5期。

周晶、韩央迪、郝华卿：《社会组织何以介入社区福利治理？——社区福利的治理变革及对中国的启示》，《华东理工大学学报（社会科学版）》2016年第6期。

周其仁：《打通城乡合法土地交易之势不可阻挡》，《中国西部》2014年第7期。

周小平、冯宇晴、余述琼：《集体经营性建设用地入市收益分配优化研究——以广西北流市的改革试点为例》，《南京农业大学学报（社会科学版）》2021年第2期。

周小平、高远瞩：《改革开放40年中国农村宅基地管理政策演进与前瞻——基于宅基地相关政策的文本分析》，《河海大学学报（哲学社会科学版)》2018 年第 5 期。

周雪光：《基层政府间的"共谋现象"——一个政府行为的制度逻辑》，《开放时代》2009 年第 12 期。

朱德全、马鸿霞：《乡风文明：职业教育"化民成俗"新时代行动逻辑》，《国家教育行政学院学报》2020 年第 8 期。

朱冬亮：《农民与土地渐行渐远——土地流转与"三权分置"制度实践》，《中国社会科学》2020 年第 7 期。

朱启臻：《乡村振兴背景下的乡村产业——产业兴旺的一种社会学解释》，《中国农业大学学报（社会科学版）》2018 年第 3 期。

朱启臻：《乡村最突出的"短板"是人才短板》，《农村工作通讯》2020 年第 7 期。

朱启臻：《乡风文明是乡村振兴的灵魂所在》，《农村工作通讯》2017 年第 24 期。

朱亚鹏、肖棣文：《中国的合作建房运动：特征与逻辑》，《社会科学战线》2012 年第 10 期。

朱志平、朱慧劼：《乡村文化振兴与乡村共同体的再造》，《江苏社会科学》2020 年第 6 期。

邹陆林：《乡村振兴中乡风文明建设问题与出路——基于云浮市乡村振兴的实证研究》，《广东行政学院学报》2019 年第 4 期。

左正龙：《新制度经济学下的绿色金融服务乡村振兴》，《财会月刊》2021 年第 13 期。

〔德〕斐迪南·滕尼斯：《共同体与社会——纯粹社会学的基本概念》，林荣远译，商务印书馆 1999 年版。

〔德〕乌尔里希·贝克：《风险社会》，何博闻译，译林出版社 2004 年版。

〔法〕马塞尔·莫斯：《礼物——古式社会中交换的形式与理由》，汲喆译，商务印书馆 2016 年版。

〔韩〕金炳彻：《从机构福利到社区福利——对国外社会福利服务去机构化实践的考察》，《中国人民大学学报》2013 年第 2 期。

〔美〕阿诺德：《像经济学家一样思考》，李宝元译，人民邮电出版社 2009 年版。

〔美〕艾尔·巴比：《社会研究方法》，邱泽奇译，华夏出版社 2005 年版。

〔美〕奥斯特罗姆：《公共事物的治理之道》，余逊达、陈旭东译，上海三联书店2000年版。

〔美〕保罗·A.萨巴蒂尔：《政策过程理论》，生活·读书·新知三联书店2004年版。

〔美〕彼得·M.布劳：《社会生活中的交换与权力》，李国武译，商务印书馆2012年版。

〔美〕丹尼斯：《优势视角：社会工作实践的新模式》，李立婕等译，华东理工大学出版社2015年版。

〔美〕杜赞奇：《文化、权力与国家：1900—1942年的华北农村》，王福明译，江苏人民出版社2008年版。

〔美〕迈克尔·史乐山、邹莉：《个人发展账户——"美国梦"示范工程》，《江苏社会科学》2005年第2期。

〔美〕迈克尔·谢若登：《资产与穷人——一项新的美国福利政策》，高鉴国译，商务印书馆2005年版第105页。

〔美〕乔治·瑞泽尔：《现代社会学理论（双语第7版）》，北京联合出版公司2018年版。

〔英〕安东尼·哈尔、詹姆斯·梅志里：《发展型社会政策》，罗敏等译，社会科学文献出版社2006年版。

〔英〕苏珊·特斯特：《老年人社区照顾的跨国比较》，周向红、张小明译，中国社会出版社2002年版。

二 英文

Fathoni, T., Asfahani, A., Munazatun, E. et al., "Upaya Peningkatan Kemampuan Public Speaking Pemuda Sragi Ponorogo", *Amalee Indonesian Journal of Community Research and Engagement*, Vol. 12, No. 1, January 2021.

Hanson, G., Coalitions, Carrots and Sticks, "Economic Inequality and Authoritarian States", *Ps Political Science & Politics*, Vol. 42, No. 4, April 2009.

Morrison, J., Arjyal, A., "A Funfair Without the Candy Floss: Engaging Communities to Prevent Diabetes in Nepal", *Public Health*, Vol. 193, No. 2, April 2021.

Kretzmann, John, P. & John, L. McKnight, *Building Commmunities from the inside Out: A Path Toward Finding and Mobilizing a Community's Assets*, Chicago: ACTA Publications, 1993.

Marisa de Andrade & Nikolina Angelova, "Evaluating and Evidencing Asset‐based Approaches and Co‐production in Health Inequalities: Measuring the Unmeasurable?", *Critical Public Health*, Vol. 30, No. 2, March 2020.

Nadon, M. L., "Making the Transition: How Asset Building Services Can Promote Positive Adult Outcomes for Foster Youth", *Children and Youth Services Review*, Vol. 115, 2020.

Podsakoff, N. P., Whiting, S. W., Podsakoff, P. M., et al., "Individual‐ and Organizational‐level Consequences of Organizational Citizenship Behaviors: A Meta‐analysis", *Journal of Applied Psychology*, Vol. 1, No. 94, January 2009.

Sherraden, M., Huang, J., Zou, L., "Toward Universal, Progressive, and Lifelong Asset Building: Introduction to the Special Issue on Inclusive Child Development Accounts", *Asia Pacific Journal of Social Work and Development*, Vol. 29, No. 2, January 2019.

Stoltenberg Bruursema, Cherry, "Asset‐Based Community Development: A Path towardAuthentic Community Development Practice", *SPNHA Review*, Vol. 11, No. 1, January 2016.

Zhi, K., Chen, Y., Huang, J., "Children's Self‐control and Family Savings for Education: An Empirical Examination from China", *Children and Youth Services Review*, Vol. 119, 2020.

Shragge, R. F. & E., "Challenging Community Organizing Facing the 21st Century", *Journal of Community Practice*, Vol. 8, No. 3, March 2000.

Sherraden, M. S., Birkenmaier, J., Collins, J. M., "Financial Capability for All: Training Human Service Professionals to Work with Vulnerable Families", *Journal of Consumer Affairs*, Vol. 53, No. 3, September 2019.

Ostrom Elinor, *Understanding Institutional Diversity*, Princeton, N. J.: Princeton University Press, 2005.

Miller, M. K., "Electoral Authoritarianism and Human Development", *Com‐

parative Political Studies, Vol. 48, No. 12, October 2015.

Margaret Sherrard Sherraden, Lissa Johnson, Baorong Guo, William Elliott, "Financial Capability in Children: Effects of Participation in a School – Based Financial Education and Savings Program", *Journal of Family and Economic Issues*, Vol. 32, No. 3, September 2011.

Kretzmann, J. & McKnight, J., *Leading By Stepping Back: A Guide for City Officials on Building Neighborhood Capacity*, Chicago: ACTA Publications, 1999.

Huang, J., Sherraden, M. S., Sherraden, M. et al., "Heterogeneous Effects of Child Development Accounts on Savings for Children's Education", *Journal of Policy Practice*, Vol. 16, No. 2, January 2017.

Green, G. P., Haines, A., *Asset Building & Community Development*, London: Sage Publications, 2016.

Duckett, J., Wang, G., "Why do Authoritarian Regimes Provide Public Goods? Policy Communities, External Shocks and Ideas in China's Rural Social Policy Making", *Europe – Asia Studies*, Vol. 69, No. 1, January 2017.

Caplan, M. A., M. S. Sherraden, Bae, J., "Financial Capability as Social Investment", *Journal of Sociology and Social Welfare*, Vol. 45, No. 4, April 2018.

Bradshaw, Ted, K., "Theories of Poverty and Anti – Poverty Programs in Community Development", *Community Development*, Vol. 38, No. 1, March 2007.

Curley, J., Ssewamala, F. M., Nabunya, P., "Child Development Accounts (CDAs): An Asset – building Strategy to Empower Girls in Uganda", *International Social Work*, Vol. 59, No. 1, January 2016.

Feldman, G., "Asset – building and Social Inclusion: A Qualitative Analysis of Families' Perspectives", *Journal of Social Work*, Vol. 21, No. 2, February 2021.

Huang, J., Sherraden, M. S., Sherraden, M. et al., "Experimental Effects of Child Development Accounts on Financial Capability of Young Mothers", *Journal of Family and Economic Issues*, Vol. 43, 2021.

Ian Cunningham, Juliet Willetts, Keren Winterford & Tim Foster, "Interrogating the Motivation Mechanisms and Claims of Asset – based Community Development with Self – determination Theory", *Community Development*, 2021.

Kretzmann, J. & McKnight, J., *Building communities from Inside out: A Path toward Finding and Mobilizing a Community's Assets*, Chicago: ACTA Publications, 1993.

Marshall, T. H., *Social Policy*, London: Hutchinson University Press, 1965.

Nel, H., "An Integration of the Livelihoods and Asset – based Community Development Approaches: A South African Case Study", *Development Southern Africa*, Vol. 32, No. 4, June 2015.

Roy, M. J., "The Assets – based Approach: Furthering a Neoliberal Agenda or Rediscovering the Old Public Health? A Critical Examination of Practitioner Discourses", *Critical Public Health*, Vol. 27, No. 4, June 2017.

Sherraden, M., "Asset Building as Social Investment", *Journal of Sociology and Social Welfare*, Vol. 45, No. 4, April 2018.

Titmuss, R. M., *Essays on "The Welfare State"* (2nd ed.), London: Allen & Unwin, 1964.

Yunju Nam, Margaret S. Sherraden, Jin Huang, Eun Jeong Lee, Mary Keovisai, "Financial Capability and Economic Security among Low – Income Older Asian Immigrants: Lessons from Qualitative Interviews", *Social Work*, Vol. 64, No. 3, July 2019.

Sherraden, M., "Asset Building Research and Policy: Pathways, Progress, and Potential of a Social Innovation", in New York, N. Y.: Palgrave Macmillan, 2014.

Russell, C., "Getting to Authentic Co – production: An Asset – Based Community Development Perspective on Co – production", *The Palgrave Handbook of Co – Production of Public Services and Outcomes*, 2021.

Nel, H., "Community Leadership: A Comparison between Asset – based Community – led Development (ABCD) and the Traditional Needs – based Approach", *Development Southern Africa*, Vol. 35, No. 6, June 2018.

Midgley, J., "Center for Social Development Assets in The Context of Welfare

Theory: A Developmentalist Interpretation", *Social Development Issues*, Vol. 31, No. 35, January 2003.

Lee, J., "Asset Building and Property Owning Democracy: Singapore Housing Policy as a Model of Social Investment and Social Justice", *Journal of Sociology and Social Welfare*, Vol. 45, No. 4, April 2018.

Johnston, G., Percy - Smith, J., "In Search of Social Capital", *Policy & Politics*, Vol. 31, No. 3, January 2003.

Huang, J., Sherraden, M., Clancy, M. et al., "Asset Building and Child Development: A Policy Model for Inclusive Child Development Accounts", *RSF The Russell Sage Foundation Journal of the Social Sciences*, Vol. 7, No. 3, August 2021.

Green, G. P., Goetting, A., *Mobilizing Communities: Asset Building as a Community Development Strategy*, United States of America: Temple University Press, 2010.

Dehaven, M. J., Gimpel, N. A., Gutierrez, D., "Designing Health Care: A Community Health Science Solution for Reducing Health Disparities by Integrating Social Determinants and the Effects of Place", *Journal of Evaluation in Clinical Practice*, Vol. 26, No. 5, March 2020.

Cunningham, M. G., "From Clients to Citizens: Asset - Based Community Development as a Strategy for Community - Driven Development", *Development in Practice*, Vol. 13, No. 5, June 2003.

后　　记

　　这本专著是我主持的第二个国家社科基金项目的结项成果。课题从申请、立项、调研、阶段成果发表、最终成果完成到结项等环节，这个过程充满了艰辛与不易，是一个苦乐参半的学术旅程。令人欣喜的是，我喜欢的研究项目再次获得国家社科基金资助，而且这次立项是时隔7年后再次被全国同行专家青睐，实属不易，但是，这种喜悦之情很快被沉甸甸的结项压力取代。在规定的时间内，要拿出高水平的研究成果，得到全国社科工作办和同行专家的认可，不是一件易事。当时的想法是，这种难得的学术经历也是一种自我超越。一定得下功夫，认真做好。

　　于是，从2018年7月接到立项通知起，我重拾乡村情怀，多阶段、长时间地"下沉"农村田野。我生于农村，长于农村，对农村有着特殊的感情，一直想为乡村振兴与共同富裕作出知识分子应有的贡献。我的学术兴趣长期聚焦在农村公共服务、社会保障、乡村治理等关系农民生活幸福的议题。一路走来，行行重行行，在许多农村社区做调研，边走边写，陆续在《中国行政管理》《公共管理学报》《公共行政评论》等权威刊物上发表了有关农村公共服务、民生保障、案例研究的成果，形成了一定学术影响，也为地方政府决策提供了一些智力支持。同时，课题结项成果的撰写也让我养成了读文献、思考、调研、写作的习惯，维持了良好的学术惯性，促进了教学、科研、服务与培养学生相互协调的治学体系，也让我更加热爱大学教师这份职业，更加坚定当初自己的选择。因此，在专著付梓之际，我要感谢为本研究付出努力的相关人员。

　　首先，要感谢我的老师。我能够在学术道路上且行且珍惜，得益于硕士、博士、访学等各阶段诸多老师的指点与提携。在硕士阶段，硕导苏振芳教授当年的教诲仍然历历在目——要多读原著、多走出书斋、多写作，

"三多"对我影响至深。在博士阶段，博导张友琴教授、胡荣教授高水平的学术指引让我少走许多弯路。张老师教我怎么提升学术敏锐性，怎么捕捉生活常识中的学术问题，怎么在理论上寻找突破，如何运用比较法进行学术研究。胡老师教我怎么进行规范的学术研究，如何将西方理论与中国本土实际相结合，做出有品质的学术研究。在博士求学期间，易林老师还教会我如何写好课题论证、如何提升学术语言表达能力。在访学阶段，美国合作导师丁元教授和中国人民大学公共管理学院杨开峰教授指导我如何运用公共管理学科视角、理论、方法提出问题、分析问题与解决问题。至今我还清晰地记得，在洛杉矶访学期间，每周听完丁老师的课后，他亲自开车送我回寓所。我们在美国的咖啡厅里，边品咖啡边探讨学术问题；在美丽的校园边讨论文章修改事宜，边交流中美文化。这些美好回忆都激励着我追求更好的学问与人生。求学阶段还有许多老师给我许多帮忙，无法一一列出，感恩老师们。这些学习经历，让我具备了跨学科视野，学会整合社会学、公共管理学的学科资源，进行交叉学科研究。

其次，要感谢我的领导、同事与学生。学术产出从表面上看似乎只是作者或课题组的事，事实上背后需要有一个宽容、友善的环境，需要有"摆得下一张安静书桌"的氛围。比较庆幸的是，我所在单位的学术生态还是比较宽容的、让人能够安心做学问的。感谢华侨大学政治与公共管理学院、国际学院给我一个兼顾学术、教学、服务的平台，积累人生阅历，让我的生命历程更加丰富多彩，也更清楚学术才是自己的所爱。感谢领导、同事的包容与理解，我才能在繁重的教学、服务之余，还能够坚持学术写作。感谢我的研究生陈晓青、吴亦伦、郭美卿、吴少辉、柳晓慧、杜雯颖、何天翊、张文祥，他们参与了课题调研，在资料收集、文献整理、书稿校对中作出了贡献。

再次，要感谢接受调研的村民、村干部和地方政府干部。人民群众是历史的创造者。广大农民、村干部和基层公务人员是谱写乡村振兴大篇章的主角，是农村社区金融、组织、实物、自然资源等各类资产的建设者、管理者，他们为本书写作提供了丰富、生动、令人振奋的实践素材。"巧妇难为无米之炊"，没有他们的生产生活实践，本书是没有写作源泉的。因受访对象众多，无法一一列出。在此，向他们表示敬和衷心谢意！

最后，要感谢我的家人。感谢父母给了我生命和丰富的农村生活阅历，让我能够从事喜欢的工作。感谢岳父、岳母的支持，尤其是岳母帮助承担了大量的家务，在我们这个家庭投入了大量时间和精力，为我们提供了坚实的后勤保障，让我能够专心写作。感谢爱妻孙琼如博士的陪伴、鼓励与支持，每当写作陷入困境时，是她的鼓励与开导，使我迅速走出盲区；每当工作碰到不如意时，是她的倾听，让我有一种释放的轻松。感谢她承担了两个小孩的教育抚养工作，为我的工作与学术研究提供了幸福温馨的家庭环境。

感谢中国社会科学出版社的编辑马明先生。正是在他认真细致的编辑和耐心周到的服务帮助下，书稿的形式规范才得到保证。同时，也感谢学界同仁在资产建设、乡村振兴、发展型社会政策等领域作出的贡献，他们的研究成果为本书提供了知识增长的源泉。虽然我们在引用中已逐一标注，但仍可能有遗漏，请批评指正。

征途漫漫，唯有奋斗。每一件学术作品的产生，往往预示着一个新的学术征程。吾辈当秉承"从实求知、志在富民"的学术情怀，坚持"衣带渐宽终不悔、为伊消得人憔悴"的学术执着，为中国自主的学术话语体系建设作出中国学人应有的贡献。

侯志阳
2023 年 1 月